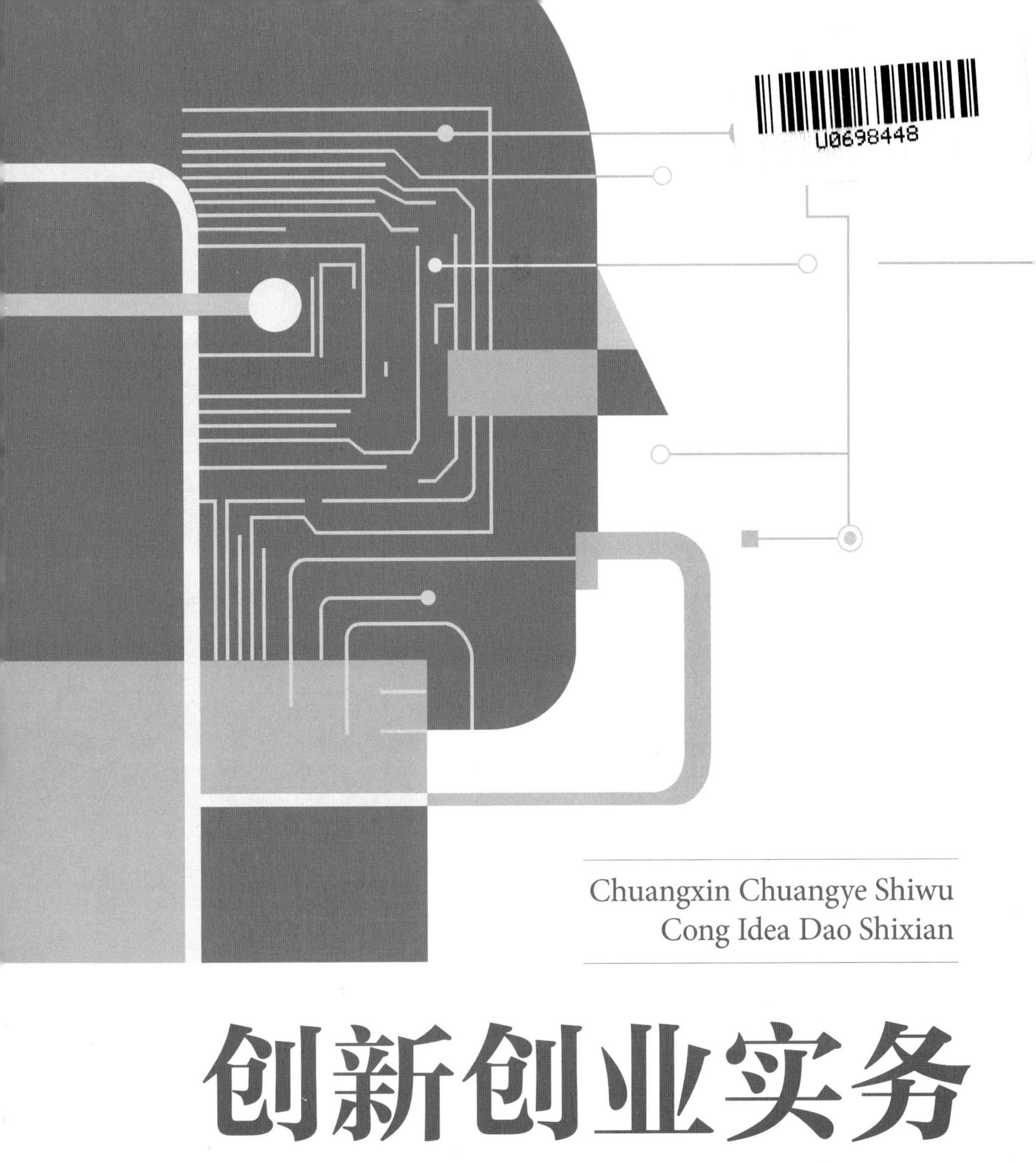

Chuangxin Chuangye Shiwu
Cong Idea Dao Shixian

创新创业实务
——从 Idea 到实现

傅德印 主编
刘丽红 许涛 副主编

中国财经出版传媒集团
中国财政经济出版社
·北京·

图书在版编目（CIP）数据

创新创业实务：从Idea到实现/傅德印主编；刘丽红，许涛副主编. -- 北京：中国财政经济出版社，2025.7. -- ISBN 978-7-5223-3712-8

Ⅰ.F241.4

中国国家版本馆CIP数据核字第20259XU571号

责任编辑：杨　然	责任校对：徐艳丽
封面设计：卜建辰	责任印制：张　健

创新创业实务——从Idea到实现

CHUANGXIN CHUANGYE SHIWU——CONG IDEA DAO SHIXIAN

中国财政经济出版社 出版

URL: http://www.cfeph.cn

E-mail: cfeph@cfemg.cn

（版权所有　翻印必究）

社址：北京市海淀区阜成路甲28号　邮政编码：100142

营销中心电话：010-88191522

天猫网店：中国财政经济出版社旗舰店

网址：https://zgczjjcbs.tmall.com

北京密兴印刷有限公司印刷　各地新华书店经销

成品尺寸：185mm×260mm　16开　23.75印张　400 000字

2025年7月第1版　2025年7月北京第1次印刷

定价：72.00元

ISBN 978-7-5223-3712-8

（图书出现印装问题，本社负责调换，电话：010-88190548）

本社图书质量投诉电话：010-88190744

打击盗版举报热线：010-88191661　QQ：2242791300

编委会

主　编：傅德印

副主编：刘丽红　许　涛

编　者：（按姓氏笔画排序）

　　　　王　坤　王　璐　刘　娜

　　　　张依宁　赵　莹　曹自充

PREFACE 前言

在当今这个充满机遇与挑战的时代,创新无疑已成为推动经济社会发展的第一动力。它不仅驱动着科技的飞速进步,引领着产业结构的深刻变革,还影响着人们的生活方式和社会文化的演进。从人工智能、大数据、云计算等前沿科技的突破,到绿色能源、生物科技等领域的革新,创新的力量无处不在,为经济增长开辟了新路径,也为解决全球性挑战提供了可能。

与此同时,创业作为激发市场活力、促进就业增长的重要途径,日益成为拓展各行业发展空间的关键驱动力。无论是初创企业的设立还是传统行业的转型升级,创业活动不仅促进了资源的优化配置,还催生了大量新兴业态,为经济发展注入持续动力。在中国式现代化的浪潮下,越来越多的创业者敢于梦想、勇于实践,他们的成功故事激励着更多人投身于创新创业的洪流之中,共同推动社会经济的繁荣发展。

在此背景下,创新创业教育已经成为新文科建设中高等教育人才培养的重要内容。高等教育机构不仅传授知识,更重视培养学生的创新思维、创业本领和实践能力,通过开设创新创业课程、建立创业孵化平台、举办创新创业大赛等多种形式,为学生搭建起从理论到实践的桥梁。党的二十大报告将教育、科技、人才进行统一部署,一体推进。2024年全国教育大会再次提出:"要统筹实施科教兴国战略、人才强国战略、创新驱动发展战略,一体推进教育发展、科技创新、人才培养。"高校有效实施创新创业教育,培养既具备深厚专业知识,又拥有敏锐市场洞察力、强大执行力和良好团队协作能力的复合型人才,可以为社会的持续创新和创业活动提供坚实的人才支撑。因此,加强创新创业教育,不仅是高等教育适应时代发展的必然选择,也是贯彻落实中央各项决策,推动国家经济社会高质量发展的需求所在。

本书正是适应高校在新文科建设背景下实施创新创业教育,提升广大青年学生创新创业意识和创新创业能力的需要而精心编写的一本教材,目的在于为广大青年学生创新创业提供全面、系统且实用的指导,助力其在创新创业的道路上稳健前行。

创新涵盖了思维创新、技术创新、产品创新、服务创新以及商业模式创新等多个层面。创业涵盖了开创新企业、对传统企业的升级改造等活动。通过培养创新思维,创新创业者能够敏锐地捕捉市场需求,发现潜在的商业机会,再通过具体的行动,将创新创业的想法转化为实际的产品或服务,并通过有效的商业模式推向市场,实现商业价值。这一过程涉及众多环节和要素,包括创意的产生与优化、市场调研与分析、产品设计与开发、团队组建与管理、资金筹集与运营,以及企业的注册与经营发展等。这一过程正是实现从"0"到"1"的突破过程,也是最难的过程。

本书以创新创业的全过程为主线,深入剖析各个关键环节要做什么、怎么做,为读者提供详细的理论知识和实践指导。在内容编排上,本书力求逻辑清晰、结构严谨,从创新创业思维的培养开始,逐步引导学习者完成从创意优化、需求研究、技术路线选择,到产品和服务开发、商业计划、资金融通,再到企业注册和运营的整个流程。通过丰富的案例分析、实用的方法工具以及课后思考与实践练习,帮助学习者更好地理解和掌握创新创业的核心要点,提升实际操作能力。

本书的特色之一在于其理论与实践相结合的编写方式。书中引用了大量的实际案例,涉及创意形成、市场调研、技术路线、商业模式创新等知识点,这些案例不仅生动地展示了创新创业的实际应用,还为学习者提供了宝贵的经验借鉴。同时,本书详细介绍了各种实用的方法和工具,如创意评价方法、商业计划书的撰写技巧、企业注册流程以及融资策略等,使学习者能够在实际操作中得心应手。

在编写过程中,我们充分参考了国内外创新创业领域的最新研究成果和实践经验,力求使本书内容具有前沿性和实用性。同时,我们注重语言表达的准确性和通俗易懂性,以便学习者能够轻松地理解和掌握书中的内容。

我们希望本书能够成为广大创新创业者的得力助手,无论是有创业梦想的青年大学生,还是已经踏上创业征程的创业者,抑或是从事创新创业教育的教师和研究人员,都能从本书中获得有益的启示和帮助。愿每一位学习者都能在创新创业的道路上砥砺前行,实现自己的梦想,创造美好的未来。让我们共同开启创新创业的精彩之旅!

编 者

2025年7月

CONTENTS 目 录

第一章　绪　论 ……………………………………………………… 001

　　第一节　创新是引领发展的第一动力 ……………………………… 002
　　第二节　国内外创新创业教育的综述 ……………………………… 012
　　第三节　国内创新创业教育面临的挑战与应对策略 ……………… 017

第二章　创新创业的基础理论与主要政策 …………………………… 028

　　第一节　创新创业的基本问题 ……………………………………… 028
　　第二节　国家创新创业政策 ………………………………………… 048

第三章　创意优化 ……………………………………………………… 064

　　第一节　创新思维与创意的产生 …………………………………… 064
　　第二节　创新生态系统 ……………………………………………… 075
　　第三节　创意的评价与优化 ………………………………………… 084

第四章　创新创业团队组建 …………………………………………… 097

　　第一节　创新与创业者 ……………………………………………… 097
　　第二节　创新创业团队的具体组建 ………………………………… 108
　　第三节　创新创业团队管理 ………………………………………… 115
　　第四节　劳动模范、大国工匠与创新团队 ………………………… 125

第五章　需求定位 ……………………………………………………… 139

　　第一节　创新创业需求 ……………………………………………… 139

第二节　创新创业需求的调查 …………………………………… 146
第三节　创新创业需求的定位 …………………………………… 155

第六章　技术路线图 …………………………………………………… 176

第一节　技术路线图原理 ………………………………………… 177
第二节　技术路线图的应用 ……………………………………… 187
第三节　技术路线图的结构和制作 ……………………………… 194
第四节　技术路线图的测试 ……………………………………… 201

第七章　产品服务与研发 ……………………………………………… 208

第一节　产品与服务的创新 ……………………………………… 208
第二节　创新产品体系 …………………………………………… 217
第三节　商业模式创新 …………………………………………… 221

第八章　创新创业融资分析 …………………………………………… 237

第一节　创新创业融资基本知识 ………………………………… 237
第二节　创新创业融资方法 ……………………………………… 256
第三节　撰写创业计划书 ………………………………………… 271

第九章　企业注册 ……………………………………………………… 294

第一节　新企业形式选择 ………………………………………… 295
第二节　新企业注册 ……………………………………………… 306
第三节　注册企业必须考虑的法律问题和伦理问题 …………… 325

第十章　企业运营发展 ………………………………………………… 335

第一节　现代企业治理体系 ……………………………………… 335
第二节　企业目标与战略 ………………………………………… 340
第三节　企业生产管理 …………………………………………… 343
第四节　企业财务管理 …………………………………………… 348
第五节　企业市场营销管理 ……………………………………… 354

后　　记 ………………………………………………………………… 370

第一章 绪 论

> **学习目的与要求**
>
> 1. 了解创新创业的重要意义和新文科背景下创新创业教育的必要性。
> 2. 了解当前创新创业教育的现状及存在的问题。
> 3. 明确新文科背景下创新创业教育的重点以及学习的主要内容。
> 4. 掌握新文科背景下创新创业教育的教学体系、培养过程和学习重点。

进入新时代,创新是新发展理念的首要理念,成为推动经济社会发展的第一动力。以创业促进就业成为各级政府"稳就业"所采取的重要措施,创新创业教育(简称"双创教育")也成为高等教育人才培养的重要内容。教育部要求各地各高校把创新创业教育贯穿于人才培养的全过程,培养创新型人才已经成为高等教育的重要目标。但是,如何开展创新创业教育?如何培养学生具备创新创业意识和创新创业能力?这是各高校共同面临的理论与实践课题。目前,有些高校认为组织学生参加课外的创新创业实践活动就等同于实施了创新创业教育,用"双创活动"代替"双创教育",这样做显然是不全面的。实施创新创业教育,需要高等学校从理论教学到实践教学多个方面,从宏观政策到微观方法多个层次,从创新创业工作体系到工作过程各个环节,构建创新创业教育体系和人才培养模式;需要学生从创新创业理论到实践,从创新创业方法到政策,都进行学习和掌握。只有通过从理论到实践的不断积累,才能培养和提高学生的创新创业意识和创新创业能力,才能培养出创新创业型人才。为此,本章将介绍新文科背景下如何构建并实施创新创业教育体系和人才培养模式,这也是学习创新创业课程的内容总览。

第一节　创新是引领发展的第一动力

创新发展始终是时代进步的动力源。回溯人类社会的发展历程，其本质是一部关于理论创新、科技创新和制度创新的壮丽史诗。从远古时期人类初次使用工具，到原始社会对石器、弓箭、渔网的运用；从奴隶社会青铜器的诞生，到封建社会冶炼技术的进步，再到资本主义社会蒸汽机、发电机、电动机的发明，当代社会计算机、互联网、大数据、人工智能的广泛运用，每一次的社会发展进步，都离不开创新发展的推动，尤其是技术创新的一次次进步推动。正是一次又一次的创新推动，使人类社会先后经历了石器时代、冶炼时代、蒸汽时代、电气时代、信息时代，目前正由信息时代进入数字时代和人工智能时代。

回顾后工业时代人类社会发展的步伐，创新发展的推动作用让我们感受得更加真切。19世纪六七十年代，电的理论创新取得了重大突破。1866年，德国人西门子成功研制出发电机，为电气时代的到来奠定了基础。随后，电灯、电车、电影放映机等电力驱动的设备相继出现，电力开始逐步取代蒸汽动力，人类社会正式步入了电气时代。到了20世纪50年代，计算机的出现标志着人类进入了信息时代。正如美国未来学家阿尔文·托夫勒所言，以计算机信息技术为核心的第三次浪潮推动了知识和技术的创新创造。信息时代的科技革命以原子能、电子计算机、空间技术和生物工程的发明与应用为标志，涵盖了信息技术、新能源技术、新材料技术、生物技术、空间技术、海洋技术等诸多领域。进入21世纪，互联网、云计算、大数据、人工智能等技术的崛起，使人类社会迈入了数字时代和人工智能时代。数字化和数据科学正在深刻改变着人类对世界的认知和描述方式，重构着人类的生产方式和生活方式。数字时代不仅推动了社会经济、政治、文化等领域的深刻变革，还影响着人类的生活方式和思维方式。随着数字化进程的加快，人们的衣食住行等日常生活的各个方面都在发生着重大变化。例如，移动支付让我国逐渐进入了"无现金时代"，这不仅改变了人们的消费方式，更在某种程度上重塑了商业经营模式。总之，人类社会的进步是不断创新、不断前进的过程。无论是理论创新、科技创新还是制度创新，都是推动人类社会发展的重要力量。在这个日新月异的时代里，我们有理由相信，未来的创新将会更加璀璨夺目。

一、创新是新时代引领我国高质量发展的第一动力

发达国家的现代化建设经验表明，一个国家经济社会发展的动力主要分为要

素驱动、投资驱动、创新驱动、财富驱动等类型。要素驱动指主要依靠土地、资源、劳动力等生产要素的投入，获取发展动力，促进经济增长，它一般适用于科技创新匮乏的现代化建设初期。由于受自然资源有限性等条件的制约，单纯依靠这种发展动力实现经济增长，常常会产生环境污染、生态破坏等问题。投资驱动依靠的是持续的高投资和高资本积累，以获取经济社会发展的强大动力。实践表明，高投资和高资本积累不可能永远维持下去，在经济社会发展到较高阶段之后，这种投资驱动型发展模式就难以为继。创新驱动指经济增长主要依靠科学技术的创新，通过技术变革提高全要素的生产率，实现集约的增长方式，从而最合理有效地推进经济社会持续健康发展。

我们可以看到，人类社会的变迁发展是一个过程，有时是渐进的，有时又是快速发展的。由于社会生产力发展水平的不平衡，创新驱动发展也存在不平衡性，人类由一个时代进入另一个时代，不仅需要生产力在某一个点上的突破，还需要其整体水平的提升，推动生产力整体水平提升的过程，就是创新驱动的过程。例如，当今世界有的地方处于电气时代，有的地方处于信息时代，有的地方则已经处于数字时代。生产力发展水平的不平衡就表现为多个不同时代生产力水平的同时并存。要从相对落后走向相对发达，就需要创新，通过创新为处于不同时代水平的生产力升级注入强大活力。

我国正处于创新驱动引领发展的阶段。创新是推动一个国家、一个民族向前发展的重要力量，也是推动整个人类社会向前发展的重要力量。谁在创新上先行一步，谁就能拥有引领发展的主动权。正如习近平总书记指出："实施创新驱动发展战略，是加快转变经济发展方式、提高我国综合实力和国际竞争力的必然要求和战略举措。"① 把创新驱动发展作为面向未来的一项重大战略实施好，就能够推动以科技创新为核心的全面创新，形成新的增长动力源泉，全面塑造我国发展新优势。

党的十八大以来，我们党着眼于我国经济社会发展阶段、发展环境、发展条件的变化，不断深化对经济形势和任务的认识，针对发展不平衡、不协调、不可持续的问题，指出我国经济发展进入新常态，已由高速增长阶段转向高质量发展阶段，明确创新驱动是引领高质量发展的第一动力。所谓经济发展新常态，是经济发展的一个客观状态，也是我国经济发展到一定阶段必然会出现的一种状态，

---

① 中共中央宣传部，国家发展和改革委员会.习近平经济思想学习纲要［M］.北京：人民出版社，学习出版社，2022：104.

其特点在于速度转变、结构优化、动能转换。适应、把握并引领新常态，是我国经济发展的大逻辑。新常态下，我国经济从高速增长转向中高速增长，经济结构从增量扩能为主转向调整存量、做优增量并举，发展动力从主要依靠资源和低成本劳动力等要素投入转向创新驱动。所谓高质量发展，指我国经济发展已转向高质量发展阶段，推动高质量发展已经成为经济社会发展的主题。高质量发展就是要从"有没有"转向"好不好"。习近平总书记指出："高质量发展，就是能够很好满足人民日益增长的美好生活需要的发展，是体现新发展理念的发展，是创新成为第一动力、协调成为内生特点、绿色成为普遍形态、开放成为必由之路、共享成为根本目的的发展。"① 因此，不论是适应经济发展新常态还是推动经济高质量发展，创新都是第一动力。

习近平总书记高度重视我国的创新驱动发展。面对科技领域空前激烈的竞争态势，2012年12月，习近平总书记在广东考察时提出，要大力实施创新驱动发展战略。党的十八届五中全会将"创新"列在新发展理念的首位，强调"把创新摆在国家发展全局的核心位置，让创新贯穿党和国家一切工作"。党的十九届五中全会明确指出："把科技自立自强作为国家发展的战略支撑，深入实施科教兴国战略、人才强国战略、创新驱动发展战略，完善国家创新体系。"习近平总书记强调："构建新发展格局最本质的特征是实现高水平的自立自强。"习近平总书记的这一系列重大论断和部署，为创新驱动指明了方向，也为在实际工作中践行创新驱动提供了遵循和指南。

近年来，我国政府高度重视创新驱动发展，将其作为推动经济转型升级、实现高质量发展的核心战略。通过加大科技研发投入、优化创新环境、培养创新型人才等措施，我国在科技创新方面取得了显著成果。在创新驱动的引领下，我国正逐步从过去依赖要素驱动和投资驱动的发展模式，转向更加注重科技创新和效率提升的发展路径。这体现在多个方面，如新兴产业的快速发展、传统产业的转型升级、科技创新平台的建设等。同时，我国还积极推动科技创新与经济社会发展的深度融合，加快科技成果的转化和应用，以创新引领经济社会发展全局。

创新对于我国具有重要意义。首先，它有助于提升我国在全球经济中的竞争力。通过科技创新，我国可以研发出更多具有自主知识产权的核心技术，提高产品和服务的附加值，从而在国际市场上获得更多的话语权和影响力。其次，创新

---

① 中共中央宣传部，国家发展和改革委员会.习近平经济思想学习纲要［M］.北京：人民出版社，学习出版社，2022：62.

有助于实现我国经济结构的优化升级。通过发展新兴产业、改造传统产业等方式，推动我国经济从低附加值向高附加值转变，实现经济结构的优化和升级。最后，创新还有助于提升我国人民的生活质量。科技创新可以带来更多便捷、高效、智能的产品和服务，满足人民日益增长的美好生活需要。

二、创业是我国新阶段高质量发展带动充分就业的重要路径

在经济发展进入新常态的背景下，创业是我国经济社会组织快速成长成熟的重要途径。广义上讲，创业是社会组织形式的创新，是创新的一种类型。狭义上讲，创业一般指创办企业。

从目前我国企业组织形式的发展现状来看，创业是我国企业组织实现高质量发展以及带动充分就业的重要途径。我国的企业组织形式随着我国由计划经济向社会主义市场经济转型而发展变化。计划经济时代，由于当时对生产力水平的过高估计或判断，强调公有制越"公"越好，鼓励发展公有制，不鼓励甚至限制私有制和个体经济，因此，当时的经济组织和企业形式以公有制经济为主，企业的数量与经济规模显得十分有限。随着改革开放的不断深入，为更好地适应各种生产力发展水平的需求，我国不断深化所有制改革，建立现代企业制度，积极发展个体经济和民营经济，企业的组织形式逐渐多样化，个体经济和民营经济得以大力发展，各地创办的企业数量迅速增加，企业规模快速增长。进入新时代，我国以中国式现代化推动强国建设和民族复兴，国家鼓励以创业带动就业，促进高质量的充分就业，初创企业的数量呈井喷式增长。根据国家统计局公布的数据，截至2019年（2019年以后的数据没有公布），我国私营企业户数为3516万户。从各省（区、市）来看，我国私营企业户数排名前三的省为广东省、江苏省、山东省，分别为494.2万户、312万户、290.4万户（见表1-1和表1-2）。

表1-1　　　　　　　　2010—2019年我国私营企业户数

时间	私营企业户数（万户）
2010年	846
2011年	968
2012年	1086
2013年	1254
2014年	1546
2015年	1908

续表

时间	私营企业户数（万户）
2016年	2309
2017年	2726
2018年	3143
2019年	3516

资料来源：国家统计局官方网站。

表1-2　2015—2019年我国各省（区、市）私营企业户数　　单位：万户

省（区、市）	2015年	2016年	2017年	2018年	2019年
北京市	103.8	121.0	137.6	147.5	146.5
天津市	29.2	37.1	43.2	49.3	55.4
河北省	70.8	91.6	112.8	135.4	155.8
山西省	32.1	38.7	45.5	54.8	60.5
内蒙古自治区	25.0	28.5	32.7	36.7	40.0
辽宁省	53.9	59.5	69.7	79.0	88.3
吉林省	25.8	28.4	34.3	39.6	43.2
黑龙江省	25.3	30.2	34.8	39.3	43.4
上海市	133.5	149.0	170.8	189.1	201.8
江苏省	182.2	222.9	258.6	286.8	312.0
浙江省	129.2	152.1	180.1	206.8	234.9
安徽省	57.4	73.3	91.6	112.8	134.6
福建省	64.6	81.0	97.1	114.2	129.0
江西省	40.4	47.9	54.4	64.8	75.8
山东省	134.3	174.9	209.7	245.2	290.4
河南省	70.5	90.9	112.3	137.7	166.9
湖北省	70.4	81.2	92.5	108.4	121.8
湖南省	44.4	52.6	63.9	75.5	87.2
广东省	248.1	317.2	381.6	447.1	494.2
广西壮族自治区	43.6	51.5	59.8	67.4	74.0
海南省	15.9	15.8	17.0	21.4	25.8
重庆市	54.4	62.8	69.1	76.2	81.1
四川省	78.1	92.0	109.3	125.9	137.3
贵州省	33.8	40.2	49.5	56.5	63.6
云南省	39.5	48.9	54.9	58.4	62.7

续表

省（区、市）	2015年	2016年	2017年	2018年	2019年
西藏自治区	2.4	3.5	4.6	5.6	6.4
陕西省	45.5	50.7	60.4	75.3	87.1
甘肃省	20.9	25.1	30.0	34.9	39.1
青海省	4.9	6.4	7.3	8.0	9.2
宁夏回族自治区	9.4	11.2	13.5	15.0	16.1
新疆维吾尔自治区	19.0	22.9	27.8	28.9	32.2

资料来源：国家统计局官方网站。

与我国当前的经济规模和居民收入水平相比，我国中小企业的数量还比较少，规模还不够大。尤其是与发达的市场经济国家的经济规模和居民收入水平相比，我国的人均中小企业数量远远不够。2015年末，全国登记在册的中小企业有近1908万家，约70人才拥有一家中小企业；之后，受我国高质量充分就业及创业带动就业政策的影响，初创企业呈井喷式增长，截至2019年底，我国中小企业的数量已经超过了3516万家，个体工商户数量超过7000万户，但人均中小企业数仍然不合理，近45人才拥有一家中小企业。据统计，美国平均每10人就拥有一家中小企业。以色列的国土面积只有1.52万平方公里、人口只有800多万，目前拥有近6000家创新科技公司，初创企业总数仅次于美国硅谷，是世界上人均初创企业数量最多的国家，人均创业密集度全球第一。近400家知名跨国企业在以色列设有研发中心，英特尔、谷歌、微软等企业的许多颠覆性技术在此萌芽。现在人们耳熟能详的许多科技发明最初都来源于以色列，比如U盘闪存技术、在线聊天技术等。因此，相较而言，我国中小企业不论在数量上还是质量上都存在巨大的上升空间。

另外，从我国未来社会资金投资渠道的视角来看，创业的需求在不断增长。随着我国共同富裕战略的实施，我国的中等收入群体将不断扩大，中产阶层将逐渐形成。对于中等收入群体、中产阶层家庭而言，住房投资、汽车消费的需求基本上都已经得到满足，于是社会资金如何投资是其未来需要面对的重要选择，除银行储蓄、金融证券、股票等金融投资外，选择合适的实体经济产业进行投资创业是未来的一种趋势。相较于我国经济发展的新常态、产品生产的稳定状态，个人投资创办企业还处于快速增长的阶段，创办企业的规模和水平还没有达到相对稳定的常态，个人创办企业的需求也还在快速增加。其实，从社会组织的发展情况来看，要适应不同生产力水平的发展要求，以及市场主体多样化发展的需求，尤其在实施乡村振兴战略、区域经济发展战略以及城市经济发展战略的过程中，积极创业的局面还有上升的空间。从社会经济持续稳定发展的视角来说，只有"一家一业"，才能更好地"安居乐业"，也更有助于整个社会的稳定。

总之，把创业视为我国新阶段企业组织高质量发展和带动高质量充分就业的重要路径，其原因在于：

（1）创业是经济转型升级的需要。随着我国经济从高速增长阶段进入高质量发展阶段，传统的增长动力逐渐减弱，需要新的增长点来推动经济转型升级。创业作为创新的重要载体，可以带来新的技术、产品和服务，推动经济结构优化升级，为经济发展注入新的活力。

（2）创业是实施创新驱动发展战略的重要途径。通过创业，可以将科技创新与市场需求相结合，推动科技成果的转化和应用，加速创新驱动发展战略的实施。

（3）创业是扩大就业和培养创新型人才的需要。创业不仅可以创造更多的就业机会，缓解就业压力，还可以通过实践培养更多的创新型人才。同时，创业也为个人提供了实现自我价值和追求事业成功的平台。

（4）创业可以促进区域均衡发展。通过鼓励创业，可以带动欠发达地区的经济发展，缩小区域发展差距。创业活动的兴起可以促进资源要素的合理流动和优化配置，推动形成全面开放、协调发展的区域经济布局。

（5）创业可以增强我国的国际竞争力。创业活动的蓬勃发展有助于培育具有国际竞争力的企业和品牌，提升我国在全球产业链、价值链中的地位。通过创新创业，我国可以研发出更多具有自主知识产权的核心技术，提高产品和服务的附加值，增强国际竞争力。

三、创新创业教育是高等教育高质量发展的内在要求

党中央、国务院一直高度重视创新创业及创新创业教育。近年来，党的历届全国代表大会工作报告都对创新创业提出了明确的要求，如党的十八大报告、十九大报告、二十大报告以及《国家中长期教育改革和发展规划纲要（2010—2020年）》，明确提出要推动"高质量充分就业""以创业带动就业"，进一步深化了创新创业教育的内容和范围，鼓励全社会创新创业。尤其是十九届五中全会，会议通过的《中共中央关于制定国民经济和社会发展第十四个五年规划和二〇三五年远景目标的建议》，用专门的一章对创新驱动发展进行了论述，不仅向全党全国发出号召，也提出了具体的行动指南。2015年，国务院办公厅发布了《关于深化高等学校创新创业教育改革的实施意见》，标志着创新创业教育上升为国家战略，对于深化高校创新创业教育改革提出了明确的目标、任务和指导意见，成

为新时期我国创新创业教育的理论导向和行动纲领。与此同时，教育部、人力资源和社会保障部等部门积极响应，先后出台政策，采取多种措施推进高等学校开展创新创业教育，鼓励大学生自主创业，实施创新人才培养推进计划，推动高校技术创新和科技创新成果的产业化，全力推动创新创业高质量发展。

1. 创新创业教育的内涵

关于创新创业教育，站在不同的视角，我们会有不同的理解和认识。

从教育教学的视角出发，创新创业教育是传统教育教学理念与教学方式的变革。变革传统教育教学知识传授和能力培养的理念、方式，深入挖掘学生成为未来社会的企业家以及高级管理人员的内在潜能，实施旨在培养学生创新创业意识、思维、精神和能力的教育理念和模式。通过培养更多的创新创业人才，促进经济社会的进步和发展。创新创业教育是创新教育和创业教育的融合统一，创新教育是创业教育的基础，创业教育是创新教育的载体，两者相辅相成、互为补充。

从人才类型的视角出发，创新教育旨在培养具备创新意识、创新思维、创新精神、创新能力的现代化创新型人才，创业教育旨在培养具备创业精神与能力的个性化人才。

从社会发展的视角出发，创新创业教育是对教育理念、内容和方式的升华，是促进人的个体发展、教育教学改革、人类知识积累、社会经济发展共同进步的一项事业。

总之，创新创业教育是为了适应现代经济社会发展需要，以培养受教育者的创新精神、创业意识和创业能力为目的的一种全新的教育理念和教育模式，同时它是适应创新驱动发展的时代，以创新为动力的知识经济、信息经济、数字经济社会发展的时代产物。

对我国而言，创新创业教育的提出既有一般意义上的内涵和价值，又有适应我国经济发展新常态、贯彻新发展理念、构建新发展格局、推动高质量发展的现实意义。

2. 教育部关于大学生创新创业教育的政策

在国家战略的指导下，教育部立足于经济社会和国家发展战略的高度，陆续出台了系列政策要求，积极推进创新创业教育。教育部针对创新创业教育制定的一系列政策，有以下关键内容。

（1）教育部强调将创新创业教育贯穿人才培养全过程，深化高校创新创业教育改革。2010年5月，教育部出台《关于大力推进高等学校创新创业教育和大学生自主创业工作的意见》，提出创新创业教育要面向全体学生，纳入教学主渠道，结合专业教育，融入人才培养全过程。同时，鼓励高校从学校类型、层次、特点和所处区域的实际出发，探索形成多样化的创新创业教育模式。要求健全课堂教学、自主学习、结合实践、指导帮扶、文化引领融为一体的高校创新创业教育体系，增强大学生的创新精神、创业意识和创新创业能力。建立以创新创业为导向的新型人才培养模式，并打造一批创新创业教育特色示范课程。

（2）教育部实施国家级大学生创新创业训练计划，在资金和政策方面提供了大力支持。2012年，教育部决定在"十二五"期间实施国家级大学生创新创业训练计划，目标在于促进高等学校转变教育思想观念，改革人才培养模式，强化创新创业能力训练，增强高校学生的创新能力和在创新基础上的创业能力，培养适应创新型国家建设需要的高水平创新人才。在资金和政策方面，教育部鼓励在校生参加创新创业训练计划，学校对在校生参加创新创业训练计划给予经费上的专项支持。

（3）教育部积极举办各类大学生创新创业大赛，以赛促教，实现产教融合和成果转化。2015年，教育部举办了首届中国"互联网+"大学生创新创业大赛，旨在深化高等教育综合改革，激发大学生的创造力，培养造就新征程上创新创业的生力军；推动赛事成果转化，促进"互联网+"新业态形成，服务经济提质增效升级；以创新引领创业、以创业带动就业，推动高校毕业生更高质量创业就业。该赛事在全国范围内产生了重大影响，后更名为"中国国际'互联网+'大学生创新创业大赛"，现名为"中国国际大学生创新大赛"，这项赛事已经成为我国创新创业教育的重要载体和有效平台。

（4）教育部积极鼓励高校毕业生以创业带动就业。教育部联合其他部门落实支持大学生创业的各项政策，其中，对于高校毕业生创办的小微企业，可以按规定享受小微企业普惠性税费政策。对于创办个体工商户的毕业生，其年应纳税所得额不超过100万元的部分，在现行优惠政策基础上减半征收个人所得税。此外，毕业2年以内的普通高校毕业生从事个体经营的，在3年内免收管理类、登记类、证照类等有关行政事业性收费。在补贴方面，教育部也制定了多项政策。对于在毕业学年有就业创业意愿并积极求职创业的低保家庭、贫困残疾人家庭、原建档立卡贫困家庭和特困人员中的高校毕业生，以及残疾和获得国家助学贷款的高校毕业生，教育部给予一次性求职创业补贴。对首次创办小微企业或从事个体经营，且所创办企业或个体工商户自工商登记注册之日起正常运营1年以上的离校2年内高校毕业生，试点给予一次性创业补贴。对于在毕业年度内参加创业培训的大学生，按规定给予培训补贴。

综上所述，教育部在创新创业教育方面采取的一系列积极的政策和措施，旨在推动高校创新创业教育地深入发展，提升大学生的创新创业能力，促进创业就业，为国家的经济发展和社会进步作出贡献。为此，当代大学生要充分利用好这些政策机遇，把自己的专业学习和创新创业学习有机结合，提升自身的各项素质和能力。

3.创新创业教育的意义

（1）引导高校更新教育观念，改革教学模式，提高人才培养质量。创新创业教育的核心是培养大学生的创新精神和创业能力，高等学校通过不断更新教育观念、改革人才培养模式、改革教育内容和教学方法，将人才培养、科学研究、社会服务紧密结合起来，实现从注重知识向更加重视能力和素质的转变，在科教融合、产教融合中提高人才培养的质量。实施创新创业教育也符合高校建设创业型大学的教育理念，创业型大学以对接国家发展战略，服务经济社会发展的人才需求，培养学生创新创业精神和能力，形成校园创业文化为己任。同时，实施创新创业教育是高校高质量发展的要求。高质量是高校的生命线，高等学校人才培养质量高低的根本标准在于其培养出来的人才是否适应经济社会发展的需要和国家战略发展的需求。

（2）培养大学生的创新精神和实践能力，促进学生全面发展。创新创业教育旨在培养学生的创新思维和实践能力，使他们能够在面对新问题和新挑战时，运用所学知识和技能进行创新并解决问题。这种教育模式鼓励学生勇于尝试、敢于冒险，培养他们的风险意识和抗压能力。创新创业教育作为一种素质教育，有利于学生健全人格的发展，促进大学生个性化培养和综合素质的提高。大学生创新创业教育不仅关注学生的专业知识和技能，还注重培养他们的综合素质，如沟通能力、团队协作能力、领导能力等；不仅从专业教育的角度帮助大学生学会创办企业、筹集资金，更是一种人生成功的教育，培养大学生的首创意识、冒险精神、创业能力、独立工作能力，以及技术、社交和管理技能，对人的全面发展起着重要作用，这种教育模式有助于大学生形成健全的人格，提高其社会适应能力。

（3）提高大学生的就业能力，以创业带动就业。创新创业教育有助于提高学生的就业竞争力，增加他们的就业机会。创新创业教育有助于激发学生的学习兴趣和创业热情，帮助学生了解创新创业的相关知识，培养其创新创业能力，从而提高个体创业的成功率，使学生获得创新创业带来的精神和物质回报。创新创业教育有利于培养学生的批判精神和创造精神，激发学生的创造潜能，培养学生勇于探索的精神和善于解决问题的实践能力，为社会创造更多的价值和就业机会。近年来，我国大学生毕业人数逐年增多，经济增长速度放缓，大学生就业结构性困难已经是不争的事实。就业压力问题成为我国政府亟须解决的社会问题。对大学生开展创新创业教育，不仅能使其解决自身的就业问题，还能带动其他群众就业，因而创新创业教育对就业的促进作用具有倍增效应。

（4）实施创新创业教育是适应我国经济社会创新驱动发展的必然要求。当前，创新能力越来越成为国家间竞争的核心要素。我国要想在国际事务中赢得主动权，必须加大创新的力度；我国要实现高质量发展，也必须依靠创新。高校创新体系是国家创新体系的重要组成部分，该体系的建立有助于培养和储备创新型人才，有利于推动科技进步和产业升级，助力实现国家战略目标，提升国家核心竞争力，促进经济社会高质量发展。创新创业教育是创新驱动发展的必然先导。

第二节 国内外创新创业教育的综述

一、国内关于创新创业教育的现状

我国创新创业教育的发展大致可以分为以下阶段。

1. 自发探索阶段（1990年末至2000年初）：创新创业理念的引入与普及

这一阶段，高校开始引入创新创业教育的理念，将其作为高等教育的重要组成部分。同时，国家和地方政府也开始意识到创新创业对于经济发展的重要性，并逐步出台相关政策，鼓励大学生参与创新创业活动。20世纪90年代末开始，我国部分高校，如北京大学、浙江大学、华南理工大学等，开始尝试开展创新创业教育，这些高校开拓创新，勇敢地探索尝试，为我国高校创新创业教育的发展打下了坚实的基础。

2. 多元探索阶段（2000年初至2010年初）：创新创业教育体系的建立与完善

在这个阶段，高校逐步探索建立创新创业教育的课程体系，并将实践活动与课程教学相结合。同时，各级政府也设立了一系列创新创业竞赛和基金，为大学生创新创业提供资金和技术支持。2001年，教育部将北京大学、清华大学、复旦大学等九所高校列为国家创新创业教育试点，并从政策等方面给予积极扶持，标志着我国高校的创新创业教育已经从自发探索阶段转为多元探索阶段。教育部提出，要培养"知识+技能"的复合型人才；创新创业教育应该是开放式的，应将实践融合到基础理论教学中；充分发挥"产学研"基地的优势，强调大学教育的创新性和实用性。

3. 拓展阶段（2010年至2017年初）：创新创业教育政策的深化与实践

这一阶段，国家推出了《关于深化高校创新创业教育的指导意见》等一系列政策，推动高校创新创业教育的深化改革。同时，高校与企业、科研机构的合作更加紧密，创新创业实践活动得到了更广泛的开展。2010年，教育部下发了《关于大力推进高等学校创新创业教育和大学生自主创业工作的实施意见》，对做好创新创业教育和抓好大学生创业实践进行了全面部署，标志着我国高校创新创业教育进入了全面发展的新阶段。特别是，教育部实施了创新创业工程质量项目，在全国范围内精心筛选设立了30个以提高创新创业能力为主要目标的人才培养创新实验基地。近年来，在推动高质量充分就业、创业带动就业的时代背景下，创新创业教育已成为各高校日常教育的重要内容，各高校不断完善创新创业课程体系，建立健全各项制度机制，丰富创新创业活动实践，有力地推动创新创业教育的开展。

4.高质量发展阶段（2017年至今）：创新创业教育高质量发展与创新驱动

随着我国经济由高速增长阶段转向高质量发展阶段，创新创业已成为国家战略，高校创新创业教育也逐步走向高质量发展阶段。高校不仅注重知识的传授，更注重能力的培养，鼓励学生将创新成果转化为实际的产品和服务。同时，通过与地方政府和企业的合作，高校创新创业教育正在更好地服务于地方经济发展和产业升级。

总的来说，国内高校大学生创新创业教育从理念引入、体系建立，再到政策的深化和实践的拓展，以及目前的高质量发展，这一发展过程体现了国家对高等教育和创新创业教育的重视，也反映了高校和社会对创新创业人才培养的不断探索和完善。经过这些年的发展，高校创新创业教育取得了显著成效。

一是形成共识，高度重视，把创新创业教育融入人才培养的全过程，既有创新创业的专业教育，也有创新创业的通识教育。

二是形成了不断完善的创新创业教育学科体系、专业体系、课程体系和实验实训体系。

三是形成了有一定规模、结构相对合理、既有创新创业理论又有创新创业实践经验的专兼结合的师资队伍，极大地保障了创新创业教育的开展和教学质量。

四是形成了一系列科教融合、产教融合的创新创业教育实施平台。从创新创业教育学院的成立，到实验实训中心、创新创业孵化平台以及高校创新创业园区的成立，平台建设不断完善。

随着我国高校创新创业教育的推进，高校开展创新创业教育的模式也逐渐形成。从学校引导的视角来看，主要有三种代表性的模式，即学科导向型模式、实践导向型模式和综合型模式。

学科导向型模式主要是开设创新创业相关课程，如就业指导、创业基础教育、大学生职业生涯规划等相关课程，向学生传授创新创业相关理论知识。

实践导向型模式通过设立专门的大学生创新创业指导中心，设置创新创业项目，成立创新创业孵化区和园区，为学生提供相关服务，以具体项目实践推动创新创业教育和人才培养。

综合型模式主要是把创新创业知识的传授与实践活动有机结合起来，来推动创新创业教育的开展。有的学校把创新创业学分纳入毕业条件，学生需要通过开展创新创业活动、参加创新创业知识技能培训、听取有关讲座来修满创新创业学分，为其走向社会、自主创业打下坚实基础。

从高校二级学院落实的视角来看，主要有以下做法和模式。

健全优化课程体系。通过构建系统的创新创业课程体系，将创新创业教育与专业教育相结合，建立"双创"平台。

建立创新创业实践平台，如学生创新实验室、创业孵化器等，为学生提供实验、研究、创业的空间和机会。

实施"双创"导师制。学校聘请校外企业家、行业专家、投资人等担任学生创新创业的导师，为学生提供指导和建议。通过一对一或小组辅导，帮助学生解决创新创业过程中遇到的问题，提高创业成功率。

组织参加相关竞赛。鼓励学生参与国内外各类创新创业竞赛，如"挑战杯""大学生创业计划大赛"等。

推动产学研结合。与企业和研究机构合作，将科研成果转化为创业项目，或者将企业的实际问题作为学生创新研究的课题。

国际合作培养。与国际高校合作，引进国外先进的创新创业教育理念和课程，为学生提供海外学习和交流的机会，拓宽其国际视野，培养具有国际竞争力的创新创业人才。

另外，把思想政治教育与创新创业教育相融合，在创新创业教育中融入社会主义核心价值观教育，培养学生的社会责任感和爱国情怀。

二、国外关于创新创业教育的现状

国外创新创业教育的发展可以分为以下四个阶段。

1.初始阶段（20世纪50年代至70年代）

创新创业教育的理论研究和实践探索最早兴起于美国。在这个阶段，美国高校开始设立创业相关的课程和学位，同时，政府和社会各界也开始重视创新创业教育。1947年，哈佛大学商学院的迈赖斯·迈斯教授开设的MBA课程创新企业管理，被看作创新创业教育在高校的首创。斯坦福大学、麻省理工学院等知名高校也开设了与创业相关的课程，如创业管理、新产品开发等。这些课程旨在培养学生的创业意识和企业家精神。1958年，为扶持中小企业创新，美国政府通过了《小企业投资法案》，该法案通过小企业投资公司（SBIC），构建了由私人资本主导，政府提供低息贷款和担保，承担部分投资风险，专门投资初创企业的机制。《小企业投资法案》通过改善中小企业的融资环境，间接促进了创业生态的成熟，为创新创业教育的发展提供了实践基础和案例支持。SBIC的运作模式为商学院提供了鲜活的案例。例如，哈佛商学院将SBIC投资策略纳入创业课程，培养学生的风险评估与资本运作能力。法案推动的创业实践为教学提供了丰富的素材，如硅谷早期科技企业的成长历程成为创新创业教育的经典案例。20世纪60年代，创业管理课程兴起，美国高校增设了创业融资、中小企业管理等课程，麻省理工学院斯隆管理学院率先开设了新企业创建必修课，直接回应SBIC对创业人才的需求。法案推动了技术创新需求促使工程学院与商学院合作，如斯坦福大学开设了技术创业双学位项目，旨在培养复合型人才。百森商学院的知名教授、创业教育之父杰弗里·蒂蒙斯（Jeffry Timmons）对当时美国经济社会结构的变革进行了前瞻性的研判，认为美国传统产业在衰退，正处在一场静悄悄的大变革中，也就是所谓的创业革命；全球范围内即将兴起一个新的时代，即创业一代，与之对应，杰弗里·蒂蒙斯首次提出了创业教育的新模式。基于这种认识，美国的创业教育在杰弗里·蒂蒙斯的带领下如火如荼地开展至今。美国百森商学院因为在创业教育理念、课程设置、教学模式、实践平台、师资队伍等方面独具特色，所以一直处于领先地位。

2.发展阶段（20世纪80年代至90年代）

20世纪80年代，美国政府意识到创新创业对国家经济发展的重要性，开始出台一系列政策支持创新创业教育。1980年，美国出台了《拜杜法案》，旨在激活高校的科研潜力。该法案下放了专利权，允许大学、非营利机构保留联邦资助项目的专利权，企业通过许可协议获得技术使用权；高校、发明人、企业按"三三制"分配专利收益，激发科研人员的商业化动力；推进制度创新，形成"专利挖掘—价值评估—商业谈判"全链条服务体系。法案重塑了产学研协同的教育范式。高校角色转型，大学从纯学术研究转向"知识生产—技术转化—创业孵化"三位一体，允许学生参与教授的科研项目并探索商业化路径。支持学生创业，允许高校以专利入股学生创业公司。该法案推动了企业高管与高校教授的双向流动，案例教学占比显著提升。推动高校建立创业孵化器，为学生提供办公场地、法律咨询和投资对接，形成"创业教育—校友支持—产业反哺"的良性循环。与此同时，创新创业教育也开始向多个国家和地区扩展，如欧洲、亚洲等。许多国家和地区的教育部门开始将创新创业教育纳入国民教育体系，设立创新创业相关的课程和项目，培养学生的创新精神和创业能力。

3. 成熟阶段（21世纪初至今）

进入21世纪，美国创新创业教育逐渐形成了完善的体系，创新创业课程逐渐普及。此外，美国还设立了创新创业教育专业认证体系，成立了创业教育认证委员会（Entrepreneurship Education Accreditation Commission）等机构。美国重视实践教学，为学生提供丰富的实践机会，如开设创业实践（Entrepreneurship in Practice）等课程，让学生在真实的商业环境中学习和实践。此外，美国高校与企业合作，建立了创新创业教育平台，为学生提供实习、实训、创业支持等资源。美国注重跨学科、跨领域的融合，如斯坦福大学推出的设计思维（Design Thinking）课程，将创新思维与工程、艺术、人文等多个学科领域相结合，培养学生的综合素质。

4. 创新升级阶段（近年来）

随着全球经济的发展和科技的进步，创新创业教育进入了创新升级阶段。在这个阶段，创新创业教育注重培养学生的创新创业思维、创新能力和创业精神，强调跨学科、跨领域的合作与交流，以适应不断变化的社会和市场需求。积极构建创新创业生态系统，将高校、企业、投资机构、政府等多方力量整合在一起，如硅谷、波士顿等地区，形成了世界著名的创新创业集聚地。这为创新创业教育提供了良好的外部环境。关注创新创业教育的智能化、数据化、个性化等方面，以适应不断变化的社会和市场需求。

相较而言，国外高校的创新创业教育已日趋成熟，特别是美国等发达国家已经建立了相对完善的大学生创新创业教育体系。国外创新创业教育的发展具有以下特点。

（1）高校创新创业教育受到各国政府的高度重视。"美国的创新创业教育已经纳入了国家教育体系，2001年出版的《创新创业教育国家标准》不仅规定了美国的创新创业教育课程，而且对其课程单元和每个单元的能力标准也进行了明确阐述。"德国政府明确提出，高等学校要成为创业者的熔炉。在澳大利亚，大学创新创业教育已经开展了40多年。印度政府于1986年出台的《国家教育政策》明确要求，高校要培养大学生"自我就业所需要的态度、知识和技能"。肯尼亚技术培训与技能开发部规定："凡有条件的职业学校都要设立创新创业教育研究室和小企业中心。"

（2）政府、高校和社会等创新创业教育相关责任主体形成了良性的互动关系。例如，美国在创新创业教育的社会支持体系方面形成了政府引导、社会主导与高校辅助的格局。英国政府拨款建立了英国创新创业中心与全国大学生创新创业委员会，并通过高等教育学会、高等教育基金委员会积极促进创新创业教育模式、方法和态度的转变。在德国，政府、高校以及社会在创新创业教育过程中各有分工，其中，政府系统为主要渠道，企业和学生为主体，学校为中介，全面培养大学生的创新创业能力。

（3）具有系统成熟的大学生创新创业教育的相关理论与实践课程体系。美国高校的创新创业教育课程规划涵盖了不同领域的创新创业项目所需要的知识和技能。澳大利亚不断完善课程体系，经过改革和调整，形成了4套模块化教材，包括综合性基础类教材、工业类教材、商业发展类教材和远程教育类教材。日本高校在1994年开设了综合学科课程，把"产业社会与人"作为必修的创新创业教育课程。

（4）具有稳定的专兼结合的创新创业教育师资队伍。在美国，创新创业教育师资一般分为专职教师和兼职教师两类，学校有从事创新与创业课程教学的专业教师，还会聘请校外优秀的企业家或成功的创业者进行兼职授课。学校特别重视对创新创业师资的培养。英国高校的创新创业教育师资分为创新型和创业型两大类，高校鼓励教师的创新和创业行为。此外，高校会邀请诸多企业家和创业者走进学校、走进课堂并参与教学，如牛津大学的创业与商业技能课程，有一半的课程是由企业管理人员和技术转让处主管组成的兼职教师队伍承担。在德国，高校设置了专门的创新创业相关课程，既鼓励部分专业教师从事相关教学和研究，也聘请校外有成功创业经验和理论修养的企业家共同进行创新和创业课程教学。

第三节　国内创新创业教育面临的挑战与应对策略

一、国内创新创业教育存在的不足

相比于发达国家，我国启动创新创业教育较晚，创新创业教育的模式尚需进一步完善，理念仍需进一步革新，总体发展还处于初级阶段，虽然积累了一些成功经验，并取得了初步成效，但也存在一些不可回避和亟待解决的问题。

（1）创新创业教育的环境有待进一步优化，观念有待更新。虽然国内高校不断加大对创新创业教育的宣传力度，但由于观念、环境等因素的制约，许多高校对大学生创新创业的理解和认识还不全面，对大学生创新创业的引导力度还不够，在社会范围内还未形成支持创新创业、尊重创新创业的浓厚氛围。部分高校将创新创业教育视为单纯的人才培养手段，过分强调其经济价值和功能，而忽略了教育的育人功能和精神属性。这种偏差可能导致创新创业教育仅成为一种技能传授，而非全面提升学生综合素质的过程。例如，在实施中，有的学校或教师重理工类发明制造，轻文科类创业管理，片面地认为创新只是理工科高校、理工科专业学生的事情；有的高校把创新等同于实验室里的技术发明和创造，对文科学生的创新创业教育不够；有的高校将创新创业教育视为对少数具有创新意愿、创业理想的学生的培养，没有将创新创业教育融入整个高校的人才培养体系。高校创新创业教育应面向全体在校学生，实现从"小众"到"大众"的转变，让更多学生接受创新创业教育，更好地激发学生的创新精神和创业意识，提高学生的创新创业能力。

（2）高校创新创业教育体系有待进一步完善。很多高校的创业教育并不是学校培养全面人才体系的一个必要环节，而是属于辅助教育或者提高教育。部分高校的创新创业课程内容和模式较为单一，主要以讲座形式开展，缺乏系统性、完整性，不能结合学校实际和学科特色有效开展。有的学校是"轰轰烈烈地搞活动多而理论教育教学少"，以少数学生的创新创业活动代替学校创新创业教育，"双创"教育体系不够完整，培养模式不明确。有的高校实践教育的功能发挥不足，承担创新创业教育任务的教师在育人意识、育人能力方面有待提升，导致教育实践中过于侧重知识和技能的传授，忽视了对学生思想道德和创新创业精神的培养。

（3）大学生的创新创业热情有待进一步激发。受思想认识、传统就业择业观念的束缚，很多大学生对创新创业缺乏激情，不能深刻认识到创新创业的重要性，只是把创新创业活动作为应对学校规定修满学分的一种手段。此外，部分学生虽然有创新创业的想法，但对自身的能力缺乏自信，同时又得不到应有的指导和帮助，开展创新创业的积极性明显不足。有的学生即使知道创新创业很重要，但是对做什么、怎么做毫无头绪，对创新创业无从下手，尤其是存在"最后一公里"的问题，不知道怎么实施。

（4）高校对创新创业的各类支持不够到位。各类平台缺乏系统整合和有效管理，创新创业专项资金投入不足，"双师"型师资严重短缺。教师团队的指导能力对大学生创新创业教育起着至关重要的作用。部分高校仍未形成系统化、长效化的创新创业育人机制，缺乏持续推动创新创业教育质量提升的内在动力。

二、新文科建设视角下的创新创业教育

2019年4月，教育部在天津大学召开"六卓越一拔尖"计划2.0启动大会，正式全面启动新工科、新医科、新农科、新文科建设。同年，教育部发布《关于深化本科教育教学改革全面提高人才培养质量的意见》，要求"以新工科、新医科、新农科、新文科建设引领带动高校专业结构调整优化和内涵提升"。

2021年4月，习近平总书记在清华大学考察时强调，要"推进新工科、新医科、新农科、新文科建设"（简称"四新"）。这一重要讲话将推进"四新"建设放在构建一流大学体系、推进学科交叉融合、对现有学科专业体系进行调整升级、瞄准科技前沿和关键领域、加快培养紧缺人才的发展需求背景下，表明"四新"建设与学科专业优化、创新能力提高、产学研用融合、时代新人培养有着紧密的联系。"四新"建设将不断推进人才培养模式的创新和人才培养范式的变革，成为引领我国高等教育改革创新的标志性举措。

"四新"建设是高等教育应对未来挑战的战略先手棋。当前，科技革命和产业变革快速发展，经济和社会形态将发生根本性变化；国际格局正在深度调整，各国产业结构面临重构，世界进入以创新为主导的发展时期。在此背景下，培养具有社会责任感、创新精神和实践能力的时代新人，正在成为高等教育改革与发展的最强音。因此，"四新"建设不仅是人才类型的增多和培养模式的转变，更有抢占国际科技产业前沿的意义。

"四新"建设的核心是由学科融合带动现代科技与生产实践紧密结合，对科技本身而言，在于推动交叉学科发展、变革创新方式；对社会而言，就是推动产业结构调整、促进经济形态变迁。这是高等教育主动迎接新一轮科技革命和产业变革的行动，通过融合创新，助推传统产业升级，实现迭代跨越，形成我国新经济发展中的技术先导。

1.新文科的本质和核心要义

文科是人文社会科学（或称哲学社会科学）的简称，是人文科学和社会科学的统称。其中，人文科学主要研究人的观念、精神、情感和价值；社会科学主要研究各种社会现象及其发展规律。按照我国《普通高等学校本科专业目录（2012年）》的划分，除理学、工学、农学和医学外，哲学、经济学、法学、教育学、文

学、历史学、管理学、艺术学等学科门类基本上都可纳入文科范畴。

新文科是相对于传统文科而言的，是以全球新科技革命、新经济发展、中国特色社会主义进入新时代为背景，突破传统文科的思维模式，以继承与创新、交叉与融合、协同与共享为主要途径，促进多学科交叉与深度融合，推动传统文科的更新升级，从学科导向转向以需求为导向，从专业分割转向交叉融合，从适应服务转向支撑引领。

美国希拉姆学院旗帜鲜明地提出了新文科的教育理念。2017年10月，该学院对培养方案进行了全面修订，对29个专业进行重组，即把新技术融入哲学、文学、语言等课程中，为学生提供综合性的跨学科学习。

2020年11月3日，由教育部新文科建设工作组主办的新文科建设工作会议在山东大学（威海）召开，会上发布了《新文科建设宣言》，并对新文科建设作出全面部署，强调对传统文科进行学科重组，倡导文理交叉，致力于构建世界水平、中国特色的文科人才培养体系。新文科本质上是坚持价值引领、守正创新，形式上是推进现代信息技术与传统文科专业、文科与理工农医科专业的深度交叉融合，注重用中国理论阐释中国发展道路，以马克思主义为根本指导思想和方法论，总结中国模式和中国经验，吸收世界学术探索的有益成果，思考人工智能技术所带来的形态变化，深入探讨人类社会发展的理论问题。总体上，要加强学科与社会的结合，注重现代科技特别是人工智能技术的融入，深化高校文科专业教学改革，培养新型人文社科人才。

新文科体现了人文社会科学的一般特征，同时又具有一些新的特征。

一是战略性，这是新文科的价值所在。新文科建设要服务国家战略，应对当今错综复杂的国际国内形势，增强我国在国际社会的话语表达能力；服务我国经济社会领域的全面深化改革，解决与人们思想观念、精神价值等有关的重大理论和实践问题。

二是创新性，这是新文科的属性特征。新文科建设要通过新的学科增长点，对传统学科进行转型、改造和升级，寻求我国在人文社会科学领域新的突破，实现理论创新、机制创新、模式创新。

三是融合性，这是新文科的学科特征。新文科建设涵盖了人文社会科学领域内多个学科的交叉、融合、渗透和拓展，也涵盖人文社会科学与自然科学交叉融合形成的文理交叉、文医交叉、文工交叉等新兴领域。

四是发展性，这是新文科的动态特征。人文社会科学领域研究的问题存在很多不确定性，许多新问题会随着社会发展层出不穷，且问题的解决并无固定模式，需要在实践过程中不断探索、调整，日臻完善。

2. 新文科与创新创业教育

按照学科属性，创新创业教育是工商管理一级学科下的二级学科或方向，创新创业当属新文科范畴。新文科内涵创新的特质，也需创业的品质，这对创新创业教育提出了更高的要求。

基于新文科背景的创新创业教育，就是要突出价值引领，培养学生创新创业的精神和能力；就是要实现多学科的交叉与深度融合，推动创新创业教育的更新升级，以创新创业需求为导向，从专业分割转向交叉融合，从适应服务转向支撑引领；就是要适应现代科技，特别是数字时代的发展，以全球新科技革命、新经济发展、中国特色社会主义进入新时代为背景，突破传统文科的思维模式，以继承与创新、交叉与融合、协同与共享为主要途径，尤其是在创新创业的选题上要适应数字时代带来的影响，抢占发展机遇。数字时代的影响可以概括为数字化转型和流程再造，围绕如何实现数字化，可以有很多选题；围绕流程再造，就是要对传统的生产过程、服务过程、管理过程进行再造，开展创新创业。近年来，生成式人工智能、数智技术、AI技术的突破性发展，对新文科、创新创业教育产生了重大影响。要解决现在创新创业教育中"最后一公里"的问题，真正实现科教融合、产教融合，让大学生不仅知道为什么要创新创业，更要知道从哪里做起、做什么、怎么做。因此，新文科建设的各项政策要求为高校开展创新创业教育指明了方向，创新创业教育也成为新文科在新时代背景下实现升级的重要途径。

3. 新文科背景下创新创业教育的探索

适应新文科背景下创新创业教育的新要求、新挑战，针对创新创业教育存在的问题，汲取已有的先进经验和做法，借鉴发达国家的成功经验和先进理念，总结已有的做法，结合大学的办学特色，对新文科背景下创新创业教育体系进行再造和提升。实施创新创业教育升级改造项目的主要思路：一是按照创新创业的各个环节，构建教学体系，开发新文科创新创业课程，提升创新创业教育理论教学的效果；二是按照创新创业的各个环节，突出由理论到实践的认知路径，构建需求驱动、项目引领、竞赛激励、产教融合的特色人才培养模式，提升创新创业教育的实践效果；三是建设校内实验室和校外实践基地，提供相互支撑融合的创新创业教育场地，为创新创业教育提供良好的物质保障；四是构建包括劳动模范、大国工匠导师在内的专兼结合的创新创业教学导师队伍，促进学生创新创业能力和综合素质的提升。具体包括以下措施。

（1）重塑教育理念，形成"从idea到实现"的创新创业教学体系。

优化创新创业人才培养顶层设计，建构培育学生创新意识和创新精神、提升学生创新创业能力的教学体系，让学生掌握创新创业的基本方法和路径。宏观上，围绕学生创新意识和创新精神的培养，让学生深刻理解创新是驱动国家发展战略的核心动力，掌握国家创新体系的建设内容，国家重大创新需求领域，未来创业的需求空间和业态，以及国家创新创业政策。微观上，培养学生掌握创新创业的具体方法和路径，掌握"双创"的起点、过程、具体环节、重点难点，按照优化想法、组建团队、技术路线分析、市场需求分析、产品服务开发、融资投资研究、企业注册、企业运营等全过程各环节，学会解答做什么、怎么做等各方面问题，在学习创新创业理论的同时，把创新创业理论与不同专业理论有机结合，把各专业领域的重大理论需求和前沿技术需求转化为创新创业项目需求，按照创新创业的步骤流程，在实践中进行演练，将"双创"教育真正融入人才培养全过程，解决"双创"教育的"最后一公里"难题（见图1-1）。

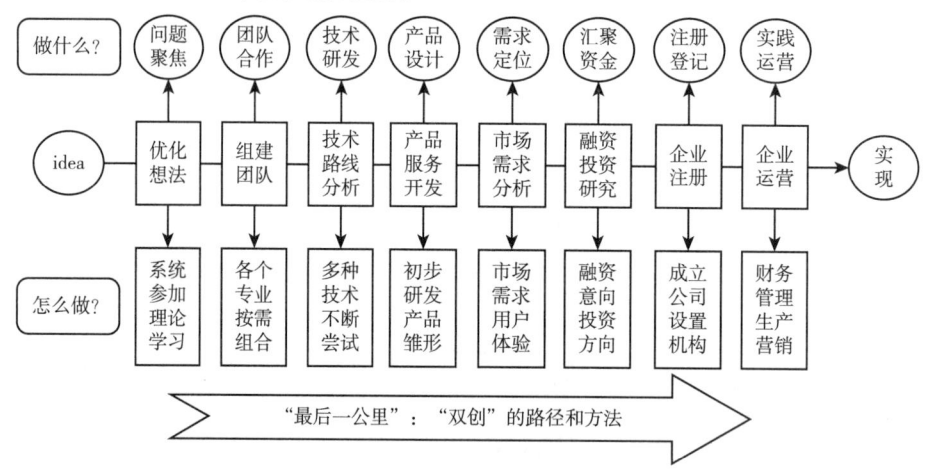

图1-1　创新创业教学体系

（2）注重互动融合，构建"1+2+N"的"双创"人才培养模式。创新创业教育只停留在理论教学层面是不够的，那是纸上谈兵，缺乏"落地"。只举办创新创业活动，没有系统的理论教学支撑也是不完备的，容易使学生缺乏系统思维。创新创业教育必须是理论教学和实践教学的有机结合。为此，大学生经过一定的创新创业理论学习后，就要转入具体的实验和实践，尤其是结合不同专业领域的需求,聚焦、凝练、优化选题,按照创新创业的各个环节,分步骤实施各类实验、实践,直至成果实现或企业诞生。在实施中,还可以及时引入竞赛机制,以赛促教,激发学生更大的兴趣,拓宽学生视野,同时融入价值观教育,这就形成了"1+2+N"的"双创"人才培养模式(见图1-2)。其中,"1"指1年的"双创"理论课程学习,"2"指2年的创业实践演练,"N"指N年的孵化与运营,实现学做互动、产教融合。

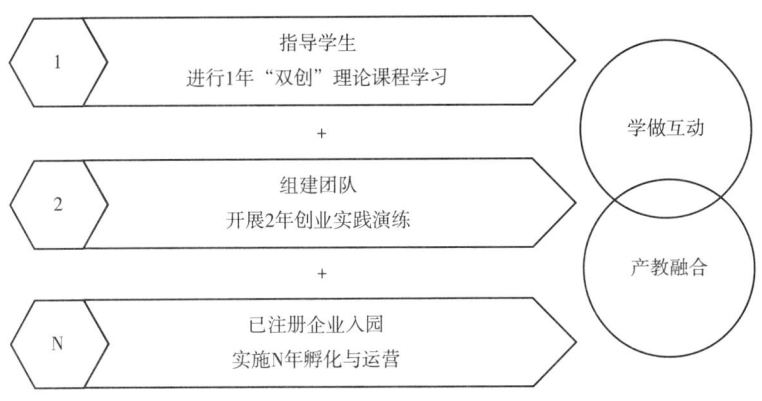

图1-2 创新创业教育模式

(3)搭建支撑平台,建设从"双创"指导中心到"双创"实训室分类指导的多层次"双创"教学服务平台。"双创"教育的实施离不开教学设施、教学场地的支撑。为此,学校要设置"双创"教学指导中心,按照"从idea到实现"的各个环节,在指导中心下设创业能力提升、生产流程设计、产品开发设计、市场调查开拓、注册登记办理、企业投资融资、公司运营管理等实训室,功能涵盖创新创业全过程,每个实训室负责不同"双创"环节的具体指导实践(见图1-3)。

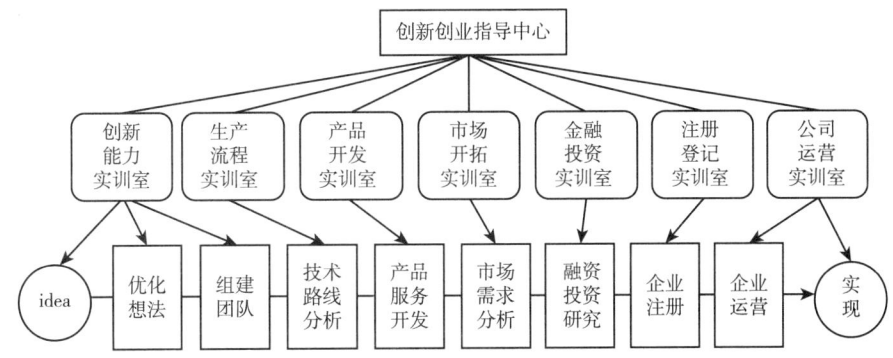

图1-3 搭建创新创业校内实训平台

（4）加强启动经费投入，完善以"专业+"为特色的"双创"项目驱动的"双创"能力提升机制。为激发大学生的创新创业热情和积极性，学校要实施大学生创新创业训练计划项目，每年拨付专项资金，组织大学生参加创新创业训练项目，全面提升其创新创业能力。项目实施中突出与所学专业的结合，形成"专业+"的特色项目，如中国劳动关系学院"劳动+""工会+"的特色创新创业项目。随着大学生创新创业项目的推进，要把创新创业项目与实际部门的需求紧密结合，积极争取上级、企业和社会资金的注入，实现产教融合。依据实验项目的进展，为推动成果的进一步转化，要及时将创新项目转入创业园区进行市场化的培育和孵化。为此，要完善学校创业孵化园和产业园的功能定位，加强建设，扶持优秀团队入园开展创业实践（见图1-4）。

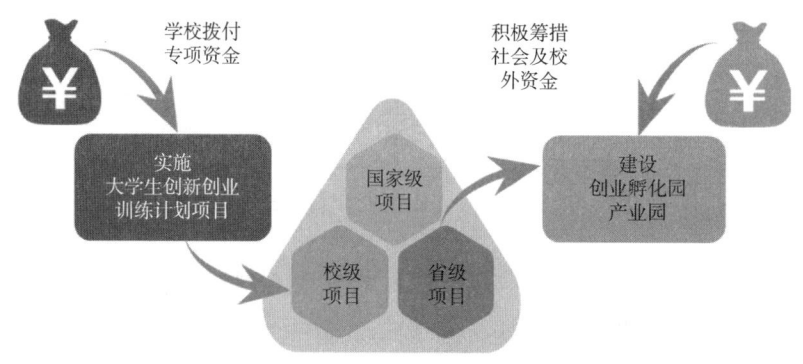

图1-4 "双创"项目驱动

（5）强化基础保障，建立以创新创业专家（如劳动模范、大国工匠）为引领的，专业化的师资团队和标准化的制度体系。高校要不断拓宽培养选聘渠道，深化校企合作，组建专业教师、劳模导师、大国工匠导师等校内导师与校外导师专兼结合的骨干教师团队（见图1-5）。一支优秀的创新创业教师团队是保证创新创业教育质量的关键。教师团队不仅要校内外专兼结合，还要体现不同的行业背景和专业背景，既要有负责创新创业总体策划的教师，也要有提供技术研发、产品设计、市场研究、融资策划、企业运营等专项指导的教师。同时，为构建创新创业教育的长效机制，学校还要不断优化和完善教学管理制度体系，包括创新创业课程在高校专业人才培养模块中的定位和要求，"双创"教师工作量的认定，学生学分的认定，学校支持"双创"教育的政策等。高校要通过创新创业导师队伍和制度机制的建设，为全面推进"双创"教育体系的实施提供有力保障。

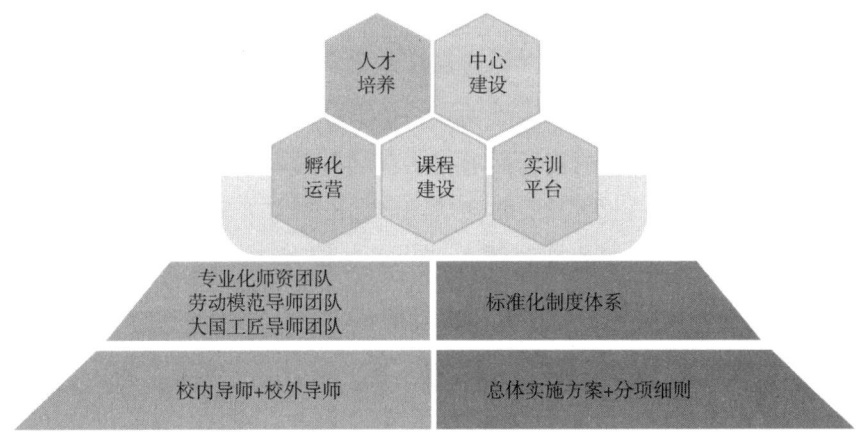

图1-5 双创教学基础建设

高校构建并实施"从idea到实现"的创新创业教学体系和模式，特色在于：

（1）坚持目标导向，始终以学生为中心，突出育人功能。创新创业教育和其他专业教育一样，其落脚点在于实现立德树人的根本任务。实施"从idea到实现"的创新创业教学体系和模式，不仅能帮助学生掌握创新创业的基本理论、方法和技能，还能使其了解国家战略层面的"双创"意义、创新重点、"双创"政策，把思想政治教育融入其中，实现"双创"教育和"双创"活动的有机结合，使"双创"教育从"小众"教育转向"大众"教育。

（2）坚持问题导向，聚焦"双创"的"最后一公里"问题，实现"双创"教育的创新。针对"双创"实践中，想创新创业不知道如何下手，或者已经创新创业但不知道如何走好每一步的"最后一公里"问题，实施"从idea到实现"的创新创业教学体系和模式，就是要明确从需求选题到创新创业目标实现要经过哪些环节，每个环节要做什么、怎样做，激发学生创新创业的兴趣，让每个学生深切体会到自己开展创新创业的必要性和可行性，让身处创新创业活动中的学生坚定走好每一步，既要有理论支撑，又要有坚定走下去的信心。

（3）坚持系统思维，形成完整的"双创"教学体系、特色的"双创"教学模式和良好的"双创"教育生态。从教学体系到教学模式，再到教学生态，是保证教育教学高质量发展的必要基础。实施"从idea到实现"的创新创业教学体系和模式，在更新创新创业教育理念、完善教学体系、形成特色教学模式的同时，还要提供场地经费、师资团队、制度机制等各项支持性保障，从整体上考虑，系统、全面促进创新创业教育的有效实施。

（4）坚持特色发展，突出学校特色、专业特色与创新创业教育的有机融合。

开展创新创业教育，只有与学校的特色相结合，与大学生的专业特色相结合，才能发挥资源优势，实现不同专业的融合和产教融合。实施"从idea到实现"的创新创业教学体系和模式，就是要推进创新创业教育与学校的优势资源相结合，与校外企事业单位、政府社区的创新需求相结合，实现理论与实践的有机结合，避免只讲理论而缺乏实践，或者只有实践活动而理论学习不足的问题。例如，结合学校和专业的特点，突出学校的"劳动+""工会+"特色，发挥劳动模范和大国工匠在创新创业教育中的作用来开展创新创业项目。

三、教材主要内容与结构安排

本教材正是遵循"从idea到实现"的创新创业教学体系，在吸收已有教材成果的基础上编写而成的。教材共有十章，主要内容和结构安排如下。

第一章，绪论。重点介绍创新创业教育的现状、问题以及"从idea到实现"的创新创业教学体系的基本思路和框架。

第二章，创新创业的基础理论与主要政策。重点介绍创新创业的意义，以及当前我国关于创新创业的主要政策措施。

第三至第十章，按照"从idea到实现"的各个环节做什么、怎么做的思路，介绍创新创业每个环节需要考虑的问题，以及具体的实施步骤。

本教材适用于本科生创新创业教育的基础理论教学及实践教学，同时对于有志于进行创新创业实践的实际工作者也有一定的参考价值，可以作为其开展创新创业的参考书。

四、学习与实践方法

本章重点介绍了新时代创新创业的重要性，以及高校在新文科背景下构建和实施创新创业教育的体系、模式。学习中要注意了解国家有关创新创业政策，注重对教育部有关创新创业教育政策的关注；要及时调研和了解实际部门和各地区有关创新创业活动的开展情况，了解各高校创新创业课程的开设情况，以及高校创业园区、创新实验室的建设和运行情况，把理论和实际结合起来，加深理解和认识。

课后思考

1. 为什么说创新是引领发展的第一动力？
2. 为什么说我国的创业前景广阔，还有很大的发展空间？
3. 当前高校实施创新创业教育的主要问题有哪些？应如何避免？
4. 创新创业的"最后一公里"是什么？创新创业活动一般要经历哪些主要环节？
5. 高校创新创业的教育体系和教育模式是什么？

参考文献

[1] 中共中央宣传部，国家发展和改革委员会. 习近平经济思想学习纲要 [M]. 北京：人民出版社，学习出版社，2022.

[2] 张玉利. 创新与创业基础 [M]. 北京：高等教育出版社，2016.

[3] 李家华. 创业基础 [M]. 北京：北京师范大学出版社，2014.

[4] 张志宏，崔爱惠，刘轶群. 大学生创新与创业训练教程 [M]. 北京：现代教育出版社，2017.

[5] 徐俊祥，徐焕然. 创未来：大学生创业基础知能训练教程 [M]. 北京：现代教育出版社，2017.

[6] 孙桂生. 从0到1：创新型企业实践方法 [M]. 北京：现代教育出版社，2017.

[7] 史梅，徐俊祥，白冰. 大学生创新创业指导 [M]. 北京：现代教育出版社，2015.

第二章 创新创业的基础理论与主要政策

> **学习目的与要求**
>
> 1. 掌握创新、创业的基本概念，理解创新与创业的关系。
> 2. 明确创新创业在经济社会发展中的地位。
> 3. 了解国家关于创新创业的相关政策。

创新与创业是推动经济社会发展的核心引擎，创新为创业提供动力与灵魂，创业则是创新成果转化的重要载体，两者相辅相成。学习本章，需要掌握创新与创业的基础概念及其内在联系，理解创新创业对经济转型、就业增长的关键作用，熟悉国家政策为创新创业营造的良好生态。

第一节 创新创业的基本问题

一、创新的内涵和类型

（一）创新的字面理解

汉语中，"创"是创立、创建、创造的意思，含有从无到有的过程，通常涉及新事物的产生或新方法的提出；"新"则强调新颖、新奇，与旧有的事物相对，表示不同以往的、未被使用或看见过的。综合起来，"创新"的字面意思就是创造新的东西或方法。

在很多典籍中，"创新"一词写作"剏新"，其意思是"创立或创造新的"或"首先、最早的"。例如，《南史·后妃传上·宋世祖殷淑仪》中记载："据《春秋》，仲子非鲁惠公元嫡，尚得考别宫。今贵妃盖天秩之崇班，理应创新。"这里的"创新"，即"创造新的"。再如《元典章·兵部三·铺马》写道："有今后剏新归附的百姓有呵，有铺马里上来者，他每的拜见马匹沿路上依在先体例，与草料者。"这里的"刱新",即"首先"的意思。

"创新"一词用于制度方面的改革、变革、革新和改造,最早出现于《魏书》卷六十二:"革弊创新者,先皇之志也。"后世古籍中也多次出现"创新"一词,大多用于制度革新。

《辞海》里讲"创"是"始造之也",即首创、创始之义;"新"是"初次出现,与旧相对",即才、刚之义。"创新"有三层含义:一是抛开旧的,创造新的;二是在现有的基础上改造更新;三是创造性、新意。

科学史学家李约瑟所著的《中国科学技术史》指出,中国在古代取得了许多领先于世界的科技成就,如造纸术、印刷术、火药、指南针等。虽然李约瑟没有使用"创新"这一词语,但其指出这些发明和发现(即创新)改变了整个世界的发展进程。

创新的英文是"Innovation",有别于"创造"(Creation)和"发明"(Invention)。

(二)创新的现代含义

在现代社会中,"创新"不仅指科学技术上的发明创造,还包括商业模式、文化艺术、社会制度等各个方面的革新和改进。创新是推动社会发展的重要动力,是一个国家、一个民族进步的灵魂。在当代中国,创新被放在国家发展全局的核心位置,是实现高质量发展的关键。

对于创新的定义,站在不同的学科视角,有不同的理解和认识。

哲学的观点认为,创新是一种人的创造性实践行为,这种实践行为的目的是增加利益总量,因此需要对事物进行利用和再创造,特别是要对物质世界的矛盾进行利用和再创造。

社会学的观点认为,创新指人们为了发展需要,运用已知的信息和条件,突破常规,发现或产生某种新颖、独特、有价值的新事物、新思想的活动。

经济学的观点认为,创新通常指新产品的引入、新生产方法的实施、新市场的开拓、新形式的组织管理或者新技术的应用。这个定义最早由经济学家约瑟夫·熊彼特于20世纪初在其著作《经济发展理论》中提出,他将创新视为经济周期和经济发展的核心驱动力。

相对而言,人们谈到创新,更倾向于采用经济学的视角。

(三)创新的经济学概念

1.约瑟夫·熊彼特关于创新的概念

1912年,美国经济学家约瑟夫·熊彼特在其出版的《经济发展理论》一书中提出了创新理论，这一理论被视为创新概念的起源，约瑟夫·熊彼特也被视为研究创新理论的鼻祖。熊彼特认为，"所谓创新，就是建立一种新的函数，也就是把一种从来没有过的关于生产要素和生产条件的组合引入生产系统"。[①]他认为，创新是把一种新的生产要素和生产条件的"新结合"引入生产体系；创新是企业家为了获取利润而实施的一种"创造性破坏"过程，它能够打破旧有的生产方式和市场结构，从而推动经济增长和社会进步。创新包括五种情况：引入一种新产品，引入一种新的生产方法，开辟一个新的市场，获得原材料或半成品的一种新的供应来源，建立一种新的组织形式。熊彼特的创新概念包含的范围很广，涉及技术性变化的创新及非技术性变化的组织创新。他的研究侧重从经济发展视角论述创新在生产中的重要意义，为创新研究奠定了基础。

在随后的研究中，其他经济学家也对创新进行了不同的定义和分类，但基本上都强调了新知识和新技术在经济活动中的应用，以及这些应用对生产效率、市场结构和经济增长的影响。

2.技术创新概念成为主体

20世纪60年代，随着新技术革命的迅猛发展，技术创新被提高至创新的主导地位，人们更多的是从技术创新的视角来界定创新。针对新技术革命对经济发展的影响，美国经济学家华尔特·罗斯托提出了"起飞"六阶段理论，将创新的概念发展为技术创新，把技术创新提高到创新的主导地位。

1962年，伊诺斯（J.L.Enos）在《石油加工业中的发明与创新》一文中从行为的集合的角度对技术创新作出定义，认为"技术创新是几种行为综合的结果，这些行为包括发明的选择、资本投入保证、组织建立、制订计划、招用工人和开辟市场等"。

林恩（G.Lynn）从创新时序过程的角度来定义技术创新，认为技术创新是"始于对技术的商业潜力的认识而终于将其完全转化为商业化产品的整个行为过程"。

美国国家科学基金会（National Science Foundation of U.S.A., NSF）也从20世纪60年代开始兴起并组织了对技术变革和技术创新的研究。1969年，迈尔斯（S.Myers）和马奎斯（D.G.Marquis）在其研究报告《成功的工业创新》中将创新定义为技术变革的集合，认为技术创新是一个复杂的活动过程，从新思想、新概念开始，通过不断地解决各种问题，最终使一个有经济价值和社会价值的新项目得到实际的成功应用。

---

① [美]约瑟夫·熊彼特,财富增长论[M].李默,译.西安：陕西师范大学出版社,2007: 88.

到20世纪70年代下半期，学者们对技术创新的界定大大拓宽了，在NSF报告《1976年：科学指示器》中，技术创新被定义为"将新的或改进的产品、过程或服务引入市场"。报告明确地将模仿和不需要引入新技术知识的改进作为最终层次上的两类创新划入技术创新的范围。

3.创新的系统性概念

20世纪七八十年代，有关创新的研究进一步深入，开始形成系统的理论。1974年，厄特巴克（J.M.Utterback）在其发表的《产业创新与技术扩散》中认为，"与发明或技术样品相区别，创新就是技术的实际采用或首次应用"。

20世纪80年代中期，缪尔赛在对技术创新概念做了系统整理分析的基础上认为："技术创新是以其构思新颖性和成功实现为特征的有意义的非连续性事件。"

著名学者弗里曼（C.Freeman）对创新对象进行了规范限定，他认为，技术创新在经济学上的意义只是包括新产品、新过程、新系统、新装备等形式在内的技术向商业化实现的首次转化。他在1973年发表的《工业创新中的成功与失败研究》中认为："技术创新是一技术的、工艺的和商业化的全过程，其导致新产品的市场实现和新技术工艺与装备的商业化应用。"其后，他在1982年的《工业创新经济学》修订版中明确指出，技术创新就是指新产品、新过程、新系统和新服务的首次商业性转化。

"现代管理学之父"彼得·德鲁克在《创新与企业家精神》一书中提出："创新是一个过程，是一项有组织、有系统且富有理性的工作；创新是企业家展现其创业精神的特定工具，是赋予资源一种新的能力使之成为创造财富的活动，创新本身就创造了资源。"[①]该定义强调创新的意义和效果，认为创新需要改变现存的资源和财富创造的方式。

熊彼特的创新理论源于对资本主义经济发展的研究，定义创新是将生产要素和生产条件的新组合引入生产体系，其核心是"创造性破坏"（Creative Destruction）——创新是打破旧有经济结构、建立新组合的过程，是资本主义经济发展的根本动力。创新的主体是企业家，他们通过承担风险、整合资源来推动技术和制度变革。市场竞争本质上是创新竞争，而非价格竞争。熊彼特的创新理论奠定了创新经济学的基础，启发了国家创新体系（National Innovation System，NIS）、产业生命周期等理论。德鲁克的创新理论从管理学和社会学的视角出发，强调创

---

① ［美］彼得·德鲁克.创新与企业家精神［M］.蔡文燕，译.北京：机械工业出版社，2009：27-33.

新是组织（尤其是企业）的核心职能，需要通过系统化方法转化为可执行的实践。创新是"赋予资源新的创造财富能力的行为"，其目标是通过满足市场需求或创造新需求，为客户和社会创造价值。创新不仅是技术或产品的突破，更是系统化的管理过程，需要结合组织战略、流程设计和市场洞察，开展"有目的、有组织的创新"。德鲁克的创新理论从实践出发，提出了创新机遇的七大来源，包括意外事件、产业结构变化、人口结构变化等，成为企业创新管理的方法论指南。德鲁克强调要推动创新型组织的建设，如鼓励跨部门协作、建立试错机制、将创新纳入绩效考核等。在创新实践中，需将熊彼特的突破性思维与德鲁克的系统化管理相结合，既要有企业家的战略视野，也要有组织层面的流程设计和资源保障，两者共同构成了现代创新理论的基石，并分别从"为什么创新"和"如何创新"两个维度，为经济学、管理学和实践界提供了深刻的洞见。

总之，在现代经济学中，创新的概念已经扩展到了包括技术创新、商业模式创新、市场创新、组织创新等多个方面。

4.国际社会对创新的权威定义

目前，国际社会对创新有两个权威的定义。

一是2000年经济合作与发展组织（OECD）在《学习型经济中的城市与区域发展》报告中提出的："创新的含义比发明创造更为深刻，它必须考虑在经济上的运用，实现其潜在的经济价值。只有当发明创造引入经济领域，它才成为创新。"

二是2004年美国国家竞争力委员会向政府提交的《创新美国》计划中提出的："创新是把感悟和技术转化为能够创造新的市值、驱动经济增长和提高生活标准的新的产品、新的过程与方法和新的服务。"

总的来说，创新的经济学定义强调了新思想、新知识或新技术的应用在经济发展中的重要作用，以及这些应用如何导致生产力的提升和经济增长。

（四）国内关于创新的定义

国内关于创新的定义与经济学上的一般理解相似，但也结合了我国的实际情况和社会主义核心价值观。

国内学者广泛关注创新始于技术创新，最初集中于企业视角的技术创新。20世纪80年代以来，我国开展了技术创新方面的研究，傅家骥从企业的角度对技术创新进行了定义："企业家抓住市场的潜在盈利机会，以获取商业利益为目标，重新组织生产条件和要素，建立起效能更强、效率更高和费用更低的生产经营方法，从而推出新的产品、新的生产（工艺）方法，开辟新的市场，获得新的原材料或半成品供给来源，建立企业新的组织，它包括科技、组织、商业、金融等一系列活动的综合过程。"彭玉冰、白国红也从企业的角度对技术创新作了定义："企业技术创新是企业家对生产要素、生产条件、生产组织进行重新组合，以建立效能更好、效率更高的新生产体系，获得更大利润的过程。"①

很快，关于创新的研究得到了国家的重视，创新的内涵也涵盖了更多方面，旨在通过全面创新推动国家的全面发展。我国政府将创新视为国家发展的重要战略，强调科技创新、制度创新、文化创新等多个方面。科技创新被认为是国家竞争力的核心，包括科学发现、技术发明以及新技术、新产品的开发和应用。制度创新涉及经济体制、政治体制、文化教育体制等各个方面的改革和完善，旨在提高国家治理效率，促进社会公平正义。文化创新强调推动社会主义文化大发展大繁荣，包括文化内容、形式、传播手段等方面的创新，以满足人民群众日益增长的精神文化需求。其中，国家在《中华人民共和国国民经济和社会发展第十四个五年规划和2035年远景目标纲要》中提出，要坚持创新在我国现代化建设全局中的核心地位，并将科技自立自强作为国家发展的战略支撑。这表明我国将进一步加强科技创新，推动关键核心技术突破，培育国家战略科技力量，构建全球创新高地。

创新是以现有的思维模式提出有别于常规或常人思路的见解为导向，利用现有的知识和物质，在特定的环境中，本着理想化需要或为满足社会需求而改进或创造新的事物，包括但不限于各种产品、方法、元素、路径、环境等，并能获得一定有益效果的行为。

为了更直观地理解创新并付诸实际行动，本书对创新作如下定义：创新是关于一种新理论、一项新技术或流程、一种新产品或服务、一项新制度甚至一个新企业，从产生想法到诞生、实现并取得有效成果的行为过程，包括理论创新、技术创新、产品创新、制度创新、创办企业等。

（五）创新过程应具备的要素

对于创新，我们不能单纯地将其理解为一种全新结果的呈现，而应将其视为一种动态过程，即创新是一种有价值的全新结果的实现过程。创新是经过科学论证、组织实施，最终取得有价值的成果的过程。创新的核心构成包括以下4个基本要素。

1. 现实基础

创新不是凭空想象或幻想，也非空中楼阁，而是建立在对现实世界的深刻理解之上，必须立足于现实。它涉及对现有状况的深入分析和改进，如科学发现、

---

① 赵俊亚，李明.大学生创新创业教育[M].北京：清华大学出版社，2018：2-9.

技术进步等，这些通常源于对社会需求的深入思考。只有将客观实际与主观愿望紧密结合，洞悉事物的本质和规律，我们才能有效地改造客观世界。

2. 继承批判

创新是在前人的智慧和劳动成果的基础上，继承其有益的部分，同时批判和改进其不足之处。在这种继承与批判的交互作用中，创新得以实现，从而带来新的突破和发展。

3. 探索实践

创新是一个循序渐进的过程，需要不断地探索和实践，通过反复试验和优化，最终实现质的变革。

4. 革故鼎新

真正的创新不会满足于既有模式和规范的简单重复或模仿，它要求我们勇于打破常规，不断挑战旧有的框架，或者开拓人类活动的新领域，提出创新思想，开发新产品或技术，以实现前所未有的突破。同时，将新的元素融入旧体系，也能激发新的发展潜力。

（六）创新的类型

创新是一个跨越多个领域且涉及众多参与者的活动，其复杂性体现在多样化的类型上。

（1）根据涉及的领域，创新可以细分为理论创新、科技创新、文化创新、艺术创新、社会创新、商业创新、教育创新、金融创新、工业创新、农业创新、国防创新等多个类别。

（2）根据创新的主体，创新可以分为政府创新、企业创新、团体创新、高校创新、科研机构创新、个人创新等多个类型。

（3）从创新的表现形式来看，它可以分为知识创新、技术创新、服务创新、制度创新、组织创新、管理创新等。

（4）按照创新方式，创新可分为原创性创新、升级式创新、差异化创新、组合式创新、移植式创新、精神式创新、破坏式创新等。原创性创新最有价值，也最有难度，这种创新所创造的事物是历史上不曾出现过的，是全新的，并且对于历史进程具有深远的影响；升级式创新是对理论或方法的进一步完善，也包括应用领域的进一步扩展，推广上的创新；差异化创新往往是在竞争中实施差异化发展策略，在市场营销中进行差异化定位；组合式创新常见于关联产品、关联服务的组合模式创新；移植式创新就是把在A领域所使用的技术或模式移植到看似没有关联的B领域，从而创造出新的产品或模式；精神式创新是通过取得人们在情感、文化、价值观层面的认同和共鸣来实现创新；破坏式创新一般指商业竞争中，行业新进入者通过制定新的、带有破坏性的行业规则，实施新的模式，以达到竞争的目的。

（5）根据创新的重要性和影响，它可以分为渐进性创新、突破性创新和革命性创新。

（6）根据创新的效果，创新可以分为具有价值的创新、无价值的创新以及产生负面效应的创新。

（7）根据创新的层次，创新可以分为原始型创新（首创型创新）、改进型创新和应用型创新。

上述分类展示了创新活动的多样性和深远影响。在以往的创新活动中，对经济社会发展产生重要影响的创新有：组织创新，通过改革旧的组织体系，构建新的组织形式的创新行为，如网络组织、虚拟组织、扁平组织、并行组织、不规则组织等。管理创新，如企业从全面质量管理、柔性管理、知识管理、创新管理、文化管理到战略管理，企业流程再造、企业资源计划、综合平衡计分法、企业形象识别、知识资本管理等新的管理方法不断涌现。制度创新，包括企业制度的创新和经济系统的制度创新，目的在于降低交易成本，提高劳动生产率。例如，国家创新系统、风险投资、职工持股计划、职工参与制、股票期权、电子商务、战略联盟、经济共同体、国际贸易组织的诞生等。科技创新，涵盖自然科学知识的新发现、技术工艺的创新。企业创新包括产品创新、生产工艺创新、市场营销创新、企业文化创新、企业管理创新等。

当前，随着经济社会的不断发展，创新活动也不断涌现出新的热点类型，比如盈利模式创新、网络创新、结构创新、流程创新、产品性能创新、产品系统创新、服务创新、渠道创新、品牌创新、顾客契合创新等。

另外，从推进中国式现代化新征程的视角来看，创新可以包括以下四个大类：科技创新，强调"必须坚持科技是第一生产力、人才是第一资源、创新是第一动力，深入实施科教兴国战略、人才强国战略、创新驱动发展战略，开辟发展新领域新赛道，不断塑造发展新动能新优势"，把科技创新摆在国家发展全局的核心位置，凸显其在推动生产力发展和综合国力提升方面的关键作用。理论创新，集中体现为习近平新时代中国特色社会主义思想。理论创新是人们通过思维创造出反映客观实际的新原理、新观念、新范畴等，以解放思想，开拓实践新领域。制度创新，坚决破除各方面体制机制弊端，各领域基础性制度框架基本建立，许多领域实现了历史性变革、系统性重塑、整体性重构。制度创新是制度的创建和革新，包括微观层面社会中各类组织形式的创新、中观层面法律政策的创新，以及宏观层面新型生产关系的创新等。文化创新，坚持以社会主义核心价值观为引领，发展社会主义先进文化，弘扬革命文化，传承中华优秀传统文化，满足人民日益增长的精神文化需求，巩固全党全国各族人民团结奋斗的共同思想基础，不断提升国家文化软实力和中华文化影响力。文化创新不仅包括创造新的精神文化内容，还涵盖形式、载体、传播手段等方面的创新。

二、创业的内涵与类型

创业与创新具有广泛的联系性和一致性，但两者关注和侧重的视角不同。创业关注的是社会组织乃至社会事业的建立和创新。

（一）创业的字面理解

"创业"一词有着丰富的内涵。"创"字涵盖了创建、创新、创立、创造、创意等多重意义，"业"字则包含了学业、专业、职业、事业、家业、企业等不同层面。综合起来，"创业"主要指开创事业或创办企业。

《辞海》将"创业"解释为"创立基业"，如《孟子·梁惠王下》中所说："君子创业垂统，可为继也。"诸葛亮在《出师表》中也写道："先帝创业未半而中道崩殂。"在这两句话中，"创业"的含义更偏向于"事业的基础或根基"，它既可以是古代的"帝王之业""霸王之业"，也可以是普通百姓的家业、家产或个人事业。

在英语中，"创业"这一概念有三种表达方式：首先是"Venture"，它意味着冒险创建企业；其次是"Entrepreneurship"，它指企业家或创业者的创业状态或创业活动；最后是"Startup"，特指创建新企业。在国内，人们通常将"Entrepreneurship"译为创业或创业活动。

（二）创业的内涵理解

创业这一概念，既可以从广义的角度来诠释，也可以从狭义的角度来理解。从广义的角度来看，创业指开创全新事业的过程，它包括了任何新事业的创立。无论是成立一家新企业、在企业内部进行二次创业，还是个体在职业道路上把握机遇、整合资源以实现个人价值和抱负，这些都属于创业的范畴。广义层面的创业不仅涵盖了创建盈利性组织，也包括了建立非营利性组织；它不仅包括政府部门和机构的创建，还涉及非政府组织的成立；它既包括宏大的事业，也包括小规模的个人或家庭的事业。在某种程度上，人生可以被视作一个不断追求和实现创业目标的过程。

从狭义的角度来看，创业特指创立一个新企业的过程。这个定义更加具体和聚焦，强调的是企业创建的过程。在本书中，我们谈到的创业，更多指狭义的创业，即创办企业的过程。

创业的核心在于开创新局面，它要求个体不被现有的资源所限制，而是积极地寻求并把握机会，投身于创造价值的行动中。创业的过程通常包含三个关键方面。

首先，创业者需突破资源约束。这意味着创业者不满足于现有的资源状况，努力克服资源的匮乏，通过资源的优化和配置来实现创业目标。在创业的早期阶段，创业者往往会面临从零开始的挑战。

其次，创业者必须敏锐地捕捉机会。这涉及创业者在创业之前，对政策、环境、市场等各方面的机会进行深入的识别和分析，从而形成有效的资源整合和行动策略。抓住机遇是激发创业活力的关键。

最后，创业者应致力于价值创造。这意味着通过推出新产品或服务、技术创新、流程改进、商业模式创新等方式，创造商业价值或社会价值。

关于创业的要素，目前最被广泛认可的是蒂蒙斯模型。[1]该模型指出创业的三大核心要素为创业机会、创业者及团队、创业资源。这三个要素被认为是创业活动中不可或缺的。缺乏机会，创业就失去了方向，难以创造真正的价值。机会是客观存在的，关键在于创业者及其团队能否有效识别和把握。同时，没有创业者及其团队的主观努力，创业活动就无法启动。一旦创业者及其团队抓住了合适的机会，他们还需要相应的资金、设备、场地等资源来支持创业活动。没有必要的资源，机会就难以被充分利用和实现价值。

蒂蒙斯模型强调创业过程的动态性，认为创业实际上是机会、创业者及其团队、资源三者之间相互作用，从不平衡状态向平衡状态发展的过程。随着创业活动的深入，这三个要素需要不断地动态调整和匹配，以保持平衡。因此，创业过程也被视为创业者、机会和资源三者之间有效连接的结果。其中，创业者是核心，是推动机会识别、利用和资源获取、整合的关键力量。

创建一个新的企业，一般需要符合以下条件：企业创办必须符合法定的程序；企业能够提供满足市场需求的产品或服务；企业需要确定适合于产品或服务的营销模式；企业需要有一支创业团队，并能根据企业发展的需要进行有效管理，包括技术管理、财务管理、营销管理、人力资源管理等。除此之外，还有一个不可缺少的条件，创办企业必须有投资人，形成资本金。《中华人民共和国就业促进

---

[1] 陈文华，迟英庆，张明林.创业理论与实务［M］.南昌：江西人民出版社出版，2004.

法》规定:"国家倡导劳动者树立正确的择业观念,提高就业能力和创业能力;鼓励劳动者自主创业、自谋职业。"

(三)创业的类型

美国百森商学院主导的全球创业观察(GEM)项目将创业分为以下类型。

1. 按创业动机分类

(1)生存型创业:创业者为了生存而不得不从事创业活动,通常是因为没有其他更好的就业选择,创业是其维持生计的一种手段。例如,一些下岗职工或农村剩余劳动力,由于难以找到合适的工作,只能通过创业来获得收入。

(2)机会型创业:创业者为了追求一个商业机会而从事创业活动。这类创业者通常是看到了市场中的潜在机会,认为通过创业可以实现自身价值和获得经济回报,其创业不仅是为了生存。例如,一些科技人员发现了新的技术应用场景,或者是营销人员看到了新的市场需求,从而选择创业来抓住这些机会。

2. 按创业阶段分类

(1)初始创业:处于这个阶段的企业通常刚刚成立,创业者正在努力将创意转化为实际的产品或服务,并开始进入市场。此时,企业面临着诸多挑战,如资金筹集、团队组建、市场开拓等。

(2)成长型创业:企业已经度过了初创期,产品或服务在市场上获得了一定的认可,开始有了稳定的客户群体和收入来源。这个阶段的重点是扩大业务规模,提高市场份额,优化运营管理,以实现企业的快速成长。

(3)成熟型创业:企业在市场中已经占据了一定的地位,拥有稳定的商业模式、客户群体和盈利水平。此时,创业者需要关注企业的持续创新和可持续发展,应对市场竞争和行业变化带来的挑战,以保持企业的领先地位。

3. 其他分类

为进一步深化对创业的理解和认识,本书还给出了以下分类。

(1)根据创业活动的目的将其划分为三种类型:机会型创业、技术型创业和生存型创业。

机会型创业的动机不在于基本的生计需求,而在于把握和利用市场上的有利时机。这类创业以市场机遇为靶向,旨在创造新的需求或满足未被发掘的市场需求,从而促进新兴产业的发展。

技术型创业侧重于创业者凭借自己的技术优势来创立企业。通常情况下,这类创业者掌握着某一领域或某种新产品的独到技术或专利发明,他们利用这些技术生产的产品（无论是有形的还是无形的）能够在市场上获得竞争优势，并带来超额利润。技术型创业所面临的特有风险包括技术的生命周期、技术的可复制性和可替代性、技术壁垒的建立、技术的专利申请状况、技术是否能够获得法律保护等。

生存型创业是创业者出于生计压力，在没有其他选择的情况下被迫进行的创业活动，体现了创业者的被动性。这种类型的创业具有以下特点：通常是在现有市场中寻找机会，表现出市场的现实性；倾向于跟随和模仿，显示出市场竞争性；从事技术壁垒较低、不需要高技能的行业；由于生活所迫、资源有限，倾向于从事低成本、低门槛、低风险、低利润的创业活动。

（2）根据创业活动的起点可以将其划分为两种类型：一类是创建新企业，另一类是在现有组织内进行创业。

创建新企业指创业者从零开始，白手起家建立一个全新的企业。这个过程既有无限可能，也充满挑战。由于缺乏足够的资源、经验和支持，创业者往往面临较高的风险和难度。

在现有组织内创业则指在一个已成立的组织内部有意识地开展创新活动。以企业为例，可能是因为产品、市场策略或组织管理体系的需要，劳动者在企业内部要重新构建和创新。例如，企业流程再造就是通过二次、三次乃至更多次的创业活动，使企业的生命周期在持续的创新循环中得到延长和更新。

（3）根据创业者的数量和融资方式，创业可以分为独立创业、小本创业和合伙创业三种模式。

独立创业指创业者自筹资金，自行管理和运营企业。这种模式的特征是创业者个人拥有全部产权，能够自由掌控企业，决策快速、灵活。然而，独立创业者需要独自承担所有风险，资源整合相对困难，且企业发展受限于个人能力和资源。

小本创业指创业者利用有限的资金启动创业项目。这类创业的特点是初始投资较少，风险也相对较低。小本创业的形式多种多样，包括开设小店、街头摊贩、提供劳动服务，以及利用网络平台进行的电商类创业等。

合伙创业指创业者与他人合作共同创建企业。与独立创业相比，合伙创业的优势在于能够分散风险、共享资源，实现技能互补，但也可能带来决策过程的复杂性和管理上的挑战。合伙创业的优劣之处与独立创业形成了鲜明的对比。

（4）根据创业项目的性质，可以将其分为传统技能型、高新技术型和知识服务型三大类。

传统技能型创业涉及利用传统技术和手艺开展的创业项目。例如，酿酒、饮料生产、中药材加工、工艺美术品制作、服装和食品加工、修理业等。这些项目凭借其独特的传统技艺，在市场上展现出持久的吸引力和竞争力。

高新技术型创业指那些知识密集、具有前沿性和研发性质的新技术或新产品的创业项目。例如，微波炉的普及就是一个典型案例，它将航空航天等高科技领域的成果转化为产业化的新产品。

知识服务型创业指提供知识性、信息性服务的创业项目。在当今社会，会计师事务所、工程咨询公司等各类专业咨询服务机构日益增多，其业务范围也在不断细化。这类创业项目通常具有投资小、见效快的特点，但也面临着日益激烈的竞争。

（5）根据创业的方向和所涉及的风险，创业可以分为五种类型：冒险型、依附型、尾随型、独创型和对抗型。

冒险型创业指一种风险较高、失败率可能较大，但成功后回报丰厚的创业方式。为了获得成功，这种创业类型需要创业者在个人能力、时机把握、精神状态、策略制定、经营模式设计、过程管理等多个方面都达到较高的水平。

依附型创业可以分为两种情况：一种是依附于大企业或产业链生存，明确自己在产业链中的角色，为大企业提供配套服务，成为其供应商。这是许多创业者在创业初期选择的方式。另一种是特许经营权的使用，即利用品牌效应和成熟的经营管理模式，通过连锁、加盟等方式进行创业。

尾随型创业指模仿他人创业。当行业内已有同类企业或类似经营项目时，新创企业跟随其后，学习他人的做法。虽然为模仿，但新创企业需要有特色或优势，如更高的质量、更低的成本等，才能在市场上脱颖而出。

独创型创业指提供的产品和服务能够填补市场空白，无论是全新的商品还是某种商品的技术创新。

对抗型创业指进入其他企业已形成垄断地位的市场，与之竞争。例如，针对20世纪90年代初外商在中国市场上大量销售合成饲料的情况，希望集团建立了我国西南地区最大的饲料研究所，研发自己的产品，并与外商竞争市场，最终取得了成功。

（6）根据创新内容的不同，创业可以细分为基于产品创新、营销模式创新和组织管理体系创新三种类型。

基于产品创新的创业指以技术创新或工艺创新为起点，通过推出新产品来吸引新的消费者群体，从而引发创业行为。

基于营销模式创新的创业指采用一种不同于其他厂商的市场营销策略，以提高消费者的满意度。例如，电子商务销售模式的出现，就是颠覆了人们传统消费模式和生活方式的创业。

基于组织管理体系创新的创业指采用一种与传统企业不同的组织管理体系，以更有效地实现产品的商业化和产业化。例如，事业部制，既保留了直线职能制组织模式的优点，又扩大了组织的管理和控制规模，在一定程度上减轻了"大企业病"对组织的负面影响。

（四）创业的一般过程

创业之旅涵盖了从发掘机遇、孕育创意到创立新企业、实现盈利并持续发展的整个过程。这一旅程涉及对商机的敏锐洞察、完善创意、团队构建、技术保障、市场拓展、资金筹集、企业注册与运营等多个方面。

1.创业的关键环节

根据蒂蒙斯创业模型理论，创业过程包括以下阶段和关键环节。

（1）机会识别与评估阶段。商业机会是创业过程的核心驱动力，创业过程始于对市场机会的识别。创业者需要具备敏锐的洞察力和判断力，以发现潜在的商业机会，并对其进行评估，判断机会的吸引力、耐久性、及时性以及是否能为客户创造价值等。例如，美国奈飞公司（Netflix）的创始人里德·哈斯廷斯看到了互联网发展带来的机会，意识到可以通过互联网为用户提供视频流媒体服务，这就是对市场机会的识别。

（2）团队组建阶段。在识别到机会后，创业者需要组建创业团队。团队的规模和性质由机会的大小和性质决定。一个优秀的团队对于创业成功至关重要，团队成员需要具备不同的技能和经验，能够相互协作、优势互补。团队的主要作用是运用创造力消除机会的模糊性和不确定性，并有效管理资源，应对外部环境的变化。比如，奈飞公司在发展过程中，组建了包括内容制作、技术研发、市场营销等多方面的专业人才团队，为公司的发展奠定了坚实的基础。

（3）资源整合阶段。资源是创业成功的必要保证，但蒂蒙斯模型强调创业者要善于"最小化和控制"资源，而非"最大化和拥有"资源。创业者需要根据机会和团队的需求，整合各种资源，包括资金、技术、人才、设备等。在创业初期，资源往往较为稀缺，创业者需要通过创新的方式利用有限的资源，以实现最大的效益。例如，很多初创企业会选择租赁设备而不是购买，以降低成本。

（4）计划制订与实施阶段。创业团队需要制订商业计划，以明确创业的目标、策略和行动计划。商业计划是沟通创业者、商机和资源三个要素的语言和规则，能够帮助创业者更好地理解三个要素之间的匹配和平衡状态。在实施过程中，创业者要根据实际情况不断调整和优化商业计划，确保创业活动能够按照预期的方向发展。

（5）动态平衡与持续发展阶段。创业过程是一个连续不断地寻求平衡的行为组合，机会、资源和创业团队这三个要素需要不断进行动态调整，以适应市场环境的变化。在创业初期，可能机会较大但资源稀缺；随着企业的发展，可支配的资源增多，但机会可能会变得相对有限。创业者需要根据不同阶段的情况，灵活调整三个要素的关系，实现动态均衡，从而推动创业企业的持续发展。

在蒂蒙斯模型中，创业是一个围绕机会、团队和资源三个核心要素展开的动态过程，每个阶段都相互关联、相互影响，创业者需要在各个阶段发挥关键作用，不断寻求三要素的平衡，以实现创业的成功。

2. 创业过程的细分

为了在教学中更好地实施和推进创新创业教育，我们将创业过程细分为以下八个关键环节。

（1）机遇识别与创意完善。创业灵感的诞生和驱动是发现机遇的前提，也是推动创业者去探索和识别市场机遇，不断优化想法，使之更可行的原动力。这种灵感并非一时的冲动或天马行空的幻想，而是基于对机遇的把握，对创业路径、定位、目标和预期收益的深思熟虑。创业活动的核心在于创业者本身，创业者是否愿意成为创业者，取决于其个人意愿。一个人能否产生创业灵感和动机并成为创业者，受个人特质、创业机遇和机会成本评估三方面因素的影响。识别创业机遇是对潜在机遇的分析和对创业预期成果的判断，是创业过程的第一步。这包括发现机遇和评估机遇的价值两个方面。创业者需要了解如何发现创业机遇、怎样评估其价值、谁能深化这一评估等问题。一个创业者如何发现和评估机遇，既取决于其个人素质和创业意识，也取决于其获取信息、分析和解决问题的能力。发现创业机遇需要创业者掌握和理解国家发展规划、产业政策、技术趋势、市场需求、消费特点等多方面的信息。评估机遇的价值则需要创业者进行系统的信息收集和周密的调查研究。创业者还需咨询创业领域的理论与技术专家，及时了解他们对未来的观点和看法。识别机遇、完善想法的最终行动要落实到创业团队成员身上，包括创业指导教师，共同进行调研、论证，对机遇进行理性和可行的评价和提炼。

（2）团队组建。在创业征途中，仅靠个别创业者是远远不够的，必须组建一支卓越的创业团队。一支优秀的创业团队是创业过程中最重要的主体力量。创业团队的组建及其运行效率受到多种因素的影响，包括创业者的能力和意识、创业机遇、团队目标与价值观、成员组成、外部环境等。创业团队的主要工作包括明确创业目标、制订创业计划、设计团队架构及职责划分、明确利益分配机制、建立创业团队制度体系、招募合适的人员、统一团队思想、凝聚团队人心、建立团队内部的沟通融合机制、培养团队人才等。

（3）分析市场需求和定位。分析市场需求和定位是创业过程中整合市场资源的关键环节。没有需求支撑的创业注定会失败，对创业产品或服务的需求定位不明确，创业也难以成功。明确市场需求和市场定位，必须进行市场调查和研究。运用专业的市场调查和研究方法，明确需求规模、需求结构和市场定位。同时，还要掌握与企业运营相关的市场、环境、法律等基本信息。

（4）设计技术路线。设计技术路线是创业过程中整合技术资源的关键环节。创办企业必须掌握核心技术和商业模式，这是创业成功的技术保障和基础。创业者要拥有具有竞争力和质量保证的核心技术，包括技术流程、技术标准，以及原材料、配套产品的技术支持。

（5）开发产品和服务。这是创业过程中整合各种资源的归宿。要明确创业企业具有竞争力的核心产品或服务，形成产品系列和特色，保证产品质量。

（6）投资和融资。投资和融资是创业过程中整合资金资源的重要环节。没有初始投资和投资者的支持，再好的创业计划也无法实施。必须明确投资规模、投资结构、融资渠道、融资计划等问题。资金短缺往往成为创业者面临的重要"瓶颈"，创业融资在企业的创建过程中至关重要。当创业者完成创业计划并获得融资后，就可以按照法定程序进行注册登记。

（7）注册企业。注册是创业者从策划、论证到实施的重要环节。注册企业包括确定企业组织形式、选择经营地址、设计企业名称、向工商行政管理机关提出企业登记注册申请、领取企业法人营业执照等环节。

（8）运营企业。新企业成立初期应以生存为首要目标，主要依靠自有资金创造自由现金流，实行群体管理，创业者亲自深入运作细节。随着新创企业的逐步成型，就需要在公司制度设计、营销策略、组织架构、财务稳健管理等经营管理方面更上一层楼，这是企业成长管理的重要内容。企业从成长走向成熟的标志之一是能够建设好自己的品牌，成为名牌，在品牌、知识、企业文化等方面形成竞争优势。

上述创业过程的八个环节，共同构成了创业的完整循环。

三、创新与创业的关系

如前所述，在理论界，关于创新与创业的定义和理解存在多种视角。尽管如此，从本质上看，这两个概念在活动性质上具有一致性和关联性。在应用层面上，无论是创新与创业活动本身，还是创新与创业人才的培养，我们更倾向于强调两者之间的内在联系和相互依存，而非仅仅关注它们之间的差异。这种强调的目的在于避免在实际应用中过分侧重于创新或创业的单一面向，而忽视两者结合所能产生的协同效应。特别是，我们应该避免将创新与创业视为仅限于某些特定领域的活动，如理工科专业，而应认识到这是所有领域和专业人才共同面临的课题，是各类专业人才都应培养的基本素质。

（一）创新与创业的一致性和关联性

1.创新与创业在本质上是相互包容的

创新与创业在发展过程中互动互补，具有内在的一致性和紧密的联系。奥地利著名经济学家约瑟夫·熊彼特曾指出，创新涉及生产要素和条件的新组合，这种组合能够刷新原有的成本曲线，并带来超额利润或潜在的超额利润。创新的这些核心特质体现了它与创业活动的紧密联系。

创新的价值在于其能够转化为创业实践。在某种程度上，创新的价值在于将潜在的知识、技术和市场机会转化为实际的生产力，从而推动社会财富的增长，提高人类社会福祉。创业是实现这种转化的关键途径。创业者或许不是创新的发起者或发明家，但他们必须具备发现潜在商机和勇于承担风险的能力；创新者也不一定是创业者或企业家，但他们的创新成果需要通过创业活动推向市场，实现其市场价值，从而转化为现实的生产力。这一点也反映了创新与创业之间的相互依存关系。

2.创新与创业在相互作用中不断推进

创新是创业的基础，其成效需要通过未来的创业实践来验证；创业则是创新的载体和表现形式，创业的成功在很大程度上依赖于创新的程度。两者相互促进又相互制约，形成了密不可分的辩证统一体。

创新是创业的实质和源泉。正如熊彼特所言："创业包括创新和未曾尝试过的技术。"创业者只有在创业过程中持续不断地展现出创新思维和意识，才能产生新颖而有创意的想法和方案，不断探索新的模式和思路，最终实现创业成功。创新是创业的基础，而创业又推动了创新的发展。科技和思想观念的创新促进了人们生产和生活方式的变革，引发了新的生产和生活方式，为整个社会不断提供新的消费需求，这是创业活动持续不断的根本动力。创业在本质上是人们的一种创新性实践活动，无论何种性质、类型的创业活动，都具有一个共同点：它是主体的一种能动的、开创性的实践活动，是一种高度的自主行为。在创业实践过程中，主体的主观能动性得到了充分发挥，这正是创业的创新性体现。

创新引领创业。一个创业活跃的国家、地区或城市，需要有坚实的创新基础。我国自发布《中共中央关于制定国民经济和社会发展第十三个五年规划的建议》

起，就特别强调创新发展理念，将创新定位为引领发展的第一动力；必须将创新置于国家发展的核心位置，不断推进理论创新、制度创新、科技创新、文化创新等各方面的创新，让创新贯穿党和国家的一切工作，让创新在全社会蔚然成风。创新的繁荣必然有利于创业的发展。

创业推动并深化创新。创业可以促进新发明、新产品或新服务的不断涌现，创造新的市场需求，从而进一步推动和深化各方面的创新，提高企业或整个国家的创新能力，推动经济增长。创业过程中会遇到各种问题，解决这些问题需要创新。为了吸引志同道合的人共同创业，创业者需要采用股权激励等制度创新手段；为了筹集资金，创业者需要利用创新性思维将各种资源创造性地整合起来，以服务创业目标；为了吸引和留住顾客，创业者必须在有效竞争中提供新的产品或服务，提供比别人更好的产品或服务，以及提供具有差异化的产品或服务，以满足顾客的需求。这三点的结合就是创新。

（二）创新与创业的不同侧重点

1.创业并非完全依赖创新

我们周围许多创业活动只是模仿或复制他人的产品、服务和经营模式，并不具备真正的创新性。创业着重于通过商业化过程创造财富，缺乏创新的创业通常只是模仿并实现商业化。相比之下，创新型创业不仅包括针对产品、服务、技术和管理的创新，并在此基础上实现商业化，还可能是创新本身的商业化。这种类型的创业更容易形成独特的竞争优势，更有可能为顾客创造新价值，从而实现更好的成长。成功的创业活动往往与创新息息相关，包括产品、服务、技术、制度、管理的创新等。与纯粹的创新相比，创业更侧重于机会、顾客和价值创造。

2.创新并非直接指向创业

有时，创新只是为了解决眼前的问题，或纯粹出于个人兴趣。有些创新者可能会推动创新产品或服务的商业化，成为创业者；有些则可能停留在创新阶段，无意涉足创业；还有些创新者可能只是对创新感到新奇，但这些创新并不具备创造商业价值的条件。

3.创新也不完全等同于发明创造、技术研发

过去，人们往往从发明的角度看待创新，提及创新，人们常常将其与发明或技术研发相混淆。发明是技术领域的概念，涉及新事物的创造；创新主要是经济学术语，关注的是将新事物或新思想付诸实践的过程。现在，我们需要更多地从战略和创业的角度看待创新，以更好地促进其商业化，为社会创造价值。美国小企业管理局将创新定义为一种过程，始于发明成果，重点在于对发明成果的开发

和利用，最终形成推向市场的新产品或服务。这一定义有助于我们更好地区分创新与发明。创新与发明并无必然联系。创新过程可能源于发明，也可能完全独立于特定发明，而是对现有活动的全新组合。正如熊彼特所言："创新与发明是完全不同的任务，需要完全不同的才能。企业家可能是发明家，就像他们可能是资本家一样，但他们的发明家身份并非由于职能性质，而更多的是偶然巧合，反之亦然。"

（三）培养创新创业精神和能力的意义

在深入探讨创新与创业的关系后，我们清晰地认识到，两者之间存在着密不可分的内在联系。创新，作为推动发展的首要动力，与创业这一关键实践载体相辅相成，共同为我国的经济社会发展提供了强劲动力。因此，我国高等教育机构在推进创新创业教育时，应当促进两者的深度融合，倡导创新创业文化，完善创新创业体系，优化创新创业环境。同时，加强产学研协同，促进创新与创业的交叉融合与集成，确保创新与创业在实践中持续结合，从而为社会的可持续进步注入活力。

第一，创新创业精神和能力是个体综合素质的显著标志。随着我们步入新时代，经济的高质量发展成为主题，同样，建立高质量的高等教育体系也成为教育的关键使命。教育的根本任务在于立德树人，高等教育高质量发展的核心在于培养高质量的人才。这种高质量的人才培养成果，最终应体现为学生在专业知识、综合素质和实践能力上的全面提升。

大学生创新创业精神和能力是其综合能力的直观表现，它们基于正确的思想引领、深厚的文化素养、综合性的知识体系、个性化的思维和崇高的精神追求。创新创业精神和能力是一个涵盖认知、人格、社会层面的综合体，它与个体的心理、生理、智力、思想、人格等多个方面相互作用、相互促进。因此，创新创业精神和能力的培养不仅能够提高大学生的综合素质，还能够全面提升其个人能力。

第二，创新创业精神和能力是实现个人理想与自我价值不可或缺的要素。任何人的个人目标和价值追求都无法脱离其所处的社会环境。单纯追求个人目标而忽视社会背景，这样的追求是狭隘的，也难以持久。习近平总书记曾寄语青年人："青年应将个人的理想追求融入国家和民族的发展大局之中，为党、为祖国、为人民贡献青春力量。"

在新时代背景下，创新驱动已成为推动社会进步的首要动力，创新创业已成为社会发展的新常态。国家的繁荣富强需要创新创业的支撑，大学生的成长同样需要具备一定的创新创业精神和能力。当大学生的创新创业精神和能力与国家的发展需求相契合时，我们的个人理想才能与党和国家的伟大事业实现完美融合。

这样，青年一代才能肩负起国家的未来和希望，成为国家发展的中流砥柱，为国家的繁荣和民族的复兴贡献自己的青春和力量。

第三，创新创业精神和能力是持续获取知识的核心驱动力。习近平总书记曾深刻指出："青年要成长为国家栋梁之材，既要博览群书，也要历经风雨。"在求学之路上，我们不仅要深入钻研书本知识，更要积极汲取人生经验和社会智慧，通过实践锻炼不断提升自我。

如今，我们身处数字时代，知识的增长速度日新月异，知识的更新周期不断缩短，知识转化的效率也显著提升。大学生最需要掌握的是那些覆盖面广、迁移性强、概括程度高的核心知识。这些知识并非简单地通过书本学习或口头传授就能获得，而是需要我们主动地进行知识构建和再创造，其中，创新创业精神和能力发挥着至关重要的作用。对于当代大学生而言，创新创业不仅是锻炼思维的方式，更有助于我们全面发展，能为我们在各个领域提供新颖的思路和解决方案，帮助我们更好地实现自我价值。

第四，创新创业精神和能力是构建终身学习能力的重要基石。随着我国高等教育规模持续扩大，高等教育已从精英阶段步入大众化、普及化发展阶段，学习也由阶段性教育逐步向终身教育转变。在这个变革中，学习成为个人生存、竞争、持续发展和自我完善的核心需求。

在科技创新和产业变革日新月异的背景下，社会职业的变动和转型对大学生的适应能力提出了更高要求。正是在这种背景下，大学生的创新创业精神和能力显得尤为重要。这种精神和能力使大学生毕业后能够利用各种资源和条件，根据所从事的工作持续完善自身知识结构和技能体系，从而更好地实现个人成长，适应社会的发展。

第五，创新创业已成为当前缓解就业压力、拓宽就业途径的有效方案。随着我国高等教育的蓬勃发展，大学生毕业人数从21世纪初的百万规模激增到如今的千万规模，并连续多年保持高位，这无疑给就业市场带来了巨大压力。许多大学生在求职过程中遭遇困境，一个重要的原因在于他们未能及时转变就业观念，仍然沿用旧有的职业思维模式。

因此，培养大学生的创新思维和创业意识显得尤为重要。这种转变不仅能够帮助大学生更新择业观念，打破传统找工作的固有模式，还能使其在求职过程中更加贴近实际，更轻松地找到适合自己的岗位。同时，通过培养创新思维和创业理念，可以显著提升大学生的就业竞争力和创业能力，实现以创新引领创业、以创业带动就业，从而有效缓解当前大学生就业难的问题。

第二节 国家创新创业政策

一、国外创新创业政策及相关教育政策

国外关于创新创业的政策多种多样,旨在鼓励和支持创业活动,促进经济发展和就业增长。以下是一些主要国家的相关政策。

(一)美国

1.美国在创新创业方面的一般政策

为打造一个良好的创新创业环境,激发人们的创新精神和创业能力,美国政府先后制定了《美国创新战略:推动可持续增长和高质量就业》《创业美国计划》等一系列推动创新创业发展的政策措施。美国于2009年出台了《美国创新战略:推动可持续增长和高质量就业》,并于2011年和2015年对其进行更新,不断调整和完善创新政策。《美国创新战略:推动可持续增长和高质量就业》把教育、科研和基础设施作为国家发展战略的支撑,大大增加了对科研创新方面的投入。2011年1月31日,美国政府正式启动了《创业美国计划》(*Startup America Initiative*),对鼓励大众创业的政策措施做了进一步修改和完善,以激发和促进美国企业家精神的成长,增加相关创业经费的投入,提高对创业人员的指导和服务水平,重视高校中创新创业成果的转化。在制度法规方面,美国于1980年颁布了《拜杜法案》,允许高校保留联邦资助科研成果的知识产权,发明人可获专利许可及商业化收益,一方面保护科研人员的相关权益,另一方面可有效促进科研成果的产出及其产品市场化。1980年,美国颁布了《史蒂文森—威德勒技术创新法》,强制联邦实验室设立技术转移办公室(TTO),促进产学研合作,要求大企业将20%的政府采购合同分包给小企业,同时加强了针对小企业的立法支持。1982年出台《小企业创新发展法案》,实施小企业创新研究计划(SBIR),要求11个联邦部门每年划拨研发经费的2.5%(约25亿美元)支持初创企业。1992年出台《小企业技术转移法》并制订小企业技术转移计划(STTR),推动小企业与高校合作,5个联邦机构预留经费支持技术转让。2010年和2012年,奥巴马总统分别签署《小企业就业法案》(*Small Business Jobs Act*,SBJA)和《初创企业扶助法案》(*Jumpstart Our Business Startups Act*,JOBS),进一步优化了大众创新的法律与政策环境,更加利于新创企业获得各类资本的资助,减轻了新创企业的各类成本开支和负担,加速推进了美国大众的创业行动。综合来看,美国的创新创业政策涵盖了教育、资金、孵化、税收、创新计划、研发投资等多个方面,具体涉及以下内容。

（1）创新创业教育。美国高度重视创新创业教育，并将其纳入国家教育战略。高校和社区组织提供创业教育课程和培训项目，以培养学生的创新精神和创业能力。这些课程和项目旨在帮助学生了解创业过程、培养创新思维、学习市场分析和商业计划制订等技能。

（2）创业资金支持。美国政府通过提供创业贷款、创业基金、税收优惠等方式，为创业者提供资金支持。这些资金可以用于初创企业的运营、研发、市场推广等方面。此外，美国政府还鼓励私人投资机构和风险投资公司支持创新型企业，以推动创新成果的商业化。

（3）创业孵化器和加速器。美国拥有众多创业孵化器和加速器，为初创企业提供办公空间、资金支持、业务指导、专业人才等资源。这些机构通常与高校、科研机构、投资机构等建立合作关系，共同推动创新成果的转化和应用。

（4）税收政策优惠。美国政府为创业公司提供一系列税收优惠政策，以减轻企业的税收负担并鼓励其创新和发展。这些政策包括小型企业健康保险税收优惠政策、研发税收抵免等。

（5）创新计划和研发投资。美国政府通过制订创新计划，恢复和扩大对关键技术的研发投资，以推动科技创新和产业升级。这些计划包括《美国革新和竞争法案》（America COMPETES Act）、"百万退伍军人计划"（The Million Veteran Program）等，旨在加强基础研究，推动技术创新和应用，培养创新人才等。

（6）签证政策改革。针对国际学生创业者，美国政府也在考虑改革签证政策，以吸引更多的国际人才留在美国进行创业活动。例如，一些政策提案建议取消对拥有硕士和博士学位的国际学生的就业绿卡限制，提高H-1B签证的数量，并为企业家提供创业签证等。

（7）知识产权保护和网络安全。美国政府注重保护创新成果和知识产权，以鼓励企业进行创新活动。同时，他们也重视网络安全问题，积极采取措施保护企业的创新成果，避免业务受到网络攻击和侵犯。

2.美国在创新创业教育方面的政策

美国的创新创业教育始于20世纪中叶，是世界上创新创业高等教育的起源地。经过数十年的发展，美国的创新创业教育已经形成了一个非常完善的体系，涵盖了从小学到研究生的所有教育层次。美国教育部启动了青年企业家培养教育计划，加强大学生创业培训。美国国家科学基金会（NSF）设立了国家工程创业培训计划，5年内投入1000万美元，资助350所工程学院培训企业家。此外，美国拥有多样化的创业教育资金支持渠道以及完善的风险投资机制，为其开展创业教育提供了重要的资金支持。综合来看，美国政府在创新创业教育方面的政策主要致力于培养学生的创新精神和创业能力，以及为创业者提供必要的支持和资源。以下是一些关键的政策措施。

（1）创新创业教育被纳入国家教育战略。美国政府将创新创业教育视为国家教育战略的重要组成部分，通过提供资金支持和政策引导，鼓励高校、中学、职业培训机构等各个教育层次加强创新创业教育。

（2）创业教育课程和项目。美国政府鼓励高校开设创业教育课程和项目，以培养学生的创新思维、创业技能和商业意识。这些课程和项目通常涵盖市场分析、商业计划、融资、法律等方面的内容，旨在帮助学生了解创业的全过程，掌握创业所需的技能和知识。

（3）创业支持和孵化。美国政府通过设立创业支持机构和孵化器，为初创企业提供资金、场地、法律咨询、市场营销支持等一站式服务。这些机构通常由政府、高校、企业等共同出资建设，为创业者提供必要的帮助和资源，降低创业风险，提高创业成功率。

（4）资金支持。美国政府通过提供创业贷款、创业基金、税收优惠等方式，为初创企业提供资金支持。这些资金可以用于企业的研发、市场推广、运营等方面，帮助创业者解决资金问题，推动企业快速发展。

（5）创新计划和研发投资。美国政府通过制订创新计划，恢复和扩大对关键技术的研发投资，推动科技创新和产业升级。这些计划旨在加强基础研究，推动技术创新和应用，培养创新人才等，为创业者提供更多的创新机会和发展空间。

（6）法律法规保障。美国政府通过制定相关法律法规，保护创业者的合法权益，为创新创业提供法律保障。例如，《拜杜法案》《技术创新法》等法规鼓励高校进行科学研究并从事技术转移，加强知识产权保护，为创业者提供法律支持。

（7）国际合作与交流。美国政府鼓励高校和企业开展国际合作与交流，引进国外先进的创新创业教育模式和资源。通过国际合作与交流，美国学生可以接触到更多的创新创业理念和实践经验，拓宽视野，提高综合素质。

（二）德国

1. 德国在创新创业方面的一般政策

德国政府实施"创新德国"高技术战略，全力推动实施"工业4.0"计划。在宏观战略的导向下，德国还启动了促进创新创业的专项计划，为创新创业提供有针对性的支持。其中，德国EXST创业促进计划是德国高校层面核心的创业促进项目，资助高校以技术为导向的初创团队，推进在高校和研究机构形成自主创业的文化氛围；"走向生物"（GO-Bio）计划支持生命科学领域的创业团队，在创办前和创办阶段为其提供帮助；"INVEST风险资本补贴"计划激励私人投资者向初创的创新型企业提供融资；高技术创业基金（HTGF）以公私合营模式和股权投资方式为资本需求密集、最新创办的科技企业提供第一笔融资，并在企业创办、经营技巧以及人脉网络方面给予支持。德国创新创业政策涵盖了教育、资金、设施资源、具体流程、签证和移民政策以及女性创业支持等多个方面。

（1）创新创业教育和培训。德国政府重视创新创业教育和培训，通过高校、职业教育机构、私人培训机构等提供相关的课程和培训项目。这些课程和培训旨在培养学生的创新思维、创业技能和商业意识，帮助他们了解创业的过程和挑战，使其具备创业所需的技能和知识。

（2）创业支持和孵化。德国设有多个创业支持机构和孵化器，为初创企业提供场地、资金、法律咨询、市场营销支持等一站式服务。这些机构与高校、研究机构、投资机构等建立合作关系，共同为创业者提供支持和资源，促进创新成果的转化和应用。

（3）资金支持。德国政府通过提供创业贷款、创业补贴、税收优惠等方式，为初创企业提供资金支持。这些资金可以用于企业的研发、市场推广、运营等方面。此外，德国政府还设立了风险投资基金和天使投资人网络，鼓励私人资本投资初创企业。

（4）创新计划和研发投资。德国政府通过制订创新计划，恢复和扩大对关键技术的研发投资，推动科技创新和产业升级。这些计划旨在加强基础研究，推动技术创新和应用，培养创新人才等。德国政府还设立了多个科研机构和实验室，为科研人员和创业者提供研究设施和资源。

（5）简化创业流程。德国政府通过简化创业流程，降低创业门槛，鼓励更多人投身创业。例如，德国政府简化了企业注册流程，缩短了注册时间，并降低了注册费用。此外，德国政府还提供法律咨询和法律援助服务，帮助创业者解决法律问题。

（6）创业签证和移民政策。德国政府为国际创业者提供创业签证并制定了相关移民政策，吸引他们来德国创业和投资。这些政策包括提供税务优惠、放宽对创业者的居留要求等。

（7）女性创业支持。德国政府也关注女性创业者的需求，并采取了一系列措施来支持女性创业。例如，德国政府设立了女性创业基金，为女性创业者提供资金支持和指导。此外，德国政府还鼓励高校和研究机构加强对女性创业者的教育和培训。

2. 德国在创新创业教育方面的政策

德国高校将创业教育融入通识教育课程，将课程体系拓展到法学、经济学、管理学等学科领域，帮助学生获得更广泛的知识。德国政府鼓励金融机构在中学和大学开设创业课程，使学生们很早就熟悉企业管理知识，尝试自己开公司，并将公司置于市场环境中，同正规公司竞争。此外，德国政府定期组织当地银行和企业人士在大学开设讲座，普及创业知识、解答学生疑问；定期举办信息和通信技术创新创业大赛，以提高信息和通信技术领域创新型初创企业的数量。以下是德国在创新创业教育方面的一些主要政策。

（1）整合创新创业教育资源。德国政府积极推动高校、职业教育机构、科研机构以及企业之间的合作，共同开发和提供创新创业教育的课程和培训项目。这些项目通常涵盖创新思维、创业计划、市场营销、财务管理等方面的内容，旨在为学生提供全面的创新创业知识和技能。

（2）实施EXIST计划。该计划是德国联邦教研部推出的一项区域创业计划，旨在支持大学与校外经济界、科学界和政府部门建立合作伙伴关系，推动创新创业活动。通过该计划，德国政府为大学提供资金和资源，以支持学生的创新创业项目，并帮助他们实现商业化。

（3）提供创业支持和孵化服务。德国政府设立了多个创业支持机构和孵化器，为初创企业提供场地、资金、法律咨询、市场营销支持等一站式服务。这些机构通常由政府、高校、企业等共同出资建设，为创业者提供必要的帮助和资源，降低创业风险，提高创业成功率。

（4）推广创业文化。德国政府通过举办创业大赛、创业讲座、创业论坛等活动，积极推广创业文化。这些活动旨在激发年轻人的创业兴趣和热情，培养他们的创新思维和创业能力，同时为他们提供与创业者、投资人等交流的机会。

（5）加强创新创业教育的国际化。德国政府鼓励高校和企业开展国际合作，引进国外先进的创新创业教育模式和资源。通过国际合作，德国学生可以接触到更多的创新创业理念和实践经验，拓宽视野，提高综合素质。

（三）英国

1. 英国在创新创业方面的一般政策

在战略层面，英国发布了《我们的增长计划：科学与创新》战略文件；同时，政府启动了小企业研究计划、中小企业成长加速器（Gowth Accelerator）、创新券等计划，促进中小企业成长和发展。英国政府在创新创业方面实施了一系列政策，旨在为创业者提供全面的支持和保障，为创业者创造良好的创业环境。以下是英国的主要政策。

（1）创业融资支持。英国政府设立了多种融资机制，如启动英国企业信托（Start-Up Loans）计划，为具有商业计划的创业者提供学费和实习机会。此外，英国政府还提供创业基金、创业税收减免、企业补助、资本网络资助等支持，以帮助创业者的业务生存和发展。

（2）创业孵化器。为了帮助创业者快速成长和扩展业务，英国政府建立了一系列创业孵化器。这些孵化器通常为创业者提供办公室和设施、带薪实习、商业指导、工商注册、投资基金等服务，旨在降低创业者的创业成本，提高创业成功率。

（3）创业教育。英国政府重视创业教育，在大学教育中鼓励学生参与创业活动。许多大学都设有创业中心，提供针对学生的创业计划指导。学生还可以参加创业竞赛和相关活动，拓宽网络，获得投资，推进其初创业务。政府还组织创业讲座、研讨会等活动，邀请成功的创业者和专业人士分享创业经验和技巧。

（4）科研基础设施支持。英国拥有世界领先的科研基础设施，为创业者提供了良好的研发条件和技术支持。创业者可以与研究中心合作开展科研项目，从而获得技术支持和专业知识。政府也积极支持科研项目，提供丰富的科研资助和奖励。

（5）法律法规保障。英国政府制定了一系列创业法律法规，保护创业者的权益。政府为创业者提供知识产权保护方面的支持，鼓励他们申请专利和商标。同时，政府推动简化创业注册和备案程序，降低创业门槛。

（6）创业合作平台。为了方便大学生创业，英国政府建立了多个创业合作平台。这些平台组织创业比赛和展览，为创业者提供展示和交流的机会。政府还鼓励大学和企业建立合作关系，为创业者提供更多的资源和机会。

（7）创业文化建设。英国政府加强了创业文化建设，以营造创新创业的良好氛围。政府通过举办创业活动、宣传创业成功案例等方式，鼓励更多人投身创业。

2.英国在创新创业教育方面的政策

英国的创业教育最早是由商学院开设的，后来逐渐扩展到其他学院。这种传统商学院模式注重在创业教育过程中的知识传授，以及在教授过程中如何能使学生受到经济学思维及公司业务的影响。英国政府出台了《全国大学生创业教育黄皮书》（NCGE）等政策文件，英国高等教育学院设立了"国际创业教育者项目"，设定了创业教育的8个目标层级。英国国家科技艺术基金会（NESTA）下设挑战奖励中心，对作出突破性创新发明、技术的人员给予现金奖励，以鼓励创新发明和创新创业。此外，英国通过《龙穴》等娱乐节目的形式举办创业大赛，使参与节目的团队能够很快建立市场和客户群，扩大影响力。英国在创新创业教育方面主要有以下政策。

（1）纳入课程体系。英国政府要求高校将创新创业教育纳入课程体系，开设相关的创业课程，为学生提供系统的创业知识和技能培训。这些课程通常涵盖创新思维、商业计划、市场营销、投资、融资等方面，旨在培养学生的创业意识和能力。

（2）创业培训和指导。英国政府鼓励大学开设创业相关课程，并提供创业培训和指导服务。政府还组织创业讲座、研讨会等活动，邀请成功的创业者和专业人士分享创业经验和技巧。此外，政府还提供创业导师的指导服务，帮助学生解决创业中的问题和困惑。

（3）创业实践机会。为了让学生在实践中学习和体验创业过程，英国政府鼓励学生参与创业计划大赛、创业实训等活动。这些活动为学生提供了与创业者交流的机会，让学生有机会展示自己的创业想法和计划。

（4）创业合作平台。英国政府建设了多个创业合作平台，鼓励学生、大学和企业之间的合作。这些平台为创业者提供了展示和交流的机会，也为他们提供了更多的资源和机遇。

（5）创业文化建设。英国政府加强了创业文化建设，通过举办创业活动、宣传创业成功案例等方式，鼓励更多人投身创业活动。政府还与企业、大学等合作，共同推动创新创业教育的普及和发展。

总之，他山之石，可以攻玉。美国、德国、英国等国家在促进创新创业方面有许多成熟的做法和经验，国外政府在促进创新创业方面的作用主要体现在构建有利于大众创业、万众创新的政策环境上。在制度环境和公共服务体系建设方面，这些做法和经验值得我们学习和借鉴。

二、国内创新创业政策及相关教育政策

（一）党和政府高度重视创新创业工作

在我国经济进入新常态，推动经济高质量发展的背景下，创新与创业正日益成为促进经济结构优化和升级的核心动力。我们正目睹着经济重心从传统制造业向高新技术产业和服务业的转移，创新无疑是这场变革的先导力量。创新型创业

不仅为经济增长注入了新活力，还孕育了高质量发展新动力。创新驱动发展战略的实施，进一步促进了科技创新与经济社会发展的深度融合，推动了科技进步和产业结构的优化升级。

通过不断的技术创新和创业实践，我国在全球经济舞台上的竞争力显著增强，中国企业在国际市场上的影响力也在稳步提升。大众创业和万众创新运动为社会创造了众多就业机会，特别是为大学生、返乡农民工等重点群体提供了就业支持。创新创业不仅激发了市场的活力，也增强了社会的创造力。在推动绿色发展、节能减排等方面，创新同样发挥了关键作用，有助于推动经济社会可持续发展。

通过培育创新文化、推广创新成果，我国的文化软实力和国际影响力得到了显著提升。创新创业活动的区域特色化发展，有助于缩小地区发展差距，促进区域经济的均衡发展。在全球化进程加速、国际竞争日趋激烈的今天，创新创业已成为我国应对外部挑战、增强国家战略科技力量的重要途径。总的来说，创新创业是推动我国经济实现质量变革、效率变革、动力变革的关键所在，对于构建现代化经济体系和全面建设社会主义现代化国家具有深远意义。

（二）我国创新创业工作的发展历程

1.科技创新驱动发展

回顾我国创新驱动发展的历史，最有代表性的是科技创新的发展历程。这一历程，经历了从基础薄弱到成为全球科技创新重要参与者的转变过程，具体可以分为以下主要阶段。

（1）起步与追赶期（1949—1978年）：新中国成立之初，科技基础非常薄弱。1956年，中央发出"向科学进军"的号召，国家开始建立由政府主导和布局的科技体系。这一时期，我国的科技事业在艰难中起步，初步建立了科技体系，成立了中国科学院，并争取和安置海外人才归国，培养新一代科学技术人才。

（2）改革与探索期（1978—2012年）：1978年，我国实行改革开放，迎来了"科学的春天"。科技创新事业发生了翻天覆地的变化，科技整体实力持续提升，形成了全方位、系统化的科研布局。这一时期，我国科技实力伴随着经济发展同步壮大，实现了从难以望其项背到跟跑、并跑乃至领跑的历史性跨越。这一时期，我国科技事业奋起直追，全面提升，特别是邓小平提出的"科学技术是第一生产力"的论断，极大地推动了科技事业的发展。

（3）创新与跨越期（2012年至今）：从2012年开始，我国科技发展进入了一个新的阶段，强调自主创新、重点跨越、支撑发展、引领未来；实施了一系列科技规划,如《国家中长期科学和技术发展规划纲要(2006—2020年)》《国家创新驱动发展战略纲要》等。2016年,我国确立了到2050年建成世界科技创新强国的"三步走"战略目标,开启了未来科技发展的新征程。这些规划和战略的实施,使我国的科技事业发生了历史性、整体性、格局性的重大变化,科技创新成为引领发展的第一动力。我国成功进入创新型国家行列,在全球创新指数中的排名显著提升。近年来,我国在多个领域取得了举世瞩目的科技创新成果,如"天眼"探空、"蛟龙"探海、"嫦娥"奔月等。这些成就不仅展示了我国在科技创新方面取得的进步,也为国家的整体发展和国际地位的提升提供了重要支撑。

总的来说,我国的科技创新发展经历了一个从追赶、改革到创新,再到引领发展的过程。在这一过程中,我国建立了一套完整的科技创新体系,并逐渐成为全球科技创新的重要参与者。

2.民营经济发展

改革开放以来,我国民营企业的创业发展具有一定的代表性,具体可以分为以下阶段。

(1)挣脱束缚跟进式创新期(1982—1992年):全国第一波"草根"创业的火苗,是安徽凤阳小岗村的村民点燃的,这也激发了新中国第一代企业家们的创业热情。当年的创业者文化程度普遍不高,在市场经济发展不完善、政策不健全、法律不成熟时,他们在兼顾顾客、竞争者、政府等多个利益相关群体的需求中,完成了自己第一阶段的创业。

(2)多元化扩张的创新期(1992—2008年):1992年,邓小平发表南方谈话之后,一大批公务员、知识分子等精英人士纷纷下海创业。中国品牌在混沌中萌芽,创业者尝试打造我国的民族品牌,同时谋划向房地产、医疗、物流市场发起"进攻"。

(3)转型再造的创新期(2008—2018年):一方面,大众创业的浪潮席卷全国。以阿里巴巴、腾讯等为代表的互联网企业迅猛发展,给数百万甚至上千万的个体提供了创业契机,每个人都可以做老板、开网店。另一方面,经过了近40年的改革开放,很多行业从供不应求变为供过于求,市场竞争日益激烈,依靠旧模式取得成功的概率大大降低,众多企业纷纷谋求转型发展。在转型中,以华为为代表的企业开始重视自己的核心技术。

(4)技术创业的创新期(2018年至今):数字时代的到来,带来了数字化转型和流程再造,出现了新经济、新模式、新业态。创业企业只有以创新和核心技术为基础,才能在激烈的竞争中进入新领域、新赛道,才能具备新动能、新优势。

(三) 我国在创新创业方面的主要政策

1. 政策汇总

进入新时代，为了更好地促进大众创业、万众创新，我国出台了一系列旨在支持公众（包括大学生）创新创业的政策及相关扶持措施。根据中国政府网的汇总，这些政策涵盖了国家战略、专项计划、教育、金融、税收等多个领域，具体如表2-1所示。①

表2-1　　　　　　　　　　　　我国创新创业政策汇总

文件名	时间
国务院办公厅关于进一步做好高校毕业生等青年就业创业工作的通知	2022年5月13日
国务院办公厅关于进一步支持大学生创新创业的指导意见	2021年10月12日
国务院办公厅关于建设第三批大众创业万众创新示范基地的通知	2020年12月24日
国务院办公厅关于支持多渠道灵活就业的意见	2020年7月31日
国务院办公厅关于提升大众创业万众创新示范基地带动作用进一步促改革稳就业强动能的实施意见	2020年7月30日
国务院关于促进国家高新技术产业开发区高质量发展的若干意见	2020年7月17日
国务院办公厅关于应对新冠肺炎疫情影响强化稳就业举措的实施意见	2020年3月20日
国务院办公厅关于推广第三批支持创新相关改革举措的通知	2020年2月21日
国务院关于进一步做好稳就业工作的意见	2019年12月24日
国务院办公厅关于印发职业技能提升行动方案（2019—2021年）的通知	2019年5月24日
国务院办公厅关于推广第二批支持创新相关改革举措的通知	2019年1月8日
国务院关于做好当前和今后一个时期促进就业工作的若干意见	2018年12月5日
国务院关于推动创新创业高质量发展打造"双创"升级版的意见	2018年9月26日
国务院关于优化科研管理提升科研绩效若干措施的通知	2018年7月24日
国务院关于推行终身职业技能培训制度的意见	2018年5月8日
国务院办公厅转发证监会关于开展创新企业境内发行股票或存托凭证试点若干意见的通知	2018年3月30日
国务院关于印发积极牵头组织国际大科学计划和大科学工程方案的通知	2018年3月28日
国务院关于全面加强基础科学研究的若干意见	2018年1月31日
国务院办公厅关于推广支持创新相关改革举措的通知	2017年9月14日
国务院关于强化实施创新驱动发展战略进一步推进大众创业万众创新深入发展的意见	2017年7月27日
国务院办公厅关于建设第二批大众创业万众创新示范基地的实施意见	2017年6月21日

---

① 资料来源：中国政府网，https://www.gov.cn/zhengce/shuangchuangzck/zcwj/gwywj.htm。

续表1

文件名	时间
国务院办公厅关于支持返乡下乡人员创业创新促进农村一二三产业融合发展的意见	2016年11月29日
国务院办公厅关于建设大众创业万众创新示范基地的实施意见	2016年5月12日
国务院关于取消13项国务院部门行政许可事项的决定	2016年2月23日
国务院关于第二批取消152项中央指定地方实施行政审批事项的决定	2016年2月19日
国务院办公厅关于加快众创空间发展服务实体经济转型升级的指导意见	2016年2月18日
国务院关于印发推进普惠金融发展规划（2016—2020年）的通知	2016年1月15日
国务院关于同意在天津等12个城市设立跨境电子商务综合试验区的批复	2016年1月15日
国务院关于新形势下加快知识产权强国建设的若干意见	2015年12月22日
国务院办公厅关于促进农村电子商务加快发展的指导意见	2015年11月9日
国务院关于"先照后证"改革后加强事中事后监管的意见	2015年11月3日
国务院办公厅关于推进线上线下互动加快商贸流通创新发展转型升级的意见	2015年9月29日
国务院关于加快构建大众创业万众创新支撑平台的指导意见	2015年9月26日
国务院办公厅关于同意建立推进大众创业万众创新部际联席会议制度的函	2015年8月20日
国务院关于促进融资担保行业加快发展的意见	2015年8月13日
国务院关于取消一批职业资格许可和认定事项的决定	2015年7月23日
国务院关于积极推进"互联网+"行动的指导意见	2015年7月4日
国务院办公厅关于加快推进"三证合一"登记制度改革的意见	2015年6月29日
国务院办公厅关于支持农民工等人员返乡创业的意见	2015年6月21日
国务院办公厅关于促进跨境电子商务健康快速发展的指导意见	2015年6月20日
国务院关于大力推进大众创业万众创新若干政策措施的意见	2015年6月16日
国务院办公厅关于加快高速宽带网络建设推进网络提速降费的指导意见	2015年5月20日
国务院办公厅关于深化高等学校创新创业教育改革的实施意见	2015年5月13日
国务院关于大力发展电子商务加快培育经济新动力的意见	2015年5月7日
国务院关于进一步做好新形势下就业创业工作的意见	2015年5月1日
国务院办公厅关于创新投资管理方式建立协同监管机制的若干意见	2015年3月19日
国务院关于取消和调整一批行政审批项目等事项的决定	2015年3月13日
国务院办公厅关于发展众创空间推进大众创新创业的指导意见	2015年3月11日
国务院关于促进云计算创新发展培育信息产业新业态的意见	2015年1月30日
国务院关于国家重大科研基础设施和大型科研仪器向社会开放的意见	2015年1月26日
国务院关于创新重点领域投融资机制鼓励社会投资的指导意见	2014年11月26日
国务院办公厅关于促进国家级经济技术开发区转型升级创新发展的若干意见	2014年11月21日
国务院关于扶持小型微型企业健康发展的意见	2014年11月20日

续表2

文件名	时间
国务院关于加快科技服务业发展的若干意见	2014年10月28日
国务院关于加快发展生产性服务业促进产业结构调整升级的指导意见	2014年8月6日
国务院办公厅关于做好2014年全国普通高等学校毕业生就业创业工作的通知	2014年5月13日
国务院关于印发注册资本登记制度改革方案的通知	2014年2月18日
国务院关于开展优先股试点的指导意见	2014年1月2日
国务院关于全国中小企业股份转让系统有关问题的决定	2013年12月14日
国务院办公厅关于强化企业技术创新主体地位全面提升企业创新能力的意见	2013年2月4日

其中，国务院在2015年6月16日发布了《关于大力推进大众创业万众创新若干政策措施的意见》（以下简称《意见》），主要涵盖以下内容：创新体制机制，实现创业便利化，包括进一步转变政府职能，增加公共产品和服务供给，清理并废除妨碍创业的制度和规定，建立统一透明、有序规范的市场环境。优化财税政策，强化创业扶持，加大财政资金支持和统筹力度，支持有条件的地方政府设立创业基金，鼓励对众创空间等孵化机构给予适当优惠，减轻创业者负担。搞活金融市场，实现便捷融资，发挥多层次资本市场作用，开展互联网股权众筹融资试点，规范和发展服务小微企业的区域性股权市场。扩大创业投资，支持创业起步成长，鼓励银行业金融机构提供科技融资担保、知识产权质押、股权质押等金融服务。发展创业服务，构建创业生态，加强创业导师队伍建设，提高创业服务水平。建设创业创新平台，增强支撑作用，构建众创空间等新型创业服务平台，实现创新与创业相结合、线上与线下相结合、孵化与投资相结合。激发创造活力，鼓励科技人员和大学生创业，完善科技人员创业股权激励机制，推进实施大学生创业引领计划。营造创新创业文化氛围，积极倡导敢为人先、宽容失败的创新文化，培育企业家精神和创客文化，加强媒体对大众创新创业的宣传和舆论引导。加强组织领导和政策协调，建立由国家发展和改革委员会牵头的推进大众创业万众创新部际联席会议制度，加强顶层设计和统筹协调。加强政策落实情况的督查，确保各项政策措施落地生根，打通决策部署和政策落实的"最后一公里"。《意见》强调了改革推动的重要性和市场的决定性作用，并提出了96条具体的政策措施，涵盖9大领域，以促进大众创业、万众创新，形成有利于创新创业的政策环境、制度环境和公共服务体系。《意见》是一份系统性、普惠性的政策文件。

2015年，《国务院办公厅关于深化高等学校创新创业教育改革的实施意见》

（国办发〔2015〕36号）明确提出了深入推进创新创业教育改革的9项改革任务。

2016年5月19日，中共中央 国务院印发《国家创新驱动发展战略纲要》（以下简称《纲要》），强调"实施创新驱动发展战略，科技创新是提高社会生产力和综合国力的战略支撑，必须摆在国家发展全局的核心位置"。《纲要》明确了战略背景、战略要求、战略部署、战略任务、战略保障和组织实施。其中，《纲要》提出要以邓小平理论、"三个代表"重要思想、科学发展观为指导，深入贯彻习近平总书记系列重要讲话精神，按照"四个全面"战略布局的要求，坚持走中国特色自主创新道路，解放思想、开放包容，把创新驱动发展作为国家的优先战略，以科技创新为核心带动全面创新，以体制机制改革激发创新活力，以高效的创新体系支撑高水平的创新型国家建设，推动经济社会发展动力根本转换，为实现中华民族伟大复兴的中国梦提供强大动力。战略目标分三步走：第一步，到2020年进入创新型国家行列，基本建成中国特色国家创新体系，有力支撑全面建成小康社会目标的实现。第二步，到2030年跻身创新型国家前列，发展驱动力实现根本转换，经济社会发展水平和国际竞争力大幅提升，为建成经济强国和共同富裕社会奠定坚实基础。第三步，到2050年建成世界科技创新强国，成为世界主要科学中心和创新高地，为我国建成富强民主文明和谐的社会主义现代化国家、实现中华民族伟大复兴的中国梦提供强大支撑。战略部署提出实现创新驱动是一个系统性变革，要按照"坚持双轮驱动、构建一个体系、推动六大转变"进行布局，构建新的发展动力系统。战略任务提出要推动产业技术体系创新，创造发展新优势；强化原始创新，增强源头供给；优化区域创新布局，打造区域经济增长极；深化军民融合，促进创新互动；壮大创新主体，引领创新发展；实施重大科技项目和工程，实现重点跨越；建设高水平人才队伍，筑牢创新根基；推动创新创业，激发全社会的创造活力。

2017年，《国家科技企业孵化器"十三五"发展规划》（国科办高〔2017〕55号）提出："提升孵化质量，带动创业服务精益发展"，深化落实"中国火炬创业导师行动"，加快管理服务队伍的职业化建设，以创业者需求为导向提升增值服务能力。

2017年，《国务院关于强化实施创新驱动发展战略进一步推进大众创业万众创新深入发展的意见》（国发〔2017〕37号）强调，深入推进供给侧结构性改革，全面实施创新驱动发展战略，加快新旧动能接续转换，着力振兴实体经济，必须坚持"融合、协同、共享"的原则，推进大众创业、万众创新深入发展。要进一步优化创新创业的生态环境，着力推动"放管服"改革；着力推动创新创业群体更加多元；着力激发专业技术人才、高技能人才等的创造潜能；着力推进创新创业与实体经济发展深度融合，结合"互联网+""中国制造2025"和军民融合发展等重大举措，有效促进新技术、新业态、新模式加快发展和产业结构优化升级。"大众创业、万众创新深入发展是实施创新驱动发展战略的重要载体"，要贯彻"人才优先、主体联动"的理念，"以人才支撑为第一要素，改革人才引进、激励、发展和评价机制，激发人才创造潜能，鼓励科技人员、中高等院校毕业生、留学回国人才、农民工、退役士兵等有梦想、有意愿、有能力的群体更多地投身创新创业"。

2018年，《国务院关于推动创新创业高质量发展打造"双创"升级版的意见》（国发〔2018〕32号）强调，要深入实施创新驱动发展战略，通过打造"双创"升级版，进一步优化创新创业环境，大幅降低创新创业成本，提升创业带动就业能力，增强科技创新引领作用，提升支撑平台服务能力，推动形成线上线下结合、产学研用协同、大中小企业融合的创新创业格局，为加快培育发展新动能、实现更充分就业和经济高质量发展提供坚实保障。对打造"双创"升级版提出了总体要求，着力促进创新创业环境升级，加快推动创新创业发展动力升级，持续推进创业带动就业能力升级，深入推动科技创新支撑能力升级，大力促进创新创业平台服务升级，进一步完善创新创业金融服务，加快构筑创新创业发展高地，切实打通政策落实的"最后一公里"。这是当时最为全面的创新创业政策体系。

2019年，《教育部关于印发〈国家级大学生创新创业训练计划管理办法〉的通知》（教高函〔2019〕13号）强调，深入推进国家级大学生创新创业训练计划（以下简称"国创计划"）工作，深化高校创新创业教育改革，提高大学生创新创业能力，培养造就创新创业生力军，加强国创计划的实施管理。

2020年，《国务院办公厅关于提升大众创业万众创新示范基地带动作用进一步促改革稳就业强动能的实施意见》（国办发〔2020〕26号）强调，深入实施创新驱动发展战略，聚焦系统集成协同高效的改革创新，聚焦更充分更高质量的就业，聚焦持续增强经济发展新动能，强化政策协同，增强发展后劲，以新动能支撑保就业保市场主体，尤其是支持高校毕业生、返乡农民工等重点群体创业就业，努力把双创示范基地打造成为创业就业的重要载体、融通创新的引领标杆、精益创业的集聚平台、全球化创业的重要节点、全面创新改革的示范样本，推动我国创新创业高质量发展。

2.我国在大学生创新创业方面的政策

综合我国在创新创业方面的各项政策，有关支持大学生创新创业的政策措施可以概括为以下10个方面。

（1）鼓励将创新创业教育贯穿人才培养全过程，改革教学方法，增强大学生的创新精神和创业能力。

（2）通过降低企业开办门槛、创设孵化空间、提供便利化服务等措施，为大学生创业提供支持。

（3）实施减税降费政策，对创业投资企业和天使投资人投资未上市中小高新技术企业的，按规定抵扣应纳税所得额。

（4）鼓励金融机构提供金融服务，解决大学生创业融资难题，包括创业担保贷款政策及贴息政策，提高贷款额度，降低贷款利率。

（5）建立成果转化服务机构，促进大学生创新创业成果在行业企业中的推广应用。

（6）建立信息服务平台，为大学生提供创新创业相关的政策、产业激励和市场动向信息。

（7）推动国际交流合作，搭建全球性创新创业竞赛平台，促进大学生创新创业教育的国际化。

（8）通过举办"互联网+"大学生创新创业大赛等活动，为大学生提供展示创新创业成果的机会，并给予一定的政策和资金支持。

（9）提供创办企业、经营管理等方面的培训，增设信息技术、现代农业等领域的课程，为毕业生创业提供"一条龙"服务。

（10）对符合条件的返乡入乡创业大学生，给予税费减免、创业补贴、创业担保贷款及贴息等政策扶持。

这些政策共同构成了一个全方位支持大学生创新创业的政策体系，旨在激发市场活力和社会创造力，推动经济高质量发展。

总之，在国家政策的支持下，高等学校要进一步推进创新创业教育，使创新创业的理念在大学生中深入人心，形成创新创业的校园文化氛围，夯实大众创新创业的基础。同时，要发挥校内专家的作用，特别是成功企业家在创业教育中的重要作用。大学生要积极抓住各项政策机遇，选好创新创业题目或项目，弘扬"敢为人先、追求创新、百折不挠"的精神，不断增强创新创业意识，培育创新创业企业家精神，使创新创业成为大学生共同的价值追求和行为习惯。

> **课后思考**
>
> 1. 什么是创新和创业，两者的关系是什么？
> 2. 为什么新时代大学生要培育创新创业的精神和能力？
> 3. 国外在创新创业方面有哪些经验做法及政策措施可以借鉴？
> 4. 在我国，创新创业的政策机遇有哪些？

参考文献

[1] 中华人民共和国国务院.国务院关于大力推进大众创业万众创新若干政策措施的意见[EB/OL].（2015-06-11）.https：//www.gov.cn/gongbao/content/2015/content_2883221.htm.

[2] Startup America[EB/OL].（2015-12-10）.https：//www.whitehouse gov/economy/business/startup-america.

[3] SBRI.About SBRI[EB/OL].（2014-06-01），http：//sbriinnovateuk.org/about-sbri.

[4] 姜荣国.创业导论：创业意识与企业家精神[M].北京：电子工业出版社，2010.

[5] 张玉利.创新与创业基础[M].北京：高等教育出版社，2016.

[6] 李家华.创业基础[M].北京：北京师范大学出版社，2014.

[7] 张志宏，崔爱惠，刘轶群.大学生创新与创业训练教程[M].北京：现代教育出版社，2017.

[8] 徐俊祥，徐焕然.创未来：大学生创业基础知能训练教程[M].北京：现代教育出版社，2017.

[9] 孙桂生.从0到1：创新型企业实践方法[M].北京：现代教育出版社，2017.

[10] 史梅，徐俊祥，白冰.大学生创新创业指导[M].北京：现代教育出版社，2015.

[11] 赵俊亚，李明.大学生创新创业教育[M].北京：清华大学出版社，2018.

[12] 陈文华，迟英庆，张明林.创业理论与实务[M].南昌：江西人民出版社出版，2004.

第三章 创意优化

学习目的与要求

1. 理解创新思维的定义、形式及特点,能够在实际问题中运用创新思维,提出独特有效的解决方案。
2. 分析创意产生的内外部因素,掌握克服思维障碍的方法,提升创意能力。
3. 理解创新生态系统的概念、特征与组成要素,明确各主体角色及产业集群的作用。
4. 掌握创意评价的方法与指标,能够对创意进行科学评估和优化,提高创意商业化的可行性。

创新创业活动的起点是兼具创新性与可行性的"想法"。本章将围绕创意的全生命周期展开,从创新思维的核心内涵与多元形式,到创新生态系统如何为创意提供生长土壤,最终通过科学评价与迭代优化,推动创意与市场需求精准对接,实现商业价值的落地。本章以"思维解构—生态赋能—价值转化"为主线,结合案例与方法论,为学习者构建一条从想法到成功的系统化路径。

第一节 创新思维与创意的产生

一、创新思维的内涵

(一)创新思维的定义

创新思维(Innovative Thinking)指个体能够不受现成的、常规的思路约束,突破传统框架,采用新颖、独特且有效的方法解决问题或创造新事物的思维过程。这一过程强调思维的灵活性、独创性和实用性，旨在产生具有社会或经济价值的创新成果。可以说，创新思维是创意的源泉，创意则是创新思维的具体表现。

 案例分析

OpenAI 与 ChatGPT

以 OpenAI 开发 ChatGPT 为例，团队力求突破传统语言处理模型的局限，打破常规思路，全力开发能够深度理解并精准生成自然语言的智能模型。在研发过程中，通过海量数据训练和复杂算法优化，攻克技术难题，最终成功推出了 ChatGPT。ChatGPT 能够与用户进行多领域、深层次的对话，在信息检索、知识解答、文本创作等方面表现卓越，彻底革新了人们获取信息和交流互动的模式，生动地展现了创新思维实现创意向重大社会价值转化的全过程。

要开展创新创业，首要任务是发掘卓越的创意或商机，这要求创新创业者具备颠覆性的认知视角，能够构思出全新的概念，并将其具象化为创新产品、服务或技术。这一过程不仅要展示新颖的想法，更要在后续的市场竞争中占据有利地位，通过将创意与实际创新紧密结合，塑造出一种前瞻性的创新思维模式。简而言之，创新创业成功的关键在于形成切实可行的创意想法，并将独到的认知转化为具有市场竞争力的创新实践。

（二）创新思维的类型

创新思维的类型多种多样，可以单独使用，也可以结合使用。灵活运用多种创新思维，可以提高解决问题的效率和创新的质量，从而适应不同的创新需求。一般来说，与创新创业联系最紧密的思维有联想思维、逆向思维、发散思维、灵感思维、直觉思维等。

1.联想思维

联想思维是一种高度灵活且非线性的思考模式，它依托于人的记忆与经验，使大脑能够自由地在不同事物或概念间构建起意想不到的联系。联想思维鼓励思维者跳跃性地思考，即从一个思维节点轻盈地跃向另一个思维节点，从而揭示出新的关联，赋予事物以全新的意义。例如，当人们仰望云朵时，或许会不由自主地联想到柔软的棉花糖；当耳畔响起鸟鸣，心中便可能涌现出春天已至的美好想象。联想思维正是这样一种能够激发无限创意与深刻洞察力的思考艺术。

2. 逆向思维

逆向思维是一种挑战常规、不拘泥于既定论调的思维方式。它要求对问题进行逆向或全新的推导，以期发现不同寻常的解决方案。以阿姆斯特丹的自行车高速公路为例，这一创新举措打破了传统思维中仅通过增加或拓宽道路来缓解交通拥堵的固有模式，转而采取了一种截然不同的路径，即专注于提高自行车出行的便捷性与效率，巧妙地解决了交通问题。这种"反其道而思之"的思维方式，展现了逆向思维在解决实际问题中的独特价值与创造力。

3. 发散思维

发散思维是对同一问题从多维度、多层次进行深入探索，从而获得丰富多样，甚至独树一帜的答案或解决方案的思维方式。发散思维强调思维的开放性与灵活性，旨在通过广泛的联想与想象，挖掘问题的潜在联系与深层含义，从而激发创新思维与创造力。运用发散思维，我们可以探索杯子的多样化用途，它不仅局限于装水，还能摇身一变成为创意花盆，或是作为临时的测量工具，展现其功能的多样性与灵活性。再比如，在解决城市交通拥堵问题时，我们可以从交通工具的角度进行思考，推广共享单车、共享电动车等便捷交通工具，鼓励短距离骑行；从城市规划的角度进行思考，设计更多立体交通，如空中走廊或地下通道，供行人和自行车专用，分离人车空间；从工作模式出发，推行弹性工作制，错峰上下班，减轻高峰时段的交通压力；在出行理念上，倡导远程办公，通过网络技术让人无须到办公室就能工作，减少通勤人数。

4. 灵感思维

灵感思维指个体在进行研究、解决问题或参与创新创业活动时，突然涌现出独特、新颖想法的思维现象，这一思维方式具有突发性、偶然性、创造性等特点。一个经典的例证便是美国动画巨匠、电影制片人沃尔特·迪士尼的传奇经历。迪士尼在遭遇失业低谷时，因付不起房租而与妻子被迫从一间老鼠横行的公寓里搬了出来。一天，他们正在公园的长椅上一筹莫展时，一只小老鼠突然从迪士尼的行李包中钻了出来。它机灵滑稽的模样瞬间给夫妇俩带来了一抹欢笑，让他们暂时忘记了烦恼和苦闷。刹那间，迪士尼脑海中灵光一闪，萌生了一个大胆的想法：何不把这只小老鼠俏皮的形象画成漫画呢？他深信，世界上有很多人像他们一样在生活的重压下挣扎，这只小老鼠或许能给他们带来一丝安慰和愉悦。于是，"米老鼠"这一经典角色便在灵感火花的迸发中诞生了。灵感往往潜藏在生活中，只要我们保持一颗敏感、好奇的心，便能在不经意间发现那些隐匿的创新灵感与商业机遇。

5. 直觉思维

直觉思维是一种深植于个体现有知识与经验之中的思维方式，它不依赖于逻辑推理或系统分析，而是凭借敏锐的直觉与感受，直接洞察事物的本质与内在规律。这种思维方式以其快速性和直接性著称，往往使人在第一感觉中就能捕捉到问题的关键或创新的灵感。法国著名画家克劳德·莫奈的《睡莲》系列作品，无疑是应用直觉思维的典范。晚年的莫奈，对自家花园中的睡莲池产生了浓厚的兴趣。他常静坐池畔，沉浸于观赏睡莲在水面映出的倒影、光影的微妙变化，以及轻风拂过水面的细腻景致之中。正是这份直觉的引领，莫奈创作出了《睡莲》这一系列传世佳作。直觉思维不受逻辑与规则的严格限制，赋予艺术家在创作过程中自由表达个人想法与感受的广阔空间。

6. 抽象思维

抽象思维指个体在认知过程中，通过分析、概括、归纳、提炼、演绎、推理等方式进行推断而得出新的结果的一种思维过程。它具有超越直观、深入本质的特点，能够使人把握事物的内在联系和根本属性，是科学探索、理论学习及复杂问题解决中不可或缺的能力。在创新创业实践中，抽象思维尤其展现出其在品牌定位与商业模式革新方面的独特优势。以猴头菇饼干为例，创业者通过深入调研市场、分析消费者需求，巧妙地将传统充饥食品的功能定位提升至养胃健康层面，精准地捕捉并满足了消费者对于高品质生活方式的追求。再者，创业者凭借敏锐的洞察力，从大量闲置资源中抽象出"共享"这一核心价值，发展共享经济，通过高效整合与优化配置，不仅显著降低了创业初期的资源投入成本，还极大地丰富了服务形态，提升了便捷性，从而实现了经济效益与社会效益的双重飞跃。

7. 横向思维

横向思维是一种突破逻辑局限，向更广阔领域拓展的前进式思考模式。它不设置任何范畴限制，借助偶然性概念摆脱逻辑思维束缚，进而创造出众多新想法、新观点和新事物。该思维方式倡导从多元角度审视问题，甚至可以从终点回溯至起点进行思考。横向思维鼓励跨界融合，将不同领域的知识和观念相结合，延长价值链或产业链，创造新的商业模式。例如，一家初创企业将健康管理与智能家居技术相融合，开发出一款能够监测用户睡眠质量的智能床垫，同时依据监测结果为用户提供个性化的健康建议，这款跨界融合的创新产品在市场上取得了成功。

8. 类比思维

类比思维是一种基于事物的外部特征或内在属性进行比照与关联的思维方式。类比思维是将两个或多个具有相同或相似特征的事物进行对比，依据已知事物的特征去推断另一事物相应的特征或属性。类比思维着重在不同事物之间探寻相似之处,进而建立联系,帮助人们理解和解决新问题。例如,某在线教育平台发现实体书店凭借分类明晰、布局合理的书架以及指示标识,使顾客能够迅速找到所需书籍。在对用户界面进行优化时,该平台类比借鉴了实体书店的设计,采用了类似的分类与导航设计,让用户可以轻松找到感兴趣的课程内容,从而提升了用户体验和学习效率。

9.头脑风暴

头脑风暴是一种能够激发创意、汇集想法的集体思考方式。它鼓励参与者毫无拘束地提出各类新奇、独特的构想,暂不考虑想法的可行性与现实性,旨在通过大量的思维碰撞,催生出富有创新性与实用性的解决方案。例如,一家初创企业专注于开发一款智能健身设备,借助头脑风暴,团队成员提出了融入游戏化元素、增加社交互动、制订个性化训练计划等多种创新要点,最终形成了具有市场竞争力的产品概念。

(三)创新思维的特点

创新思维在创意生成中展现出独特魅力,具有显著特点。

1.独特性与原创性

创新思维追求观点新颖和原创,能打破常规,不受既有思维模式的束缚。这一特点正是创意的核心,使创意能够脱颖而出,为创新创业活动注入新鲜血液。在创意的产生过程中,独特性体现在对问题的独特见解和前所未有的解决方案上。

2.灵活性与反常性

创新思维具有高度的变通性,遇到障碍时能迅速转换思路,寻找新的突破口。同时,它不拘泥于传统的思维路径,敢于挑战既定的规则和框架,以突变、跨越或逻辑中断的方式展现思维形式的反常性。灵活性与反常性为创意的生成提供了无限可能,使创意能够跨越不同的领域和学科,将看似不相关的元素组合在一起,形成令人瞩目的创意。

3.敏锐性与突发性

创新思维能迅速地评估并及时地捕捉到日常事物中隐藏的新发现或稍纵即逝的创新灵感,从而激发创意。同时,它也可能在长时间思考后获得顿悟,仿佛灵感在某一瞬间迸发。敏锐性和突发性使创新思维能够在创新创业活动中迅速抓住机遇,实现思维的飞跃与顿悟。

4.辩证性与开放性

创新思维融合了抽象思维与非逻辑思维、发散思维与收敛思维,以及求同思维与求异思维等。同时,创新思维要求多角度、全方位、宽领域的审视问题,形成开放式的思维格局,鼓励个体超越自身的局限,以更宽广的视野来寻找创新的可能性。辩证性与开放性为创意的生成提供了丰富的土壤和多元的视角，使创意能够更加全面、深入地反映问题的本质和需求。

5.能动性与可行性

创新思维是创新主体有目的、有意识的活动，而非被动地接受外界信息的过程。它充分展现了人类活动的主动性和能动性，是推动社会进步和发展的重要力量。在创意的实现过程中，能动性体现在创新主体能够积极、主动地推动创意的落地和实施，克服各种困难和挑战，确保创意能够成功转化为实际成果。

在创新创业活动中，我们应该充分发挥创新思维的优势，不断挖掘和培育创意，为创新创业的成功奠定坚实的基础。

二、创意产生的因素

（一）内部因素

1.个人的思考与创新精神

创新创业者的内在认知和实践能力是创意产生的基础，包括深刻理解问题、提出独到解决方案以及将想法转化为行动的能力。

创新意识和创业精神是创意不断涌现的源泉，创业者要勇于挑战传统，敢于尝试新事物。

2.环境的刺激与氛围

外部环境的刺激，如市场需求变化、新技术出现、社会文化变迁等，为创新创业者提供新机遇，激发创意。

浓厚的创业氛围能够激发更多人的创业热情，从而催生更多创意。一个鼓励创新、宽容失败的社会环境对创新创业的开展至关重要。

3.知识的积累与学习

知识的积累是创意产生的必要条件。创新创业者需要不断学习新知识、新技能，以拓宽视野，转变思维方式。

高校和科研机构在创新创业方面的教育和培训是知识积累的重要途径，有助于创新创业者掌握创业程序与方法、管理知识等。

（二）外部因素

1.国家政策的导向与支持

国家政策在创新创业中发挥着至关重要的引领和扶持作用。创新政策为科技创新提供方向指引和资源支持，鼓励企业、高校及科研机构加大研发投入，推动技术创新。创业政策则为创业者营造宽松的社会环境，通过中小企业政策推广、新企业创立扶持政策等，降低创业门槛，提供资金扶持、税收优惠等。财政与货币政策协同发力，促进金融、科技、产业深度融合，为创新创业注入强大动力。例如，设立专项创业基金，引导社会资本投入创新创业领域；通过税收优惠政策，激励企业加大研发投入，提升创新能力。国家政策的有力支持，为创意的形成提供了坚实的政策保障和资源基础。为此，要及时学习、领会国家的最新政策和发展需求。

2. 市场需求与产业推动

市场需求是创新创业的重要驱动力。在当前经济形势下，多领域高精尖行业的需求旺盛，国家对优势产业的需求显著提升。这为创新创业者提供了广阔的市场空间和发展机遇。然而，要实现创意的成功转化，需要更紧密地对接市场需求和产业发展。一方面，要建立畅通的创业需求反馈渠道，及时了解市场动态和客户需求，使创意更具针对性和实用性；另一方面，要优化创新创业培养模式，使其与现实需求紧密结合，培养出具有创新能力和实践能力的高素质人才。通过产业推动，整合产业链资源，促进创意与产业深度融合，实现创意的产业化和商业化。

3. 问题挑战与体系完善

创新创业面临着诸多内部和外部问题。内部问题，如认知和实践能力不足、对创业政策了解不充分、资金短缺等；外部问题包括法律体系不完善、知识产权保护不足、市场竞争激烈等。为解决这些问题，需要国家和社会共同努力，完善创新创业体系。国家应加强政策引导，提高帮扶的精准度，加大对创新创业的资金投入和政策支持。同时，加强市场监管，完善法律体系，加强知识产权保护，为创新创业营造公平、公正、有序的市场环境。社会应积极营造鼓励创新、宽容失败的氛围，激发创新创业者的积极性和创造力。通过完善创新创业体系，为创意的产生和发展提供良好的外部环境。

4. 特色优势与资源利用

我国高度重视创新创业发展，在这方面具有诸多特色优势和资源。我国拥有庞大的人口基数，这意味着巨大的市场潜力和丰富的人才资源。政府积极推动教育、科技、人才的良性循环，不断完善人才培养机制，为创新创业提供了坚实的智力支持。我国聚焦科技发展新趋势，优化学科设置和人才培养模式，使教育更加贴合实际需求，培养出具有创新思维和实践能力的专业人才。同时，我国积极激发各生产要素活力，营造鼓励创新、宽容失败的氛围，为创新创业者提供了良好的发展环境。此外，我国丰富的传统文化和产业资源也为创新创业提供了独特的灵感和机遇。充分利用这些优势和资源，可以更好地推动创意的产生和创新创业的发展。

（三）克服思维障碍

在创意产生的过程中，思维障碍常常成为阻碍创新的因素。思维定式、思维惯性、思维封闭等会限制人们的思维广度和深度，阻碍创意的产生。为克服这些障碍，首先，要保持开放心态。勇于挑战传统观念和做法，敢于质疑权威，不被既定的思维模式束缚。积极接纳新思想、新观念，从不同的角度看待问题，为创意的产生打开新的思路。其次，要积极寻求新的变化和突破。不断尝试新的方法和技术，探索未知领域，勇于冒险和创新。在实践中不断积累经验，总结教训，提高创新能力。最后，要不断学习和积累知识。通过学习拓宽知识面，提高思维能力和创新素养。了解不同领域的知识和技术，为创意的产生提供丰富的素材和灵感。同时，要注重知识的整合和运用，将不同领域的知识有机结合起来，创造出具有创新性的解决方案。

三、常用的创新思维方法及创意产生

（一）思维导图

思维导图（The Mind Map）是创新思维的重要工具，能够帮助我们系统地组织和展示想法，进而促进创意的产生和发展。

思维导图，又称心智导图，由"世界记忆之父"托尼·博赞首创。它是一种革命性的思维模式，通过图文并重的技巧，将各级主题的关系以层级图形式展现。它利用记忆、阅读、思维的内在规律，将关键词与图像、颜色等元素紧密结合，有助于清晰地整理思路、梳理信息，提升思维逻辑和记忆能力。它广泛应用在各领域，特别是在项目管理、学习笔记和会议记录方面，帮助项目经理规划任务和资源，整理学习内容并形成知识体系，以及高效地记录会议要点。

为确保思维导图的有效性和易用性，绘制时应遵循简洁明了、层次分明、巧妙运用符号和色彩、灵活调整等原则。思维导图的绘制一般分为八个步骤，图3-1和图3-2分别是以会议记录、知识点为例绘制的思维导图。

（1）准备工作。选择合适的工具，如空白纸张或思维导图软件。

（2）明确主题。将主题置于中央位置，使用醒目标记突出。

（3）添加分支。根据子项目或子思想，在中心节点周围绘制分支，并用简洁的关键词表示。

（4）逐级细化。对每个分支进行细化，添加子分支以展开更多细节。

（5）关键词与图标。选用简洁明了的关键词或图标来代表每个分支的概念。

（6）色彩与图形。利用不同色彩与图形区分不同概念、主题或重要性。

（7）归纳总结。绘制完所有分支后，归纳总结，优化结构布局。

（8）定期复习与更新。思维导图是动态工具，需要随着学习和思考的深入而不断演化，定期回顾并修改。

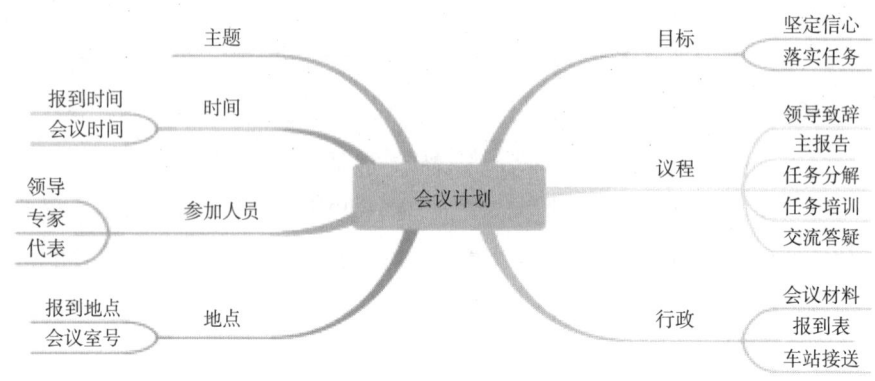

图3-1　会议计划思维导图

（二）科学思维

科学思维强调实证、逻辑和理性，是创意产生过程中确保想法可行性和实用性的关键。

科学思维，又称科学逻辑，是对感性认识材料进行系统加工处理，形成理论体系以指导科学认知活动的过程。科学思维遵循逻辑性、方法论、历史性等基本原则，可通过以下方法实现。

（1）观察渗透理论。强调观察者知识储备对观察结果的影响。

（2）黑箱方法。通过观察输入和输出信息，推断内部状态和机理。

（3）假说方法。对未知事物作出假定性说明，需经科学论证和实践验证。

（4）回溯推理。从事物结果出发，逆向推断原因。

（5）等量代换法。替换问题中的复杂部分或未知量，简化问题并找到解决方案。

（三）工程思维

工程思维是一种以工程视角审视世界、处理问题的独特思维方式。它高度注重系统性，将问题置于一个完整的体系中进行考量，确保各个环节相互协调、配合，以实现整体的最优效果。同时，工程思维强调筹划性，在行动之前进行周密的规划和设计，对资源、时间、技术等进行合理安排，为项目的顺利推进奠定坚实基础。创新性也是工程思维的重要特征，它鼓励突破传统思维模式，积极探索新的技术、方法和理念，将创意转化为切实可行的解决方案或产品。此外，工程思维还具有很强的实践性，注重理论与实践紧密结合，通过实际操作和不断尝试来验证和完善方案。

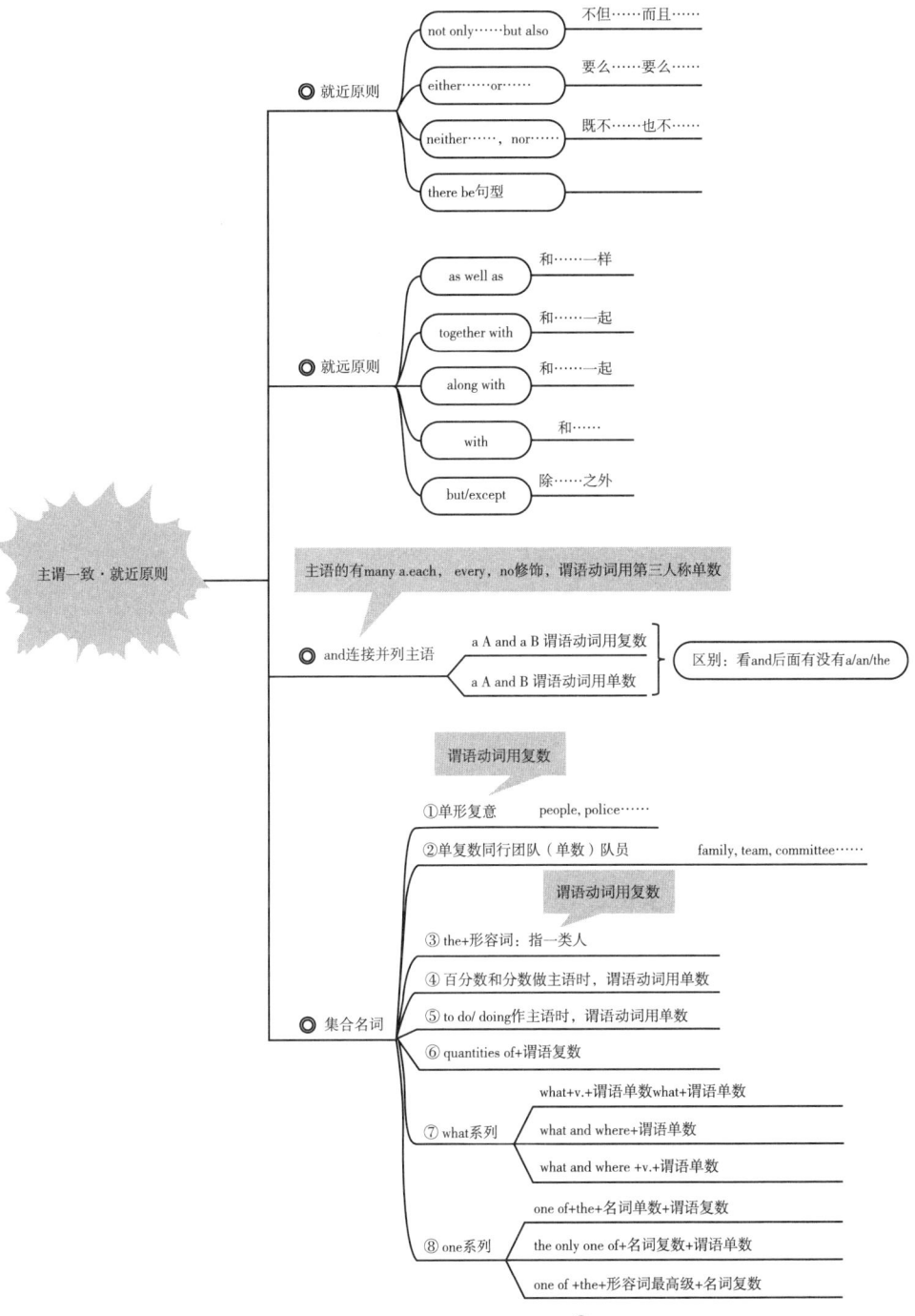

图3-2 知识点思维导图[①]

---

① 图片来源：WPS思维导图。

工程思维不仅具有上述特征，还具有现实性，即紧密结合实际情况，充分考虑各种现实条件和限制因素，确保方案的可行性和可操作性。它具有创造性，能够在复杂的问题面前激发灵感，开拓创新，找到独特的解决路径。同时，工程思维具有复杂性，面对众多相互关联的因素和变量，需要综合运用多种知识和技能，进行深入分析和妥善处理。

（四）项目管理思维

项目管理思维有助于高效组织和协调创意实施过程。通过明确目标、制订计划、分配资源等，确保创意项目的顺利进行。

项目管理思维是一种综合性思维方式，融合多种知识、技能和技术，旨在提供有效的项目管理框架，实现项目目标和任务。它强调科学性、系统性和实践性，以优化资源配置，确保项目在限定时间内高效完成。项目管理思维的重要性主要体现在有效管理、提高效率、提高成功率、降低成本等方面。项目管理思维应遵循任务细分、成本效益、准确可靠、风险最小化、客户满意等基本原则。该思维广泛应用于企业、教育、科研等领域。在教育领域，它帮助教师规划和管理课程；在科研领域，它助力科研人员高效管理项目。

项目管理思维有七大核心内容：①聚焦目标，事先策划。要有明确、具体、可衡量的目标，并围绕目标进行全面规划，确定关键路径与里程碑。②制订计划，重视实施。需制订详细可行的项目计划，严格按计划执行，及时解决实施问题。③做好预算，控制成本。要提前估算成本，制订合理预算，实时监控并控制成本。④风险评估，提前应对。需全面评估风险，确定可能性与影响程度，制定应对策略及预警机制。⑤任务分解，明确责任。分解目标为具体任务，明确负责人、时间和标准，确保责任清晰。⑥过程监控，及时总结。要实时监控项目进展，阶段结束时进行总结和评估，不断调整和优化项目计划。⑦团队协作，有效沟通。需营造良好的团队氛围，使成员协作努力，建立有效的沟通渠道与方式。这七大核心内容从目标设定到计划执行，从成本控制到风险应对，从任务分配到过程监控，再到团队协作，涵盖了项目管理的各个关键环节，共同推动项目在限定时间内高效完成，提高项目成功率，降低成本，实现项目目标。

（五）文献综述

文献综述是了解领域前沿和已有研究成果的重要途径，为理论创新、创意产生提供坚实的基础。

文献综述是理论创新、技术创新的重要起点，通过广泛阅读与深入理解特定研究领域的文献，综合分析、归纳整理和评价该领域的研究成果、研究现状、最新进展、前沿技术等，提出个人见解和研究思路。

根据劳伦斯·马奇和布伦达·麦克伊沃在《怎样做文献综述——六步走向成功》中提出的六步模型，文献综述的过程可以概括为选择主题、文献搜索、展开论证、文献研究、文献批评和综述撰写这六步。其中，文献搜索和阅读是前提，论证、研究和批评是核心。撰写文献综述要求作者具备扎实的文献基础和批判性思维能力。

文献综述分为基本文献综述和高级文献综述。基本文献综述总结和评价现有知识，提供理论基础；高级文献综述则提出新研究问题和结论，为原创性研究奠定基础。撰写时应遵循格式规范，具体内容包括摘要、引言、主体和参考文献四部分。摘要：概述主要内容和结论；引言：明确写作目的和背景；主体：详细阐述研究领域的历史背景、发展现状等；参考文献：列出所有引用文献。

（六）数字思维

数字思维强调数据驱动和量化分析，在创意评价和优化中发挥重要作用。

伴随数据时代的到来，数据驱动成为实现创新目标的优选途径。数据时代的创新驱动发展战略需要数据人才、数据设施以及数据分析技术作为支撑。目前，数据驱动发展已成为各主体创新发展的首要战略选择，引领着经济社会发展的新领域与新赛道。

统计技术与数字化技术的融合发展为数据驱动增添了新的活力，有力推动实体经济的数字化转型。要积极引导数字经济与实体经济深度融合，大力发展先进制造业，提升产业链、供应链的稳定性和现代化水平，为经济社会高质量发展筑牢基础。

数据思维可以从实现数字化转型和流程再造两个视角展开思考，利用数据进行产品和服务的开发、设计、生产、管理及营销，已成为当代社会发展数字经济的普遍现象。

数据思维可在数据采集、数据存储、数据处理、数据分析、数据应用等多个视角和步骤上加以实施。

第二节 创新生态系统

创新创业绝非仅靠创新创业者个体的努力就能完成，它离不开政府、企业、高校、科研院所、金融机构等多方的协作与联动。各方犹如创新生态系统中的不同元素，共同发挥着不可或缺的作用。建立创新创业基地和园区，营造良好的外部环境，对创意的形成和实现至关重要。唯有各方齐心协力，才能构建起完善的创新生态系统，为创意的发展提供有力保障。

一、创新生态系统的概念

创新生态系统（Innovation Ecosystem）是一个经济共同体，其内部各成员间存在着共生关系，并基于长期信任构建了一个既松散又紧密相连的网络。

创新生态系统促进了创新的持续涌现与扩散，其中，美国硅谷便是一个典范。硅谷的成功，在很大程度上归因于其卓越的高科技成果转化机制及高新技术企业的蓬勃发展。每一个高新技术企业的崛起，都至少伴随着一项科技成果的成功转化。在硅谷，政府政策、产业支持、金融服务等要素，就如同阳光、空气、雨露一般，为创新提供了不可或缺的滋养。

（一）国外关于创新生态系统的定义与理解

国外学者对创新生态系统进行了深入的定义与阐释。米勒、韩柯克和罗文（2002）将其描述为一种状态，即新兴的区域产业集群已经形成了创新的"栖息地"，各类支持体系和合作组织在此相互依赖、共生演进，如同一个生态系统。福田（Fukuda）和渡边（Watanabe）（2008）则借助生物学的生态系统特征，类比了区域经济中这种经济实体的运行机制，通过优胜劣汰实现产业的可持续发展，以共同进化实现自我繁殖，从竞争中获得生存发展的经验，实体间是异质协同而不是竞争对立的相互关系。

美国竞争力委员会在《创新美国——挑战与变革》报告中，将创新生态系统定义为由社会经济制度、基础课题研究、金融机构、高等院校、科学技术、人才资源等构成的有机统一体，其核心目标是建立技术创新领导型国家。该报告还指出了创新生态系统的几个关键特征，即企业与科研机构之间的合作、风险投资的有序引导和创业精神的发挥（美国科学技术政策部报告，2009）。金（Kim H，2010）等将创新生态系统视为一个由企业组成的、具有共生关系的经济共同体。萨赫拉（Zahra S A，2011；2012）则进一步强调，创新生态系统是一个基于长期信任关系形成的松散而又相互关联的网络。

（二）国内关于创新生态系统的定义

创新生态系统在国内被界定为一个以企业为中枢，融合了大学、科研机构、政府、金融及中介服务机构等众多要素的复杂网络架构。创新生态系统凭借促进产业集群内及各组织间的紧密协作，深度整合人力、技术、信息、资本等创新资源，实现创新要素的高效汇聚，为网络中各主体创造价值，并驱动其可持续发展。

创新生态系统在国内的研究发展经历了几个关键阶段。

第一阶段（1996—2005年）：研究聚焦于"可持续发展"（Sustainable Development），强调产业集群内的组织需维持持续的创新能力，以确保长期竞争优势。

第二阶段（2006—2010年）：研究重心转向"开放创新"（Open Innovation），意味着产业集群内的经济实体需跨越传统组织边界，与外部合作伙伴携手，引入创新能力，以缩短研发周期，提高效率，实现资源的优势互补。典型的开放创新渠道包括产学研合作、技术联盟与并购、技术转让、技术外包以及企业技术成果的外部开发等。

第三阶段（2011—2016年）：研究围绕"协同创新"（Collaboration）与"价值创造"（Value Creation）展开。在开放创新的基础上，"协同创新"被视为一种具备整体性和动态性的复杂网络模式。特别是在产业集群内，各主体通过协作，跨越技术与信息壁垒，深度整合创新要素，实现系统性的非线性效应。"价值创造"则指产业集群内的企业通过研发、生产、销售满足用户需求的产品或服务，达到组织创新的最终目标。

2016年以后，创新生态系统研究的高频聚类词汇转变为"价值共同创造"（Value Co-creation）。这一概念不仅强调产业集群内组织间的网络协作，而且重视参与者间的互惠共赢，更符合创新生态系统研究的发展演化规律（樊霞等，2018）。

根据达沃斯世界经济论坛发布的《中国创新生态系统》（2014年度）报告，创新生态系统的关键要素涵盖可进入的市场、人力资本、融资及企业资金来源、导师顾问支持系统、监管框架和基础设施、教育和培训、重点大学的催化作用以及文化支持。这些要素在产业集群内得到更加集中的体现和高效利用。

东莞的电子信息产业集群和中关村科技园区是创新生态系统的典型例证。这些产业集群汇聚了众多相关企业、科研机构、高校等，形成了完整且分工精细的产业链条。企业的地理集聚实现了基础设施和劳动力资源的共享，降低了生产成本。同时，企业间的频繁交流与合作加速了技术的传播与创新。此外，政府政策的支持也推动了产业集群的发展，营造了良好的创新生态。

产业集群作为创新生态系统的关键一环，发挥着举足轻重的作用。借助企业间的地理集聚与产业关联，产业集群实现了资源、技术和信息的共享，凝聚起强大的创新合力。这种集聚效应不仅降低了生产成本，加速了技术的传播与创新，还促进了各创新主体之间的紧密合作与协同发展。

综上所述,创新生态系统可以被理解为由政府、企业、高校、科研院所、金融机构等各类创新主体组成的有机整体。在这个系统中,各主体凭借自身独特的优势和资源,积极开展合作创新,通过协同作用共同创造价值。各主体之间相互依赖,在不断发展变化的过程中共同演进,形成紧密的网络关系,并拥有完善的合作创新支持体系。这一体系有力地推动了创新活动的持续高效开展,为产业集群乃至整个社会的创新发展注入了强大的动力。

二、创新生态系统的特征

(一)核心特征

1.复杂性

系统由众多参与者、丰富的资源及多样的机构组成,它们之间相互作用,形成了庞大且错综复杂的联系网络。其中,产业集群作为系统的重要组成部分,通过企业间的地理集聚与产业关联,进一步增加了系统的复杂性。

2.开放性

系统对外界保持开放态度,积极接纳外部影响,与外部环境及其他系统进行互动交流。产业集群作为系统内部的一个开放子系统,不仅促进了内部企业间的交流与合作,还加强了与外部环境的联系,为创新提供了广阔的舞台和无限可能。

3.整体性

系统内的各个组成部分相互依存、相互影响,共同构成了一个不可分割的整体。这种整体性确保了创新活动的协调推进和整体效能的最大化。

4.交互性

系统中各要素通过紧密的互动和联结,实现了知识、资源、机会的共享与流通,为创新提供了源源不断的动力。

5.动态性与稳定性并存

系统在不断变化中寻求平衡,既展现出动态调整的能力,以适应外部环境的变化和挑战,又保持了一定的稳定性。产业集群作为系统的一个动态子系统,通过其内部的自我调整和适应机制,确保系统的持续运行和发展。

6.层次性

系统内部存在多个层次的不同参与者,从个体创新者到组织、产业集群、产业乃至社会整体,这些层次之间相互影响、相互作用,共同推动着创新的发展。

（二）组成要素

在构建和优化创新生态系统的过程中，明确其组成要素是至关重要的。这些要素不仅构成了系统的基石，而且是实现创新目标、推动系统持续发展的关键。创新生态系统主要由以下几个关键要素构成。

1. 创新资源

具体资源包括科技研发投入、知识产权、科技创新成果等，为创新提供了物质基础和支撑，是创新活动得以开展的前提条件。

2. 创新人才

具备科技背景、创新能力与实践经验的人才，是创新驱动的核心力量，是创新生态系统中最活跃、最关键的要素。

3. 创新机构

高等院校、科研机构、孵化器等机构提供了科研平台、技术支持和创新孵化服务。此外，产业集群内部的研发机构、技术转移中心等也是重要的创新机构，为集群内的企业提供技术支持和创新服务。

4. 创新政策

政府出台的有利于创新发展的政策措施，如研发资金支持、税收优惠、知识产权保护等，为创新活动提供了有力的支持和保障，是创新生态系统健康发展的重要推动力。

5. 创新企业

具备创新能力和市场竞争力的企业，是创新生态系统中的重要主体。它们通过研发创新产品、应用新技术、推动产业升级等方式，在市场上实现创新价值和经济效益，是创新生态系统成果转化的关键环节。

创新生态系统的建立需要各方面的合作与支持，从而形成从创新资源到创新成果的良性循环。明确创新生态系统的组成要素，加强各要素之间的相互作用，是构建有机创新生态系统、实现可持续发展目标的关键。同时，创新生态系统也是推动产业结构调整、促进经济转型升级的重要手段。

三、创新生态系统的主体角色与构建

创新生态系统并非简单的生产要素"投入—产出"闭环，而是一个涉及政府、企业、科研组织、市场用户及自然环境等多主体的复杂系统。这些主体通过物质流、信息流和资金流的形式，相互竞争与合作，共同构建了一个动态开放的创新生态系统。

（一）主体角色

1. 政府

政府作为制度创新的主体，在创新生态系统中发挥着宏观调控、法规监控、政策引导、财政支持、服务保障等多重作用。政府为创新生态系统提供优良的政策、资源和法律环境，对创新活动进行扶持与推动。同时，政府也是创新的向导，通过制定创新政策，解决创新系统失灵问题，引导整个社会跳出已有的"技术—经济"范式，激发内生性创新驱动力。例如，政府可以设立专项科研基金，鼓励高校和企业开展前沿技术研究；出台税收优惠政策，减轻创新企业的负担，促进其发展。

2. 企业

企业是技术创新的实施主体，处于创新生态系统的核心位置。企业与其他主体具有直接或间接的联系，这是创新能力的集中体现。政府在政策、税收、财政、法律等方面对企业进行管制，企业则通过创新行为实现创新目标，推动创新生态系统的持续发展。企业家的创新精神和"创造性破坏"行为，是激发市场主体活力、推动创新的关键。以华为公司为例，公司持续投入大量资金进行研发创新，推出5G等领先技术，不仅提升了自身的竞争力，还带动了整个通信产业的发展，在创新生态系统中发挥了重要的引领作用。

3. 大学与科研院所

大学与科研院所作为原始创新的主体，是创新生态系统中人才流、技术流的源泉。它们直接参与新知识和新技术的创造、研发、传播和应用，具有显著的溢出效应。大学与科研院所不仅为创新生态系统提供创新来源，而且是知识、技术、人才的主要供给者。它们与企业、技术市场等紧密联系，共同推动创新生态系统的发展。例如，清华大学的科研团队在人工智能领域的研究成果，通过产学研合作转化为实际产品和服务，推动了相关企业的技术升级和产业发展。

4. 中介机构

中介机构作为创新服务主体，在创新生态系统中发挥着沟通、整合的作用。它们为创新主体提供大量社会化、专业化的技术咨询服务，推动创新知识传播、技术扩散及科技成果转化。中介机构，如生产力促进中心、孵化中心等，能促进企业发展，同时受政府领导，与其他主体形成良性互动。例如，一些科技企业孵化器为初创企业提供办公场地、技术支持、市场推广等服务，帮助初创企业快速成长。

5. 金融机构

金融机构作为创新投入主体，是创新生态系统中创新资金的主要提供者。它们为创新生态系统提供必要的资金与物质支持，是保持系统高效运转的基础与保障。金融机构通过接受资金提供者的资金，向企业投资并获取回报，实现资金的循环利用。例如，风险投资公司对具有创新潜力的初创企业进行投资，助力企业开展研发和市场拓展，推动创新项目的发展。

6. 用户

用户是创新生态系统的最终需求者，其需求常常直接驱动企业创新。用户不仅向金融机构投入资金并从中获得回报，还对企业发展产生重大影响。随着消费者个性化需求的提升，用户创新成为市场价值的导向。用户反馈是企业改进产品、工艺和服务的重要依据，也是提高创新效率和用户满意度的关键。例如，小米公司通过小米社区等渠道收集用户反馈，对产品进行优化和改进，推出满足用户需求的产品，提高了用户满意度和市场竞争力。

（二）构建策略

1. 明确目标定位，构建整体创新生态系统

整体创新生态系统的构建对于国家和区域创新发展至关重要，是推动科技成果转化、促进科技型中小企业成长的关键要素组合。该系统涵盖了政、产、学、研、金、介、贸、媒等多个核心要素，并注重产业集群的培育与发展，以形成更具竞争力的创新网络。例如，一些地方政府制定了明确的创新生态发展规划，以打造具有区域特色的创新高地为目标，整合各方资源，推动创新发展。

2. 系统要素要完整

美国的强大并非仅因其军事或科技产品的领先，更在于其构建了一套持续推动高科技发展的创新生态系统。这一系统包括人力资源、法律体系、金融资本、社会环境、基础研究、研发中心等关键组成部分。美国总统科学技术顾问委员会在《维护国家的创新生态系统》报告中强调，美国的经济繁荣和在全球经济中的领导地位得益于一个精心编织的创新生态系统，其本质是追求卓越，由多要素协同构成。

3. 系统要素要实现协同

一个完整的创新生态系统不仅包含创新主体（政府、企业、高校与科研院所、中介机构、金融机构、用户）和创新资源（资金、人才、技术等），还包括创新环境（市场、法律、文化等）以及它们之间的协同关系。其中，可进入的市场为创新成果提供商业化机会；人力资本培养并吸引高素质的创新人才；融资及企业资金来源确保创新活动的资金支持；导师顾问支持系统提供专业指导和建议；监管框架和基础设施为创新提供稳定的法律和政策环境，以及必要的基础设施支持；教育和培训提升整体教育水平，培养创新思维和技能；重点大学的催化作用作为知识创新的源泉，推动创新生态系统的发展；文化支持营造鼓励创新、容忍失败的文化氛围。此外，产业集群作为创新生态系统的重要组成部分，有助于形成专业化分工、降低成本、提高效率，并促进创新资源在区域内的有效配置和共享。

中国石油经济技术研究院副院长吕建中在"2019环球趋势大会"的演讲中就如何营造良好的创新生态系统提出了六个方面的建议。[①]

一是更好地发挥政府作用。政府不仅要提供优良的政策、制度、法律环境，还要对创新活动进行扶持和推动，尤其是那些基础性、颠覆性的创新活动需要政府支持。

二是进一步明确各类创新主体的角色定位。企业是技术创新的主体，要在创新决策、研发投入、科研组织、成果转化等方面发挥主体作用，大学、科研院所等作为知识创新的主体，要成为创新生态系统优质人才、知识、技术的源泉。

三是加强中介机构的创新服务和桥梁作用。各类技术中介机构及其从业人员能为创新生态提供大量的社会化、专业化服务。一定要让科研人员能够心无旁骛、潜心研究，让有商业头脑的人员去从事技术推广、技术贸易，充当技术经纪人、经理人，通过技术的市场化，将科研和生产更好地结合起来。

四是要重视金融对创新的支持。创新需要花钱，但创新又有较大的风险，很难满足一般性银行金融机构的要求，因此，大量的创投、风投机构进入创新生态系统，成为激活创新的重要力量。

五是要切实解决好创新资源开放共享问题。现在的创新资源开放共享程度不够，壁垒太多，各自为政、以邻为壑、相互封锁，造成创新要素不能流动、基础平台重复购置与闲置浪费并存，尤其是已有的成果数据信息不能充分共享，难以有效推进开放式创新、协同创新。

---

① 环球网.吕建中：打造开放、包容、协同、有序、可持续的创新生态系统［EB/OL］.（2019-11-29）.https://ishare.ifeng.com/c/s/7s0PJG9dwRW.

六是要大力营造崇尚创新、宽容失败的社会文化氛围。在全社会倡导科学精神、企业家精神、工匠精神和创新精神，弘扬尊重劳动、尊重知识、尊重人才、尊重创造的观念，形成人人参与创新、支持创新、推动创新的生动局面，让创新成为一种价值取向、生活方式和精神追求。要把鼓励创新、宽容失败机制化、制度化，使创新生态系统始终充满生机和活力。

4.发挥科技园区和创业孵化器的核心平台作用

在整体创新生态环境尚未完全成熟的背景下，构建局部创新生态系统成为推动创新发展的关键路径。科技园区、创业孵化器、产业集群等核心平台在推动创新发展中扮演着举足轻重的角色。它们为企业提供了优越的创业与创新环境，加速了我国向创新型国家的转型。

（1）我国创新生态系统的现状与优势。近年来，我国创新生态系统建设取得了显著成就。《2020年全球创新指数报告》彰显了我国在全球创新版图中的崛起，我国位列最具创新性经济体第14名，标志着我国已初步构建起创新型国家的框架，创新生态系统初具规模。政府的强力推动、国有企业与中小企业的协同创新、高额的研发投入、庞大的金融体系支持、完善的基础设施、科技园区的引领作用以及大企业的技术创新能力，共同构成了我国创新生态系统多方面优势。

（2）我国创新生态系统面临的挑战与改进策略。尽管取得了显著进展，但我国创新生态系统仍然面临核心技术相对落后、创新环境有待优化、创新人才培养与使用机制不完善，以及知识产权保护制度有待进一步完善等挑战。针对这些挑战，提出以下改进策略。

一是深化市场机制改革。进一步发挥市场在资源配置中的决定性作用，营造公平、开放、透明的市场环境。政府应制定并实施更加精准的竞争、产业、财政及价格政策，以激励和引导创新，促进市场主体的优胜劣汰，激发创新活力。

二是强化企业创新主体地位。确立企业在技术创新决策、研发投入及成果转化中的核心地位，鼓励重点行业领军企业加强研发机构建设，提升自主创新能力。

三是完善人才培养与激励机制。高等院校应革新教学方法，注重培养学生的创造性思维；加快社会保障制度改革，促进科研人员的双向流动；同时，提高科研人员成果转化收益比例，加大股权激励力度，以吸引和留住更多优秀人才。

四是推动开放创新合作。以更加积极的姿态融入全球创新网络，吸纳全球创新资源，促进创新要素的跨境流动，提升我国创新的开放水平，实现国内外创新资源的优化配置。

五是充分发挥产业集群的集聚效应，促进产业链上下游企业的协同创新，提升区域整体创新能力。

此外，自然环境作为创新生态系统中的关键外部因素，对创新活动具有重要影响。政府在制定相关政策时，应充分认识并考虑到自然环境的影响，通过科学合理的政策引导，确保创新活动在尊重自然、保护环境的前提下进行。产业集群在追求技术进步和经济效益的同时，也必须兼顾环境保护和社会责任，推动创新生态系统向更加绿色、可持续的方向发展。

第三节　创意的评价与优化

仅有创意想法是不够的，这些想法如同充满希望的种子，只有在现实的土壤中生根发芽，才能体现其真正的价值。一个有价值的创意，既要有新颖独特的想法，又要满足落地可行的现实需求，还需具备切实可行的实施策略。因此，对各种创意想法进行科学评估、精心选择和细致优化，是将创意转化为现实成果的关键步骤。接下来，我们深入探讨创意的评价与优化这一重要环节。

一、创意评价的重要性

创新创业在某种意义上可以说是创业者和机会的匹配过程，许多看似有价值的机会不一定真的有价值，即使真正有价值的机会也不一定能被某个具体的创业者开发出价值。因此，需要对创意进行评价。

（一）确定创意的市场价值

创意评价能够帮助创业者系统地分析创意在市场中的潜力和价值。通过对市场需求、目标用户、竞争环境等因素的评估，创业者可以判断该创意是否满足市场需求，是否拥有足够的竞争优势。只有确认创意具备实质性的市场价值，创业者才能有效地将其转化为商业成果，提高投资的成功率。

（二）减少创业风险

许多创业项目由于缺乏科学的创意评价而最终失败。通过创意评价，创业者可以识别出创意中的潜在风险，从而制定相应的应对策略。这种前期的评估能够帮助创业者规避盲目投资、避免资源浪费，提高创业活动的成功概率，从而更有效地实现创意的价值。

（三）优化资源配置

在资源有限的情况下，创业者必须明智地选择哪些创意值得投入时间和金钱。通过对创意进行评价，创业者可以明确最具潜力的创意，从而集中资源进行重点开发。这种资源的高效配置不仅能降低成本，还可以提高价值创造的速度和效率，使创业者能够在竞争中获得优势。

（四）促进创新和迭代

创意评价不仅是对现有创意进行评估，也是一个反馈与学习的过程。通过对创意的研究，创业者可以获得来自市场、消费者和专家的反馈，这些反馈有助于发现创意的优点和不足之处。基于这些信息，创业者可以不断改进和迭代自己的创意，推动创新深入发展。

（五）增强团队合作与协调

在创业过程中，创意的评估过程往往需要团队成员之间的沟通与讨论。通过共同参与创意评价，团队成员可以形成共识，充分发挥各自的专业知识和技能。在这个过程中，团队的凝聚力和合作精神得到增强，从而加速创意的落地转化，提升整体价值创造能力。

综上所述，创意评价在创新创业中不仅有助于确定创意的市场价值，降低创业风险，优化资源配置，促进创新与迭代，还能够增强团队合作。这些因素共同促进创业者与机会之间的有效匹配，从而更好地挖掘和实现创意的价值。

二、创意评价的方法

大公司一般会通过周密的调查研究对创意进行评价。个体创业者往往依据以往的工作经验、对市场和消费者提出问题的分析、朋友的建议、环境的变化以及意想不到的事件等来评估创意。有些创业机会甚至是偶然发现的，有些创业机会建立在创业者自身独特的创意基础上，其商业概念包含了创业者的智慧和隐性知识，这些都会使人们对创意的评价变得相对困难。从这些角度分析，创意评价首先要看创业者是否具备开发创意的条件，也就是说要注重创业者和创意的匹配；然后要对创意的价值作初始判断，重要的是开展市场测试以检验是否有真实的顾客，这是开发创意的基础，也为判断创意提供依据。

创意评价来自创业者的初始判断，简单地说，就是假设加上简单计算。例如，假设一个家庭平均一周吃一袋方便面，中国有那么多的家庭，市场显然是很大的。

这样的判断看起来可信度不高，甚至有些幼稚，却有一定效果。机会稍纵即逝，如果都要进行周密的市场调查，往往会错失机会。有时在调研中发现诸多困难，反而会打击创业者的积极性。假设加上简单计算只是创意评价的初始判断，进一步的创业行动还需依据调查研究，对创意价值做进一步的评估。

创意评价就是对商业概念的价值进行全面的评估，从而挑选出优先级别更高、可行性更强的创意，进而形成商业模式的过程。对创意进行评估是后续开发、利用创意的基础和前提，是识别和开发创意过程中不可或缺的一环。在完成对创意的评估并决定开发利用后，创业者就可以依据制订好的商业计划和构想，组织资源进行开发，以实现最初的创业目标，即开发、生产出能够满足顾客需求的服务和产品。

美国百森商学院的蒂蒙斯教授提出的创意评价基本框架是比较完善的创意评价指标体系。[①]蒂蒙斯教授认为，创业者应该从行业和市场、经济因素、收获条件、竞争优势、管理团队、致命缺陷问题、个人标准、理想与现实的战略差异8个方面评价创意的价值潜力，并围绕这8个方面形成53项指标（见图3-3和表3-1）。创业者可以利用该体系模型对行业和市场问题、竞争优势、经济结构和收获、管理团队、致命缺陷等作出判断，来评价一个创业企业的投资价值和机会。

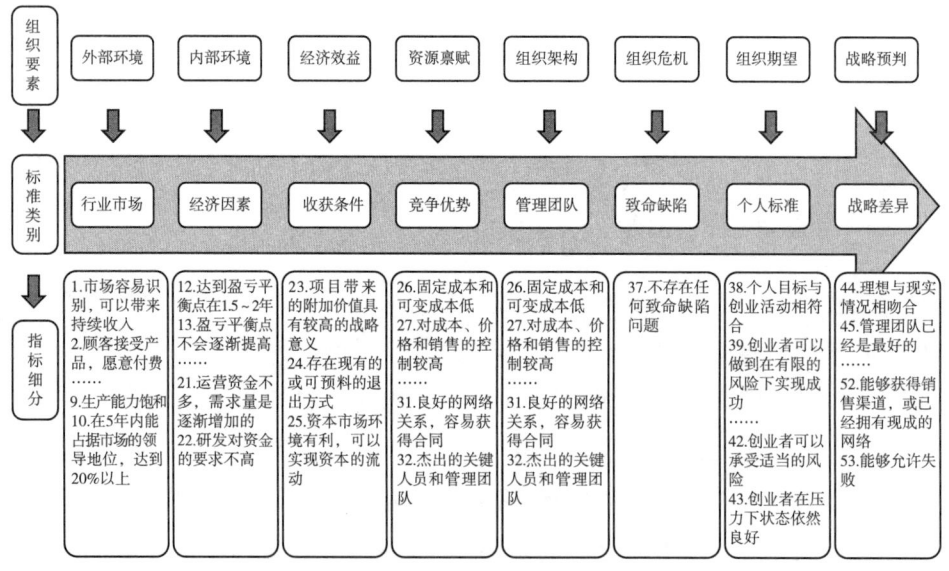

图3-3 蒂蒙斯创意评价框架

---

① Timmons J.A.New venture creation：Entrepreneurship for the 21st century［M］.McGraw-Hill，1999.

表3-1　　　　　　　　　　　蒂蒙斯创意评价标准

维度	指标
行业和市场	1.市场容易识别，可以带来持续收入 2.顾客可以接受产品或服务，愿意为此付费 3.产品的附加价值高 4.产品对市场的影响力大 5.将要开发的产品生命长久 6.项目所在的行业是新兴行业，竞争不完善 7.市场规模大，销售潜力达到1000万元到10亿元。 8.市场成长率在30%~50%甚至更高 9.现有厂商的生产能力几乎完全饱和 10.在5年内能占据市场的领导地位，市场占有率达到20%以上 11.拥有低成本的供应商，具有成本优势
经济因素	12.达到盈亏平衡点所需要的时间在1.5~2年 13.盈亏平衡点不会逐渐提高 14.投资回报率在25%以上 15.项目对资金的需求不是很大，能够获得融资 16.销售额的年增长率高于15% 17.有良好的现金流量，能占到销售额的20%~30% 18.能获得持久的毛利，毛利率要达到40%以上 19.能获得持久的税后利润，税后利润率要超过10% 20.资产集中度低 21.运营资金不多，需求量是逐渐增加的 22.研究开发工作对资金的要求不高
收获条件	23.项目带来的附加价值具有较高的战略意义 24.存在现有的或可预料的退出方式 25.资本市场环境有利，可以实现资本的流动
竞争优势	26.固定成本和可变成本低 27.对成本、价格和销售的控制较高 28.已经获得或可以获得对专利权的保护 29.竞争对手尚未觉醒，竞争较弱 30.拥有专利或具有某种独占性 31.拥有发展良好的网络关系，容易获得合同 32.拥有杰出的关键人员和管理团队
管理团队	33.创业者团队是一个优秀管理者的组合 34.行业和技术经验达到了本行业内的最高水平 35.管理团队的正直廉洁程度能达到最高水准 36.管理团队知道自己缺乏哪些方面的知识
致命缺陷问题	37.不存在任何致命缺陷

续表

维度	指标
个人标准	38.个人目标与创业活动相符合 39.创业者可以做到在有限的风险下实现成功 40.创业者能接受薪水减少等损失 41.创业者渴望进行创业这种生活方式,而不只是为了赚大钱 42.创业者可以承担适当的风险 43.创业者在压力下状态依然良好
理想与现实的战略差异	44.理想与现实情况相吻合 45.管理团队已经是最好的 46.在客户服务管理方面有很好的服务理念 47.所创办的事业顺应时代潮流 48.所采取的技术具有突破性,不存在许多替代品或竞争对手 49.具备灵活的适应能力,能快速地进行取舍 50.始终在寻找新的机会 51.定价与市场领先者几乎持平 52.能够获得销售渠道,或已经拥有现成的网络 53.能够允许失败

(一)蒂蒙斯创意评价框架说明

该评价框架对评价主体的要求相对较高,一般要求评价者是行业经验丰富、商业嗅觉敏锐且具有一定管理经验的投资人或资深创业者,同时还要求使用者熟悉指标的内涵及评估技术。

该评价框架对评价方法要求较高,一般要求运用定性与定量相结合的方法,才能有效地分析创意的可行性,得出不同创意间的优劣排序。

评价框架中的指标项目比较多,在运用过程中可以结合实际需求进行适当的梳理简化、重新分类,以提高使用效能。

(二)蒂蒙斯创意评价方法的使用

蒂蒙斯创意评价框架为我们提供的是一套评价标准,我们需要运用科学的步骤和专业的评价方法来进行创意评价。常用的评价方法有以下两种。

1.标准矩阵打分法

标准矩阵打分,指评价者(专家)对创意评价指标体系中的每个指标进行极好(3分)、好(2分)、一般(1分)三个等级的打分,形成打分矩阵表,然后求出每个指标在各个创意下的加权平均分,即评价结果。因为每个创意的评价指标不一样,所以这种评价方法可以用于对不同创意进行对比评价,其量化结果可直接用于创意的优劣排序。当该方法只用于一个创意的评价时，可采用多人打分后进行加权平均的方法。加权平均分越高，说明该创意越有可能成功。就蒂蒙斯的创意评价框架而言，一般来说，高于100分的创意可作进一步规划，低于100分的创意则需要考虑淘汰。

2.Baty选择因素法

该方法可以看作是标准矩阵打分法的简化版。评价者凭借个人对创意的认知与理解，直接按照蒂蒙斯创意评价框架中的各项评价指标，判断自己的创意是否符合这些指标要求。如果创意符合指标要求的数量低于30个，则说明该创意的可行度不高；如果符合指标要求的数量高于30个，则说明该创意大有希望，值得探索与尝试。在运用这种方法的过程中，需要特别注意其中某些关键因素的"破坏力"。例如，创意一旦存在"致命缺陷"，再多的合格指标也无济于事，只能对其进行"一票否决"。该方法比较适合创业者进行自评。

必须指出的是，在现实创业活动中，创业者不太可能按照框架中的指标对创意作出一一评价，而会依据其中的部分要素来判断创意的价值，因此，创业者的创意评价表现为主观感觉而非客观分析的过程。

（三）其他评估方法

除了蒂蒙斯的创意评价框架，关键成功要素法（KSFs）也是一种重要的创意评价方法。关键成功要素指在特定行业或领域中，对企业或项目的成功起决定性作用的少数关键因素。这些因素是企业或项目达成目标、获取竞争优势的核心驱动力。

关键成功要素法的具体实施围绕确定关键因素、评估因素重要性和分析因素现状展开。确定影响创意成功的关键因素时，需结合行业特点、市场环境、项目定位等多方面因素。清华大学姜彦福教授通过问卷调查对国内的一些创业者和一般管理者进行了比较研究，对关键性指标进行了排序，并对经济性指标进行了实证。[①]他提出了适合我国本土创业者进行创意评价和投资者进行尽职调查前的十项关键指标序列，认为创业者应当把人的因素放在首位，并从五个方面去综合分析：①是否拥有优秀的管理团队和员工；②创业者在承受压力的状态下心态是否良好；③创业者团队是否是一些优秀管理者的结合；④相关的技术经验是否达到了行业内的最高水平；⑤个人目标与创业活动是否相符。与此同时，创意本身所面临的市场因素，即顾客能否主动接受产品和服务；经济因素，即创意所带来的经济附加值是否有意义、是否能获得持久的经济理论支持、可变成本和固定成本是否相对较

---

① 姜彦福，邱琼.创业机会评价重要指标序列的实证研究［J］.科学学研究.2004（01）：60–64.

低，同样非常重要。此外，创意本身不能存在致命缺陷，否则将被否决。

刘常勇教授认为，创意评价主要围绕市场和回报两个层面展开（见表3-2）。①

表3-2　　　　　　　　　　　创意评价框架

评价维度	评分标准（1~5分）	评分1	评分2	评分3	评分4	评分5
创新性	新颖性					
	技术创新性					
可行性	技术可行性					
	操作性					
市场潜力	市场需求					
	竞争力					
财务可行性	成本预算					
	投资回报					
资源需求	人力资源					
	其他资源					
风险评估	技术风险					
	市场风险					
综合评价	总评分					
结论与建议						

以基于AI技术的在线教育创业项目为例，其关键成功要素可能包括技术的先进性与稳定性、教育内容的质量与适应性、市场推广渠道的有效性、团队的专业能力与协作性等。不同类型的创业项目，其关键成功要素存在差异。例如，对于互联网平台项目，用户流量获取、用户体验优化、平台运营模式创新等更为重要；对于传统制造业项目，生产成本控制、供应链稳定性、产品质量等是关键成功要素。

确定关键成功要素后，需对每个关键要素进行打分或定性评价，以衡量其对创意成功的影响程度。例如，采用1~5分的评分标准，从算法创新性、技术成熟度等维度对技术先进性进行打分；从渠道覆盖范围、用户转化率等方面评估市场推广渠道的有效性；从专业背景、过往经验、协作能力等维度评价团队能力。要综合评估创意的整体价值，根据关键要素的得分情况，判断创意是否具有足够的潜力，值得进一步投入资源进行开发。若关键成功要素整体得分较高，说明创意的可行性和发展潜力较大；反之，则需重新审视创意或改进关键要素。

关键成功要素法可与蒂蒙斯创意评价框架结合使用，两者相互补充，从不同

---

① 刘常勇.创业管理的12堂课［M］.北京：中信出版社，2002：64-70.

维度对创意进行全面评价。蒂蒙斯框架从多个方面提供了较为全面的评价指标，涵盖行业和市场、经济因素、收获条件等多个领域；关键成功要素法能够突出重点，聚焦对创意成功起决定性作用的因素，避免评价过程过于宽泛而抓不住核心。例如，在评价智能硬件创业项目时，蒂蒙斯框架可帮助创业者全面分析市场规模、竞争优势、资金回报等，提供宏观的评价视角；关键成功要素法则聚焦于硬件技术的独特性、供应链的稳定性、营销渠道的有效性等关键因素，为创业者提供更精准、全面的决策依据。

三、创意的优化

创意形成的本质是运用旧的元素进行一些新的组合，从而进一步洞悉、拆解事物之间新的关联。创意优化指对已有创意进行系统性改进和提升的过程，旨在增强创意的实用性、吸引力和市场竞争力。它不仅关注创意本身的质量，还涉及如何将创意有效地转化为产品、服务或商业模式，以满足用户需求、顺应市场趋势。创意优化强调持续的反馈和迭代，确保创意能够适应不断变化的环境。下面我们将通过案例分析展示创意优化的过程。

（一）创业案例：智能宠物陪伴机器人

在当今社会，宠物逐渐成为家庭的一部分，宠物行业蓬勃发展。据统计，2022年，全球宠物市场规模达到了2000亿美元，预计未来几年将继续增长。随着年轻人工作与生活节奏的加快，越来越多的宠物主人因工作繁忙而面临无法陪伴宠物的问题。因此，针对这一市场需求，X公司提出了"智能宠物陪伴机器人"这一创意。随着市场对智能设备的需求日益增加，人们对宠物智能设备的投资意愿也在不断提升，X公司的产品将有较好的市场前景。机器人的制造成本逐渐降低，同时，人工智能技术的发展使功能丰富且价格适中的高科技宠物陪伴机器人成为可能。X公司将产品价格设定在300~500美元，使这一产品能够覆盖更广泛的消费群体。X公司持续关注用户需求，陆续推出了能够适应多种宠物（如狗、猫等）的机器人。同时，与生产厂家达成合作协议，严格控制产品质量和成本。在市场营销方面，通过社交媒体与合作伙伴共同推广，提高品牌曝光度和可信度。

X公司的负责人在接受采访时指出，该公司产品的竞争优势在于深度结合人工智能和物联网技术，机器人具备自主学习能力，能够理解宠物的情绪和习惯，并根据反馈调整互动方式。目前市面上大部分宠物机器人仍停留在简单的喂食、运动等功能上，缺乏智能化互动和情感交流。此外，公司的管理团队由宠物行业专家、人工智能工程师和市场营销专家组成，技术团队负责产品的研发和更新，确保机器人始终处于技术前沿；市场团队制订销售与推广计划，提升市场份额。在团队内部，X公司倡导创新与合作的文化，以应对行业变化。

公司负责人承认公司面临的最大风险在于市场接受度和技术的稳定性。尽管智能机器人的功能迭代快速，但用户对新技术的心理接受程度存在差异。另外，技术上的故障也会对用户体验造成影响。因此，需要在产品推出前进行广泛的测试与反馈，以确保产品的稳定性。

企业创始人的个人标准是保证产品的质量与用户的体验，希望通过技术为每个家庭带来幸福，缓解宠物与主人的焦虑，提升生活质量。同时，努力确保公司在快速发展的同时不忽视社会责任，倡导动物福利。通过这个智能宠物陪伴机器人，创业团队不仅希望能解决宠物孤独的问题，也希望借助先进的技术为家庭带来更多的乐趣与陪伴，最终实现商业利益与社会价值的双赢。

在发展愿景方面，公司希望智能宠物陪伴机器人成为市场的领先者，带动整个宠物行业的智能化。然而，现实中会面临来自资金、技术和市场的多重挑战。为了缩小理想与现实的差距，公司计划在初期关注核心功能的完善，通过用户反馈逐步扩展功能，降低研发风险，逐步实现从小众市场到大众市场的转型。

（二）创意优化的案例分析

为了对"智能宠物陪伴机器人"这一创业案例进行全面的分析，我们运用蒂蒙斯创意评价框架中的53个标准，并采用打分矩阵的方法对其进行评估。以下是分析及打分结果（见表3-3）。

表3-3 蒂蒙斯创意评价框架打分矩阵

指标	评分（分）	指标	评分（分）
1.市场容易识别，可以带来持续收入	3	7.市场规模大，销售潜力达到1000万元到10亿元	3
2.顾客可以接受产品或服务，愿意为此付费	3	8.市场成长率在30%~50%甚至更高	2
3.产品的附加价值高	3	9.现有厂商的生产能力几乎完全饱和	2
4.产品对市场的影响力大	3	10.在5年内能占据市场的领导地位，市场占有率达到20%以上	2
5.将要开发的产品生命长久	2	11.拥有低成本的供应商，具有成本优势	2
6.项目所在的行业是新兴行业，竞争不充分	3	12.达到盈亏平衡点所需要的时间在1.5~2年	2

续表

指标	评分（分）	指标	评分（分）
13.盈亏平衡点不会逐渐提高	3	34.行业和技术经验达到了本行业内的最高水平	3
14.投资回报率在25%以上	2	35.管理团队的正直廉洁程度能达到最高水准	3
15.项目对资金的需求不是很大，能够获得融资	3	36.管理团队知道自己缺乏哪些方面的知识	3
16.销售额的年增长率高于15%	3	37.不存在任何致命缺陷	2
17.有良好的现金流量，能占到销售额的20%~30%	2	38.个人目标与创业活动相符合	3
18.能获得持久的毛利，毛利率要达到40%以上	3	39.创业者可以做到在有限的风险下实现成功	3
19.能获得持久的税后利润，税后利润率要超过10%	2	40.创业者能接受薪水减少等损失	2
20.资产集中度低	2	41.创业者渴望进行创业这种生活方式，而不只是为了赚大钱	3
21.运营资金不多，需求量是逐渐增加的	2	42.创业者可以承担适当的风险	2
22.研究开发工作对资金的要求不高	3	43.创业者在压力下状态依然良好	3
23.项目带来的附加价值具有较高的战略意义	3	44.理想与现实情况相吻合	2
24.存在现有的或可预料的退出方式	2	45.管理团队已经是最好的	2
25.资本市场环境有利，可以实现资本的流动	3	46.在客户服务管理方面有很好的服务理念	2
26.固定成本和可变成本低	2	47.所创办的事业顺应时代潮流	3
27.对成本、价格和销售的控制较高	2	48.所采取的技术具有突破性，不存在许多替代品或竞争对手	3
28.已经获得或可以获得对专利权的保护	3	49.具备灵活的适应能力，能快速地进行取舍	2
29.竞争对手尚未觉醒，竞争较弱	3	50.始终在寻找新的机会	3
30.拥有专利或具有某种独占性	3	51.定价与市场领先者几乎持平	2
31.拥有发展良好的网络关系，容易获得合同	2	52.能够获得销售渠道，或已经拥有现成的网络	2
32.拥有杰出的关键人员和管理团队	3	53.能够允许失败	2
33.创业者团队是一个优秀管理者的组合	3		

1. 计算加权平均分

根据表3-3的评分，我们可以计算指标的总分。

优秀（3分）：43×3=129（分）。

良好（2分）：9×2=18（分）。

一般（1分）：1×1=1（分）。

总分=129+18+1=148（分）。

2. 总结与改进建议

在对"智能宠物陪伴机器人"项目的分析中，采用打分矩阵评估了53个标准，最终得分为148分，显示出该项目具有良好的发展潜力。项目的主要优势包括市场识别度高、顾客接受度强、附加价值显著、行业竞争较弱等，这些都为项目的成功奠定了基础。此外，项目具备良好的现金流、优秀的管理团队和有效的技术专利保护，能够有效控制成本并增强市场竞争力。

然而，项目仍存在一定的改进空间。首先，需进一步了解消费者需求，以提高市场接受度，扩大市场份额。其次，虽然项目对低成本供应商的依赖度较高，但应关注成本控制，优化供应链，以增强整体竞争力。再次，加强与行业伙伴的关系，加大合作力度，以提升市场影响力。最后，保持技术创新以应对可能的竞争威胁，确保持续的市场领导地位，这将是项目长期成功的关键。

综上所述，该项目具备较强的市场潜力和运营优势，通过针对性的改进措施，可以进一步提升其竞争力，实现可持续发展。

（三）创意优化的过程分析

通过系统的创意评价与优化过程，创业者能够有效地将创意与市场需求对接，确保其在市场中具备竞争力和商业价值。这一过程不仅关乎创意的产生，更是对创意进行全面、深入的分析与验证，以确保其商业可行性和市场适应性。

首先，持续的市场调研是创意评价的重要基础。创业者需定期收集和分析行业动态、市场趋势以及竞争对手的情况。这种调研不仅要涵盖潜在客户的偏好和行为模式，还要关注宏观经济的变化和行业政策的调整。通过对市场的全面考察，创业者可以识别出新的市场机会和潜在的挑战，从而为创意的调整和优化提供方向。

其次，用户反馈在创意迭代中占据着关键地位。创业者应主动聆听用户的意见与建议，通过问卷调查、用户访谈、社交媒体互动等多种方式收集反馈信息。这些反馈不仅能帮助识别产品或服务中的不足之处，还能揭示用户对于现有产品的真实体验与期待。这种双向沟通使创业者能够及时调整创意，增强与用户的联系，提高用户满意度与忠诚度。

再次，数据分析也是优化创意不可或缺的环节。通过建立数据监测系统，创业者可以准确追踪市场反应和用户行为，为决策提供量化支持。数据分析可以揭示用户的消费习惯、偏好变化及潜在需求，帮助创业者在适当的时机做出策略调整，实现产品的迭代升级。以数据驱动决策，能使创业者在瞬息万变的市场中更具前瞻性与灵活性。

最后，创意的优化过程并非一次性就能完成，而是需要建立在持续反馈与迭代的基础上。通过定期回顾与调整，企业能够始终把握市场脉动，保持竞争优势。创业者应当将创意评价与优化视为一个循环的过程，当市场与技术环境变化时，及时适应并更新策略，以探索新的增长点。

综上所述，通过系统的创意评价与优化过程，创业者能够有效整合市场需求、用户反馈与数据分析，从而确保创意在竞争日益激烈的市场中具备可持续的商业价值。这一过程不仅是创意开发的保障，更是企业长远发展的驱动力。

课后思考

1. 举例说明创意思维在日常生活中的应用。
2. 分析一个成功的创意案例，指出其产生的关键内外部因素及克服思维障碍的方法。
3. 简述创新生态系统的内涵，并说明产业集群对创意发展的促进作用。
4. 选择一个创意案例，运用合适的方法对其进行评价，并提出优化建议。

参考文献

［1］李立辉，等.区域产业集群与工业化反梯度推移［M］.北京：经济科学出版社，2005.

［2］［美］迈克尔·波特.国家竞争优势［M］.李明轩，邱如美，译.北京：中信出版社，2007.

［3］姜彦福.创业管理学［M］.北京：清华大学出版社，2009.

［4］［美］迈克尔·A.希特，R.杜安·爱尔兰，罗伯特·E.霍斯基森.战略管理：概念与案例［M］.于晓宇，王家宝，等，译.北京：机械工业出版社，2016.

［5］［美］唐纳德·F.库拉特科.创业学［M］.薛红志，李静，译.北京：中国人民大学出版社，2014.

［6］周三多.管理学［M］.北京：高等教育出版社，2018.

［7］芮明杰.管理学：现代的观点［M］.上海：上海人民出版社，2018.

［8］张玉利.创业管理［M］.北京：机械工业出版社，2019.

［9］［美］彼得·德鲁克.管理的实践［M］.齐若兰，译.北京：机械工业出版社，2006.

［10］赵俊亚，李明.大学生创新创业教育［M］.北京：清华大学出版社，2018.

第四章 创新创业团队组建

> **学习目的与要求**
>
> 1. 掌握创业者的概念及特质
> 2. 了解创业者需要具备的素质
> 3. 知道如何组建创新创业团队

任何创新创业活动都离不开一支优秀的团队，本章就创新创业团队的组建、构成，创业者的素质条件，创业团队的管理等内容进行阐述。

第一节 创新与创业者

一、创新者与创业者的概念和特质

（一）创新者与创业者的概念

著名创新经济学家约瑟夫·熊彼特（Joseph Alois Schumpeter）是现代创新理论的奠基人，被誉为"现代企业思想之父"和"创新理论"鼻祖。他在1912年出版的《经济发展理论》中首次提出创新的概念：建立一种新的生产函数，把一种新的生产要素和生产条件的"新结合"引入生产体系。20世纪50年代，世界著名管理学家德鲁克（Peter F.Drucker，现代管理学之父）将创新引进管理领域，他认为创新是一种态度和实践，即赋予资源以新的创造财富能力的行为。2004年，美国国家竞争力委员会向政府提交的《创新美国》计划中提出："创新是把感悟和技术转化为能够创造新的市值、驱动经济增长和提高生活标准的新的产品、新的过程与方法和新的服务。"熊彼特还强调了利润仅是对创新者的回报。创新过程只不过是企业家以"意志与行为"运用了现有的生产要素，创新所创造的利润只能是对企业家创新"意志与行为"的回报。正是在熊彼特学说的影响下，企业家精神成为一种独立且稀缺的生产要素。利润源自创新，创新又是经济发展的动力，利润与经济发展是共生共存的。由此，创新者就是能利用已存在的自然资源和社会要素，为人类社会的文明与进步创造出有价值的全新物质产品或精神产品，并实现创造发明潜在的经济和社会价值的人。

创业者是指个体发现某种信息、资源、机会或掌握某种技术，利用或借用相应的平台或载体，将其发现的信息、资源、机会或掌握的技术，以一定的方式转化、创造成更多的财富、价值，并实现某种追求或目标的人。

在学术界和企业界，创业者被定义为组织、管理一个生意或企业并承担其风险的人。创业者有两个基本含义：一是指企业家，即在现有企业中负责经营和决策的负责人；二是指创始人，通常理解为即将创办新企业或者是刚刚创办新企业的负责人。

法国经济学家理查德·坎蒂隆[①]（Richard Cantillon）在其著作《商业性质概论》中首先将"创业者"（Enterpreneur）一词引入了经济管理研究领域，提出了创业者的概念，认为创业者就是组织生产经营，并在面临风险的情况下作出决策的人，并认为创业者是经济活动过程中的代理人。约瑟夫·熊彼特曾提出两个概念：一个是"创新型企业家"（Innovative Entrepreneur），另一个则是竞争性市场固有的"创造性破坏"（Creative Destruction）过程。他通过对创新的研究，定义了创业者在企业创新中的作用，认为创业者还应该是创新者，他们主导企业的创新活动，并最终将这种活动转化为企业内在的经济利益。

经济学家伊斯雷尔·柯兹纳（Israel M.Kirzner，1978）从创业机会的角度定义创业者，认为创业者就是能够识别市场中的创业机会，并且能够利用各种创业资源将这些创业机会进行开发并最终获得利益的人。美国创业学家杰弗里·蒂蒙斯（Jeffry A.Timmons，1990）也探讨了创业者与创新创造之间的关系，认为创业在本质上就是一种创新创造行为，只有产生了新产品、新技术或者新的商业模式，才能称为创业，创业者因为具备了创新创造的特质才能够成为创业者，将创业活动引领到正确的方向上。

布鲁亚特和朱利安（2001）两位学者从创业者发起整合资源的功能角度，认为创业者就是创业创造的主导者，是将各种资源组合起来创造新价值的主导者，离开了创业者的整合，就无从实现新价值的创造。[②]

---

① 理查德·坎蒂隆：爱尔兰人，主要经历在法国，其经济学研究以法国为对象，因此被列入法国经济学家的行列。

② Chirstian Bruyat, Pierre-André Julien.Defining the field of research in entrepreneurship [J]. Journal of Business Venturing, 2001（10）：14-17.

Sarah Turner 和 Phuong An Nguyen（2005）[①]两位学者在研究中认为，创业者就是十分善于利用各种可获得性资源来帮助企业，并最终作出正确决策的企业领导者。美国学者杰弗里·蒂蒙斯和斯蒂芬·斯皮内利（2007）总结了创业者四个方面的特征：组织管理资源并承担风险、识别市场机会并从中牟利、百折不挠的创业精神、转嫁风险，认为具备以上四个特征的人可以称之为创业者。

国内有学者将创业者的概念划分为广义和狭义两个维度，广义上指所有参与创业活动的人员，狭义上指在创业活动中位于核心位置的成员；只有创业活动的核心人员才具备创业者的特点，创业者具有风险承担性、创新性、先动性等特点。

综合国内外学者的观点，创业者就是参与创业过程，并能够对创业过程的资源获取、资源整合、机会识别及开发、产品的生产及运营等核心环节起到主导作用，引领创业价值产生并推动创业活动不断向前发展的人。

（二）创新创业者的特质

1.创新者的特质

创新人才的素质由其脑能特质、心理特质和能力特质构成，创新人才必须具备与创新要求和创新活动过程相适应的特质结构。

（1）脑能特质。创造力是脑能质变的表现形式之一，立体化大脑是创造性脑能提升的高级阶段，是知识经济时代人们取得创造性成功的基础。要想使大脑的记忆力成倍增强，反应力不断加快，创造能力持续提高，积极开发创造性的脑能，学习和掌握一些脑能开发的方法十分必要。

（2）性格特质。创新者有不同的类型，不同类型的创造者有不同的人格特征，显现出的人格构成因素也不尽相同。通过总结国外相关研究成果，我们得出关于一般性创新人才的性格构成要素，具体有以下10个方面：第一，兴趣广泛，求知欲强，对新奇事物容易产生兴趣；第二，思维灵活，反应敏捷，工作效率高；第三，联想丰富，语言流畅，能恰当迅速地发表意见；第四，勤奋热情，专心致志，一心扑在事业上；第五，观察敏锐，思辨精密，能发现别人不易发现的事物；第六，勇于进取，渴求发现，不满足于已有的结论；第七，坚定自信，执着追求，深深理解自己行为的价值；第八，坚韧乐观，不辞劳苦，能在克服困难中体验到成功的欢乐；第九，独立性强，从众性少，遇事有自己的见解；第十，献身事业，服务社会，时常产生革新创造的念头。

---

① Turner S, An Nguyen P.Young entrepreneurs, social capital and Doi Moi in Hanoi, Vietnam [J].Urban studies，2005，42（10）：1693-1710.

(3)能力特质。创新者须具备创新思维能力。创新思维可以由以下三部分组成:第一,非逻辑思维能力。这是创新思维的核心与精华部分,也是需要重点培养和训练的部分,它由发散思维、联想思维、想象思维、直觉思维、灵感思维等部分构成。第二,两面神思维。这是美国行为科学家阿尔伯特·卢森堡(Albert Rothenberg)最早提出的概念,他借用传说中的古罗马门神努亚斯的哭与笑两个面孔,能同时转向两个相反方向的故事,来隐喻这些创造性思维:一是逆向思维,二是相反相成的思维,三是相辅相成的思维。这也是创新思维的重要组成部分。第三,逻辑思维。它由演绎思维、归纳思维、类比思维三部分组成。

2. 创业者的特质

创业活动的核心主体是创业者。创业者是创业学术研究中特别关注的对象,一些经济学、管理学和心理学研究者围绕"谁是创业者"这一问题开展过一些研究,试图探讨创业者与非创业者之间的差异。一直以来,学者们热衷于识别创业者的特质,认为创业者富有创新精神,喜欢冒险,雄心勃勃且勇敢无畏。研究发现,创业者的核心性格优势为洞察力、公平、好奇心、好学、奉献、创造力等。

创业者特质是创业研究人员将人格特质引入创业领域而产生的概念,创业者身上区别于普通个体的特质被称为创业者特质。创业者特质的外延可以概括为个体特质和社会特质两类。其中,个体特质包括心理特质(态度、情感、意志等)和行为特质(知识、技能、行为表现等),社会特质则包括先前经验和社会资本。[1]

(1)个体特质。现有文献中对创业者个体特质的研究得出了比较普遍的结论,认为创业者的特质主要包括成就动机、风险承担性、内控能力、创新性和先动性。

成就动机是内在驱动力的一种体现,是个体追求个体价值最大化,或者在追求自我价值的时候,通过某种方法达到最完美的状态。成就动机能够长期直接地影响人的行为活动和思考方式,是创业者预期比其他人或者自身早期做得更好更快的内部动力。它会随着个体预期的变化而不断深化和改变,这意味着成就动机是一种使个体变得更好的动态过程[2](McClelland,1990;Hansemark,2003)。美国心理学家约翰·威廉·阿特金森(John William Atkinson)于1963年将麦克利兰的成就动机理论进一步深化,提出了具有广泛影响的成就动机模型。[3] 成就动机被认

---

[1] 汪翔,张平.创业者特质概念研究综述[J].现代商贸工业,2014,26(13):71-72.

[2] 美国哈佛大学教授戴维·麦克利兰(David·C·McClelland)提出成就动机理论,通过对人的需求和动机进行研究,把人的高层次需求归纳为对成就、权力和亲和的需求。

[3] 美国心理学家约翰·威廉·阿特金森(John William Atkinson)提出了具有广泛影响的成就动机模型。

为是创业者最显著的特质之一（Babbetal，1992）。

创业过程充满着不确定性与风险，现有研究结果显示，创业企业存活率普遍较低，作为主导创业的创业者具备比一般人更能承担风险的特质（Lumpkin et al.，1996；Cromie，2000）。

内控能力指的是创业者相信自己所从事的事业或者工作结果受自身努力的影响，且这些事情在自身的控制范围之内（Rotter，1966）。美国创业学家蒂蒙斯（1990）在20世纪80年代提出了蒂蒙斯创业模型，认为创业在本质上就是一种创新创造行为，只有产生了新产品、新技术或者新的商业模式，才能称之为创业。许多学者认为，创业者本身就具备这种创造力的特质（Drucker，1985）。他们善于开发新技术和新产品，进入新的市场，引领新的商业模式，从而推动事业的发展。

创新性和先动性指的是创业者的一种前瞻性行为，创业者能够预判市场中存在的创业机会（Miller，1983），并先于竞争对手采取行动，在市场中赢得生存空间（Lumpkin et al.，1996）。

（2）社会特质。创业者的社会特质主要可以划分为自我效能感、创业警觉性、先前经验、创业激情等几个方面。[①]

自我效能感的概念由阿尔伯特·班杜拉（Albert Bandura）[②]于1977年提出，指个体对自己在特定情境中是否有能力得到满意结果的预期，认为个体在特定情境中对自己是否能够有效实施行动方案的自信程度，即为自我效能感。它主要代表着个体对自身能力的认知，这种认知是影响个体行为的重要因素，个体对效能预期越高，就越倾向于付出更大的努力。班杜拉指出了影响自我效能形成的四个因素，即直接的成败经验、替代性经验、言语劝说和情绪的唤起，这四个因素对创业和学习兴趣的唤起都有很大影响。

创业警觉性的概念最早是由经济学家柯兹纳（Israel M.Kirzner）提出的，他认为创业警觉性是一种不经过刻意的搜寻就能够发现机会的特质或者能力。

先前经验代表了创业者的经历，表示的是创业者在先前的学习、工作、创业等经历中积累起来的一种隐性知识。一般来说，创业者的经历越丰富，先前积累得也就越多，这种多样化的经验已经被证实有助于创业活动的开展（Zhu et al.，2007）。

创业激情就是创业者在创业过程中产生的强烈的积极情绪，这种情绪体验可

[①] 周键.创业者社会特质、创业能力与创业企业成长机理研究［D］.济南：山东大学，2017.

[②] 阿尔伯特·班杜拉（Albert Bandura），美国当代著名心理学家，新行为主义的主要代表人物之一，社会学习理论的创始人。

以被认为是创业者所具备的特质，而非创业者很难从创业过程中体验到创业激情。

（三）创新创业者的类型

创新创业者的类型可以根据不同的维度进行划分。从创业动机来看，创新创业者可以分为以下三种常见的类型。

第一类：主动式创新创业者。创新创业者认为创新创业是一项非常有意义的工作，愿意接受挑战。这类创业者敢于冒险，对创业活动充满激情。

第二类：被动式创新创业者。他们为提高生活条件和社会保障而创新创业，争取有更高的收入，为自己的家庭提供更好的生活条件；或者出于种种原因没有找到合适的工作，就把创业当成一种工作；还有的创新创业者对现实生活感到不满，于是寄希望于创新创业来改变现状。

第三类：能力资源型创新创业者。有的创新创业者因为熟悉某个行业或项目、掌握了一批客户，或者有自己的专利、经营才能、商业策划等优势，为了体现或证明自己的能力，开始创新创业。有的创新创业者拥有一些外部资源和人脉条件，加之有合适的机遇，从而参与了创业。

俗话说："人上一百，形形色色。"创新创业者在创新创业时的动机和条件各不相同，从他们创新创业行动的内在力量来看，也有本质的差别。[①]

从创新创业者的特质和创业目标来看，创新创业者可以分为以下四种常见的类型。

第一类：技术型创新创业者。这类创业者最擅长的就是通过开发和运用新技术来解决现有问题。他们通常是技术领域的专家，拥有丰富的技术知识和实践经验，善于创造新的解决方案和新产品。

第二类：商业型创新创业者。这类创新创业者往往是商业经验丰富、市场敏锐度高的人士。他们精通市场营销、商业策略、财务管理等行业领域，同时也了解不同领域的需求和趋势。商业型创新创业者非常适合投资和创办一些经营领域的企业。

第三类：社会型创新创业者。这类创新创业者致力于为社会解决一些问题，如教育普及、脱贫致富、健康保健等。他们通常会组建一些社区组织或非营利机构，以解决社会问题。

第四类，成长型创新创业者。这类创新创业者的目标是做大企业的规模，并在市场中获得领先地位。他们通常需要大量的投资和资源，同时也需要优秀的管

---

① 樊琪.从创业动机看创业成功［J］.中国就业，2012（08）：51-52.

理团队、有效的商业策略和先进的商业模式来支持企业的成长。

总之，不同类型的创新创业者有各自的优势和特点，也有各自的创新创业难点和挑战。对于想要创新创业的人来说，选择自己擅长或者感兴趣的领域，可以更好地发挥自己的长处，提高创新创业的成功率。

（四）创新创业者的动机

动机（Motivation）是激发、推动、维持个体做出特定任务或活动，并朝着活动目标努力的心理倾向。随着创业领域的活跃，社会各界对创业管理研究的关注度明显提升。为深入探索创业行为为何发生及如何发生，国内外学者基于各自的研究背景和目的，给出了不同的定义。Olson 和 Bosserman（1984）指出，动机是推动个体从事某种活动，并朝一个方向前进的内部动力。创业动机是促使那些已经拥有创业基础条件，同时又具有一定创业能力的潜在创业者真正实现创业的驱动力。[1]对创新创业者而言，创新创业动机无疑是重要的动因，能够有效地激励拥有创新创业能力和基础的人去寻找、把握机会，开展创新创业活动。这是创新创业者和潜在创新创业者的重要区别之一。Collins、Locke 和 Shane（2003）将创业动机看作促使人们发现机会、获取资源、开展创业的一种意愿和自发性。Carsrud 和 Brannback（2011）认为，创业动机是连接创业认知和创业行为的桥梁，是将创业意向转换为创业行动的关键。王玉帅（2008）提出，创业动机是保障个体实施创业行为并促使创业活动朝着固定的方向渐进式发展的心理驱动力。虽然不同学者对创业动机的内涵有不同的理解，但是大致可将其总结为驱动创业主体开展创业活动的心理倾向或动力，是将创业意愿付诸实践的特殊心理状态。[2]

大学生创新创业的动机一般包含五种情况：生存的需要、积累的需要、自我实现的需要、就业需要和家族传承的需要。一是生存的需要。在社会中生存下去的基本要求是经济基础和自理能力。进入大学时代的学生一般已经成年，部分学生为了减轻家庭负担或者进行实践锻炼，在课余时间选择做兼职，兼职内容大多是一些服务类工作，也有一部分学生选择自主创业。二是积累的需要。部分学生选择创业是为了丰富自己的实践经验和提高自己的社交能力，为以后创业或就业积累经验，其目的是模拟创业，成功率并不高，但是比其他类型的学生对创业失败的接受程度更高。三是自我实现的需要。创业者往往在20~30岁时创新与创造

---

[1] Olson P D, Bosserman D A.Attributes of the Entrepreneuriai Type [J].Business Horizons, 1984（05）：53-56.

[2] 杨隽萍，宋猛，肖梦云.基于认知视角的创业动机研究[J].经营与管理.2017（07）：54-57.

能力最强，他们渴望自我实现，并在这一阶段创造科研成果或者运用科研成果为创业奠定基础。四是就业需要。当今社会的大学生越来越多，就业形势越来越严峻，就业竞争和压力也越来越大，部分大学生直接选择了创业。五是家族传承的需要。在中国式现代化背景下，部分学生受家庭创业的影响，或者出于传承家族产业的需要而创业。①

（五）创新创业动机调适

创新创业的核心就是变革，因此，创新创业者在创业初期需要过的第一关就是挫折关。初创企业会遇到很多意想不到的困难，会经历很多挫折，如需要将大量时间投入工作、没有节假日、资金压力大、不被理解、家庭无人照料等。面对众多的变化和巨大的压力，加上对创新创业过程中遇到挫折的估计不足，达不到创新创业的期望值，自己的收入与付出不成正比，许多创业者会怀疑自己的创新创业能力，并最终选择退出。

马斯洛需求理论认为，人对自身安全感的体会非常强烈，每个人都想在一个平静的、安全的环境中生存下来，而人性的归属性、受尊重的追求、自我实现的需要又推动着人不断变革向前走。面对这种矛盾，人就会变得过度焦虑，过分担心创业遇到的问题，过于在意别人对自己的看法，导致内心深处缺乏自信，对自己和别人都不够信任，对周围的人与事总是抱着怀疑的态度，最后导致自身心理崩溃。

有些创新创业者把创新创业理想化，创新创业动机不足、动力不够，认为创新创业就是一条捷径，于是跟风上马，赶潮流去创业，其实他们的内心需求并不强烈，没有强大的精神动力作为支撑。还有些创新创业者的创业动机没有与创业能力相匹配。创新创业的目标是创新创业项目成功，创新创业者的动机是创业需求加创业能力，如果仅有创新创业需求而缺乏对自身能力是否匹配的判断，则容易导致创新创业失败。

从以上分析可知，创新创业动机是由创新创业者面临的创业环境、自身能力、世界观、人生观、价值观、性格等因素共同决定的。在初创期，创新创业的成功与失败不由创新创业者的主观决定，而是受创新创业动机的影响。如何提高创新创业的成功概率，需要创新创业者调适创新创业动机，使创新创业有一个好的开端。②

---

① 蔡青.创业动机对创业坚持行为的影响及思考[J].科技创新与生产力，2021（08）：17-18，21.

② 樊琪.从创业动机看创业成功[J].中国就业，2012（08）：51-52.

二、创新创业者的素质要求

(一)创新创业者素质

国外对创新创业者素质的研究与创新创业者概念的提出密切相关,许多学者在提出创新创业者概念时就从其特质出发,如敢于冒险、勇于承担风险等。

国外学者从经济学、管理学、心理学等不同领域对创新创业者素质进行了比较深入的研究。在经济学领域,Nobuyuki Harada(2001)通过调查5911家日本企业,实证研究了创新创业者成功与人力资本、年龄之间的关系,结果发现创新创业者过去的相关工作经历对创业成功的影响很大,年龄、性别与创业成功没有必然关系。在管理学领域,Adam和Chell(1993)从管理职能的角度切入,指出创新创业者要具备营销战略、财务战略、人力资源战略及商业战略的能力。美国百森商学院(Babson College)教授威廉·D.拜格雷夫(Willian D.Bygrave)及其团队提出了创新创业者的十大行为特征,即梦想(Dream)、果断(Decisiveness)、实干(Doers)、决心(Determination)、投入(Dedication)、热爱(Devotion)、周详(Details)、命运(Destiny)、金钱(Dollar)、分享(Distribution),在社会上产生了广泛认同。

国内学者近年来对创新创业者素质也进行了广泛研究。我国学者陈德智(2001)汲取古代传统文化思想精髓,提出创新创业者应当具备"智、信、仁、勇、严"的素质。《科学投资》[①]通过对上千例创业者案例的研究,发现成功的创新创业者具有多种共同的特性。该杂志从中提炼出最为明显,也是最为重要的十种,将其称为中国创新创业者十大素质或十大特征。这十大特征分别为:欲望、忍耐、眼界、明势、敏感、人脉、谋略、胆量、与他人分享成功的意愿、自我反省的能力。研究认为,创新创业者需要的是综合素质,每一项素质都很重要,不可偏废。缺少哪一种素质,将来都必然影响事业的发展。研究还发现,有些素质是天生的,但大多数可以通过后天的努力改善。[②]

纵观国内研究情况,不难发现创新创业者素质的研究经历了从单一面到复合面的发展,从某部分特质提炼到素质模型整合的过程。在创新创业者素质模型构建方面,没有统一的标准,但是这些素质可以归纳为心理素质、知识素质及能力

---

① 《科学投资》:1996年创刊,是中国创业投资理财类期刊市场中社会影响力和发行量最大的杂志之一。

② 姜军,蒋士杰,陈德棉.不同视角下的创业者素质研究:文献综述[J].现代管理科学,2005(06):17-19,12.

素质三个维度。

1. 知识素质

大学生创新创业者拥有的知识往往是他们创新创业的基础和源泉。尤其在今天这个知识大爆炸的信息时代，单纯依靠热情、拼劲、单一的知识是远远不够的，具有一专多能的复合型知识才是创业成功的基础。

（1）专业技术知识。创新创业者无论从事什么行业，都要熟练掌握相关专业知识，这是成功创新创业的前提和基础。这个专业可以是主修专业，也可以是辅修专业，或是通过其他渠道学习而来的。创新创业者如果不了解、不熟悉本领域的专业知识，就无法发挥其经营管理能力。创新创业者在掌握专业知识的基础上，还可以通过自学、参加培训等方式，广泛学习管理、经济、营销、法律等各类创新创业知识，优化知识结构，打破专业壁垒。[1]

（2）行业领域知识。拥有专业知识必不可少，但远远不够，还需掌握所在行业、领域的相关知识，了解和感知整个经济的发展态势。经营活动的复杂性，要求创业者成为一个有广博知识的多面手。要想成为一名成功的创新创业者，应当树立不断学习、终身学习的观念，完善自己的知识体系，尽可能地扩展自己的知识领域。

（3）经济管理知识。创新创业者无论是生产产品还是提供服务，无一不是通过市场来运行。在产品开发、生产和销售过程中都会用到经济知识。同样，一个企业要想高速、有效运转，管理学的知识必不可少。经济管理知识影响创新创业活动的方方面面，掌握现代化的管理知识和必要的经济知识，有利于合理配置和充分利用各种资源。因此，掌握经济知识和市场运行规律十分重要。[2]

2. 能力素质

（1）创新能力。创新创业者之所以能够创新创业，就在于其有创新意识和创新精神。创新创业者在生产经营活动中应善于发现和捕获商机，准确地捕捉新事物的萌芽，大胆地提出推测和设想，继而进行周密的论证，拿出可行的解决方案。创新创业要成功，需要创新创业者具有卓越的创新能力，需要创新创业者不停地有新点子，孵出新事物，创造出新价值、新利润，包括对现有产品或服务进行更新迭代，寻找新的解决方案，从而进行改革创新。

---

[1] 张海川，张美霞."双创"背景下创业者个人素质提升研究[J].中国商论，2021，(07)：186–188.

[2] 左安源，李涛.新形势下大学生创业者素质探讨[J].广西青年干部学院学报，2017，27（01）：25–28.

（2）组织管理能力。管理企业，要重视制度建设和组织结构设计。促进企业组织内部的信息交流，降低组织运营成本，使企业组织对外部环境的变化更敏感、更具灵活性和竞争力。同时，要重视品牌推广，企业只有依靠品牌本身的强大影响力才能赢得广泛的市场。此外，要重视研究符合实际的发展战略，引领企业不断向前发展。

（3）沟通协作能力。沟通协作能力欠缺是创新创业过程中的一个重要障碍，例如，由于不喜欢供货商就放弃一个好货源，由于与合作者存在一点矛盾就散伙，因为与员工之间有点摩擦就开除员工，因为与一个客户难以沟通就轻易放弃等。实际上，企业自身要想高效率地运作，很大程度上依赖于管理者和内部成员之间、成员和成员之间的有效沟通和协作。在工作过程中，管理者和内部成员之间、成员和成员之间的复杂性不断增加，需要进行有效的交流沟通才能互相理解，并通过协作共同解决问题。[①]

（二）人格特质

创新创业者在创新创业中所具有的个性、意志、思想、观念、作风等，是评判其是否适合创新创业的关键因素。创新创业者对自我的认知及对环境的认知能力是创新创业能否成功的前提。作为创新创业者，应具备敏锐的观察力、广泛的交际能力、丰富的信息源、必要的冒险精神及强烈的责任意识。完备的人格特质及正确的认知，能帮助创新创业者整合各类资源、选择最优方案，从而有利于创新创业行为顺利开展。[②]

性格是一个人对现实的相对稳定的态度，以及与这种态度相应的、习惯化了的行为方式中表现出来的人格特征。性格具有三个特征：第一，性格是一种习惯化的态度和行为方式；第二，性格主要在人与后天环境的交互作用中形成；第三，性格在后天发展中可以发生变化。人在青春期后期，性格会逐渐稳定，到了成年期及以后，因为经历各种事件的影响或者经过主观努力，性格会发生一定的变化。[③]

创新创业者与非创新创业者在一些性格优势方面存在显著差异，创新创业者能够更好地适应创新创业的角色。通过对比创新创业者与非创新创业者的性格优势发现，创新创业者具有洞察力、勇敢、毅力、希望、领导力、感激、创造力、

---

① 雷珍.浅析大学生创业者必备的素质和能力［J］.青年与社会.2019（28）：268-269.
② 张海川，张美霞."双创"背景下创业者个人素质提升研究［J］.中国商论.2021（07）：186-188.
③ 刘珈贝.科研事业单位专业技术人员性格分析及其激励机制研究［D］.延安：延安大学，2015.

好奇心、热情、精神信仰等显著的核心性格优势。因此,如果一个人要创新创业,他可以发展这些优势性格。①

创新创业者的心理素质和应变能力非常重要。在实际工作中,创新创业者要保持良好的心态,正确面对困难及挫折,学会心理调适,多进行沟通,及时进行情绪疏解,慢慢养成过硬的心理素质及应变能力。

第二节 创新创业团队的具体组建

团队是由基层和管理层人员组成的一个共同体,它整合每一个成员的知识和技能协同工作,抓住机遇、应对挑战、解决问题,以达成共同目标。创新创业之路充满挑战,一支好的创新创业团队对新创企业至关重要,对创新创业成功与否起到关键作用。那么,如何组建一支高效、互补、充满活力的创新创业团队?建立高效的创新创业团队需要明确团队的目标宗旨和方向定位,发掘志同道合的合作伙伴,有明晰的团队架构和组织职能,形成有效的信息交流沟通机制,培育团队合作精神,增强团队凝聚力,明确个人角色和职责分工,注重人才培养和成长激励,在创新创业过程中不断优化团队架构,以适应灵活多变的市场。

一、创新创业团队人员角色定位

角色的概念最初起源于社会学,在创业团队中各个成员扮演不同角色,因而表现出与角色对应的行为,这些个体角色的集合构成创业团队的组织结构。

英国梅雷迪思·贝尔宾(R.Meredith Belbin)博士②在1981年首次提出团队角色模型理论,并于1993年再次提出修正后的研究成果。贝尔宾的团队角色模型认为,在团队中每个成员都具有双重角色,一是功能角色,即由工作职位确定的个人"任务型"角色,功能角色是由个体的专业知识与技能确定的;二是团队角色,通过个体在团队运行中的实际表现来定义,由个体的气质、性格决定,是在工作过程中自然呈现的"协作型"角色。每个团队成员都同时扮演着这两种角色,从而对团队整体目标作出贡献。

贝尔宾的团队角色模型强调三点:第一,他认为团队成员投入团队角色是

---

① 李宁,刘成城,高建.创业者与非创业者性格优势比较[J].创新与创业管理.2016(02):41-52.

② 贝尔宾博士因《管理团队:成败启示录》和《团队角色:在工作中的应用》两本书被誉为"团队角色理论之父"。

基于他们的人格特征，特定的人格风格会让人自然地符合某种团队角色的需求。第二，贝尔宾明确了八种团队角色：领导者、技能专家、协调者、监控评价者、资源调查者、团队成员、公司工人和完成者。同时，他指出这八种角色与团队规模无关，在很多情况下一个团队成员要承担多种角色，或是多个成员承担一个角色。第三，也是贝尔宾模型最重要的一点，他认为在一个高效的团队中，每个角色都必须合适，团队角色的平衡将直接影响团队的绩效，对于团队的高效运作，不同类型与角色之间的配合是必要的。

创新创业团队的主要角色应包括领导者、技能专家和协调管理者。[①]

（1）领导者的角色。Enesly和Michael（1999）提出，创业团队中存在领导者的角色。领导者的角色在创业团队中是至关重要的，整个创业团队需要领导者来进行管理。

（2）技能专家的角色。创业团队的技能专家角色主要包括技术、市场、生产等方面的专业技能人才。创业涉及不同的专业领域，所以各个方面的专家在团队中是必不可少的。

（3）协调管理者的角色。创业团队协调管理者的角色需进行内部和外部的沟通协调，对内要协调管理团队内部的关系，对外要处理好创业团队、创业企业与外部的关系。

二、团队组建策略

（一）创建团队的维度

第一个维度是问题与方案，即创建团队时，关注团队要解决的问题以及对应的方案。第二个维度是成员与任务，即在团队内部每个成员都有特定的角色。在团队成立初期，成员的稳定性及成员的工作时间配置会影响团队的构建及稳定。意大利经济学家维尔弗雷多·帕累托提出了80%和20%的效率法则，解决问题的可能是少数，因而团队的人数要适中。每个团队成员都应该对团队目标作出承诺，为目标的完成设定相关细节和实施方案。第三个维度是授权与自治。自我介入主要强调团队管理者在团队管理中的自我完善，管理者是团队目标的参与者，是团队理念的传播者。和谐的团队关系强调所有成员之间的平等关系，团队负责人要"指导"而非"领导"，团队成员要有大局观而非坚持"本位主义"。第四个维度是团队作战能力，它是一个团队的灵魂，主要体现在团队成员对团队的认同感、

---

① 肖江凯.HT公司创业团队构建研究［D］.杭州：浙江工业大学，2016.

对目标的追逐感，以及对团队的责任感，以此为基础，形成团队力量。①

（二）组建团队的原则

在组建团队时，要充分、系统地考虑内外部环境，不能孤立地看待团队构建；要能够做到具体问题具体分析，以团队本身及实际情况为出发点，符合团队的特性。团队的构建不是一朝一夕就可以完成的，而是循序渐进，不断变革、变化、发展的过程，要善于总结经验，要有耐心、有步骤地开展。②

组建一支优秀的创业团队，需遵循以下基本原则。

1. 目标明确、精简高效原则

创新创业团队的基本目标必须明确，让成员清楚地认识到共同奋斗的目标是什么；目标必须合理、切实可行，才能真正达到激励的目的。创新创业团队为了减少创新创业期的运作成本，最大比例地分享成果，团队人员构成应在保证企业高效运作的前提下尽量精简。

2. 合伙人原则

创新创业团队需要制定并执行合理明确的创新创业合伙协议。协议不仅是创新创业团队成员之间权利与义务的保障和规范，也是投资者投资决策的重要参考依据。具体来说，主要包括团队成员的出资方式和比例、股权分配、权责划分、项目保护、项目清算等内容。从这些主要内容可以看出，创新创业合伙人协议围绕的中心是团队管理权和成员的利益分配问题。一个创新创业团队如果没有事先制订科学清晰的利益分配方案，将直接影响团队的团结和稳定，不利于团队工作的开展和项目的经营管理，严重时会导致团队的分崩离析。除此之外，伴随着项目的发展，创新创业项目的经营重点和成员的贡献大小可能会产生一定的变化，这时团队成员的退出和人才的引入在所难免，创新创业团队还需要充分考虑协议的灵活性。综合上述分析，创新创业团队在创新创业初期必须明确合伙人协议的框架和内容，必要时应当咨询相关领域的专家，以保证协议的科学性和合理性。③

3. 团结合作原则

一个优秀的创新创业团队应该汇聚各方面的优秀人才。"尺有所短，寸有所长"，创新创业团队成员对自身要有清晰的定位，并且根据项目目标的需要分担不同的任务。用己之所长补团队之短，发挥团队内部互补协作的优势，达到1+1＞2

---

① 张同俊. 如何构建企业团队［J］. 上海企业，2007（05）：46-48.
② 王慧. 创新型企业创新团队的构建［J］. 人力资源管理，2011（04）：64-65.
③ 高艺. 初探创业团队的组建原则［J］. 劳动保障世界，2018（18）：11.

的成效。在艰难复杂的创新创业过程中，将任务合理地分配，通俗来说就是合理分工，找适合的人做适合的事，达到事半功倍的效果。[①]

4.互补性原则

创新创业者在知识、技能、心理、经验、教育、家庭环境等方面具有差异，通过团队成员扬长避短，发挥各自优势，弥补彼此不足，形成一个在知识、能力、性格、人际关系、资源等方面全面具备的优秀创新创业团队。在团队的组建过程中，从创新创业资源的视角，让不同背景的成员加入创新创业团队，通过团队成员之间的互补，引入不同的人际网络，产生较好的协同效应，实现团队与资源的相互联结，创造新的发展机遇。[②]同时，可提高企业驾驭环境不确定性的能力，从而降低新企业的经营失败风险。更为重要的是，创新创业团队将具有更强的资源整合能力，能同时从多个融资渠道获取创新创业资金。

在组建创新创业团队时要坚持互补原则，避免个人局限，确保成员的异质性。既要考虑各成员之间的内部关系，也要考虑技术、能力方面的互补因素，还要考虑团队成员是否掌握多方面、多领域的知识。无论是产品生产环节、管理环节还是营销环节，都应该考虑由具有相关知识、处理能力和实践能力的人来负责。创新创业过程中要营造和谐良好的团队氛围，根据团队人员的性格特点进行工作分配，根据性格互补原则和具体的分工进行协同配合，以达成更好的合作，充分调动团队成员的积极性，使团队成员朝着一个目标共同努力，形成资源互补的氛围，调动一切可以利用的资源为团队创造价值，最大限度地提高团队的整体效能。[③]

调查发现，初创企业因为资金不足、技术不够成熟、管理方面缺乏经验，要想获得成功，就必须高度重视团队的组织设计，分散和降低创新创业失败的风险。组建一个高效、优势互补的团队是创新创业取得成功的重要基础。[④]

5.动态开放原则

创新创业过程是一个充满不确定性的过程，创新创业团队的组建不是一成不变的。生产、经营、管理、运营等环节是动态连续的过程。在创新创业各个环节有了合理安排之后，各个环节的和谐共赢也是一个动态的过程。在创新创业团队组建的

---

① 徐雅,李德龙,孙洁,等.大学生创业团队成功组建的影响因素[J].智库时代,2020（04）：126-127.

② 李晓勇.众创背景下大学生创业团队建设研究[J].中国培训.2017（15）：55-56.

③ 王丽君.新时代下大学生创业团队的组建原则分析[J].泰州职业技术学院学报.2020,20（Z1）：61-63.

④ 杨忠东.创业经之"如何组建创业团队"[J].四川教育学院学报,2012,28（05）：43-47.

过程中，可能因为能力、观念等多种原因不断有人离开，同时也不断有人加入，应该保持团队的动态性与开放性，给予团队成员最大的自由，使其在创新创业中能自由地表达内心真实想法，同时充分尊重其他成员的决定。根据团队对于人才的需求不断调整，吸引更加需要的专业人才加入团队，使真正完美匹配的人员能被吸纳到创新创业团队中，推动创新创业团队向更加全面、和谐的方向发展。

6. 持续学习原则

创新创业团队的组建不是一劳永逸的，要想保持团队的先进性与创新性，就必须持续学习。先进的管理理念、企业的运营理念、高效的生产方式、新时代国家在创新创业方面的政策等，都是需要不断学习的。为了使创新创业团队能够适应时代的发展，团队成员就要具备持续学习的能力，通过不断地学习，掌握更多知识，提升各方面技能，这样才能使团队在竞争日益激烈的市场中处于不败之地。[①]

三、大学生如何组建创新创业团队

（一）如何组建初创团队

1. 明确的发展愿景

由于严峻的就业形势，一些大学生选择通过创新创业来实现自己的未来发展；也有大学生为了更好地实现自我价值而进行创新创业；还有的大学生和志同道合的同学为了共同的目标而组建了创新创业团队。然而大学生缺乏创新创业的经历，缺乏市场经验，创新创业的目标较为模糊，缺乏一定的规划，最终没有形成明确的发展愿景，无法保证企业的可持续发展。创新创业过程中充满风险和艰辛，创新创业团队必须有共同的发展愿景，才能在遇到困难时齐心协力、共渡难关。

2. 系统的制度保障

对于一个企业来说，规范的制度保障是企业发展的基础。对大学生创新创业团队而言，系统的制度保障能起到基础的监督和管理作用。为了更好地规范和行使职权，制定系统的制度是管理团队最有效的办法，它可以调动其他成员的积极性和创造性。

3. 持续的学习能力

随着越来越多的大学生投身创新创业的热潮，一些大学生创新创业团队在前

---

① 王丽君. 新时代下大学生创业团队的组建原则分析［J］. 泰州职业技术学院学报. 2020, 20（Z1）: 61-63.

期凭借市场机遇获得了一定的成功。当团队进入常态化的管理和运营时，由于受到各种事务性工作的影响，如果创新创业团队不能持续进行学习，就会制约企业的发展，成为团队和企业持续发展的阻力。①

在一个创新创业团队中，成员的知识结构越合理，创新创业成功的可能性越高。由纯粹的技术人员组成的公司容易形成以技术为主、产品为导向的局面，从而使产品的研发与市场脱节；全部由市场和销售人员组成的创新创业团队，缺乏对技术的领悟力和敏感性，也容易迷失方向。因此，在创新创业团队的成员选择上，必须充分考虑人员的知识结构——技术、管理、市场、销售等，充分发挥个人的知识和经验优势。②

4.密切的成员配合

当代社会，社会分工越来越细，最专业的事就要交给最专业的人去做。首先，要在了解不同角色对团队的贡献以及各种角色的配合关系的基础上，有目的地选择合适的人才，通过不同角色的良好协作，实现项目目标。优势互补是团队搭建的根基。团队中的每个角色都有优缺点，领导者要学会用人之长、容人之短，充分尊重角色差异，发挥成员的个性特征，找到与角色特征相契合的工作，使整个团队发挥其组合潜能，达到优势互补。

大学生创业是培养创新创业精神和实践能力的重要途径。组建一支优质的创业团队是成功创业的关键。

（二）如何打造一支优秀的大学生创新创业团队③

1.确立创新创业团队价值观，使目标和愿景达成共识

组建创新创业团队时，首先要明确总体目标，确定创业方向和市场定位，形成团队的共同价值观，这样才能充分调动各方面的力量，激励团队成员为之努力，促使大家精诚合作，实现团队的价值。例如，阿里巴巴就非常重视价值观，创始人马云将公司的远景目标设定为"只要是商人就一定要用阿里巴巴"，他们的使命是"让天下没有难做的生意"。为此，阿里巴巴形成了一套完整的价值体系：客户第一、团队合作、拥抱变化、诚信、激情、敬业。可见，价值观和目标是一个创新创业团队得以前行的原动力，是维系企业生存的根本动力。

---

① 韩志鹏，曹宇曦.浅析大学生创业团队的组建［J］.当代教育实践与教学研究，2017（08）：135.
② 杨忠东.创业经之"如何组建创业团队"［J］.四川教育学院学报，2012，28（05）：43-47.
③ 邢皓越，周杨，陈阳.大学生创业团队的组建和培养［J］.亚太教育，2015（18）：229.

2. 寻找优秀创新创业合作者，形成优势互补

寻找优秀的创新创业合作者对于创新创业团队的组建十分重要。要对创新创业合作者进行分析和观察，判断其责任心、创造力、决策力与领导力，对商机、风险、模糊性和不确定性的把握，以及适应能力、成就动机等，进而判断其是否适合作为创新创业的合作者。要理性、客观分析其是不是真正适合一起合作，是否能为企业带来真正的价值。合作者既可以与创新创业团队形成技能、能力的互补，又可以寻找具备不同技能和能力的团队成员，确保团队能够全面发展和有效运作；也可以与创新创业团队具有一致的价值观，确保团队成员有共同的价值观和理念，以便在面对挑战和决策时能够达成一致。

3. 提升创新和适应能力，突出组织优势，提升竞争实力

在组建创新创业团队的过程中，要确保自己的竞争优势，在横向对比中发现市场的缺口和机遇。同时，要在行业内进行纵向对比，找到自己在整个行业中的竞争优势，提升竞争力，激发团队成员的创新思维和创造力，鼓励他们提出新的想法和解决方案。培养团队成员适应环境变化和团队发展，在此基础上强化团队组织优势，努力将企业做大做强，在促进企业健康发展的同时，实现个人的社会价值和生命意义。

4. 塑造企业文化，凝聚思想共识

对于创新创业团队而言，不仅要有企业硬实力，更要具备企业软实力。企业文化就是企业软实力的重要体现，对于提高团队的协作效率、凝聚思想共识有着很重要的作用。就拿咖啡之翼来举例，其集团创始人尹峰[①]表示，公司以"上善若水、至善咖啡"为经营理念，"我们经营的不仅是一个西餐厅，更是都市生活的一种方式"。公司以专业的出品、人性化的服务，开创东西融通的个性化经营，在湖南市场独树一帜，成为颇具影响力和号召力的西餐文化品牌。对于大学生创新创业团队而言，必须塑造自己的企业文化，提升企业的向心力，凝聚员工的思想共识，这对个人的成长、企业的发展都有至关重要的作用。

5. 规范管理制度，提高运行效率

建立规范的管理方法和管理制度是大学生创新创业过程中不可忽视的重要一步。大学生学习的知识比较宽泛，在社会上的实践经验比较匮乏，往往会忽视管

[①] 尹峰，女，汉族，1970年9月出生于湖南省长沙市，祖籍湖南浏阳。1992年9月，毕业于湖南大学财经学院。担任湖南省人大代表、省工商联执委、长沙市女企业家协会副会长等职务。曾任长沙市人大代表；芙蓉区人大代表、政协委员；长沙市工商联执委；女企业家协会副主席等职务。湖南咖啡之翼品牌管理股份有限公司董事长兼总经理。

理制度的建立。另外，由于对市场的认识不足，大学生创新创业团队很难灵活地应对各种问题。因此，在管理企业的时候，不能只凭感觉，而是要通过规范的制度和机制来提高运行效率，从而实现创新创业目标。建立良好的团队氛围和沟通机制，形成开放和信任的氛围，鼓励团队成员之间开放沟通，建立信任和尊重的关系，减少沟通障碍。比如，定期召开团队会议，分享进展，找出问题，提出解决方案，提高沟通和协作效率。

6.建立激励和奖励机制

建立明确、合理的激励机制，设置公平的薪酬体系和职业发展通道，如分配股权、提供股票期权、设立奖励计划等，确保团队成员的辛勤付出和贡献得到公平公正的回报，从而激励团队成员的积极性，激发其创造力。

第三节 创新创业团队管理

一、团队管理技巧和策略

团队从创立到成熟要经历形成期、风暴期、规范期和高效期四个阶段。不是所有的团队经历这四个阶段后都能成为高效、成熟的团队，这取决于团队管理者的领导能力、目标定位、外部环境、管理水平、市场机遇等各种因素。没有最好，只有最适合的企业团队管理模式。[①]团队的管理模式在很大程度上决定了团队成员的能力是否可以得到最大限度的发挥，在个体水平得以充分体现并进一步发展的情况下，团队的科技创新水平也会得到相应的提高。[②]

（一）团队管理要素

对于团队管理，有的学者从团队工作动力方面进行阐述，有的从团队的发展阶段进行研究。从团队管理的要素，即TOPCC模型入手，解析团队管理的方法或者原则，可以将团队管理划分为五个要素。[③]

第一要素，建立信任（Trust）。信任是团队管理的基础。如果管理者能够在团队内部建立起坚实的信任基础，管理成本就会大大降低，管理成效也会大幅度提升。

第二要素，目标导向（Objective）。一个团队没有目标，就像航行缺少灯塔一

---

① 郭阳道.企业最适合的团队管理模式是什么［J］.销售与管理，2005.
② 陈昕怡.科技创新团队管理策略研究［J］.现代商贸工业，2022，43（04）：44-46.
③ 刘霞.企业团队管理存在问题及对策研究［D］.青岛：青岛大学，2017.

样,团队成员很难在组织中体现自身价值。因此,管理者一定要在带领团队的过程中以目标为导向,部署和完成各项工作任务。

第三要素,管理流程(Process)。管理流程是确保组织目标实现的重要环节,也是保障组织决策能按既定要求实现的关键点。如果团队在管理过程中能够不断优化管理流程,团队就可以实现管理水平的整体提升。

第四要素,共同承诺(Commitment)。团队的共同承诺对于目标的达成、流程的优化都至关重要。但是,让团队成员愿意信守承诺并实干却不是一件容易的事情。当项目完成时,管理者要对完成任务的团队或成员及时给予激励,并带领团队庆祝成功。一方面,可以让员工感到自己的价值所在;另一方面,可以营造勇于担当的团队文化。

第五要素,有效沟通(Communication)。有沟通才有理解。有效的沟通能够让交流的双方充分理解、达成共识。沟通的意义是传递理解,完美有效的沟通是经过传递后,接受者感知到的信息与发送者的信息完全一致。例如,对于发展愿景,管理层和一般员工会从不同的层面来理解,可能出现不一致的情况,如不能有效沟通,就无法明白和体会企业的战略布局,更难以把事情做得顺利圆满,工作中就会出现障碍。

(二)团队角色

英国剑桥大学贝尔宾教授(1988)经过多年在英国和澳大利亚的研究和实践,在其《管理团队:成败启示录》一书中提出了著名的贝尔宾团队角色理论,即结构合理的理想团队应由九种角色组成,每个团队成员都了解其他人扮演的角色,擅长相互弥补不足、发挥优势,提升团队与个人的绩效。

具体角色如下。[①]

(1)创新者。创新者的优点是知识渊博、智慧超群、富有想象力、不拘一格;弱点是不重细节、不拘礼仪、高高在上。在团队中的作用:提供建议,提出批评并引起内部的讨论。

(2)信息者。信息者的优点是外向、开朗、热情、好奇心强、联系广泛、消息灵通,是信息的敏感者。在团队中的作用:提出建议并引入外部信息,接触持有其他观点的个体或群体,参加协商性质的活动。

(3)协调者。协调者的优点是比较客观、宽容、公正,能不带偏见地兼容各种有价值的意见。在团队中的作用:坚持团队的目标和方向;选择需要决策的问

---

① 乔宪金.像敬神一样敬业[M].北京:北京工业大学出版社,2010.

题，并明确它们的先后顺序；帮助确定团队中的角色分工、责任和工作范围；总结团队的感受和成就，综合团队的建议。

（4）推进者。推进者的优点是积极、主动、有干劲，并能向传统发起挑战。在团队中的作用：寻找和发现团队讨论中可能的方案；使团队内的任务和目标统一；推动团队达成一致意见，并督促团队成员为实现目标而积极行动。

（5）监督者。监督者的优点是比较讲求实际，分辨力、判断力都很强。在团队中的作用：分析问题和情况；对繁杂的事项进行简化，并澄清模糊不清的问题；对他人的判断和作用作出评价。

（6）凝聚者。凝聚者的优点是擅长人际交往，适应周围环境的能力较强，能促进团队合作。在团队中的作用：给予他人支持并帮助他人，打破讨论中的沉默，采取行动解决团队中的分歧。

（7）实干家。实干家的优点是有组织能力，注重实践经验，工作勤奋，有自我约束能力。在团队中的作用：把谈话与建议转换为实际步骤；考虑什么是行得通的，什么是行不通的；整理建议，使之与已经取得一致意见的计划和已有的系统相配合。实干家就是好的执行者，能够可靠地执行既定的计划。

（8）完美主义者。完美主义者的优点是对工作能够持之以恒，且追求十全十美，但容易拘泥于细节。在团队中的作用：强调任务的目标要求和活动日程表，在方案中寻找并指出错误、遗漏和被忽视的内容，鼓励其他人参加活动，并促使团队成员高标准地完成任务。

（9）专家。专家的特点是专注，能在需要时提供专业知识和技能。[1]

（三）团队管理策略

1.团队精神[2]

团队精神是大局意识、协作精神、服务精神的集中体现，表现为一种文化氛围、一种精神面貌，核心是协同合作，反映的是个体利益和整体利益的统一，并保证组织的高效运转。创新创业团队精神指创新创业团队在创新创业期间所形成的具有开创性的思想、观念、个性、意志、作风、品质等。团队精神是创新创业的灵魂，是在团队事业发展过程中大局意识、协作精神和服务精神的集中体现，它引导着创新创业团队在创新创业的发展中砥砺前行。

尊重个人的兴趣与成就是团队精神的基础，协同合作是团队精神的核心，全

---

[1] 周波.MBA创业团队的组建与管理问题初探［D］.成都：西南财经大学，2015.
[2] 陶陶，王欣，封智勇，等.创业团队管理实战［M］.北京：化学工业出版社，2018：47-48.

体成员的向心力、凝聚力是团队精神的最高境界。团队精神代表了一种鼓励倾听、积极回应他人观点、为他人提供支持并尊重他人兴趣和成就的价值观念。团队精神有利于发挥每个人的特长,并注重流程,使之产生协同效应,共同完成目标任务。可见,团队所依赖的是个体成员的共同贡献而得到的集体成果。具体来说,创新创业团队精神可归纳为集体创新、分享认知和共担风险三个特点。

第一,集体创新。创新是创业精神的内核。创新创业团队并不是一群散兵游勇式成员的简单集合体,只有在创新创业团队成员普遍具有集体创新意识时,创新创业团队才能够积极地参与分析创新创业机会、探讨创新创业资源获取、研究化解团队成长危机的创造性方案,并能够共同采取可行的行动方案来寻求快速成长。

第二,分享认知。相对于个体创新创业来说,采用团队方式可以极大地提高我们对创新创业机会的认知水平。这是因为不同的个体成员具有不同的知识、经验和多种个性特征,从而可以通过集体智慧更为有效地保持对外部客观存在的创新创业机会的认知。

第三,共担风险。风险不确定性的感知可以由团队成员共同完成,并且具备这样的特征:一是具有异质性的创新创业团队成员可能具有不同的风险偏好;二是具有异质性的团队成员能够以一种积极的姿态共同判断事件发生的风险,并采取共同承担风险的方式减缓由个体成员独自承担风险所带来的巨大精神压力和经济损失压力,从而获得更为理想的创新创业结果。

2.团队目标[①]

树立共同的愿景和目标是打造高效团队的基础。由于员工的位置不同、需求不同、动机不同、价值观不同、看问题的角度不同,他们对团队的愿景和目标的认识有着很大的区别。要使团队高效运转,就必须树立一个共同的愿景和目标,让全体员工明白如何达成愿景和目标,如何得到成长和收获,使员工的共同愿望在客观环境中得以具体化,这是团队的灵魂和核心,能够为团队成员指明方向,是团队运行的核心动力。

德鲁克认为,企业要考虑三个问题:第一,我们的企业是什么?第二,我们的企业将是什么?第三,我们的企业该是什么?其实,这三个问题都集中体现在企业的共同愿景方面。

创新创业团队的共同愿景是根据团队现阶段经营与管理发展的需要,对未来

---

① 陶陶,王欣,封智勇,等.创业团队管理实战[M].北京:化学工业出版社,2018:121-122.

发展方向的一种期望、预测与定位。创新创业团队的共同愿景是通过市场分析，及时有效地整合内外信息渠道和资源渠道，来规划两个方面的内容：一是"务虚"的内容，即使命、存在意义、未来的发展方向、企业的核心价值、企业的原则、企业的精神、企业的信条等抽象的战略、观念或价值取向；二是"务实"的内容，即经营方针、事业领域、行为方针、核心竞争力、执行力等具体的操作层面的计划。创新创业团队的共同愿景就是要让团队全体成员及时有效地知晓愿景赋予的使命和责任，使团队在"计划—实施—评价—反馈"的循环过程中，不断地增强自身解决问题的能力。对于创新创业团队而言，需要结合个人价值观与组织价值取向，通过开发愿景、瞄准愿景、落实愿景（细化成具体目标）的三部曲，建立高效团队，促使团队力量最大化地发挥，从而取得成功。

在创新创业团队中往往比较容易形成共同愿景，因为创新创业团队成员之间的兴趣、爱好、梦想大同小异。创新创业团队共同愿景的核心作用在于激励志同道合的团队成员为实现共同的梦想而一起奋斗，凝聚团队力量，从而形成团队最初的核心竞争力。例如，阿里巴巴最初的创业团队是以马云为首的18人，他们相信互联网能够创造公平的竞争环境，让小企业在国内或全球市场竞争中处于更有利的地位，通过创新与科技扩展业务。阿里团队最初的愿景是让客户相会、工作和生活在阿里巴巴，并持续发展至少102年。为什么是102年？阿里巴巴集团创立于1999年，持续发展至少102年就意味着它要横跨三个世纪，并能够与少数取得如此成就的企业匹敌。这一愿景不断激励着阿里的进步，不断更新阿里的文化、商业模式和企业系统，从而禁得起时间的考验，得以持续发展。

二、创新创业团队自我评估

随着经济全球化的快速发展，未来管理的不确定性因素将更为复杂，更具有瞬时性和挑战性。对于一个创新创业团队来说，必须具备优秀的创新创业素质，才能开创基业长青的企业。创新创业团队素质是个综合性很强的概念，其内涵深刻、丰富且具有广泛的外延。国内外对创新创业素质的界定众说纷纭。以创业团队为例，在已有研究的基础上，归纳出创业团队的品质、素质和能力的综合评价指标体系，该指标体系主要由3个一级指标和40个二级指标构成（见表4-1）。这一指标体系既能体现大学生创业者与一般创业者素质要求的共性，又能体现大学生创业较一般创业更应培养的素质。

表 4-1　　　　　　　　创业团队的品质、素质和能力综合评价指体系

一级指标	二级指标	变量权重	二级变量	一级指标	二级指标	变量权重	二级变量
创业团队创业品质 $\lambda(t)$	道德	$\alpha_1^{(t)}$	$q_1^{(t)}$	创业团队创业能力 $\xi(t)$	财务管理经验与能力	$\gamma_1^{(t)}$	$c_1^{(t)}$
	机遇	$\alpha_2^{(t)}$	$q_2^{(t)}$		交流与人际管理能力	$\gamma_2^{(t)}$	$c_2^{(t)}$
	创新	$\alpha_3^{(t)}$	$q_3^{(t)}$		激励下属能力	$\gamma_3^{(t)}$	$c_3^{(t)}$
	务实	$\alpha_4^{(t)}$	$q_4^{(t)}$		远见与洞察能力	$\gamma_4^{(t)}$	$c_4^{(t)}$
	学习	$\alpha_5^{(t)}$	$q_5^{(t)}$		自我激励与自我突破	$\gamma_5^{(t)}$	$c_5^{(t)}$
	勤奋	$\alpha_6^{(t)}$	$q_6^{(t)}$		决策与计划能力	$\gamma_6^{(t)}$	$c_6^{(t)}$
	领导	$\alpha_7^{(t)}$	$q_7^{(t)}$		市场营销能力	$\gamma_7^{(t)}$	$c_7^{(t)}$
	执着	$\alpha_8^{(t)}$	$q_8^{(t)}$		建立各种关系的能力	$\gamma_8^{(t)}$	$c_8^{(t)}$
	直觉	$\alpha_9^{(t)}$	$q_9^{(t)}$		人事管理水平	$\gamma_9^{(t)}$	$c_9^{(t)}$
	冒险	$\alpha_{10}^{(t)}$	$q_{10}^{(t)}$		形成良好企业文化的能力	$\gamma_{10}^{(t)}$	$c_{10}^{(t)}$
创业团队创业素质 $\mu(t)$	创新意识	$\beta_1^{(t)}$	$d_1^{(t)}$		行业及技术知识	$\gamma_{11}^{(t)}$	$c_{11}^{(t)}$
	冒险精神	$\beta_2^{(t)}$	$d_2^{(t)}$		领导与管理能力	$\gamma_{12}^{(t)}$	$c_{12}^{(t)}$
	创新意识	$\beta_3^{(t)}$	$d_3^{(t)}$		对下属的培养与选择能力	$\gamma_{13}^{(t)}$	$c_{13}^{(t)}$
	敬业精神	$\beta_4^{(t)}$	$d_4^{(t)}$		与重要客户建立关系的能力	$\gamma_{14}^{(t)}$	$c_{14}^{(t)}$
	自制意识	$\beta_5^{(t)}$	$d_5^{(t)}$		创造能力	$\gamma_{15}^{(t)}$	$c_{15}^{(t)}$
	管理意识	$\beta_6^{(t)}$	$d_6^{(t)}$		组织能力	$\gamma_{16}^{(t)}$	$c_{16}^{(t)}$
	竞争意识	$\beta_7^{(t)}$	$d_7^{(t)}$		向下级授权的能力	$\gamma_{17}^{(t)}$	$c_{17}^{(t)}$
	应变意识	$\beta_8^{(t)}$	$d_8^{(t)}$		个人适应能力	$\gamma_{18}^{(t)}$	$c_{18}^{(t)}$
	法律意识	$\beta_9^{(t)}$	$d_9^{(t)}$		工作效率与时间管理水平	$\gamma_{19}^{(t)}$	$c_{19}^{(t)}$
	心理素质	$\beta_{10}^{(t)}$	$d_{10}^{(t)}$		技术发展趋势预测能力	$\gamma_{20}^{(t)}$	$c_{20}^{(t)}$

除创业团队综合能力的评估外，还有对创业团队绩效的评估。早在1964年，McGrath就把团队绩效分为绩效产出和其他产出，绩效产出包括品质提升、迅速解决问题、错误减少等方面；其他产出包括工作满足感提升、团队凝聚力增强、态度的改变等。到了1981年，JeWell和Reitz又把团队绩效划分为内在绩效和外在绩效。内在绩效包括凝聚力、服从性、影响力、工作满足感等；外在绩效包括生产力、顾客满意度和决策、不同团队之间的互动关系。Hackman（1983）在前人的基础上提出了过程绩效的概念，认为过程绩效包括努力程度、成员的知识与技能、绩效策略等方面。同时，Hackman在团队绩效方面提出了满足顾客需要等内容，进一步增加了团队成长、团队成员成长的内容。从上面的研究可以看出，对团队绩效的研究仍然局限在团队整体的层面，同时也体现了向过程绩效和团队成员成长过渡的倾向，而对团队内成员绩效的研究不多。

Hackman（1987）和Sundstrom（1990）对团队绩效进行了广泛的定义，认为团队绩效是团队实现预定目标的实际结果，主要包括三个方面：①团队生产的产量（数量、质量、速度、顾客满意度等）；②团队对其成员的影响（结果）；③提高团队工作能力，以便将来更有效地工作。在有关团队绩效的研究中，Nalder、Guzzo、Shea等关于团队绩效的定义最为流行。Nalder（1990）认为，团队的绩效主要包括三个方面：①团队对组织既定目标的达成情况；②团队成员的满意度；③团队成员继续协作的能力。Guzzo和Shea（1992）则提出了"输入—过程—输出"模型。其中，输入包括成员的知识、技能和能力，团队的构成，组织情境、报酬系统、信息系统以及目标方面的因素；过程包括团队成员的相互作用、信息的交换、决策参与的模式、社会支持等；输出包括团队的产品、团队的发展能力、团队成员的满意度等。

我国学者近年来也逐渐关注团队的绩效，如徐芳（2001）认为，团队绩效和组织绩效、个人绩效是分不开的。团队的绩效有两大关键的决定要素：①团队核心素质；②团队合作的程度。要想实现组织的战略目标，必须通过共享的价值观和共同的愿景，将个体绩效、团队绩效和组织绩效紧密结合在一起。因此，团队绩效要在组织绩效的基础上才能确定，团队成员的个人绩效是在团队绩效的基础上确定的。团队绩效包括团队的工作成果、团队成员的工作成果和团队未来工作能力的改善三方面内容。张体勤（2002）从缔结心理契约的角度提出了知识团队绩效管理的思路。所谓心理契约，指契约各方能够相互感知、自觉遵守，但不一定明确表达的、不被其他人所共享的心理协定。他认为，通过缔结心理契约，满足知识团队的价值观需要，从而形成内在激励，提高了知识团队的绩效。缔结心理契约的要素包括树立共享而有意义的团队目标，营造信任、关怀和相互支持的团队氛围，建立符合知识工作者价值观的回报机制，选择具有人格魅力的团队领导等。总结前人的研究成果，团队绩效测评可归纳为以下几个方面，见表4-2。[①]

表4-2　　　　　　　　　　　团队绩效测评

测评层面	过程测评	结题测评
个体层面： 成员对团队的贡献	团队成员是否合作 在会上是否交流看法 是否参与团队决策过程 在活动中表现如何	某一成员是否与其他团队成员合作完成任务的质量 完成个人业绩所需要的时间 向团队所提建议的准确性 团队成员完成工作情况
团队层面： 团队的总体绩效	团队成员是否合作 团队在召开会议时是否讲求效率 团队全体交流看法时是否听取各方面的意见 团队决策时是否意见一致	团队成员是合作 外界对团队工作的满意度 团队整体工作过程的运转周期

三、提高管理能力的方法

1.能力的定义

在管理领域，对能力定义的研究非常多，然而，研究者们鲜少达成共识，较为经典的定义有以下四种。

（1）布鲁斯·麦克莱兰（Bruce MaClelland，1973）指出，能力是"与工作、工作绩效或生活中其他重要成果直接相似或相联系的知识、技能、特质或动机"。

（2）理查德·博亚特兹（Richard Boyatzis，1982）将能力定义为"导致有效或出色工作表现的个人潜在特质"，它可能包括动机、特质、技能、自我形象或社会角色，以及所拥有的知识体系。Boyatzis认为，个体胜任工作角色或完成任务的绩效是人格特征、知识、技能、能力等因素综合作用的结果，能力是决定性因素，并且强调能力必然蕴含于具体行为并能够经由行为得到观测。

（3）斯班瑟（Spencer，1993）在Boyatzis的研究基础上，进一步将能力定义为"与出色的绩效标准相对应的个人内在特质"，这一内在特质同工作和情境中的准则和绩效之间存在某种程度的因果关系。它可以是任何可以被可靠测量或计数的，并且能将绩效优秀者和绩效一般者显著区分的个体特征，如动机、特质、自我形象、态度或价值观、某领域知识以及认知和行为技能等，并强调能力应与工作绩

[①] 王鸿杰.高新技术企业创业团队的绩效评价研究［D］.天津：天津商学院，2006.

效相关联。

（4）Strebler（1997）指出，能力术语已经演化出两种不同的含义：一是"个人需要展示的行为表现"，二是"达到某种绩效的最低能力标准"。

2.能力的类型

由于理论界目前对能力概念的界定仍存在较大争议，因此，对于能力类型的划分，也因对能力概念的理解不同以及方法、角度、情境等的不同而不同。具有代表性的能力划分主要有以下五种。

（1）Robert Katz（1955）将各个层级的管理人员能力分为三个基本类别：专业能力（Technical Skills）、人际能力（Personal Skills）和概念思考能力（Conceptual Skills）。

（2）Sandwith（1993）通过直接观察和对管理活动的记录、分析发现，管理人员的能力要求不仅限于前述的三个类别，提出管理能力涉及五个方面，即概念或创新能力（Conceptual / Creative Competence）、领导能力（Leadership Competence）、人际能力（Interpersonal Competence）、行政能力（Administrative Competence）和技术能力（Technical Competence）。

（3）Hunt和Wallace（1998）认为，管理能力由六类关键子能力域构成，即行政和运作管理能力、政治和影响能力、问题解决和决策能力、组织与环境意识能力、领导和建设能力、战略管理能力。

（4）Nordhau（1998）将传统的以任务特殊性为基础的单维度分类框架扩展为以任务特殊性、企业特殊性、行业特殊性为基础的三维度能力分类框架，将能力划分为元能力（Meta Competence）、通用行业能力（General industry Competence）、内部组织能力（Intra Organi zation Competence）、标准技术能力（Stand Technical Competence）、技术行业能力（Technical Trade Competence）和特殊技术能力（Idiosyncratic Technical Competence）六类。

（5）Swan（1999）将能力划分为三大类别，即人际能力、认知能力和内在能力。人际能力主要包括关系构建能力、融合并影响他人的能力和协商能力；认知能力包括收集信息、抽象思维、分析思维和计划能力；内在能力包括成就导向、毅力、客观性和自控力。

3.能力模型

美国学者Boyatzis在《情商的聚类能力：情感能力库存的洞察力》中为绩效优秀的经理构建了有效的能力模型。该模型对12个组织、41个不同管理岗位共2000名员工的21个特征作出了评价，认为管理人员要取得良好绩效，必须具有目标和行动管理能力、领导能力、人力资源管理能力、指导下级的能力、其他能力（持久性、客观知觉、适应性、自我控制）、特殊知识能力（经理及其特殊社会角色需具备的特殊知识）6个方面的能力。

美国心理学家斯班瑟在1993年对胜任能力模型作出了较完整的定义，主要包括因果关联、深层次特征和效标参照三个方面。他认为，胜任力指"在某一工作中，能区分出绩效卓越者与表现一般者的个人深层次特征，这些特征可以是某领域的知识、认知或行为技能，甚至是特质、态度或价值观、动机、自我形象"。

Michael、Birkhead和Mararet在《项目经理所需的核心竞争力》中从计划能力、决策能力、组织能力和人际能力四个方面阐述了项目经理所需具备的能力，即从这些方面构建项目经理的能力模型。①

4.提高组织管理能力

组织管理能力是领导者在领导活动过程中，正确运用手中的权力，协调组织关系，合理调动、利用、配置和开发各种资源，高效地实现领导目标过程中应具备的才智和技能。组织管理能力是现代领导者不可缺少的能力，培养这种能力可以从以下四点入手。②

（1）学会倾听他人的意见。在领导者的必备条件中，最迫切需要的是良好的倾听能力，以及善于整合所有成员意见的能力。

（2）清楚地阐明自己的观点。注意观念的具体化，尽量使语言和事实趋于统一。要做到观念具体化，必须真正了解思考的对象。

（3）赢得别人的支持。领导者的交涉力、说服力是团队成员对领导者信赖及支持领导者的关键因素。领导者对外、对上、对有关人士不卑不亢地说该说的话，争取该争取的利益，这种交涉能力就能得到成员的绝对支持与信赖。若交涉不成功，领导者不但要自负其责，还应承担所有失败的责任。领导者可从诚恳而不虚伪、随和而不固执、自信而不自卑、热情而不冷漠这几点做起。

（4）培养多方位的创意。所谓创意，就是在创造事物的狂热念头驱使下，不满足于现状，常向新事物挑战，不断为改善、革新、创新而努力，从而产生新颖、奇特、能够帮助你实现愿望的想法。创新，即努力思考全新的事物。高瞻远瞩、努力创新应是每一个领导者追求的境界。

---

① 陈梅.科技合作项目团队能力评估及应用[D].武汉：武汉理工大学，2012.
② 曹敏晖.树立四种意识，锻造团队管理能力[J].人才资源开发，2008（08）：83-84.

第四节 劳动模范、大国工匠与创新团队

在智能制造背景下,企业工匠精神可以有效地促进企业创新绩效的提高,促进企业知识共享行为的发生。①

如何把握劳模精神、劳动精神和工匠精神的时代内涵,推动企业未来发展,为企业发挥更大作用?我们可以总结为以下几点:①选树劳动模范、大国工匠。②发挥劳动模范、大国工匠的示范作用。针对劳模专业性强、技能过硬的特点,组织劳模总结经验诀窍,简化操作流程,为其他员工提供更优的工作方法和操作规范。③发挥劳模、大国工匠的创新作用。④营造浓厚氛围,设立创新奖励机制。激励劳模在工作中不断推陈出新,让员工真正感受到有贡献就有收益,使劳模的创新作用得到更好发挥。②

一、劳动模范、大国工匠的特质

新中国成立以来,我国在建设社会主义事业的过程中涌现了一大批劳动模范,他们有着爱岗敬业和艰苦奋斗的工作作风,淡泊名利和乐于奉献的事业情怀,大胆创新和示范引领的创造精神,不仅创造了巨大物质财富,也创造了巨大精神财富。他们以亲身实践恪守劳动者的本分,孜孜追求一流的业绩,弘扬艰苦奋斗的作风,担负伟大复兴的使命,保持修身笃定的境界,用辛勤的劳动和汗水展示了中华民族顽强拼搏、自强不息的崇高品格,谱写了中国人民开拓创新、奉献社会的时代赞歌。这种劳模精神是劳动者都应追求的目标,鼓励劳动者在平凡的岗位上干出不平凡的业绩,以优秀的劳动品质感染和带动广大劳动者共同奋斗,彰显劳动模范崇高追求的时代价值。③

我国是拥有14亿人口、3.14亿职工、近2600万技术工人的大国,是跻身全球第二大经济体,约220种工业品产量居世界第一,是名副其实的制造业大国。工匠,指有工艺专长的匠人。工匠曾经是一个与老百姓日常生活休戚相关的职业概念,如木匠、铜匠、铁匠、石匠、篾匠等。各类手工匠人的精湛技艺代代相传、

---

① 边洁.智能制造背景下企业工匠精神对创新绩效的影响研究[D].太原:山西财经大学,2020.

② 马新敏.健全工匠选树培养机制 发挥劳模工匠创新引领作用[J].河南电力,2020(12):76-77.

③ 刘燕,程静.劳模精神、劳动精神、工匠精神融入高职思政课教学实践研究[J].教育与职业,2022(02):85-90.

生生不息。随着时代的变迁，虽然一些老手艺、老工匠逐渐淡出了日常生活，但工匠精神永不过时。对于什么是工匠精神，在不同国家有不同的说法，德国人称为"劳动精神"，美国人称为"职业精神"，日本人称为"匠人精神"，韩国人称为"达人精神"。美国学者亚力克·福奇在《工匠精神》一书中指出，工匠精神并不单指手艺人，还包括使用现成的技术工具，利用创新精神解决各种问题的发现者和发明家。德国管理大师赫曼·西蒙在《隐形冠军：21世纪最被低估的竞争优势》一书中，揭示了德国保持所在领域出口世界第一的秘密，就是有非常优秀的手工艺传承，工人们具有令人尊敬的工匠精神。

"匠，专于心；心，沉于精。"工匠精神是综合的、多元的，主要包括三个方面：一是"精于工"，在职业技能上专业精到、技艺过硬；二是"匠于心"，在职业素养上精益求精、追求卓越；三是"品于行"，在职业理念上敬业守信、责任担当。从这个意义上讲，工匠精神就是一种钻研技能、精益求精、敬业担当的职业精神。

工匠精神是大国工匠的灵魂。大国工匠，就是立足本职岗位，勤奋学习、刻苦钻研、技艺超群、淡泊名利、甘于奉献，为国家建设和发展作出重要贡献的优秀技术工人。他们植根于中国大地，有中国气派、中国品牌、中国榜样、中国标准，集中体现了劳模精神、劳动精神、工匠精神，充分展示了劳动者的主人翁风采和优秀品质。[1]

（一）精神"灵魂"：敢为人先、开拓创新

习近平总书记指出："创新是一个民族进步的灵魂，是一个国家兴旺发达的不竭动力，也是中华民族最深沉的民族禀赋。在激烈的国际竞争中，唯创新者进，唯创新者强，唯创新者胜。"大国工匠作为我国广大劳动者中的精英代表，更是当代中国践行创新、主动创新的生动典范。[2] 在日常工作中，他们不墨守成规，勇于挑战自我、突破自我，创新工作方式与方法，攻克技术难题，甚至突破西方"卡脖子"技术。例如，大国工匠高凤林[3]勇于尝试，不断创新，将无数次"不可能"变为"可能"。李万君[4]在反复实践中摸索出了环口焊接七步操作法，解决了焊接

---

[1] 陈志标.大国工匠的"根"与"魂"[J].工会信息，2017（21）：14-16.

[2] 杨爽.中国制造2025背景下工匠精神培育策略[J].南方农机，2018，49（23）：34，37.

[3] 高凤林，中国航天科技集团有限公司第一研究院211厂14车间高凤林班组组长，第一研究院首席技能专家，中华全国总工会副主席（兼）。2007年获全国五一劳动奖章，2015年被评为全国劳动模范，2017年被评为全国道德模范。

[4] 李万君，中车长春轨道客车股份有限公司高级技师，"中国第一代高铁工人"中的杰出代表，高铁战线的"杰出工匠"，先后荣获"中华技能大奖""全国劳动模范""全国五一劳动奖章""全国优秀共产党员""国务院特殊津贴"等荣誉，当选党的十八大、十九大代表，"感动中国2016年度人物"十大人物，"2018年大国工匠年度人物"，被誉为"工人院士""高铁焊接大师"。

接头不熔合等严重质量问题。乔素凯立志"甩掉洋拐棍",打破国外技术壁垒,经过上万次试验,填补了我国在压水堆核电站乏燃料组件水下整体修复中的技术空白。王树军大胆质疑,勇于对进口高精加工中心光栅尺气密保护设计缺陷进行挑战。这些无不体现了敢为人先、勇于创新的大国工匠精神。

(二)精神"源泉":学无止境、孜孜不倦

"问渠那得清如许,为有源头活水来。"在知识与技术飞速更新换代的时代,具有终身学习、自主学习能力的重要性不言而喻。没有知识的更新和经验的积累,去谈创新也是无本之木、无源之水。我们要根据实践需求,主动去学习、去探究,不断更新知识结构,做到学以致用。王进[1]作为一名技校毕业的中专生,长期以来刻苦钻研理论知识,最终获得国家科技进步奖二等奖。陈行行[2]入职以来,孜孜不倦地学习新知识、新工艺、新技术,积极参加各级各类培训,通过自学成功获得了高级技师、数控车技师、高级制图员等8项职业资格证书。高凤林为了更好地学习知识,毕业8年后,重新返回校园,拾起课本,拿到了梦寐以求的大专文凭;之后,接着完成了本科和研究生课程的学习。正是善于学习,不断利用业余时间给自己"充电",厚积薄发,砥砺前行,才能成就他们今天的辉煌业绩。

(三)精神"旋律":敬业奉献、甘于平凡

无论是焊工、钳工、带电作业工、试油工,还是工程师、首席技师、教授级高级工程师等,这些大国工匠均是选定一件事,埋头苦干、默默奉献,数十年乃至一辈子如一日,戒骄戒躁,勤奋踏实。谭文波[3]在边疆大漠戈壁坚守了20多年,朱恒银[4]在地质勘探队干了40多个春秋,李云鹤[5]从事文物修复保护工作60多年。

---

[1] 王进:国网山东省电力公司检修公司带电作业工,是完成±660千伏直流输电线路带电作业的世界第一人,先后获得"全国劳动模范""全国五一劳动奖章""全国青年岗位能手标兵"等荣誉称号,当选2018年"大国工匠年度人物"。

[2] 陈行行:中国工程物理研究院机械制造工艺研究所高级技师,先后获得"全国五一劳动奖章""全国技术能手""四川工匠"等荣誉称号。2019年1月18日,陈行行当选2018年"大国工匠年度人物"。

[3] 谭文波,中国石油集团西部钻探公司高级技师,中国石油集团特等劳动模范,获"全国五一劳动奖章",当选2018年"大国工匠年度人物"。

[4] 朱恒银,安徽省地质矿产勘查局313地质队二级教授级高级工程师,全国知名钻探专家,安徽省地矿局探矿工程首席专家,先后荣获"全国劳动模范""全国十佳最美地质队员""全国敬业奉献模范"等多项荣誉称号,当选2018年"大国工匠年度人物"。

[5] 李云鹤,中国著名的古代壁画与彩塑保护修复专家,敦煌研究院修复师,当选2018年"大国工匠年度人物"。

与此同时，他们中间有许多人从事的工作都具有相当的危险性，难度极大。例如，乔素凯[①]常年与核燃料打交道，电网系统特高压检修工王进率先在全球实现±660千伏直流输电线路带电作业。如果没有爱岗敬业的精神，坐不住冷板凳，根本不可能做出这些举世瞩目的业绩。大国工匠们付出了比常人更多的努力，才能练就让人叹为观止的精湛技能，用勤劳和汗水，用恒心和毅力，谱写了一曲曲无私奉献、动人心弦的旋律。

（四）精神"薪火"：传道授业、以老带新

"一花独放不是春，百花齐放春满园。"2014年，教育部出台《关于开展现代学徒制试点工作的意见》（教职成〔2014〕9号），强调了高技能师傅在人才培养中的地位和作用。培养大国工匠需要薪火相传，弘扬"传帮带"的优良传统。历年的"大国工匠年度人物"中，很多起初也是学徒，如夏立从学徒钳工一步步走来，陈行行的成功离不开师傅的悉心教导。有所成就后，他们积极指导他人，形成团队作战。高凤林倡导"师带徒""一带一"，培养出了5名全国技术能手和1名中央企业技术能手；陈行行乐于传授"独门绝活"，兼任数控加工中心培训老师；王树军在潍坊科技学院、潍柴大学创建了个人工作室，定期授课，通过首席技师大讲堂和潍柴网上学习平台，为企业培养学员；李万君致力于为高速动车组生产培育后备军，组建公司焊工首席操作师工作室，亲自带学徒，远赴新疆开展技术援助，毫无保留地传授精湛技艺；敦煌研究院原副所长李云鹤通过"口传心授"，将壁画修复的精湛技艺传承给一批又一批学生。

（五）精神"初心"：矢志报国、道德高尚

爱国主义是我们民族精神的核心。历年的"大国工匠年度人物"，基本上都从事与当前国家重大战略、重大项目、重大工程密切相关的领域，拥有非凡的家国情怀，这是他们的初心。他们主动将自身价值追求与国家和社会需求紧密结合，具备高尚的精神风骨和道德情操。高凤林矢志报国，为我国航天事业的发展作出了巨大贡献；李万君在我国高铁事业的发展史上留下了不可磨灭的印记，工作之余，他看望孤儿、资助贫困学生，被授予"吉林好人"和"中国好人"荣誉称号；谭文波响应国家支援边疆的号召，从四川来到条件艰苦的戈壁大漠，把热血青春奉献给了祖国的石油事业；陈行行扎根于中国唯一的核武器研究生产基地，投身

---

① 乔素凯，中国广核集团有限公司中广核核电运营有限公司高级主任工程师，是我国第一代核燃料师，获全国技术能手、中央企业劳动模范、中国广核集团优秀党员、中国广核集团首届"中广核工匠"等荣誉称号，当选2018年"大国工匠年度人物"。

国防事业，立志为祖国的强国梦、强军梦贡献自己的一份力量。

（六）精神"内核"：精益求精、执着专注

全国人大代表杨杰指出："精益求精、执着专注，这是当代工匠精神的内核。""如切如磋，如琢如磨。"认定一件事，始终如一、执着地坚持做下去，排除万难，精雕细琢，精益求精，力求做到完美和极致，这是大国工匠精神公认的显著特点之一，可以看作其中的"内核"。夏立凭借多年工作经验积累的"手感"，将托盘平面从高低相差0.02毫米，磨到仅相差0.002毫米。在长达20多年的时间里，夏立仅仅依靠电钻、扳手、钳子等传统工具，确保产品合格率达到了100%。"核燃料无小事"，乔素凯以"不允许毫厘之差"的高标准，实现了连续操作56000步零失误的完美纪录。李云鹤在文物修复领域干了几十年，其一丝不苟、严格要求、精益求精的态度，早已于无形中烙印在每一次文物修复工作之中。[①]

二、劳动模范、大国工匠创新工作室

（一）劳动模范、大国工匠创新工作室的传承

1.通过名师带徒培养，帮助员工提升技能

依托老带新，通过劳模带高徒、导师带徒、与青年职工（简称"青工"）结对子活动，传承工匠精神，构建名师带徒人才培养模式，形成劳模带路、青工追随、教学相长的良好态势。以岗位作课堂，以生产作教材，适时开展多种形式的岗位课堂，在学中干、在干中学，现场讲解、现场操作，不断为技能员工"补钙""充电"，不断培育挖掘宝贵丰富的人力资源，推进全员提升技术技能水平。

2.通过绝技绝活展示，带动员工提升技能

持续挖掘高技能员工的绝技绝活，不仅要让内行佩服，也要让外行惊叹。挖掘绝技绝活，尽可能以贴近生活、贴近大众的方式来展示，艺术性表达高超技能。可以通过头脑风暴、专题讨论、学习借鉴、理论验证等形式来进行绝技绝活的挖掘，也可以走出去，进行学习交流，开阔视野。在此基础上，组织示范表演，通过传统媒体和新媒体进行有效宣传，形成良好的扩散效应。

3.通过职业技能竞赛，激励员工提升技能

充分发挥劳模创新工作室的作用，积极主动参与本单位技能比武的方案策划、赛题开发、器材准备和组织实施工作。积极主动参加上级组织的各类技能比赛，

---

① 张瑞."大国工匠"典型特质管窥——以2018年大国工匠年度人物为例[J].南方农机，2020，51（09）：27，33.

精心做好赛前培训和练习，争取优异成绩，通过比赛快速提升技能水平。

4.坚持聚力创新攻关，充分转化技能优势

创新工作室以提质增效为目标，开展群众性经济创新活动，聚焦生产组织过程中的难点、瓶颈等问题，组织技能攻关，助力企业降本节支、提质增效，并产生实实在在的"真金白银"。劳模和创新工作室在新时期要发挥好作用，需要始终坚持聚力创新攻关，最大限度地把自身的技能优势转化为生产优势，持续助力提升企业创新能力。

5.聚焦生产"瓶颈"问题攻关

创新工作室集中力量解决影响生产的技术难题和"瓶颈"问题，开展技术攻关、新产品研发制造交流等活动，通过技术改善、发明创造、优化操作法等途径，有的放矢地进行攻关，集思广益破解"瓶颈"工序，促进企业的均衡生产、节拍化生产。

6.聚焦质量难点问题攻关

在日常工作中，结合创新工作室成员岗位、技能等特点，将优势力量集中起来，成立技术创新攻关小组，开展技术交流和课题攻关活动，研究、探索生产制造过程当中影响产品质量的亟待解决的难题，在技术改进、创新中担当带头人，促使工作室成员知难而进、勇挑重担。

7.聚焦科技成果转化问题攻关

重点抓导向，坚持学习与创新相结合，使创新发展成为工作室的重要基因。积极与研发、工艺技术人员结对子，参与新产品的研发试制工作，发挥自身在经验、技能等方面的优势，与研发、工艺技术人员共同解决新产品研发中的瓶颈问题。

8.完善工作运行机制，激发工作室全员潜能

企业在经费、场地、设备、激励等方面提供资源保障，为工作室更好地开展工作创造条件。持续完善工作室机制，带动广大员工围绕企业愿景、行政期望、生产管理等问题，开展卓有成效的群众性经济技术创新活动。经常组织专题学习、工作交流、业务培训、头脑风暴等活动，持续提升劳模创新工作室成员的综合能力与素质，激发全员潜能。[①]

（二）劳动模范、大国工匠创新工作室的创新创造

1."大国工匠"谭文波创新工作室

"大国工匠"谭文波创新工作室积极推进高技能人才队伍建设，开展了系列活

---

① 谢平华.国企劳模创新工作室立足"四个着力"发挥应有作用的实践与思考[J].中国培训，2021（12）：52-53.

动。加强人才培养，传承技能知识。谭文波工作室培养人才的途径主要有三种：带徒传艺、专项技能培训和参与项目传技。工作室通过大赛选拔、自荐等形式在全公司范围内吸收优秀人才，做好课题选题工作，积极向本公司及兄弟单位推广，与公司人事处、员工培训处等部门通力合作，健全工作室各项规程，完善管理制度。

参与技改攻关，制订工作室更高目标。工作室通过与公司科学技术委员会、工程技术研究所等部门合作，积极组织课题申报，以课题为载体，通过课题研究，促进成员研究能力的提升。围绕解决现场生产难题，开展巡回诊断。工作室将巡回诊断活动作为一项固定工作进行制度化管理。规定每年开展巡回诊断活动的次数不少于两次，每次进行巡回诊断活动后要及时将诊断内容、诊断结果进行总结，形成总结性成果，并将成果推广应用到生产现场，为基层单位预防、避免和解决此类生产难题提供依据。

工作室立足生产现场，开展技术攻关，将现场生产活动中的高作业强度、高能源消耗、高生产成本的"三高"现象作为技术攻关方向，确保技术攻关不走弯路、不流于形式。针对每个项目制订计划，明确内部分工，高效、有序地开展技术改进、现场试验、效果跟踪、信息反馈、总结评价等工作。2013年，谭文波完成的"电动液压桥塞坐封工具的研制与应用"项目，获西部钻探科研项目一等奖。2014年5月，该项目成功通过新疆维吾尔自治区科技成果鉴定，受到新疆维吾尔自治区鉴定委员会专家的一致好评："世界首创实现了以电能为动力取代火工品作业，是石油行业中地层封闭工艺的一次重大技术革新，为社会进一步减少民爆物品的安全隐患提供了一个方向。"此项目在新疆油田应用358井次桥塞封闭作业，创直接经济效益1274.7万元。

谭文波创新工作室的建立，为技能领军人物发挥自身特长，实现自我价值，参与技术攻关、技术创新、技术交流，推进技术、技能创新成果的推广和绝活传承创造了一个新的环境，提供了一个平台，实现了高技能人才从个人研发到集体攻关的跨越，有利于汇聚企业人才资源，形成队伍合力，为企业的发展作出更大的贡献。工作室成员完成小改小革80余项、创新成果50余项，获国家发明专利8项、实用新型专利11项。[1]

2.国企劳模创新工作室

中车株洲电力机车有限公司车体事业部金蓝领和劳模创新工作室（简称

---

[1] 谭文波，唐建军，张晓亮，等."大国工匠"谭文波工作室创新项目运行模式[J].石油技师，2019（02）：31-33，44.

"事业部工作室"），由"全国劳模李樟兴创新工作室""国家技能大师赵卫工作室""株洲市技能大师梁涛工作室"组成。工作室拥有12名市级以上劳模（其中，全国劳模1人、省劳模3人）、3名全国技术能手、2名中车首席技能专家、12名资深技能专家、2名中车高铁工匠、3名湖南省百优工匠。该工作室是以企业中最优秀的技能领军人才为核心，依托高技能人才的特殊技术优势，承担企业生产一线操作领域难题攻关、技艺传承、工艺优化、技术创新等任务的非行政建制工作团队。这样的一支工作团队，是国有企业员工队伍中的重要力量，其作用的发挥对企业高质量发展与高技能员工队伍建设有着不可忽视的作用。

 案例分析

如何组建一支高效的创业团队

在创业的路上，一个优秀的团队是至关重要的。如何组建一支高效的创业团队，让每个人都能为公司的发展贡献自己的力量？以下几个实例将为你详细讲解。

1. 爱彼迎

爱彼迎（Airbnb）是一家全球知名的在线民宿预订平台，为用户提供多样的住宿信息，成立于2008年。Airbnb的创始人最初只有3人，分别是Brian Chesky、Joe Gebbia和Nathan Blecharczyk。他们通过不懈努力，将Airbnb从一家小型创业公司发展成为一家全球知名的公司。在Airbnb成立初期，三位创始人一起租住了一间公寓，开始了他们的创业之路。随着业务的发展，他们陆续招募了更多的员工，并将这些员工纳入核心团队。Airbnb的成功离不开这个团队的齐心协力和共同努力。

2. 优步

优步（Uber）是一家颠覆传统出租车行业的公司，成立于2009年。Uber最初只有两个创始人，即Garrett Camp和Travis Kalanick。他们通过创新的商业模式，将Uber发展成了一家全球知名的公司。两位创始人通过自己的努力和创新，吸引了更多的人才加入团队，这些人才是Uber获得成功的关键因素之一。

3. 拼多多

拼多多是国内电商巨头，成立于2015年。拼多多最初只有三个创始人，分别是黄峥、陈生强和齐海燕。他们通过创新的商业模式和优秀的团队合作，将拼多多快速发展成了国内主流的电子商务应用平台。在拼多多成立初期，三位创始人不断吸纳优秀人才加入团队，最终带领拼多多走向成功。

以上案例为我们组建一支高效的创业团队带来一定的启示。

（1）明确目标和愿景。团队成员需要明确公司的目标和愿景，共同努力实现。例如，科技公司字节跳动就以建设"全球创作与交流平台"为愿景。

（2）优秀的创始人。一个优秀的创始人是团队成功的关键。创始人需要有创新精神、良好的领导力，以及对公司未来愿景和目标的清晰认识。例如，Airbnb的创始人通过不懈努力，将公司发展成为全球知名品牌。

（3）吸引优秀的人才。优秀的员工是团队成功的重要因素之一。公司要提供有吸引力的薪酬和福利，营造良好的企业文化，为员工提供良好的职业发展空间和发展机会。例如，Uber的创始人通过自己的努力和创新，吸引了更多的人才加入团队。

（4）有效的团队合作。团队合作是团队成功的关键之一。团队成员需要相互协作、相互信任，共同为公司的发展贡献自己的力量。在组建一支高效创业团队的过程中，要注重团队各个方面的平衡。只有团队成员之间相互信任、相互协作，才能实现团队的成功。例如，拼多多的三位创始人通过优秀的团队合作，将公司快速发展成了一家电商巨头。

总之，组建一支高效的创业团队不仅要有明确的目标和愿景、优秀的创始人，还需要不断吸引优秀的人才，建立有效的团队合作机制。以上事例告诉我们，成功的创业公司都离不开一支优秀的团队。

 案例分析

创业团队组织结构的设计

1.海尔集团的组织结构设计

20世纪80年代，海尔的组织结构设计同其他企业一样，实行的是工厂制。集团成立后，从1996年开始实行事业部制，实现了由集权向分权制转化的改革。集团由总部、事业本部、事业部、分厂四个层次组成，分别承担战略决策和投资中心、专业化经营发展中心、利润中心、成本中心的职能。事业部制是一种分权运作的形式，首创于20世纪20年代的美国通用汽车公司和杜邦公司。它是在总公司领导下设立多个事业部，各事业部有各自独立的产品和市场，实行独立核算。事业部在经营管理上拥有自主性和独立性。这种组织结构形式最突出的特点是"集中决策，分散经营"，即总公司集中决策，各事业部独立经营。这是在组织领导方式上由集权向分权制转化的一种改革。海尔的事业部制，外界一般认为是学习或模仿了日本的体制。实际上，它更多地学习和参考了美国通用电气公司[①]的管理体制。海尔在很多方面带有明显的美国通用电气公司的痕迹。

美国通用电气公司的组织机构变迁经历了3个阶段：一是20世纪60年代的分权运作，促进了主业的增长和经营的多样化；二是20世纪70年代根据公司总财源的分配来安排下属单位的战略需求，让各下属公司建立战略事业单位，使全公司扩大了规模、增加了产品的种类，并使利润持续不断地增长；三是到20世纪80年代进入战略经营管理时期，不断对前两个阶段的组织模式进行修正。这种高度分权对市场销售产生了有效刺激，但个体户式的拼杀会造成各事业部之间盲目竞争，竞相重复使用内外资源，于大局不利，有可能形成单位销售额上升而集团整体投资回报率不高的局面，不利于集团重点扶持未来有发展前途的产业。因此，海尔对分权的大小、多少有自己的战略性考虑。对夕阳型的产品尽可能分权划小经营单位，让其随行就市；对朝阳型的产业，如未来的数字化家电，则集中人力和财力，做大规模，确保竞争力。

2. 美国广播公司[②]的组织结构设计

职能部门包括技术研发部、市场营销部、运营管理部和财务部。每个职能部门由一名部门经理负责，直接向公司首席执行官汇报。

技术研发部：负责移动应用软件的开发和维护工作，下设产品研发小组、测试小组和运维小组。

市场营销部：负责产品的市场推广和销售工作，下设市场策划小组和销售小组。

运营管理部：负责公司内部的运营管理工作，包括人力资源管理、绩效评估、办公室设施管理等工作。

财务部：负责公司财务管理工作，包括资金管理、会计核算、财务分析等。

这些例子展示了不同规模和类型的创业团队如何设置部门和分配职责，以实现高效运作和项目成功。创新创业团队的组织结构没有固定模式，一般来说可设置以下部门。

办公室：负责统筹协调，制定团队发展目标与愿景。

人力资源组：负责团队的人员招聘和人员绩效管理。

---

① 美国通用电气公司（General Electric Company，GE），创立于1892年。

② 美国广播公司（ABC）：总部位于纽约，创立于1943年，原为国家广播公司的蓝色广播网。

市场调研组：负责市场调研，了解行业趋势、竞争对手和目标用户的需求。
产品设计组：负责产品设计，确保产品符合市场需求和技术要求。
技术开发组：负责产品的设计和开发工作，解决技术难题，优化产品性能。
营销推广组：负责项目的市场推广和宣传工作，制订营销策略和推广方案。
财务管理组：负责项目的资金管理和财务规划，确保资金合理利用。
团队管理组：负责团队的整体协调和管理，确保项目顺利进行。

> **课后思考**
>
> 1. 创业者的素质结构和人格特质是什么？
> 2. 大学生如何组建创新创业团队？
> 3. 创业团队如何实现高效管理和持续发展？

参考文献

[1]汪翔,张平.创业者特质概念研究综述[J].现代商贸工业,2014,26(13):71-72.

[2]周键.创业者社会特质、创业能力与创业企业成长机理研究[D].济南：山东大学，2017.

[3]樊琪.从创业动机看创业成功[J].中国就业，2012（08）：51-52.

[4]杨隽萍，宋猛，肖梦云.基于认知视角的创业动机研究[J].经营与管理.2017（07）：54-57.

[5]蔡青.创业动机对创业坚持行为的影响及思考[J].科技创新与生产力.2021（08）：17-18,21.

[6]樊琪.从创业动机看创业成功[J].中国就业，2012（08）：51-52.

[7]姜军，蒋士杰，陈德棉.不同视角下的创业者素质研究：文献综述[J].现代管理科学，2005（06）：12，17-19.

[8]左安源，李涛.新形势下大学生创业者素质探讨[J].广西青年干部学院学报.2017，27（01）：25-28.

[9]雷珍.浅析大学生创业者必备的素质和能力[J].青年与社会.2019（28）：268-269.

[10]张海川，张美霞."双创"背景下创业者个人素质提升研究[J].中国商

论.2021（07）：186-188.

[11]刘珈贝.科研事业单位专业技术人员性格分析及其激励机制研究[D].延安：延安大学，2015.

[12]李宁，刘成城，高建.创业者与非创业者性格优势比较[J].创新与创业管理.2016（02）：41-52.

[13]肖江凯.HT公司创业团队构建研究[D].杭州：浙江工业大学，2016.

[14]张同俊.如何构建企业团队[J].上海企业，2007（05）：46-48.

[15]王慧.创新型企业创新团队的构建[J].人力资源管理，2011（04）：64-65.

[16]高艺.初探创业团队的组建原则[J].劳动保障世界，2018（18）：11.

[17]徐雅，李德龙，孙洁，等.大学生创业团队成功组建的影响因素[J].智库时代，2020（04）：126-127.

[18]李晓勇.众创背景下大学生创业团队建设研究[J].中国培训.2017(15)：55-56.

[19]王丽君.新时代下大学生创业团队的组建原则分析[J].泰州职业技术学院学报.2020，20（Z1）：61-63.

[20]杨忠东.创业经之"如何组建创业团队"[J].四川教育学院学报，2012，28（05）：43-47.

[21]王丽君.新时代下大学生创业团队的组建原则分析[J].泰州职业技术学院学报.2020，20（Z1）：61-63.

[22]韩志鹏，曹宇曦.浅析大学生创业团队的组建[J].当代教育实践与教学研究，2017（08）：135.

[23]杨忠东.创业经之"如何组建创业团队"[J].四川教育学院学报，2012，28（05）：43-47.

[24]邢皓越，周杨，陈阳.大学生创业团队的组建和培养[J].亚太教育，2015（18）：229.

[25]郭阳道.企业最适合的团队管理模式是什么[J].销售与管理，2005.

[26]陈昕怡.科技创新团队管理策略研究[J].现代商贸工业,2022,43（04）：44-46.

[27]刘霞.企业团队管理存在问题及对策研究[D].青岛：青岛大学，2017.

[28]乔宪金.像敬神一样敬业[M].北京：北京工业大学出版社，2010.

[29]周波.MBA创业团队的组建与管理问题初探[D].成都：西南财经大学，2015：26-27.

[30]陶陶,王欣,封智勇,等.创业团队管理实战[M].北京:化学工业出版社,2018.

[31]芮国星,华瑛.大学生创业大赛中创业团队创业能力综合评价模型研究[J].东北师大学报(哲学社会科学版),2009(06):224-227.

[32]王鸿杰.高新技术企业创业团队的绩效评价研究[D].天津:天津商学院,2006.

[33]陈梅.科技合作项目团队能力评估及应用[D].武汉:武汉理工大学,2012.

[34]曹敏晖.树立四种意识,锻造团队管理能力[J].人才资源开发,2008(08):83-84.

[35]边洁.智能制造背景下企业工匠精神对创新绩效的影响研究[D].太原:山西财经大学,2020.

[36]马新敏.健全工匠选树培养机制 发挥劳模工匠创新引领作用[J].河南电力,2020(12):76-77.

[37]刘燕,程静.劳模精神、劳动精神、工匠精神融入高职思政课教学实践研究[J].教育与职业,2022(02):85-90.

[38]陈志标.大国工匠的"根"与"魂"[J].工会信息,2017(21):14-16.

[39]杨爽.中国制造2025背景下工匠精神培育策略[J].南方农机,2018,49(23):34,37.

[40]张瑞."大国工匠"典型特质管窥——以2018年大国工匠年度人物为例[J].南方农机,2020,51(09):27,33.

[41]谭文波,唐建军,张晓亮,等."大国工匠"谭文波工作室创新项目运行模式[J].石油技师,2019(02):31-33,44.

[42]谢平华.国企劳模创新工作室立足"四个着力"发挥应有作用的实践与思考[J].中国培训,2021(12):52-53.

[43]张健鹤.L公司研发项目团队管理问题及对策研究[D].泉州:华侨大学,2020.

[44]张雯.PSH公司数据生产中心项目团队管理研究[D].扬州:扬州大学,2021.

[45]吴俊键.RH公司的创业团队管理问题研究[D].杭州:浙江工业大学,2019.

[46]张苗苗.S公司创业初期团队建设的问题研究[D].北京:对外经济贸

易大学,2018.

[47] 马莉,周小虎.创业团队组建管理与激励机制研究[J].价值工程,2016,35(16):68-71.

[48] 刘牧.创业者领导风格、创业团队互动行为对团队效能的影响研究[D].长春:吉林大学,2014.

[49] 白凯,李建玲.国外关于创业者素质特征研究现状述评[J].中国青年研究,2012(04):80-83.

[50] 单巍.科技创新团队管理模式研究[D].北京:中国地质大学,2013.

[51] 王雪.企业高层管理团队能力评估及应用研究[D].长沙:中南大学,2006.

[52] 姚晓双.从"劳模一人做贡献"到劳模创新工作室,再到全员创新日照港:"劳模+"激发创新原动力[J].工会信息,2017(11):42.

[53] 王胜.上海S有限公司创业管理研究[D].上海:上海外国语大学,2014.

[54] 杨宁.项目团队效能的过程分析与评估方法研究[D].大连:大连理工大学,2010.

[55] 本刊编辑部.展劳模工匠风采促创新成果应用——中国工商银行劳模和工匠人才创新工作室巡礼(一)[J].中国城市金融,2019(01):17-27.

第五章 需求定位

> **学习目的与要求**
>
> 1. 学习创新创业型企业发展、市场需求的重要性,了解需求定位的分类、目标等。
> 2. 能够使用三种市场分析法则对创新创业企业的需求进行分析。
> 3. 能够通过对企业创新及市场需求的分析,掌握企业市场定位的方式及方法。

创新创业仅有想法是远远不够的,需要从需求定位、产品定位、技术路线等多个方面论证其可行性。本章就创新创业的需求如何细化、如何调查、如何定位等进行阐述,以便有针对性地进行创新创业。

第一节 创新创业需求

一、创新创业需求的定义

(一)企业创新创业需求的主要内涵

创新创业需求指在创新创业过程中,为满足市场需求、提升竞争力、实现可持续发展等目标而提出的一系列需求。这些需求涵盖了技术、市场、管理、人才等多个方面,是推动创新创业活动不断向前发展的关键因素。在产品研发过程中,创新需求可以有多个,产品研发人员可以根据实际情况进行选择。[①]

---

① 孔造杰,李斌.基于三维坐标及余弦相似度的创新需求集成与筛选方法[J].运筹与管理,2018,27(11):87-94.

根据有效需求理论，企业创新创业需求可定义为企业根据自身创新活动意愿和资金情况所作出的最优创新投资决策。其中，创新意愿是用来衡量组织或个体对于新事物、新思想以及创新的接受程度。[①]

企业创新创业需求是企业为实现创新创业所要满足的条件或具备的功能。其中，企业是需求的主体，创新是目的，需求是待满足的条件或具备的功能。[②]

创新创业需求的获取是开展设计的第一步，是整个设计过程的前期要点和基石，需求挖掘的充分与否直接关系到后续产品设计展开的全面性及产品的市场生命与价值。[③]

企业创新创业需求是企业创新主观能动性的体现，是区域创新的核心动力源。企业创新需求具有循环累积自强效应，即企业创新需求增加会导致所有创新主体的创新产出（包括企业与其他合作企业的创新产品、高校创新人才和科技成果、科研机构研究成果，乃至政府创新制度和创新基础设施）增加，各类创新主体创新产出的增加又反过来刺激企业产生更多创新创业需求。[④]

1. 技术需求

创新创业往往依赖于新技术、新产品的研发与应用。因此，技术需求是创新创业需求的重要组成部分，包括对新技术的探索、研发、应用以及技术升级等方面的需求。

2. 市场需求

创新创业需要深入了解市场需求，包括消费者需求、行业趋势、市场空白点等。通过满足市场需求，创新创业项目才能获得市场份额，实现商业价值。

3. 管理需求

创新创业项目需要高效的管理团队和先进的管理理念。管理需求包括团队建设、组织架构设计、管理流程优化等方面的内容。良好的管理能够提升项目运营效率，降低运营风险。

4. 人才需求

创新创业需要具有创新思维和创新能力的人才。这些人才不仅要有扎实的专

[①] 周炜，宗佳妮，蔺楠.企业创新需求与政府创新补贴的激励效果［J］.财政研究，2021（6）：104–118.

[②] 尤功胜.基于企业创新需求的政府分类扶持研究［J］.云南科技管理，2011，24（3）：11–14.

[③] 孔造杰，韩瑞云.市场与技术混合驱动集成化创新需求确定方法［J］.计算机集成制造系统，2016，22（2）：482–491.

[④] 李丽.资源依赖对区域创新的挤出效应及传导机制——企业创新需求实证研究［J］.科技进步与对策，2017，34（15）：42–48.

业知识，还要具备敏锐的市场洞察力、团队协作能力和创新能力。因此，人才需求是创新创业需求中不可或缺的一部分。

（二）创新对企业的重要意义

第一，创新是生产过程中内生的。熊彼特表示，尽管投入的资本和劳动力数量的变化，能够导致经济生活的变化，但这并不是唯一的经济变化；还有另一种经济变化，它是不能用从外部加于数据的影响来说明的，而是从体系内部发生的。这种变化是那么多重要经济现象的原因，这种经济变化就是创新。

第二，创新是一种革命性变化。不管把多少数量的驿路马车或邮车连续相加，也绝不能得到一条铁路。恰恰就是这种革命性变化的发生，才是我们要涉及的问题。这就充分强调创新的突发性和间断性的特点，并主张对经济发展进行动态分析研究。

第三，创新同时意味着毁灭。在竞争性的经济生活中，新组合意味着通过竞争对旧组织加以消灭，尽管消灭的方式不同。例如，在完全竞争状态下的创新和毁灭往往发生在两个不同的经济实体之间，随着经济的发展、经济实体的扩大，创新更多地转化为一种经济实体内部的自我更新。

第四，创新必须能够创造出新的价值。熊彼特认为，先有发明，后有创新；发明是新工具或新方法的创造，创新是新工具或新方法的应用。

第五，创新是经济发展的本质规定。熊彼特力图引入创新概念以便从机制上解释经济发展。他认为，可以把经济区分为"增长"与"发展"两种情况。所谓经济增长，如果是由人口和资本的增长所导致的，并不能称为发展。"我们所说的发展，可以定义为执行新的组合。"这就是说，发展是经济循环流转过程的中断，也就是实现了创新，创新是发展的本质规定。

第六，创新的主体是企业家。熊彼特把"新组合"的实现称为"企业"，那么以实现这种"新组合"为职业的人便是"企业家"。因此，企业家的核心职能不是经营或管理，而是看其是否能够执行这种"新组合"。这个核心职能又把真正的企业家活动与其他活动区别开来。每个企业家只有当其实际上实现了某种"新组合"时，才是一个名副其实的企业家。"充当一个企业家并不是一种职业，一般说也不是一种持久的状况，所以企业家并不形成一个从专门意义上讲的社会阶级。"熊彼特对企业家的独特界定，目的在于突出创新的特殊性，说明创新活动的特殊价值。但是，以能否实际实现某种"新组合"作为企业家的内在规定性，过于强调企业家的动态性，这不仅给研究创新主体问题带来困难，而且在实际生活过程中也很难把握。

因此,创新概念的发展对于创新创业企业的兴起有着非常重要的意义,尤其是创新机会的把握和企业家在对资源进行重新组合的过程中所起到的决定作用,企业家通过自己的洞察力、判断力以及协调能力对企业员工施加影响,在企业内形成一种创新的氛围,使之成为流行观念。作为资本主义"灵魂"的"企业家"的职能,就是实现"创新",引进"新组合"。[①]

(三)创新创业企业

创新这一概念提出以来,创新活动在全球范围内获得了广泛的关注和研究,全球化的发展进程也使企业创新活动在社会经济发展中的重要性日渐突出。在工业革命与信息革命过程中,一些企业依靠创新活动取得了惊人的商业成功,人们把这类企业称作创新型企业。一些国家依靠创新取得了显著的经济发展,人们把这类国家称作创新型国家。国家创新体系的研究认为,企业是创新的主体,创新型企业是国家创新体系的重要组成部分,在发起、组织、推广、检验等创新的关键环节起主导作用。我国经济在产业升级和经济转型的推进下由"要素驱动"逐渐向"创新驱动"转变。创新型创业意味着企业家建立商业模式,培育新市场,满足客户当前和潜在的需求,培养客户的诚信和依赖,突破传统商业模式,发展新的市场,通过创新活动为社会进步提供力量。

创新型创业企业不仅受技术驱动,具有较高的技术价值,也可以由创意驱动。在构建创新创业类企业时,不仅应考虑技术价值,还应考虑创意价值。此外,创新型创业企业应当提供或交易创新型商品或服务,打破传统的经营理念,开拓新市场,通过促进市场发展来创造商业机会。这就意味着我国创新创业企业要包含以下三点要素:①创新创业企业是由技术或创意驱动的企业;②这些企业的代表性活动是生产和贸易创新商品和服务,或拥有打破传统的经营理念;③这些企业旨在通过培育市场来创造商机。[②]

二、创新创业需求的分类

目前,"创新创业需求"一词被频繁提及,这一现象从侧面体现了创新创业需求的重要性。消费者和企业产品研发部门的相关人员是创新创业需求的两大主要来源,与前者相关的创新创业需求常被称为市场需求,与后者相关的创新创业需

---

① 张瑞林,李林.熊彼得创新理论与企业家精神培育[J].中国工业评论,2015(11):94-98.
② 陈玉琳.创新创业企业的定义[J].中外企业家,2016(33):1,3.

求则被称为技术需求。[①]

企业创新创业需求是一个系统性概念，依据不同标准，可以划分为不同需求。

（1）以时间为依据，可以分为现实需求和战略需求。其中，战略需求又可以分为中期需求和长期需求。

（2）以成长阶段为依据，可以分为生存需求、发展需求、持续发展需求和消亡需求（如企业申请破产）。

（3）以内容为依据，可以分为管理需求、人才需求、资金需求、技术需求、政策需求、市场需求、信息需求、文化需求、平台需求、资源需求、品牌需求、知识产权需求等。

（4）以主动性程度为依据，可以分为主动需求和被动需求。主动需求是企业为实现持续发展所产生的自觉行为，被动需求往往是由外界压力或环境造成的，如上缴税收、节能降耗等。

企业创新创业的需求种类很多，但这些需求并不是独立存在的，往往是多种需求的有机组合。例如，企业要实现持续发展，就必然要制定相应的战略规划；要实施战略规划，就必然要分析机遇和挑战、优势与不足。整个过程充分体现了企业的主动性。[②]

三、创新创业需求的来源

（一）国家创新的需求

国家需要加强原始创新能力建设，以实现高水平科技自立自强；同时，依托各类创新主体，共同构成国家创新能力体系。此外，国家还需要将科技人才的储备、国民的创业精神以及国家的资本量等要素有效组合，通过资本市场的完善，为创新提供强劲的动力。这些创新需求旨在推动科学技术的跨越式发展，促进产业结构的调整和增长方式的转变，以及建设资源节约型、环境友好型社会，从而不断巩固和发展中国特色社会主义伟大事业。国家创新的需求主要体现在以下四个方面。

1.理论创新

理论创新指推动科学理论的发展，为实践提供指导。理论创新的需求主要包括体系化需求和学理化需求。体系化是理论创新的基础，它要求理论具有系统

[①] 孔造杰，李斌.基于三维坐标及余弦相似度的创新需求集成与筛选方法[J].运筹与管理，2018，27（11）：87-94.

[②] 尤功胜.基于企业创新需求的政府分类扶持研究[J].云南科技管理，2011，24（03）：11-14.

性、完整性和逻辑性。通过构建全面的、综合的、有机贯通的开放理论体系，使理论各组成部分之间形成相互关联、相互支撑的内在统一整体，从而更有效地指导实践。学理化是理论创新的关键，它要求将实践经验和认识上升为学术理论知识，探索事物的本质和发展规律。学理化有助于提升学术原创能力，建构中国自主的知识体系，为理论创新提供科学的立论依据和底层逻辑。体系化与学理化相辅相成、相互促进，共同推动理论创新的发展。通过不断推进理论的体系化和学理化，国家能够更准确地反映客观事物及其规律，为实践提供更有力的指导。这一过程是理论创新的内在要求和重要途径，对于国家的发展具有重要意义。

满足国家理论创新的需求，可以从以下五个方面着手：一是坚守理论创新的"魂脉"与"根脉"。坚持马克思主义的指导地位，同时汲取中华优秀传统文化的智慧，为理论创新提供坚实的思想基础和文化根基。二是推进理论的体系化、学理化。通过厘清理论体系与要素之间的关系，构建严谨的知识结构和逻辑体系；运用科学方法挖掘和提炼理论的立论依据和逻辑，将实践经验上升为理论知识，推动理论创新不断深化。三是立足实践，回应时代需求。理论创新必须紧密结合实践，回应时代提出的重大问题，通过解决现实问题来推动理论的发展和完善。四是加强跨学科研究。鼓励不同学科之间的交叉融合，拓宽理论创新的视野和思路，促进新思想、新观点的产生。五是培养创新人才。加大对创新人才的培养力度，提高科研人员的创新能力和水平，为理论创新提供人才保障。

2.制度创新

国家制度创新是为了完善体制机制，为创新提供良好的制度环境。制度创新主要体现在以下四个方面：一是提升国家创新体系的整体效能。通过构建支持全面创新的体制机制，统筹推进教育、科技、人才等领域的改革，提升国家创新体系的整体效能。二是健全新型举国体制。将健全新型举国体制融入全面创新体制建设中，以国家战略需求为牵引，推动科技创新与产业升级。三是激发社会创新活力。建立多元博弈机制，凝聚社会共识，激励解决方案的创新设计与试验，增加有效制度供给，从而显著提升制度效能，激发全社会的创新活力。四是适应国内外环境的变化。面对全球科技竞争的新态势和国内经济社会发展的新需求，制度创新需不断适应国内外环境的变化，推动国家治理体系和治理能力现代化。

3.科技创新

科技创新是发展新质生产力和实现高质量发展的关键，包括原始创新和颠覆性创新。①强化国家战略科技力量：提升国家创新体系整体效能，发挥国家实验室、科研机构、高校和科技领军企业的作用,共同构成国家创新能力体系。②关键核心技术突破:面对科技瓶颈和短板,奋力追赶,在关键核心技术领域取得突破性成果,如重型燃气轮机等。③推动原始创新与颠覆性创新:加强原始创新能力建设,实现高水平科技自立自强;同时,以颠覆性技术为内核,实现科技创新的快速领先。④加强基础研究与技术转移:加大对基础研究的投入,推动技术转移与应用,加快成果转化。这些需求是推动国家科技创新、实现经济高质量发展的关键所在。通过满足这些需求,国家可以不断提升自身的科技实力和国际竞争力。

4.文化创新

国家文化创新需求包括坚持指导思想与文化根基,以马克思主义为指导,植根中华文明,发展新时代中国特色社会主义文化,增强人民精神力量。聚焦人民群众,文化建设需着眼于人、落脚于人,激发全民族文化创新创造活力,打造反映人民精神力量和情怀风貌的文化产品。加强文化人才队伍建设,培育壮大文化人才队伍,完善文化人才生态,强化制度保障,以满足人民精神文化生活需求。推动传统文化创新性发展。深度挖掘中华传统文化精粹,通过跨界融合创新,拓展文化传播疆界,增强民族文化自信。推进文化体制机制与传播手段创新,解放文化生产力,运用新技术、新媒体推动文化传播,提高文化传播能力。激发全民族创新精神,培养高水平创新人才。

(二)企业发展的需求

企业发展的创新创业需求主要包括以下五点:一是敏锐的市场洞察力。创业者需关注行业动态,把握市场趋势,发掘商业机会,为项目找到准确的市场定位。二是创新的思维方式。不仅限于技术或产品创新,还包括商业模式、管理理念和营销策略的创新,要勇于打破传统。三是知识储备和实践经验。创业者需具备丰富的行业知识、管理技能和人际交往能力,以应对创业过程中的挑战。四是团队协作和领导力。组建高效的专业团队,共同为企业创新发展贡献力量。同时,创业者需具备强大的领导力。五是应对挑战的能力。这些挑战包括资金筹措困难、市场竞争激烈、技术难以突破、管理经验不足、法律法规约束、心理压力较大等。企业创新创业发展的需求是多方面的,需要创业者在市场、知识、团队和应对挑战等方面不断提升和完善自己。

企业要培养创新思维,不断学习新知识,关注行业动态,紧跟时代步伐,勇于尝试新方法,以创新思维引领企业发展。通过发掘创业机会,关注市场需求,了解消费者心理,掌握行业趋势,从问题中寻找解决方案,发掘并抓住创业机会。通过强化团队建设,培养团队协作能力,倾听他人意见,尊重团队多样性,激发团队创造力和凝聚力。通过制定战略规划,明确公司的长期目标和短期业务计划,有计划地推进业务,逐步扩大市场份额。通过持续创新优化,不断推陈出新,优化产品或服务,满足市场变化和客户需求,保持竞争优势。

(三)用户及消费者的要求

创新创业的需求还来自市场用户及消费者的要求,包括对产品的个性化与差异化追求。①消费者追求独特、新颖的产品和服务,以满足其个性化需求,创新创业企业需不断进行研发,推出具有差异性的产品,以吸引客户。②对便捷与高效的追求。在现代快节奏的生活中,消费者希望获得便捷、高效的服务体验,创新创业企业应运用先进技术,提高服务效率和质量。③对产品和企业可持续发展的要求。随着环保意识的增强,消费者开始关注企业的社会责任和可持续发展能力,创新创业企业需研发环保产品,推行绿色生产方式。④对产品成本与价值的对比。消费者期望获得性价比高的产品和服务,创新创业企业需注重成本控制,提供具有竞争力的价格。

第二节 创新创业需求的调查

创新创业需求调查是创业者搜集信息的主要方法,也是判断创业计划书的论证是否有理有据、检查创业计划是否切实可行的主要工具。创新创业需求调查,指调查市场状况、周边环境和消费者需求,通过搜集、整理、分析有关市场营销的数据信息,了解市场现状和发展趋势。通过创新创业需求调查,创业者可以了解与市场相关的客观因素,如环境、政策、法规等方面的信息,以及与市场相关的主观因素,如消费者需求、竞争对手等信息。因此,详尽的创新创业需求调查有助于创业者作出准确的市场定位、更好地市场细分以及企业的营销决策,以减少创业过程中的失误,提高创业成功的可能性。

一、创新创业需求调查的功能与作用

创新创业需求调查可以帮助创业者把握准确信息,对创业项目的可行性进行分析;可以使创业者了解行业咨讯,作出科学的市场定位,并通过科学决策,制订相应的营销计划。

(一)把握准确信息,对创业项目的可行性进行分析

通过创新创业需求调查,创业者对拟提供产品或服务的市场潜在需求量大小、消费者分布集中度、产品或服务吸引目标市场的原因、市场的竞争程度等信息会有一个大致了解,据此可以分析项目的可行性。通过对所需资源丰裕程度以及获取资源难易性的调查,创业者可以对项目运作的可能性作出判断。通过创新创业需求调查,创业者还可以对未来的发展趋势及消费习惯的变化趋势进行预测,以对项目的持续性展开分析,并适当对创业计划作出调整,使创业团队更好地驾驭创业项目。

(二)了解行业咨询,作出科学的市场定位

通过对行业信息的调查,创业者可以对行业的生命周期阶段、行业机会窗大小、行业的竞争情况、行业的进入和退出壁垒等进行分析判断。同时,结合对消费者需求的了解,创业者可以更加明确产品或服务对应的细分市场,尽可能作出科学的市场定位,包括产品或服务的最终选择(产品定位)、拟占领的区域市场(区域定位)、拟服务的特定人群(客户定位)、产品的定价策略(价格定位)等。

(三)进行科学决策,制订相应的营销计划

根据创新创业需求调查了解到的消费者消费或购买习惯、容易接受的沟通方式、愿意支付的购买价格等信息,创业企业可以制订切实可行的营销计划,从最终确定的消费者群体的喜好出发,按照其可以接受的时间和价格,选择其方便的购买方式进行恰当的促销,并通过积极的沟通对客户关系进行管理,与消费者建立一种稳固的、密切的、长期共赢的"客户—公司"关系。

二、创新创业需求调查的内容

为了实现创新创业需求调查的上述目标,就需要对创业环境、竞争对手、消费者需求状况等展开调查。

(一)环境调查

环境调查包括宏观环境调查和行业环境调查两个方面。

1.宏观环境调查

通过PEST调查展开,即对创业项目面临的政治法律环境、经济环境、社会环境和科技环境进行调查。

P,即Politics,政治要素,是对组织经营活动具有实际与潜在影响的政治力量和有关的法律法规等因素。政府管制、专利数量、政府采购规模和政策、税法的

修改、专利法的修改、劳动保护法的修改、公司法和合同法的修改、财政与货币政策等，都会对创业企业未来的经营状况产生重要影响。

E，即Economics，经济要素，是一个国家的经济制度、经济结构、产业布局、资源状况、经济发展水平以及未来的经济走势等。构成经济环境的关键战略要素包括国内生产总值（GDP）的计划增长率、利率水平的波动、财政货币政策的变化趋势、通货膨胀率的高低、失业率、居民可支配收入水平、能源供给成本、市场机制、市场需求等。[①]这些因素不仅是企业经营环境的重要组成部分，而且会直接影响企业未来的经营成本和销售收入，进而影响创业项目的可行性。

S，即Society，社会要素，是组织所在社会中成员的民族特征、文化传统、价值观念、宗教信仰、教育水平、风俗习惯等因素。构成社会环境的要素包括人口规模、年龄结构、种族结构、收入分布、消费结构和水平、人口流动性等。其中，人口规模直接影响着一个国家或地区的市场容量，年龄结构则决定消费品的种类及推广方式。很多传统行业在我国能够实现高速增长，获得风险投资青睐的原因就是我国具有众多人口形成的广大消费市场；日本丰田越野车在西藏自治区占据绝对市场份额的原因，就和其标识形似牛头，广受藏族人民欢迎有关。[②]

T，即Technology，技术要素，不仅包括那些引起革命性变化的发明，还包括与企业生产有关的新技术、新工艺、新材料及其发展趋势和应用前景。在过去的半个世纪里，最显著的变化就发生在技术领域，像微软、惠普、通用电气等高技术公司的崛起，改变了世界和人类的生活方式。基于移动互联网技术的广泛应用，物联网、微创业、网上银行和网上保险等企业开始大量出现，既满足了人们的日常生活需要，也给创业者带来了很多机遇。

2. 行业环境调查

常用的工具是战略家迈克尔·波特（Michael E.Porter）于20世纪80年代提出来的五力模型。新竞争对手的入侵、替代品的威胁、买方议价能力、卖方议价能力以及现存竞争者之间的竞争等因素，是决定企业盈利能力首要的和根本的因素，可以用来分析企业所在行业的竞争特征和产业的吸引力。

这五种作用力综合起来会影响价格、成本、投资收益等因素，从而决定了某产业中的企业获取超出资本成本的平均投资收益率的能力。例如，卖方的议价能力会影响原材料成本和其他投入成本；竞争的强度会影响价格和竞争成本；新竞

[①②] 于婷，粤港澳大湾区背景下的产业园区开发策略研究［D］沈阳：沈阳建筑大学，2021.

争者的进入会限制价格，并要求企业为防御入侵而进行投资。

（二）竞争对手调查

通过上述环境调查后，创业团队应该能够在对信息进行分析的基础上，明晰企业的定位，进而根据企业定位确定竞争对手的类型，展开对竞争对手的调查。对竞争对手的调查从寻找、分析竞争对手开始，创业团队首先要能够判断出企业的直接或潜在的竞争对手。一般来说，直接竞争者是提供类似产品的企业，这类竞争者相当重要，因为它们与企业争夺同一个顾客群。间接竞争者是提供创业企业产品替代品的企业，其产品与创业企业的产品一样可以满足消费者的一些基本需求。另外，创业团队还要针对创业企业经营范围的变化情况，将未来可能的竞争者也列入调查分析的范围。

识别出所有的直接或间接竞争者一般很难做到，但是通过列举一些自己能够意识到的竞争者类别，对其经营状况进行分析，将有助于创业者对竞争的范围和强度作出基本估计。通过对主要竞争者的战略和行为进行对比分析，创业者可以了解自身关键领域与竞争对手相比的优劣势所在，明确其存在竞争优势的领域，并及时调整劣势领域，尽可能降低未来的经营风险。

对竞争对手的信息进行例行、细致、公开的收集，是非常重要的基础工作。竞争信息的主要来源包括以下13个部分：①年度报告；②竞争产品的文献资料；③内部报纸和杂志；④竞争对手的历史；⑤广告；⑥行业出版物；⑦公司管理层的论文和演讲；⑧销售人员的报告；⑨顾客；⑩供应商；⑪专家意见；⑫证券经纪人报告；⑬雇用的高级顾问。

（三）消费者需求调查

经营是"消费者需求洞察"，销售是"消费者心理探寻及满足"，消费者需求的调查和分析是企业经营成败的焦点和核心之一。

消费者需求是消费者为满足个人和家庭生活的需要，购买产品和服务的欲望和要求。创业之前，创业团队应该对消费者需求的特征以及影响消费者消费行为的关键因素等进行调查。

通过问卷、访谈、座谈、讨论、观察等调查形式和手段，创业团队可以对目标消费者（包括个体和组织）进行全面研究，挖掘出消费者的潜在需求，对不同群体消费者对某一类产品（或场所）的消费心理、消费行为、消费需求、消费动机、消费决策过程以及信息获取渠道等进行分析，帮助企业正确进行产品定位和目标市场定位，减少企业在产品选择和市场选择上的失误，并在充分调查研究的基础上，进一步评估潜在市场的吸引力和企业在该市场的竞争力，制订相应的营销策略。

例如，杭州"狗不理"包子店不受欢迎的原因，就与事先对消费者需求的调查不充分有关。首先，"狗不理"包子的馅比较油腻，不符合喜爱清淡食物的杭州市民的口味。其次，"狗不理"包子的产品特点不符合杭州人的生活习惯。杭州市民将包子作为便捷快餐，往往边走边吃。"狗不理"包子具有薄皮、水馅、容易流汁的特点，不能拿在手里吃，只能坐下来用筷子慢慢享用。再次，"狗不理"包子馅多半是葱、蒜一类的辛辣刺激物，这与杭州这座南方城市的传统口味相悖。

三、创新创业需求调查的类型

根据创新创业需求调查的目的不同，创新创业需求调查可以分为探测性调查、描述性调查、因果性调查和预测性调查4类。

（一）探测性调查

当创业者对将要从事的行业、领域不熟悉时，可通过探测性调查来了解这个行业或领域，为进一步调查做准备。探测性调查通常是一种非正式的，在利用二手资料的基础上进行的小范围调查，往往是正式调查开始之前的初步调查，帮助创业者认识其所要从事的领域。

（二）描述性调查

这是一种对客观情况进行如实描述的调查。描述性调查注重对实际资料的记录，因此多采用询问法和观察法。

（三）因果调查

主要回答为什么，通常是在收集、整理资料的基础上，通过逻辑推理和统计分析，找出不同事实之间的因果关系或函数关系。因此，因果调查最理想的方法是采用实验法收集数据，再运用统计方法或其他数学模型进行分析，这样得出的结果最为可靠。

（四）预测性调查

这种调查方法在收集历史和当下数据的基础上，对事物未来发展趋势作出预测。

四、创新创业需求调查的方法

如上所述，观察（实地观测）法、问卷调查、抽样调查、访问调查、座谈讨论、比较法、提问法、实验法等都是常用的市场调查方法。

（一）观察法

观察法是获取创新创业需求的常用渠道，也是创业者获得直接经验的主要方法，这种方法比对现成信息资料的解读或汇总更为鲜活、有效。例如，要开一家糕点房，就要先观察既有店铺的运作、装潢、环境、客流、客户等情况。以北京的稻香村为例，通过调查可以发现，在繁华的商业街区很少能看到稻香村食品的连锁店，而在一些客流量大的车站及停车场附近、大型社区周边，稻香村的连锁店常常会映入我们的眼帘；此外，进出稻香村的以老年人居多。于是，我们得出稻香村的客户群是社区居民，尤其是中老年人的结论。再查询稻香村的企业文化会发现，稻香村"以传统中华美食为载体，力求将中国传统文化传播到世界各地；它专注于美食制作，崇尚健康理念"。于是，稻香村的选址思路就比较容易理解了。如果我们要做传统的、健康的食品，可以仿照稻香村的做法；如果我们要做主打甜点或者西式休闲食品的糕点房，顾客则应该以年轻人为主，尤其是年轻的女性，选址最好在繁华的商业地段。

创业者也可以通过对展销会、说明会现场，或者生产、包装现场的实地观察和记录来调研取证，以收集所需信息。观察的对象可以是人的行为（消费者、生产者、管理者、组织者等），也可以是商品、展台、车间等客观事物；观察的侧重点以所需信息为准；观察的过程一般是边看边记，最后整理分析，得出结论。为了将现场尽收眼底，观察者往往会借助现代技术，比如摄像机、照相机来记录现场状况。

为了尽量避免调查偏差，在采用观察法收集资料时，应当注意以下5点。

（1）进行观察时，努力做到不带任何看法或偏见。

（2）选择具有代表性的观察对象和合适的观察时间与地点，尽量避免只观察到表面现象。

（3）在观察过程中，随时记录，记录内容尽量翔实。

（4）除在实验室等特定的环境下借助各种仪器进行观察外，尽量使观察环境保持自然平常的状态，同时注意保护被观察者的隐私。

（5）在实际观察中，经常与提问法相结合，以提高信息的可靠性和准确度。

（二）问卷调查法

问卷调查法是创新创业需求调查最普遍采用的方法之一，在采用该方法时应遵循一定的原则，通过设计高质量的调查问卷，更好地实现调查目的。

1. 问卷调查的种类

按照问卷的媒介，问卷调查法分为信函问卷调查、传真问卷调查、网络问卷调查、报刊问卷调查和实地问卷调查五种常见类型。

信函问卷调查是将问卷寄给被访者，被访者按照设计的题目作答完毕之后再将问卷寄回。这种问卷方式以其郑重、高标准的设计引发被调查者的兴趣，因而其回收率高，所获信息的精准度也高。传真问卷调查和信函问卷调查近似，只不过它采取传真机这种现代化的工具，比信函问卷调查快速，又比电话调查省力。网络问卷法指利用电子邮箱或设计好的平台来收集信息的方法。这种调查方法及时迅捷，但受被调查者文化水平、经济条件、生活习惯、认知能力等方面的制约。报刊问卷是利用报纸杂志等刊物的某一页作为载体，刊登问卷的内容，以期读者回应的一种问卷调查方法，受众面狭窄、回应率低是其明显的缺点。实地问卷调查法指调查者在商场、餐饮游乐场等人流量大且集中的路段或其他公共场所随机选择过往行人，就地进行问卷调查。这对于目标市场比较明晰的创业项目比较适合，但行人对此配合的总体程度和配合后的认真程度并不高。调查者应根据调查主题、目的、对象及时间要求的不同，选择不同的问卷调查方法。

2. 调查问卷的设计原则

决定市场调查质量的关键是市场调查问卷的设计质量，因此，调查问卷的设计应遵循可信原则、有效原则和数量适度原则。

（1）可信原则：指调查问卷的设计能够使调查对象讲真话，而不会对调查对象产生误导，能够对调查对象的心理活动进行了解并得到可靠反映的原则。

（2）有效原则：指通过对调查问卷的使用，得到的信息资料能够对创业者的市场营销决策和其他研究问题有用的原则。

（3）数量适度原则：指调查问卷的发放、回收对于创业问题的解决与调查成本相适宜，调查问卷中的题目数量应适度的原则。

3. 设计调查问卷的注意事项

为使调查问卷回收的资料更好地满足调查目的，在设计调查问卷时，除遵循设计原则外，还应该注意以下事项。

（1）调查问卷通常要有引言，说明调查的目的，争取被调查者的配合。

（2）调查问卷应根据所要调查的内容设计问题，一般由浅入深，多以选择题的形式来体现；要注意答案的全面性，而且要能反映出被访者的真实想法，否则将会导致调查结果失真。

（3）调查问卷要注意保护被访者的隐私，比如工作、收入、家庭、联系方式、地址等。如果需要收集隐私信息，应放在问卷的最后。在前面填写的过程中与被访者建立了信任关系后，被访者才有可能把个人隐私的内容留下，一定要注意保护被访者的信息安全。

（三）抽样调查法

抽样调查法是从全部单位中抽取部分样本进行考察和分析，通过部分去推断整体的一种调查方法。

抽样调查法具体可分为两种：概率抽样法和非概率抽样法。习惯上将概率抽样调查法称为抽样调查。概率抽样，即按照概率论和数理统计原理从调查对象中随机抽取样本，通过样本数量关系来对总体特征作出估计和判断。当调查对象本身无法从总体入手而只能以部分代替时，比如连续生产产品的质量需要被检测、使用寿命需要被测定，利用抽样调查可以减少工作量，提高调查效率。采用这种方法时，为了将误差降到最低，可以多做几次抽样。

（四）访问调查法

访问调查法可以分为人员访问和电话访问两种。

人员访问是调查者通过与被调查者面对面交谈来获取市场信息的一种调查方法。调查者既可以按既定提纲询问，也可以和被调查者进行自由交谈；既可以在街头进行随机访问，也可以入户访问。这种调查方法具有很强的现场感，方便调查员和被访者当面交流，调查员可以有效控制时间，知晓被访者的态度，能极大地提高所获资料和信息的准确性和真实性。但是，人员访问的调查成本高、周期长、拒访率也高，这就要求访问人员具有一定的访问技巧，对简单问题简单作答，对复杂现象则要灵活委婉、逐层深入。

电话访问受调查者青睐的原因是方便、快捷，节省人力、物力，覆盖面广，但访问费用较高，且不如面对面交流直接、深入。

（五）座谈讨论法

座谈讨论法也叫焦点小组法，是从目标市场中抽取一群人，一般以6~10人为宜，来探讨相关话题的一种调查方式。与问卷调查相比，小组座谈是了解消费者内心想法最有效的工具。因此，在调研产品概念、顾客满意度、用户购买行为等方面的应用率极高。

采用这种方法时，座谈的主持人最好是专业的调研人员。在座谈过程中，主持人一方面提出话题，引导人们讨论；另一方面控制座谈节奏，调节座谈气氛，激发受访者的积极性和想象力，从而获取信息。为提高讨论效果，通常情况下，组织者要提前进行宣传，通过许诺好处、赠送礼品等方式吸引被调查者。

（六）比较法

常言道，有比较才有鉴别。信息搜集中的比较实际上是一种取巧的方法，即参照同行业中的其他创业者的创业计划书，试着分析他们创业计划的可行性，从中总结经验，结合自身需要，获取有利的信息。

（七）提问法

提问法实际上是设问法，即创业者先质疑自己发现的创业机会或创意，提出相关疑惑或问题，然后带着问题搜集信息，以信息搜集的结果来论证创业机会和创业计划的可行性。

我们仍以开糕点房为例，在萌生了开糕点房的想法后，创业者可以试着质疑自己的创意，提出如下问题。

（1）目前全国市场上的糕点房有哪些主营种类和口味？

（2）在自己所在的城市，竞争对手有哪些共同的优势和不足？

（3）自己想加盟还是独创品牌？

（4）如果走品牌独创路线，潜在市场有多大？

（5）所在城市居民的大众口味如何？

（6）如果选址在社区，该社区的居住主体年龄、身份、学历等基本情况适合什么口味的糕点？客流量大不大？

接下来，就要带着这些疑问去查找资料或进行现场调查。与这些问题相关的信息，或者在网络、图书馆、传统媒体中，或者在一对一的交流中，又或者在问卷里。信息搜集的过程同样是去伪存真、去粗取精的过程。只要你是一个有心的创业者，你的努力就会有回报，这些调查工作能帮助你从容地创业。

（八）实验法

实验法是实验先行、实验可行后再大规模推广的一种创新创业需求调查方法。在所有的市场调查方法中，实验法是最科学，也最具科技含量的。它要求先设定一个实验环境，预设各种影响因素或条件，通过实验对比，对市场需求、市场环境或营销过程中的某些变量之间的关系及其变化进行理性分析。

五、创新创业需求调查的步骤

典型的创新创业需求调查一般可以分为三个阶段：调查准备阶段、正式调查阶段和结果处理阶段，这三个阶段又可以进一步分为五小步。

（一）调查准备阶段

调查准备阶段应明确调查的主题，以及通过调查想了解的主要问题。创业者总会面临这样那样的问题，但一项调研的目标不能漫无边际。相反，只有将每次调研所要解决的问题限定在一个确切的范围内，才便于有效制订计划和实施调研。

（二）正式调查阶段

正式调查阶段有两项工作：一是制订调查计划，二是组织实施计划。

（1）制订市场调查计划。市场调查计划应确定所需要的信息种类，明确信息来源，选择恰当的调查方法，确定抽样计划和调查工具。

（2）组织实施计划。该环节包括根据调查任务和调查规模组建调查小组或外请专业调查公司，培训调查人员，准备调查工具，实地展开调查等。

（三）调查结果的处理

这一阶段包括分析调查资料和撰写调查报告两个环节。

（1）分析调查资料。在分析调查资料的过程中，应检查资料是否齐全；对资料进行编辑加工，去粗取精，找出误差，剔除前后矛盾之处；对资料进行分类、制图、列表，以便归档、查找、使用；运用统计模型和其他数学模型对数据进行处理，以充分地从现有数据中挖掘出可靠的结果，并在看似无关的信息之间建立内在联系。

（2）撰写调查报告。调查报告应包括以下内容：引言，说明调查的目的、对象、范围、方法、时间、地点等；摘要，简明概括整个调查的结论和建议，这也许是决策者有时间读的唯一一部分内容；正文，详细说明市场调查目标、调查过程、结论和建议；附件，包括样本分配、数据图表、问卷附件、访问记录、参考资料等。

第三节 创新创业需求的定位

一、创新创业需求的识别

（一）创新机会的概念

创新机会主要指具有较强吸引力的、较为持久的、有利于创新的商业机会，创新者据此可以为客户提供有价值的产品或服务，同时使自身获益。创新机会是一个企业不断发展壮大的力量源泉。创新机会的价值不在于其本身内容的新奇，而在于其在市场中的成功与否。[①]创新机会识别指创新个体通过信息收集，对有利于创新的具体机会作出评价与决策的过程。创新机会识别是企业成长的关键，也是组织绩效的重要来源。[②]

（二）创新机会的来源

在变幻莫测的市场上，创新机会有很多，根据现代管理学之父彼得·德鲁克所著的《创新与企业家精神》一书，我们将创新机会的来源分为内部来源和外部来源两大类。

（1）内部来源：一是意料之外的事件，包括意外的成功、失败、不协调的事件。例如，现实状况与推测的状况不一致，某件事明明从逻辑上、道理上应该可行，但实际结果就是不行，这时候就可能产生创新，这是最容易利用、成本最低的创新机会。二是基于程序需要的创新，也就是寻找现有流程中的薄弱环节进行创新。三是认知的变化等。

（2）外部来源：一是产业结构和市场结构的变化。行业和市场的变化，往往会带来创新的机会。二是人口结构的变化，人口数量、年龄结构、性别组合、就业情况、受教育状况、收入情况等方面的变化，都会带来新的机会。例如，国内外出现的老龄化现象就会带来很多创新机会。三是新知识的出现，在所有创新来源中，这个创新机会的可利用时间最长，因为新知识的出现往往会影响很多因素。

（三）影响创新机会识别的因素

1.文化差异

基于社会网络视角，研究文化差异对创新社会识别能力的影响，得出以下结论。第一，在集体主义文化环境下，信任在"网络结构特征—信任—信息—创新机会识别"链条中处于串联关系的一环。从系统的角度来看，这个系统的耦合性很高，也更加脆弱，任何一个环节出现问题，都将对创新能力形成阻碍。第二，在个人主义文化环境下，信任与网络结构特征对信息的影响是并行的，信任的建立不依赖于社会网络结构，信任对创新机会识别起到促进作用但非必要条件。从系统的角度来看，此系统更加稳定。第三，在集体主义文化环境下，强联结与桥接联结对创新能力的影响是互相替代的，弱联结与桥接联结对创新能力的影响是互补的。第

---

① 胡洁, 郭全中. 创新机会与市场策略的选择［J］. 兰州学刊, 2005（3）: 111-112.
② 于东平, 王敬菲, 陶文星. 管理者创造力与组织绩效: 创新机会识别的中介作用和积极情绪的调节作用［J］. 科技进步与对策, 2021, 38（19）: 11-18.

四,在个人主义文化环境下,强联结与桥接联结对创新能力的影响是互补的,弱联结与桥接联结对创新能力的影响是互相替代的。第五,在集体主义文化环境下,社会网络对创新机会识别有决定性作用,由于没有嵌入网络,无法建立信任,从而不可能进行机会识别。第六,在个人主义文化环境下,社会网络对创新机会识别有影响,但不是决定性作用。这是因为信任关系与网络结构特征没有联系,而与教育、宗教信仰、职业等因素有关。因此,整个社会创新的可能性更大。[①]

2.企业高管团队特征和企业类别

对高管团队特征、创新机会识别与高科技企业成长三者之间的关系进行研究后发现,高管任期较长和学历较高、技术创新投入充足的企业,有利于作出符合企业价值观的决策,激发研发人员的创造性,保持企业的创新活力,提高企业对创新性市场机会、技术机会的识别能力,从而促进高科技企业成长。反之,则会造成消极影响,阻碍企业成长。

二、创新创业需求的分析

市场需求指一定的顾客在一定的地区、一定的时间、一定的市场营销环境和一定的市场营销计划下,对某种商品或服务愿意而且能够购买的数量。可见,市场需求是消费者需求的总和,是需求侧管理和改革的重要课题。

由于市场需求是从个人需求推导出来的,所以,市场需求量取决于决定个别买者需求量的因素。因此,市场需求量不仅取决于一种物品的价格,而且取决于买者的收入、喜好、预期以及相关物品的价格。同时,它也取决于买者的人数。

(一)市场

市场(Market)是各方参与交换的多种系统、机构、程序、法律强化和基础设施之一。尽管各方可以通过易货交换的方式交换货物和服务,但大多数市场依赖卖方提供货物或服务(包括劳动力)来换取买方的钱。可以说,市场是商品和服务价格形成的过程。市场促进贸易并促成社会中的资源分配。市场允许对任何可交易项目进行评估和定价。市场或多或少地自发出现,或者可以通过人际互动刻意构建,以便交换服务和商品的权利(比如所有权)。市场通常取代礼品经济,通过规则和习俗进行竞争性定价。

市场可能因所销售的产品(货物、服务)或因素(劳动力和资本),产品差异

---

① 杨军敏,段明明,徐波.文化差异对创新机会识别能力的影响——基于社会网络视角[J].科技进步与对策,2014(19):6-9.

化,市场的地理边界可能差异很大,比如单一建筑中的食品市场,当地城市的房地产市场,整个国家的消费市场等。市场也可以是全球性的,如全球钻石贸易市场。国家经济也可以分为发达市场或发展中市场。

市场泛指商品交换的领域,如国际市场、国内市场、农村市场等。

1.市场的特点

市场是社会分工和商品生产的产物,哪里有社会分工和商品交换,哪里就有市场。

决定市场规模和容量的三要素是购买者、购买力和购买欲望。

市场在发育和壮大的过程中,也推动着社会分工和商品经济的进一步发展。市场通过信息反馈,直接影响着人们生产什么、生产多少,以及产品上市时间、产品销售状况等。市场联结商品经济发展过程中产、供、销各方,为产、供、销各方提供交换场所、交换时间和其他交换条件,以此实现商品生产者、经营者和消费者各自的经济利益。

(1)自发性。在市场经济中,商品生产者和经营者的经济活动都是在价值规律的自发调节下追求自身的利益,实际上就是根据价格的涨落决定自己的生产和经营活动。因此,价值规律的第一个作用,即自发调节生产资料和劳动在各部门的分配,对资源合理配置起积极的促进作用。同时,一些个人或企业由于对自身利益的过分追求,会产生不正当的行为,比如生产和销售伪劣产品、欺行霸市、扰乱市场秩序、一切向钱看、不讲职业道德等。价值规律的自发调节还容易引起社会各阶层的两极分化,由此产生的矛盾将不利于经济和社会的健康发展。

(2)盲目性。在市场经济条件下,经济活动的参与者分散在各自的领域中从事经营活动,单个生产者和经营者不可能掌握社会各方面的信息,也无法控制经济变化的趋势。因此,他们进行经营决策时,仅依靠片面的市场观察,什么产品价格高、有利可图,就生产、经营什么产品,这显然有一定的盲目性。这种盲目性往往会使社会处于无政府状态,必然会造成经济波动和资源浪费。

(3)滞后性。在市场经济中,市场调节是一种事后调节,即经济活动参与者在某种商品供求不平衡导致价格上涨或下跌后,才作出扩大或减少这种商品供给的决定。因此,从供求不平衡、价格变化、作出决定,到实现供求平衡,必然需要一个长短不同的过程,有一定的时间差。也就是说,市场虽有及时、灵敏的特点,但它不能反映出供需的长期趋势。当人们为追求市场上的高价而生产某一产品时,该商品的社会需求可能已经达到饱和点,而商品生产者却还在继续大量生产,直到滞销引起价格下跌后,才恍然大悟。

2.市场的分类

（1）按购买者的购买目的和身份来划分。

消费者市场，指为满足个人消费而购买产品和服务的个人和家庭所构成的市场。在整个市场结构中，消费者市场占重要地位。它的发展，直接或间接地影响着工业品市场的发展及整个社会经济的发展。影响消费品市场的主要因素是消费品需求。消费品需求受人口的数量和构成影响，也受消费品的数量、质量、花色和品种影响，但最主要的影响因素是人们的购买力。它与人们的收入水平直接相关，同时受收入分配结果的制约。

成功的市场营销者是那些能够有效地开发对消费者有价值的产品，并运用富有吸引力和说服力的方法将产品有效地呈现给消费者的企业和个人。因而，研究影响消费者购买行为的主要因素及其购买决策过程，对于开展有效的市场营销活动至关重要。

生产商市场，又称产业市场或工业市场，是由那些购买货物和劳务，并用来生产其他货物和劳务，以出售、出租给其他个人或组织构成的。它具有购买者数量较少、规模较大，生产者市场的需求波动性较大，生产者市场的需求一般都缺乏弹性等特点。它对于国民经济的发展具有重要的作用。

一般认为，产业市场主要由以下产业组成：农业、林业、渔业、采矿业、制造业、建筑业、运输业、通信业、公用事业、银行业、金融业、保险业、服务业等。与向最终消费者销售产品相比，对产业用户的销售要涉及更多的资金流动和商品项目。例如，就服装的生产与销售来说，首先需要农民将生产的棉花卖给纺织厂，纺织厂将生产的坯布卖给印染厂，印染企业将加工过的布再卖给服装生产商，生产的服装又需依次经过批发商、零售商等，最终才到达消费者手中。生产和销售链条上的每一个环节，都需要购买许多商品和服务，这就说明生产者的购买要远多于消费者的购买。

转卖者市场，又称中间商市场，指那些通过购买商品和劳务以转售或出租给他人获取利润为目的的个人和组织。转卖者提供的是时间效用、地点效用和占有效用。转卖者市场由各种批发商和零售商组成。转卖者在市场上购买货物，主要是用来转卖，以取得利润。此外，转卖者在市场上还购买一些货物和劳务，用来进行经营管理。

政府市场，指各级政府为了开展日常政务活动或为公众提供服务，在财政的监督下，以法定的方式、方法和程序，通过公开招标、公平竞争，由财政部门直接向供应商付款的方式，从国内市场为政府部门购买货物、工程、劳务的行为。

政府采购市场，指因政府消费而形成的一个特殊市场，是我国国内市场的一个重要组成部分。政府采购市场的规模为政府财政支出中政府消费和政府投资的总和，通常占一个国家或地区年度生产总值的10%以上，发展中国家的规模还要大一些，一般为20%~30%。政府采购市场不同于民间市场，有特定的采购主体，采购资金为政府财政性资金，采购的目的是为履行政府管理职能提供消费品，或为社会提供公共品，没有营利动机，不具有商业性。在这个市场里，采购资金主要来自国家预算资金（纳税人缴纳的税金），按照财政收入取之于民、用之于民的原则，政府采购活动必须公开、公正、公平地开展，将政府采购形成的商业机会公平地给予每一个纳税人（包括供应商），不得采取歧视性措施，剥夺他们应有的权利。

（2）按照企业的角色来划分。

购买市场，指企业在市场上是购买者，购买其需要的产品。

销售市场，指企业在市场上是销售者，出售自己的产品。

（3）按产品或服务供给方的状况来划分。

完全竞争市场，又称纯粹竞争市场或自由竞争市场，指一个行业中有非常多的生产销售企业，它们都以同样的方式向市场提供同类的、标准化的产品（如粮食、棉花等农产品）的市场。卖者和买者均不能控制商品或劳务的价格。在这种竞争环境中，买卖双方对价格都无影响力，只能是价格的接受者，企业的任何提价或降价行为都会招致对本企业产品需求的骤减或利润的不必要流失。因此，产品价格只能随供求关系而定。

完全垄断市场，指在市场上只存在一个供给者和众多需求者的市场结构。完全垄断市场的假设条件有三个：第一，市场上只有唯一一个厂商生产和销售商品；第二，该厂商生产的商品没有任何相近的替代品；第三，其他厂商进入该行业都极为困难或不可能，所以垄断厂商可以控制和操纵市场价格。

垄断竞争市场，指许多厂商生产相近，但不同质量的商品市场，是介于完全竞争和完全垄断两个极端市场结构的中间状态。垄断竞争市场理论是20世纪30年代由美国经济学家张伯伦和英国经济学家罗宾逊提出的具有垄断竞争市场现象的一类结构模型。

寡头垄断市场是介于完全垄断和垄断竞争之间的一种市场模式，指某种产品的绝大部分由少数几家大企业控制的市场。每个大企业在相应的市场中都占有相当大的份额，对市场的影响举足轻重。例如，美国的钢铁、汽车，日本的家用电器等规模庞大的行业。在这种市场条件下，商品市场价格不是由市场供求决定的，而是由几家大企业通过协议或默契形成的。这种联盟价格形成后，一般在相当长的时间内不会变动。这是因为，若某一家厂商单独降低了价格，会引起竞争企业竞相降价的报复，结果只能是两败俱伤，大家的收入都会降低；如果提高价格，则意味着降低市场占有率，也得不偿失。

垄断竞争市场与寡头垄断市场共同被称为不完全竞争市场，后者更靠近完全垄断市场，前者则更靠近完全竞争市场，因为企业在其中的进入和退出不受限制。

（二）市场需求

需求，指一定时间内和一定价格条件下，消费者对某种商品或服务愿意而且能够购买的数量。必须注意，需求与通常的需要是不同的。市场需求的构成要素有两个：一是消费者愿意购买，即有购买的欲望；二是消费者能够购买，即有支付能力，两者缺一不可。

1.市场需求的类型

市场需求是开展市场营销各项工作的根本。如果不能正确分析、把握市场需求，则会使市场营销工作迷失方向。根据需求水平、时间和性质的不同，可归纳出八种不同的需求状况。

（1）负需求。绝大多数人对某个产品感到厌恶，甚至愿意出钱回避它的一种需求状况。在负需求情况下，应分析市场为什么不喜欢这种产品，是否可以通过产品重新设计、降低价格等积极营销方案，来改变市场的信念和态度，将负需求转变为正需求。

（2）无需求。目标市场对产品毫无兴趣或漠不关心的一种需求状况。通常，市场对以下产品无需求：①人们一般认为对个人无价值的东西；②人们一般认为有价值，但在特定的市场中无价值的东西；③新产品或人们不熟悉的物品等。无需求时应刺激市场营销，即通过大力促销及其他市场营销措施，努力将产品所能提供的利益与人的自然需要和兴趣结合起来。

（3）潜伏需求。相当一部分消费者对某物有强烈的需求，而现有产品或服务又无法满足其需求的一种需求状况。在潜伏需求状况下，主要工作是开发市场营销，即开展市场营销研究和潜在的市场范围测量，进而开发有效的物品和服务来满足这些需求，将潜伏需求变为现实需求。

（4）下降需求。市场对一个产品或几个产品的需求呈下降趋势的一种需求状况。一般情况下，需求天生就存在向下倾斜的规律。当一种物品的价格上升时（其他条件不变），人们的需求量就会减少。换句话说，如果一种物品投入市场的数量较多，在其他条件相同的情况下，它就只能以较低的价格出售。

需求向下规律之所以正确,第一个重要原因是较低的价格会带来新的购买者。第二个原因是,每一次价格的降低,可以诱使该物品的每一位购买者购买更多的数量。换句话说,价格的上升会使我们购买较少的数量。同时,当价格上升时,我们会觉得自己实际上比过去贫穷了一些,从而减少对大多数一般物品的消费。

在需求下降状况下的主要工作为重振市场营销,即分析衰退的原因,进而开拓新的目标市场,改进产品特点和外观,或采用更有效的沟通手段来重新刺激市场需求,使老产品开始新的生命周期,并通过创造性地产品再营销来扭转需求下降的趋势。

(5)不规则需求。某些物品或服务的市场需求在一年的不同季节,或一周的不同日子,甚至一天的不同时间上下波动很大。在不规则需求的情况下,工作的重点是协调市场营销,即通过灵活的定价、大力促销及其他刺激手段来改变需求的时间模式,使物品或服务的市场供给与需求在时间上协调一致。

(6)充分需求。某个物品或服务的目前需求水平和时间等于预期的需求水平和时间的一种需求状况。这是企业最理想的一种需求状况。但是,在动态市场上,消费者偏好会不断发生变化,竞争也会日益激烈。因此,在充分需求的状况下,应做好维持市场营销工作,即努力保持产品质量,经常测量消费者满意程度,通过降低成本来保持合理的价格,并激励推销人员和经销商大力推销,千方百计地维持目前的需求水平。

(7)过量需求。市场需求超过了企业所能供给或所愿供给的水平的一种需求状况。在过量需求情况下,应降低市场营销,即通过提高价格、合理分销产品、减少服务和促销等措施,暂时或永久地降低市场需求水平,或是设法降低来自盈利较少或服务需要不大的市场的需求水平。需要强调的是,降低市场营销并不是杜绝需求,而是降低需求水平。

(8)有害需求。市场对某些有害物品或服务的需求。对于有害需求的情况,应做好反市场营销工作,即劝说喜欢有害产品或服务的消费者放弃这种爱好和需求,大力宣传有害产品或服务的严重危害性,大幅度提高价格,停止生产供应等。

降低市场营销和反市场营销的区别在于,前者是采取措施减少需求,后者是采取措施消除需求。

以上八种需求,均在需求侧的管理甚至改革之列。例如,对于负需求,应该将其转变为正需求;对于有害需求,应当采取措施消除这种需求;对于不规则需求,工作的重点是协调市场营销,即通过灵活的定价、大力促销及其他刺激手段来改变需求的时间模式,使物品或服务的市场供给与需求在时间上协调一致。

2.影响市场需求的主要因素

(1)消费者偏好。在市场上,即使收入相同的消费者,由于每个人的性格和爱好不同,人们对商品与服务的需求也不同。消费者的偏好支配着他在使用价值相同或相近的商品之间的消费选择。但是,人们的消费偏好不是固定不变的,而是在一系列因素的作用下慢慢变化的。

(2)个人收入。一般指一个社会的人均收入。收入的增减是影响需求的重要因素。一般来说,消费者收入增加将引起需求增加,反之亦然。但是,对某些产品来说,需求是随着收入的增加而下降的。随着经济的迅速增长,消费者的收入水平将不断提高,在供给不变或供给增长率低于收入增长率的情况下,一方面使市场价格缓缓上升,另一方面也将引起商品需求量的增加。

(3)产品价格。这指某种产品的自身价格。价格是影响需求的最重要因素。一般来说,价格和需求之间呈反方向变化。

(4)替代品的价格。所谓替代品,指使用价值相近,可以相互替代来满足人民同一需要的商品,如煤气和电力、石油和煤炭、公共交通和私人小汽车等。一般来说,在相互替代的商品之间,某一种商品价格提高,消费者就会把需求转向其替代品,从而使替代品的需求增加,被替代品的需求减少,反之亦然。

(5)互补品的价格。所谓互补品,指使用价值上必须相互补充才能满足人们某种需要的商品,如汽车和汽油、家用电器和电等。在互补商品之间,其中一种商品的价格上升、需求量降低,会使另一种商品的需求量随之降低。

(6)预期。预期是人们对于某一经济活动未来的预测和判断。如果消费者预期价格要上涨,就会刺激人们提前购买;如果预期价格将下跌,许多消费者就会推迟购买。

(7)其他因素。例如,商品的品种、质量、广告宣传、地理位置、季节、国家政策等。其中,影响需求最关键的因素还是该商品本身的价格。

3.创新创业需求的规律

在一般情况下,需求和价格呈反方向变化,即商品价格提高,消费者对它的购买量就会减少,反之亦然。价格与需求量之间这种反向变动的关系,就叫作需求规律。之所以出现需求规律,是因为价格的变化具有两种效应。

(1)收入效应。任何商品价格的下降都等同于实际收入的提高,消费者用同样的金钱可以买到更多的这种商品。随着某种商品价格的下降,其购买量就会上升。

(2)替代效应。在两种商品的组合中,当其中一种商品的价格下降时,消费者会增加对这种商品的购买而减少对另一种商品的购买,这使某种商品价格的下降导致对其需求的增加。

收入效应和替代效应的共同作用使需求和价格呈反方向变化。

4. 创新创业需求的风险性

（1）创新创业市场接受能力的不确定。由于风险企业的产品往往是新产品或原有产品的差异化产品，用户对它们有一个接受和认可的过程，在相当长的时间内可能持观望或不接受的态度。

（2）创新创业市场时间的不确定性。从创新创业需求的角度来看，从新产品的推出到被市场接受有一定的时滞，时滞越长，风险越大。在时滞期间，一方面，企业为新产品的开发已经投入了大量资金，时滞使资金的回收和周转受到影响；另一方面，其他竞争者可能在这段时间内推出功能相似或更有优势的竞争产品，导致项目失败。

（3）新产品扩散速度的不确定性，表现为市场占有速度的极大不确定性。

（4）消费者消费偏好的不确定性。随着经济的发展，消费者的需求越来越明显地呈现出同质化和多样化的趋势，表现为垂直性差异和水平性差异。垂直性差异由消费者的经济收入水平决定，一旦收入水平上升，则其需求偏好必然趋向更高层次。水平性差异主要与个体的文化、观念有关，与收入水平无直接关系，主要表现在产品的款式、颜色等偏好上。随着全球经济的发展，人们在需求的垂直性差异方面越来越小，即呈现同质化趋势，在水平性差异方面则随着供给的丰富而更加多样化。

（5）政府有关产品标准和政策变化的不确定性。例如，风险企业开发出来的新药品上市之际，发现与国家新颁布的有关规定不符，势必使已经投入的风险资本回收的难度增加或者无法回收。

5. 创新创业市场分析

（1）市场分析的基本步骤。主要是估计市场规模的大小及产品的潜在需求量，这种预测分析的操作步骤如下。

①确定目标市场。目标市场是在一个大的市场里，再细分出产品具体针对的市场。目标市场选择指估计每个细分市场的吸引力，并选择进入一个或多个细分市场。目标市场的选择标准在于要有一定的规模和发展潜力。企业进入某一市场是期望能够赚取利润的，如果市场规模狭小或者趋于萎缩，企业进入后难以获得发展，此时应审慎考虑，不宜轻易进入。

确定目标市场的选择标准后，要对选择战略进行确定。第一种是采取无差异性的目标市场选择策略，该策略是把整个市场作为一个大目标市场开展营销，强调消费者的共同需要，忽视其差异性。一般实力强大的企业，既可进行大规模生产，又有广泛而可靠的分销渠道和统一的广告宣传方式的企业会选择这一战略。

第二种是采取差异性的目标市场选择策略。该策略通常是把整体市场划分为若干细分市场并从中选择目标市场。针对不同目标市场的特点，分别制订出不同的营销计划，按计划生产目标市场所需要的商品，以满足不同消费者的需求。

第三种是采取集中性的目标市场选择策略。该策略是选择一个或几个细分市场作为营销目标，集中企业的优势力量，对某细分市场采取攻势营销战略，以取得市场优势地位。实力有限的中小企业一般采用集中性市场策略。

②考虑消费限制条件。考虑产品是否有某些限制条件足以减少目标市场的数量。一般情况下，消费限制的影响因素包括两个角度：一是从消费者角度考虑，消费者的收入水平、对产品的需求会影响其对产品的消费。二是从产品角度考虑，该产品的原材料、生产工艺、生产技术难度和价格会影响市场对该产品的需求，从而限制产品消费。

（2）目标市场的测算。

①计算每位顾客每年平均购买数量：从购买率和购买习惯中，确定每位顾客每年平均购买的产品数量。

②计算同类产品每年购买的总数量：用区域内的顾客人数乘以每人每年平均购买的数量，就可以算出总购买数量。

③计算产品的平均价格：利用一定的定价方法，算出产品的平均价格。

④计算购买的总金额：用购买的总数量乘以产品的平均价格，即可算出购买的总金额。

⑤计算企业的购买量：用企业的市场占有率乘以购买总金额，再根据最近5年来公司和竞争者市场占有率的变动情况，进行适当的调整，就可以求出企业的购买量。

⑥需要考虑的其他因素：若是经济状况、人口结构、消费者偏好及生活方式等有所改变，则必须分析其对产品需求的影响。根据这些信息，可以合理地预测公司在总销售额和顾客人数中的潜在购买量。

（3）市场分析法则。

①5W2H分析法。该方法是一种广泛应用于决策制定、项目管理、问题解决等领域的思维工具。它通过7个关键问题，帮助人们全面而系统地思考和分析问题，从而确保决策的准确性和有效性。

What（是什么）：目的是什么？做什么工作？

Why（为什么）：为什么要这么做？理由何在？原因是什么？

Where（何处）：在哪里做？从哪里入手？

When（何时）：什么时间完成？什么时机最适宜？

Who（谁）：谁来承担？谁来完成？由谁负责？

How（怎么做）：如何提高效率？如何实施？方法怎样？

How much（多少）：做到什么程度？数量如何？质量如何？费用产出如何？

②SWOT分析法。基于内外部竞争环境和竞争条件下的态势分析，将与研究对象密切相关的各种主要内部优势、劣势和外部机会、威胁等，通过调查列举出来，并依照矩阵形式排列，然后用系统分析的思想，把各种因素相互匹配起来并加以分析，从中得出一系列带有决策性的结论。

运用这种方法，可以对研究对象所处的环境进行全面、系统、准确的研究，从而根据研究结果制定相应的发展战略等。

"S"是优势（Strengths），"W"是劣势（Weaknesses），"O"是机会（Opportunities），"T"是威胁（Threats）（见图5-1）。按照企业竞争战略的完整概念，战略应是一个企业"能够做的"（即企业的强项和弱项）和"可能做的"（即环境的机会和威胁）之间的有机组合。

优势 Strength 内部因素	S	W	劣势 Weakness 内部因素
外部因素 机会 Opportunity	O	T	外部因素 威胁 Threat

图5-1　SWOT分析

与其他分析方法相比，SWOT分析从一开始就具有显著的结构化和系统性的特征。就结构化而言，在形式上，SWOT分析法表现为构造SWOT结构矩阵，并对矩阵的不同区域赋予了不同的分析意义。在内容上，SWOT分析法的主要理论基础也强调从结构分析入手，对企业的外部环境和内部资源进行分析。

优势与劣势分析：企业是一个整体，其竞争优势来源具有广泛性，在做优劣势分析时，必须从整个价值链的每个环节上将企业与竞争对手作详细的对比。例如，产品是否新颖、制造工艺是否复杂、销售渠道是否畅通、价格是否具有竞争力等。如果一个企业在某一方面或某几个方面的优势正是该行业企业应具备的关键成功要素，那么，该企业的综合竞争优势就会强一些。需要指出的是，衡量一个企业及其产品是否具有竞争优势，只能站在现有潜在用户的角度上，而不是站在企业的角度上。

机会与威胁分析：比如当前社会上普遍存在的盗版威胁，盗版替代品限定了公司产品的最高价，替代品对公司不仅是威胁，也可能为公司带来机会。企业必须分析，替代品给公司的产品或服务带来的是"灭顶之灾"呢，还是给公司提供了更高的利润或价值；购买者转而购买替代品的转换成本有多少；公司可以采取什么措施来降低成本或增加附加值，从而降低消费者购买盗版替代品的频率。

整体分析：从整体上看，SWOT可以分为两部分，第一部分为"SW"，主要用来分析内部条件；第二部分为"OT"，主要用来分析外部条件。利用这种方法，可以从中找出对自己有利的、值得发扬的因素，以及对自己不利的、要避开的因素，发现存在的问题，找出解决办法，并明确以后的发展方向。根据这个分析，可以将问题按轻重缓急分类，明确哪些是亟须解决的问题，哪些是可以稍后处理的事情，哪些属于战略目标上的障碍，哪些属于战术上的问题，并将这些研究对象列举出来，依照矩阵形式排列，然后用系统分析的思想，把各种因素相互匹配起来加以分析，从中得出一系列的结论，从而有利于领导者和管理者作出正确的决策和规划。[1]

SWOT分析法的具体应用：该方法常常被用于制订集团发展战略和分析竞争对手的情况。在战略分析中，它是最常用的方法之一。进行SWOT分析时，主要有以下三个方面的内容。

一是分析环境因素，运用各种调查研究方法，分析出公司所处的各种环境因素，即外部环境因素和内部环境因素。外部环境因素包括机会因素和威胁因素，它们是外部环境对公司发展有直接影响的有利因素和不利因素，属于客观因素。内部环境因素包括优势因素和劣势因素，它们是公司在其发展中自身存在的积极因素和消极因素，属于主观因素。在调查分析这些因素时，不仅要考虑历史与现状，更要考虑未来的发展问题。对优势的分析是组织机构的内部因素，具体包括有利的竞争态势、充足的财政来源、良好的企业形象、雄厚的技术力量、适度的规模经济、优良的产品质量、巨大的市场份额、领先的成本优势、猛烈的广告攻势

---

[1] 李军.一本书玩转数据分析[M].2版.北京：清华大学出版社，2019.

等。对劣势的分析，也是组织机构的内部因素，具体包括设备老化、管理混乱、缺少关键技术、研究开发落后、资金短缺、经营不善、产品积压、竞争力差等。对机会的分析是组织机构的外部因素，具体包括新产品、新市场、新需求、外国市场壁垒解除、竞争对手失误等。对威胁的分析，也是组织机构的外部因素，具体包括新的竞争对手、替代产品增多、市场紧缩、行业政策变化、经济衰退、客户偏好改变、突发事件等。SWOT分析方法的优点在于考虑问题全面，是一种系统性思维，可以把对问题的"诊断"和"开处方"紧密结合在一起，条理清楚，便于检验。

二是构造SWOT矩阵。将调查得出的各种因素根据轻重缓急或影响程度等进行排序，构造SWOT矩阵。在此过程中，将那些对公司发展有直接的、重要的、大量的、迫切的、久远的影响因素优先排列出来，将那些间接的、次要的、少许的、不急的、短暂的影响因素排在后面。

三是制订行动计划。在完成环境因素分析和SWOT矩阵的构造后，便可以制订出相应的行动计划。制订计划的基本思路是发挥优势因素，克服劣势因素，利用机会因素，化解威胁因素；回顾过去，立足当前，着眼未来。运用系统分析、综合分析的方法，将排列与考虑的各种环境因素相互匹配起来并加以组合，得出一系列公司未来发展的可选择对策。

③PEST分析法。它是一种宏观环境分析方法，"P"是政治（Politics），"E"是经济（Economy），"S"是社会（Society），"T"是技术（Technology）。该分析法在前文已有介绍，此处不再赘述。

6.创新创业市场收益预测

收益预测指企业对产品投入市场后做一个初步的收益分析。例如，根据产品情况、资费情况、支付渠道及预想的市场情况、推广投入情况，预测将会获得的收益。

（1）如何开展创新创业收益盈利预测。收益盈利是一个创新创业行为被实施的根本目的。因此，一项创新创业项目在实施前，需要对其将要产生的收益进行预测，一般按照以下程序进行。

第一步，明确预测对象和目标。首先要明确预测对象和目标，然后才能根据预测的目标、内容和要求确定预测的范围和时间。

第二步，制订预测计划。包括预测工作的组织领导、人事安排、工作进度、经费预算等。

第三步，收集整理资料。这一步是预测的基础。公司应根据预测的对象和目的，明确收集资料的内容、方式和途径，然后进行资料收集。对收集到的资料，要检查其可靠性、完整性和典型性，分析其可用程度及偶然事件的影响，做到去伪存真、去粗取精，并根据需要对资料进行归类和汇总。

第四步，确定预测方法。收益预测工作必须通过一定的科学方法才能完成。公司应根据预测的目的以及取得的信息资料的特点，选择适当的预测方法。使用定量方法时，应建立数理统计模型；使用定性方法时，要按照一定的逻辑思维，制订预测的提纲。

第五步，进行实际预测。运用所选的科学预测方法进行财务预算，并得出初步的预测结果。预测结果可用文字、表格等形式表示。

第六步，评价与修正预测结果。预测毕竟是对未来财务活动的设想和推断，难免会出现误差。因而，对于预测结果，要经过经济分析评价后才能予以采用。分析评价的重点是影响未来发展的内外因素的新变化。若误差较大，就应进行修正或重新预测，以确定最佳预测值。

（2）收益预测的假设条件。任何预测都是在一定假设条件下进行的，对企业未来收益的预测建立在一般假设条件和特殊假设条件的基础上。

其中，一般假设条件指公司所在地及所在国家的社会经济环境不产生大的变更，所遵循的国家现行法律、法规、制度及社会政治和经济政策与现时无重大变化；针对评估基准日资产的实际状况，假设企业持续经营；假设公司的经营者是负责的，且公司管理层有能力担当其职务；除非另有说明，假设公司完全遵守所有相关的法律和法规；假设公司提供的历年财务资料所采用的会计政策和编写此份报告时所采用的会计政策在重要方面基本一致等。

特殊假设涵盖的范围包括假设公司在现有的管理方式和管理水平的基础上，其经营范围、方式与现时方向保持一致；假设其资产使用效率得到有效发挥，有关信贷利率、汇率、赋税基准及税率、政策性征收费用等不发生重大变化；消费市场将保持一定的同幅度增长；假设折现年限内将不会遇到重大的销售货款回收方面的问题，即无坏账情况；无其他人力不可抗拒因素及不可预见因素对企业造成重大不利影响等情况。

三、创新目标与创业风险

（一）创新目标评价与定位

1.创新目标的概念

创新目标是企业通过创新活动在一定时期内预期要达到的结果。它是在企业创新思想指导下，为解决企业创新问题，由市场调研确认的创新机会推论出的企业创新活动应达到的理想状态。企业创新活动，就是根据理想状态与现有状态的差距付诸创新行动，实现由现有状态向理想状态的转化。

创新目标可划分为制度创新目标、技术创新目标和管理创新目标。

制度创新目标是对企业资源配置方式的改变与创新，从而使企业适应不断变化的环境和市场。

技术创新目标是企业为了实现其经济效益和社会效益，依据市场需求，在技术研发上所制定的并要达到的阶段性目的，是企业技术创新主体的主观意志与创新对象的统一体。通过技术创新实现企业的利益目标，是创新活动的目的，也是企业技术创新的根本动力。企业技术创新目标反映了一个企业通过技术创新实践活动所要达到的经济预期。企业技术创新目标在本质上是企业为了从市场上获得所期望的经济利益。它是一个涉及技术、市场、资源的复杂系统。在技术创新中，虽然每一个企业都有自己的技术创新目标，但其创新效果却明显不同。因此，策划和选择技术创新目标对企业技术创新具有重要意义。

管理创新的目标则涉及经营思路、组织结构、管理风格和手段、管理模式等方面的内容。管理创新的主要目标是设计一套规则和程序，以降低交易费用。这一目标的建立是企业不断发展的动力。

2. 创新目标的评价

评价创新目标应从以下两方面出发：一是目标定位在创新中的适用性；二是目标定位在创新中的作用机制及机制构建。

3. 创新目标的定位

（1）民营企业创新目标的要义，包括两个方面：①关键性创新要素的配置，即企业进行创新活动所能利用的资源，主要包括市场和营销方面的要素、生产制造方面的要素、技术要素。②选择恰当的次序和时机进入市场，一般来说有三种选择：一是进入市场，这需要企业有较大的市场营销能力和足够的抗风险能力；二是迅速跟进，即紧跟首创者第二个或第三个进入市场，这需要企业有强大的开发能力和柔性生产能力；三是相机进入，即创新产品在市场上的成功已经十分清楚后再进入市场，这需要企业有低成本生产能力和较强的营销能力。①

（2）创新目标在实例中的具体定位：互联网时代的企业管理，在价值目标上，要以用户价值共创为导向；在实践目标上，要以创新发展生态为关键；在转型目标上，要以推进智能制造为突破口。②目标定位在社会管理的实践中可以具体化为

---

① 鲍观明.我国民营企业技术创新目标定位与战略选择［J］.安徽工业大学学报（社会科学版），2002，19（5）：61-62.

② 王大林.浅谈互联网时代背景下企业管理的目标定位［J］.企业研究，2021（03）：53-55.

人群定位、问题定位两大方面。① 影响创新目标定位的因素有政治、经济、制度等。

（二）创新创业风险识别和评估

1.创新创业风险的定义

创新创业指基于技术创新、产品创新、品牌创新、服务创新、商业模式创新、管理创新、组织创新、市场创新、渠道创新等方面的某一点或几点创新而进行的创业活动。创新是创新创业的特质，创业是创新创业的目标。

创新创业是基于创新的创业活动，既不同于单纯的创新，也不同于单纯的创业。简而言之，创新强调的是开拓性、新颖性与原创性，创业强调的是生存性、盈利性与责任性。因而，在创新创业的概念中，创新应是创业的基础和前提，创业应是创新的体现和延伸。创新创业风险就是在基于创新而进行的创业活动中，由于创新创业环境的不确定性、创新创业机会和创业企业的复杂性、创新创业者及其团队能力与实力的有限性，而发生的各种意想不到的情况和面临的困难，它可以分为政策风险、技术风险、市场风险、财务风险、生产风险和管理风险。

2.创新创业企业的风险管理

风险管理指在项目或者企业处于一个肯定有风险的环境里，把风险可能造成的不良影响降至最低的管理过程。风险管理对现代企业而言十分重要。当企业面临市场开放、法规解禁、产品创新等情况时，企业的变化波动程度将提高，连带增加经营的风险。良好的风险管理有助于降低决策错误几率、避免损失可能，相对提高企业本身附加值。

（1）企业风险管理的原则。从风险管理的角度来看，创新创业过程应考虑如下原则。

一是可行、适用、有效的原则。应针对已识别的风险源，制订具有可操作性的管理措施。适用有效的管理措施能大大提高管理的效率和效果。

二是主动、及时、全过程的原则。对于风险管理，应遵循主动控制、事先控制的管理思想，根据不断发展变化的环境条件和不断出现的新情况、新问题，及时采取应对措施，调整管理方案，并将这一原则贯穿项目全过程，这样才能充分体现风险管理的特点和优势。

三是综合、系统、全方位的原则。风险管理是一项系统性、综合性极强的工作，风险产生的原因复杂，而且影响面广。因此，要全面、彻底地降低乃至消除

---

① 李艳艳.目标定位视角下的社会管理创新研究［J］.社会科学辑刊，2015（03）：50-54.

风险因素的影响，必须采取综合治理原则，进行全方位考虑，动员各方力量，有效实施标准操作程序。风险管理的综合性措施要从技术性、前瞻性等方面考虑。[①]

（2）企业风险管理的目标。风险管理是一项有目的的管理活动，只有目标明确，才能起到有效的作用。否则，风险管理就会流于形式，没有实际意义，也无法评价其效果。风险管理的目标就是要以最小的成本获取最大的安全保障。因此，它不仅是一个安全生产问题，还包括识别风险、评估风险和处理风险，涉及财务、安全、生产、设备、物流、技术等多个方面，是一套完整的方案，也是一个系统工程。风险管理目标的确定一般要满足以下几个基本要求：一是风险管理目标与风险管理主体（如生产企业或建设工程的业主）总体目标的一致性。二是目标的现实性，即确定目标要充分考虑其实现的客观可能性。三是目标的明确性，即正确选择和实施各种方案，并对其效果进行客观的评价。四是目标的层次性，从总体目标出发，根据目标的重要程度，区分风险管理目标的主次，以利于提高风险管理的综合效果。

风险管理的具体目标还需要与风险事件的发生联系起来，从另一个角度分析，它可分为损前目标和损后目标两种。

其中，损前目标包括：①经济目标。企业应以最经济的方法预防潜在的损失，即在风险事故实际发生之前，就必须使整个风险管理计划、方案和措施最经济、最合理，这要求对安全计划、保险以及防损技术的费用进行准确分析。②安全状况目标。将风险控制在可承受的范围内。风险管理者必须使人们意识到风险的存在，而不是隐瞒风险，这样有利于人们提高安全意识，防范风险并主动配合风险管理计划的实施。③合法性目标。风险管理者必须密切关注与经营相关的各种法律法规，对每一项经营行为、每一份合同都加以合法性的审视，不至于使企业蒙受财务、人才、时间、名誉的损失，保证企业生产经营活动的合法性。④履行外界赋予企业的责任目标。例如，政府可以要求企业安装安全设施以免发生工伤。同样，一个企业的债权人可以要求贷款的抵押品必须被保险。

损后目标包括：①生存目标。一旦不幸发生风险事件，给企业造成了损失，损失发生后风险管理的最基本、最主要的目标就是维持企业的生存。实现这一目标，意味着通过风险管理，人们有足够的抗灾救灾能力，使企业、个人、家庭乃至整个社会能够经受得住损失的打击，不至于因自然灾害或意外事故的发生而元气大伤、一蹶不振。实现维持生存的目标是受灾风险主体在损失发生之后，在一

---

① 刘妍.大型活动风险评估与管理——封闭空间内的风险识别及控制[J].辽宁公安司法管理干部学院学报，2013（04）：88-90.

段合理的时间内能够部分恢复生产或经营的前提。②保持企业生产经营的连续性目标。风险事件的发生给人们带来了不同程度的损失和危害,影响正常的生产经营活动和人们的正常生活,严重者可使生产和生活陷于瘫痪。这一目标的实现对公共事业而言尤为重要,相关单位有义务提供不间断的服务。③收益稳定目标。保持企业经营的连续性便能实现收益稳定的目标,从而使企业保持生产持续增长。对大多数投资者来说,一个收益稳定的企业要比高风险的企业更具有吸引力。稳定的收益意味着企业的正常发展,为了达到收益稳定的目标,企业必须增加风险管理的支出。④社会责任目标。尽可能减轻企业受损对他人和整个社会的不利影响,因为企业遭受一次严重的损失会影响员工、顾客、供货人、债权人、税务部门乃至整个社会的利益。为了实现上述目标,风险管理人员必须辨识风险、分析风险,并选择适当的应对风险损失的方法和措施。

(3)企业风险管理的对策研究。风险对策的研究主要源于对风险评估结果的考虑,即建立在风险因素的基础上,有针对性地提出风险管理的建议。应对风险的相应措施包括避免、转移、减缓和接受。①避免。项目管理主体不可能排除所有风险,但特定的风险事件往往是可以排除的。通过改善现有环境及管理手段,可以规避部分风险。②转移。风险转移可通过投保等手段实现。但在我国现行的体制下,某些大型活动,如重要体育赛事等,不太可能通过投保实现风险转移。在国外,大型活动主办方会事先和天气预报机构签订协议,由气象研究院预测天气,如果出现失误,气象机构也会给予活动主办方赔偿,而在我国这一举措暂时还不能实施。③接受。就是接受一切后果。实际上,对于次生、衍生事件的预测和预防,即接受了初始事故的风险。④减缓。相比之下,减缓风险则是人为改变结果并使之朝好的方向发展的最佳措施。我们可以从降低风险发生的可能性、减轻风险危害等方面入手,以科学管理减少威胁,以细致部署减少薄弱点,提出预警、风险沟通及风险控制的措施建议。

案例分析

中国历史上的市场变迁

早期的原始市场。在漫长的原始社会前期,人们过着采集和渔猎的生活,生产力水平十分低下,除了维持最低生活需要外,根本没有剩余产品,自然也就没有交换产品的可能。进入原始社会后期,农业和畜牧业逐渐分工,产品有了一些剩余；不同的原始共同体由于所处的自然环境和生产条件不同，劳动产品也有了差异，互相交换产品成为必要和可能。最初的一般等价物是普遍受欢迎的产品，如牲畜、布帛、皮革、农具、猎器、粟米、玉器等也曾在不同地方作为交换媒介使用过。交换媒介的出现，使交换更为方便，市场也逐渐扩大。原始市场的交换方式主要是"物物交换"。人们从事交换活动的目的是获取使用价值，而不是获取价值，因此在交换中无所谓等价交换。

进入奴隶社会以后，社会商品交换的规模、范围进一步扩大。出现了专门从事商品流通的商人阶层。商品交易市场又有所发展，特别是人口较为集中的都邑，市场形成了一定的规模。

秦统一六国，建立了专制主义中央集权的封建王朝，政区的统一，车轨、货币、度量衡、文字的统一，为商业的繁盛和市场的扩大创造了良好的条件。

西汉王朝在总结前代市场管理经验的基础上，针对市场的管理制定了一套完整的制度，长期延续而成坊市制。

我国古代市场虽然历史悠久，在社会历史发展中有不可忽视的积极作用，但应看到，直到鸦片战争前，我国国内市场还是一种以粮食为基础、以布和盐为主要对象的小生产者之间的交换市场结构。作为主要交换对象的粮、布和盐基本上还不是商品生产，这就造成了市场的狭隘性和长距离贸易的局限性。

美团：从团购平台到科技零售公司

2010年3月4日，美团正式上线，一开始只是做团购的交易平台。2016—2018年美团不断获得资本支持，得以迎合市场需求，在旅游产品、生鲜超市、药品零售、打车出行等领域进行产业扩张，最终于2018年在港交所上市。近年来，因大数据推送及人工智能技术迅速迭代，美团在2021年进行了战略升级，将自身产品与技术发展需求、用户需求深度结合，推出"零售+科技"概念。2024年2月2日，美团的首席执行官（CEO）王兴发布内部邮件宣布了新的组织架构调整，美团对核心本地商业相关多项业务进行了整合，并进一步提升科技与国际化相关业务的优先级，推出了美团餐饮系统，一站式提升运营效率和综合收益，目前已累计服务超过100万个餐饮门店。美团餐饮系统是一套支持本地数据存储并实现云数据自动同步的智能SaaS系统，既能在网络状况不佳的情况下离线经营，又能在线管理餐饮品牌数据资产。通过扫码点餐和智能付款体系，结合核心场景的自动化营销方案，减少前厅服务压力和人员数量，大幅提高商家的经营水平。通过菜品沽清、销售计划、库存、智能要货和供应链的联动，打通了美团、大众点评等多个平台，实现了平台和门店数据、资源的高效协同。此外，配合美团收银机、点菜宝等家族化智能硬件，一站式帮助餐厅提升效率和效益。以美团外卖为代表的外卖O2O①通过技术创新，有效助推了传统商户向"互联网+"转型，不断地激发出传统行业的活力，促使整个O2O行业得到了迅速升级。

特斯拉的成功秘诀

特斯拉，不仅是一家汽车公司的名称，更是全球领先的新能源汽车技术的代表。自从创始人埃隆·马斯克创建特斯拉汽车公司以来，特斯拉汽车公司已经成为世界上最受欢迎和最成功的电动汽车制造商之一。那么，特斯拉为什么这么强大呢？

首先，特斯拉的成功得益于其独特的商业模式。特斯拉采用了垂直一体化的生产模式，即从零部件制造到组装都由特斯拉自己完成。与其他汽车制造商不同，特斯拉没有使用传统的经销商网络来销售其汽车，而是通过在线销售和直接向消费者售卖来实现营销和销售。这种商业模式省去了中间商的利润，使特斯拉的成本更低，并且可以更好地控制生产和质量。

其次，特斯拉是一家拥有强大研发实力的公司。特斯拉公司在电池、电机、自动驾驶、太阳能电池板等领域进行了大量的研究和开发。特斯拉拥有世界上最先进和最可靠的电动汽车驱动系统和电池技术，使其电动汽车拥有更长的续航里程和更高的性能。此外，特斯拉还成功地开发了自动驾驶技术，这是未来汽车行业的趋势之一，也是特斯拉成功的重要原因之一。

再次，特斯拉愿意进行大胆的创新。特斯拉不仅在汽车领域进行了创新，还涉足太阳能电池板、电池存储系统等领域。特斯拉的太阳能电池板可以将太阳能转换为电力，并将其存储在特斯拉的电池存储系统中。这种技术具有重大的环境保护意义，也是特斯拉的一大优势。

最后，特斯拉的品牌影响力也为其成功作出了贡献。特斯拉是一个非常具有吸引力的品牌，它代表着先进性、高科技、生态友好和时尚。特斯拉的用户群体主要是有追求的消费者，他们希望自己的汽车兼具性能和环保。此外，特斯拉的创始人马斯克的个人魅力和成功经历也增强了特斯拉的品牌吸引力。

特斯拉已经成为一个全球领先的汽车制造商，它的成功也将继续激励其他汽车制造商通过创新和技术来改变这个行业。

---

① O2O：Online to Offline 的缩写，即线上到线下的商业模式。

第六章 技术路线图

> **学习目的与要求**
>
> 1. 熟悉技术路线图的基本概念，明确技术路线图的定义、起源、发展现状及其在不同领域的应用。
> 2. 理解技术路线图的作用，包括其在企业战略规划、产业规划、项目规划、政府战略、知识管理、产品开发管理、技术管理等方面的作用。
> 3. 熟悉技术路线图的种类，掌握不同类型的技术路线图的特点和应用场景。
> 4. 了解并掌握国际上主流的技术路线图的制作方法。
> 5. 掌握技术路线图的制作步骤和测试方法，能够独立完成技术路线图的测试、评价及更新。

当创新之思萌生并历经反复雕琢而得以优化，需求定位经审慎考量而清晰明确，产品与服务在精心规划下有了确切指向之时，便意味着我们已然站在了一个承上启下的关键节点——将创新创业由抽象的构想切实转化为具体可触的实践行动。在这一过程中，技术路径作为经济学中的重要概念，为实现创新目标提供了关键的技术实现路线；创业学着重强调"流程再造"中的机会路径，旨在挖掘和把握创新过程中的各种潜在机遇，两者相辅相成。明确适配的技术路线成为创新创业的重中之重，面对创新创业技术路线规划这一关键课题，技术路线图已然成为最为常用且行之有效的方法。那么，技术路线图究竟所指为何？其内涵与本质属性是什么？又该如何在创新创业的具体情境中巧妙地运用，以充分发挥其效能呢？本章即围绕这些核心要点展开阐述和剖析。

第一节 技术路线图原理

一、技术路线图的意义

（一）定义

技术路线图是技术经营和研究开发管理的一个基本工具，已经广泛应用于很多国家、产业和企业，但它还没有一个标准的定义。其主要原因是技术路线图已成为实践的工具，使用者的层次和经验各不相同，因此，技术路线图的表现形式和使用技巧也不一样。

美国前总统科学技术顾问、哈佛大学教授伯兰斯科姆（Branscomb）把技术路线图定义为"以科学知识和洞见为基础的、关于技术前景的共识"。这就要求在绘制技术路线图时，要聚集关联领域的科技专家，有时还需要政府决策者和技术成果使用者参与其中。也就是说，和技术有关的各个方面的代表都应该参加技术路线图的绘制过程。

技术路线图作为战略规划工具，近年来在多个行业中得到广泛应用。最新研究显示，其在新能源汽车、化纤、航空、能源转型等产业中发挥了重要指导作用。该工具不仅明确了行业发展目标与愿景，还详尽规划了实现目标所需的关键技术和路径。在新能源汽车领域，技术路线图推动了节能与技术进步，帮助企业和政府集中资源，加速创新与市场化。技术路线图在其他领域也发挥了类似的作用。[1]例如，在化纤、航空等领域，技术路线图指导着相关技术的研发和应用，推动着产业转型升级。在能源转型方面，技术路线图成为实现碳中和目标的重要工具，为能源行业的绿色发展提供了明确的指导。技术路线图的制定和应用还涉及跨学科、跨领域合作。例如，在智能制造、电力电子化等领域，技术路线图的制定需要融合多个学科的知识和技术，以实现更加全面和准确的技术预见和规划。[2][3]综上所述，技术路线图作为一种有效的战略规划工具，在多个领域都得到了广泛的应用和发展（见图6-1）。它不仅为行业发展提供了明确的目标和路径，还推动着

---

[1]《节能与新能源汽车技术路线图3.0》编制修订工作中期汇报会暨愿景目标研讨会顺利召开[J].汽车维修技师，2024（15）：18.

[2] 秦悦.化纤联盟启动"十五五"技术路线图制定工作[J].纺织科学研究，2024（Z2）：48-49.

[3] 李明.英国非二氧化碳航空排放技术路线图与实施计划分析[J].航空动力,2024（03）：16-20.

技术的创新和产业的升级。未来，随着技术的不断进步和应用领域的拓展，技术路线图将在更多领域发挥重要作用。

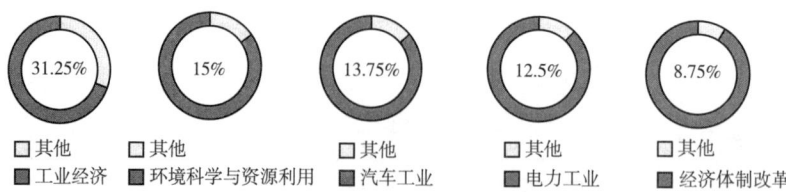

图6-1　技术路线图的制定与应用涉及的学科分布

另外，不同国家给出了侧重点各不相同的技术路线图的定义，主要有以下几种说法（见表6-1）。

表6-1　　　　　　　　　　不同国家对技术路线图的定义

国家	代表性的定义描述	侧重点
美国	罗伯特·加尔文（Robert Galvin）：技术路线图是对某一特定区域的未来延伸的看法，该看法集中了集体的智慧和最显著的技术变化的驾驭者的看法，一般是采用绘图的形式表达出来的，可成为这一领域可能发展方向的一个详细目录	强调结果——技术路线图包含了技术发展的方向
英国	史伯特·哈尔：技术路线图是利益相关人关于如何前进的看法，以及对达到的目标的看法，就像地图一样，描述的是从一个地方到另一个地方的路径；技术路线图的目的是帮助这个群体确信其能力是能在合适的时候达到一致的过程	强调过程——技术路线图的过程是利益相关者达到某个目标
加拿大	加拿大工业部：技术路线图是一个过程工具，帮助识别行业、部门、公司未来成功所需的关键的技术，以及获得执行和发展的这些技术所需的项目或步骤	这两者都强调技术路线图是过程工具，它们是在20世纪90年代中后期才引进的，注重产品技术路线图，即把产品的内容和技术的发展相联系
澳大利亚	技术路线图是一个全面的工具来帮助公司更好地理解其市场和作出见多识广的技术投资决策，它是一个规划过程——由行业领导——帮助公司识别他们未来的产品、服务和技术需求，评估和选择技术来满足这些需求	
中国	技术路线图指应用简洁的图形、表格、文字等形式，描述技术变化的步骤或技术相关环节之间的逻辑关系；它能够帮助使用者明确该领域的发展方向和实现目标所需的关键技术，厘清产品和技术之间的关系，它包括最终的结果和制定的过程	过程和结果并重

技术路线图主要是应用简单的图形、表格、文字等形式描述技术变化步骤或技术相关环节之间的逻辑关系，可帮助使用者明确该领域的发展方向以及实现目标所需的关键技术，梳理产品和技术之间的关系。技术路线图是对未来发展的愿

景图，将知识、理念、企业流程和投资进行结合，并且根据产业需求提供确认、评估和策略的完整方案。摩托罗拉前总裁罗伯特·加尔文（Robert Gavin）将技术路线图定义为对某一特定区域的未来延伸的看法。该看法集中了集体的智慧和想象力，并融合了该领域的核心技术人物的才能。技术路线图包括理论知识和路线说明两个层面，指明科学的发展模式和各种技术之间的相互联系，并找出技术缺陷以集中力量对该领域进行调查研究。[1]

（二）起源

技术路线图最早在美国汽车行业出现，当时汽车企业为降低成本、提高竞争力，要求供应商为他们提供未来产品的技术路线图。20世纪70年代后期和80年代初期，摩托罗拉公司和康宁公司先后采用了绘制技术路线图的管理方法，摩托罗拉公司主要用于技术进化和技术定位，康宁公司则主要用于公司的商业战略。

技术路线图的奠基人是摩托罗拉公司当时的首席执行官罗伯特·加尔文。那时，罗伯特·加尔文在全公司范围内发动了一场绘制技术路线图的行动[2]，主要目的是鼓励业务经理适当地关注未来技术，并为他们提供一个预测未来技术发展趋势的工具。这个工具为设计和研发工程师与从事市场调研和营销的同事之间提供了交流的渠道，建立了各部门之间识别重要技术、传达重要技术的机制，使技术为未来的产品开发和应用服务。[3]

首先在学术性刊物上详细描述技术路线图这一概念的是威尔亚德（Harles H.Willyard）和麦克莱利（Cherry W.McClees）。1987年，他们在合作发表的论文中第一次使用了技术路线图这种说法，这篇名为《摩托罗拉技术路线图过程》的论文成为该领域最经典的文献之一。和其他管理工具一样，技术路线图的出现也是发展的需要。摩托罗拉是以技术为基础的公司，随着时间的推移，产品和工艺越来越复杂，他们意识到存在忽略一些重要技术元素的危险。[4]因此，他们发动了全公司范围的过程——技术路线图，目的是鼓励各业务经理对未来技术的前景给予适当的关注；同时，给他们一种组织预测的工具，并提供一种和设计师、开发工程师和市场人员沟通的方法。这些都是技术开发和应用中不可

---

[1] 金之钧,张川.面向碳中和的中国能源转型路径思考[J].北京大学学报（自然科学版），2024,60（04）：767-774.
[2] 秦丽.洗衣机产业技术路线图（2024版）第二次修订会议召开[J].电器，2024（04）：77.
[3] 李威.量子创新：聚焦如何大力推动技术路线图的实施[J].世界科学，2024（03）：48-50.
[4] 周令国,祝义伟,邹严俊杰,等.创新驱动重庆柠檬加工业高质量发展对策建议[J].轻工科技，2024,40（01）：176-178.

缺少的。为了满足这些需要——识别重要技术、传达重要技术，技术路线图便应运而生。①

早期摩托罗拉公司的技术路线图可以分为两种：一种是新兴技术路线图，另一种是产品技术路线图。新兴技术路线图是专家小组用以跟踪某个单项技术的共识。产品技术路线图不是一张图，而是一组编辑文件，为一个部门或一个运作小组提供关于产品线过去、现在、未来的完整图景。②产品技术路线图不是一张图，而是各种图的合集，详细完整地描述了产品线的过去、现在和将来。这种路线图首先描绘现状和历史信息，并将其作为预测未来的工具。然后追踪产品的开发和工艺的进展，定义技术能力，分析工程和财务资源，来帮助决定优先级顺序。技术路线图一般包括产业描述、技术预测、技术路线矩阵、质量、资源配置、专利组合、产品描述、少数派意见八个部分，其中，技术路线矩阵概括了未来产品的技术要求，数量虽然不多，却是重点。③

在美国，技术路线图的发展非常迅速，如朗讯、惠普以及大量的汽车制造商在摩托罗拉的原创之外开始探索技术路线图的理念。朗讯公司制定了一份大规模的路线图。摩托罗拉公司在启动技术路线图之后，经历了一段缓慢的发展时期，然后发动了浩大的融合路线图行动，包括客户、供应商、业务伙伴及其他技术经营决策者都被整合到了路线图的绘制过程中。④1998年，美国海军的一个研究小组在罗伯特·叙理赫（Robert Zucher）的召集下召开了一次产业技术路线图研讨会，这表明了军方对技术路线图的兴趣。

此后，技术路线图作为一种灵活的、结果导向的和可视化的前瞻方法，被迅速应用到了各个领域。它不仅被应用于企业的技术决策、产业规划，而且被越来越多的国家应用于政府机构的战略规划当中，如韩国的国家技术路线图、美国国家半导体技术发展路线图等。技术路线图作为一种工具和方法在不断地发展和完善。目前，技术路线图已经是公认的技术经营和研究开发管理的基本工具之一。⑤

---

① TOPCon高效高可靠封装技术解决方案和量产进展［A］.第十九届中国太阳级硅及光伏发电研讨会（19thCSPV）论文集［C］.上海市太阳能学会，2023：32.

② KaienChang.宓特超低温导电胶发展于钙钛矿叠层电池［A］.第十九届中国太阳级硅及光伏发电研讨会（19thCSPV）论文集［C］.上海市太阳能学会，2023：23.

③ 张显生，高思宇，王洁.高铀密度芯块专利分析［A］.中国核科学技术进展报告（第八卷）［C］.中国核学会，2023：9.

④ 杨明，喻莎，田永，等.基于自建GIS及欧拉环游的路径优化算法研究与实现［J］.物流工程与管理，2023，45（08）：73-75.

⑤ 新版《特种加工技术路线图》专家研讨会召开［J］.电加工与模具，2023（03）：66.

（三）现状

从现有的研究文献来看，世界各国对技术路线图的研究主要集中在技术路线图的意义与作用方面，或者是技术路线图在国家、产业、企业技术创新等方面的应用。

自20世纪70年代末，摩托罗拉公司首次将技术路线图用于指导企业发展之后，企业技术路线图就被越来越多的企业所采用。20世纪90年代之后，技术路线图被应用于微电子等行业，诞生了许多产业技术路线图，成为引导产业发展的工具。20世纪90年代末，技术路线图开始应用于国家计划，国家技术路线图随之出现。技术路线图的作用从单纯的技术预测逐步发展到技术预见、未来计划设想。从技术路线图的发展现状可以得知，自从技术路线图在各企业和行业中使用之后，逐渐被广泛应用，并且通过技术路线图对相关设计和方案进行规划。[1]

在理论层面，技术路线图一词出现以后，许多研究者对图和图示法作为管理手段和沟通手段进行了相关研究。塔夫特（Tufte）、威尔莱特（Wheelwright）和克拉克（Clark）对用图示方法来传达信息的理论作出了很大的贡献。塔夫特主要研究如何用图来直观地表达数据的内在含义，但没有具体涉及技术和竞争力的内容。威尔莱特和克拉克在《产品发展变革》一书中详细描述了在项目确定之前，计划中的部门战略图和图示法，尽管他们没有用技术路线图一词，但其反映的内容和前面摩托罗拉公司所定义的产品技术路线图是一致的。[2]

在实践层面，依次出现了公司、行业和国家的技术路线图。摩托罗拉公司的模式和经验成为美国技术路线图的基础，不少美国公司也参照建立了自己的技术路线图。例如，罗克韦尔自动化公司的高层管理人员在1995年参观了摩托罗拉公司后，马上采用了技术路线图的方法。到目前为止，美国以技术创新为中心的大型公司基本上都有了自己的技术路线图。在欧洲，摩托罗拉公司的文章发表不久，欧洲的几个大公司（如英国石油公司、飞利浦公司）也相继应用了技术路线图。2002年，研究者在英国调查了2000家制造型公司，大概有10%的公司不但使用过一次技术路线图，有的甚至一直在使用。

技术路线图在行业层面的应用也是先从美国开始的，其影响越来越大，参与

---

[1] 胡雯，夏蓓丽.颠覆性技术政策—技术路线图框架构建与实证分析——以中国新能源汽车产业为例[J].科技进步与对策，2024，41（02）：25-34.

[2] 曾策，高能武.DARPA电子复兴计划中的射频三维异构集成技术[J].中国电子科学研究院学报，2023，18（04）：378-385.

人数也越来越多。[①] 其中，美国半导体行业的技术路线图是行业技术路线图的起源和旗帜。该技术路线图详细描述了长达17年的远景战略，最初的版本是1992年出版的，当时有来自产业、政府、大学等共179名专家学者参与；到1997年版本的半导体行业技术路线图，已有超过600名专家学者参与，用了两年的时间来描绘；当1997年版的制定结束时，1999年版也正式启动了；2003年版的半导体行业技术路线图已经是国际化的了；2005年又开发了最新版本。美国从2002年开始制定生物质技术路线图，近年来又不断地推出更加详细的生物质原料（林产技术路线图，2006）和生物质区域（加利福尼亚生物质技术路线图，2005）技术路线图。

国家层面的技术路线图也有很大的进展。1990年以来，美国有超过200个政府发起的技术路线图。2002年，韩国参照企业技术路线图的方法制定国家技术路线图，为此，提出了5个2012年的科技发展构想，然后确定实现每个构想的战略产品或功能，最后确定了99项要开发的关键技术。[②]

我国对技术路线图的研究起步相对较晚，曾路和孙永明（2007）系统地解释了产业技术路线图的原理及其制定流程，介绍了制定过程中的方法论，包括德尔菲法、头脑风暴法、情景分析法、SWOT法和雷达图法。随后，各地区政府开展产业技术路线图的制定工作，如广东省制定了陶瓷业、铝产业、卫星导航等产业的技术路线图，重庆市制定了农业产业技术路线图，中国科学院区域发展领域战略研究组从区域发展的基本走势和科技需求出发，制定了我国至2050年的区域科技发展路线图。技术路线图的应用不仅局限于企业、产业和政府，研究机构也开始应用技术路线图的方法进行科研规划，如李兴华制定了工业产品环境适应性国家重点实验室技术路线图，对重点实验室的建设进行了科学、严谨的规划。[③]

目前，全国多地已经完成了技术路线图的绘制，如广东省科技厅绘制的绿色无铅产业技术路线图，科技部绘制的中国氢能技术路线图，湖北省科技厅绘制的光伏产业技术路线图，成都市科技局绘制的中药现代化、3D打印、移动互联网等产业技术路线图。历经近40年的发展，技术路线图已经成为一种国际认可的技术预见工具，在产业技术创新和企业战略管理中起到至关重要的作用。

---

① 杨开忠.一种值得探索的中国绿色发展技术路线图谱——《中国绿色发展效率与政策工具选择》书评[J].城市与环境研究，2023（01）：108-110.

② 郭小勇，陈方芳，周瑾，等.标准体系与技术路线图的关系和协调发展研究[J].标准科学，2023（03）：21-24.

③ 周诚.《制革行业节水减排技术路线图（2022年）》完成修订并发布[J].北京皮革，2023，48（Z1）：89.

另外，一些国外学者对技术路线图的方法论进行了改进，如 Geum Y（2015）基于关联规则挖掘（ARM）理论测量了路线图各层次的依赖性；Hansen C（2016）提出了一个四步法的基于情景分析和案例研究的技术路线图，对铁路自动化进行了技术预测。技术路线图的作用呈现多样化发展，形式也愈发灵活，已经从单纯的技术工具逐渐转变为一种新的管理思维方式，Jonathan S F（2013）将社会学结构和代理理论（Structure-agency）融入技术路线图，将路线图分为三层结构（结构外层、结构内层和驱动层），分析了大学衍生企业的涌现过程。[1]

对于技术路线图的理论创新方面，我国不少学者也进行了探索。郭颖等（2012）将技术路线图运用在科技规划中，运用专利数据构建了以环境、技术、生产为主要框架的路线图，体现了技术路线图思维；许崇春、黄慧玲和张灿影运用萃智理论（TRIZ）对技术路线图进行了研究；佟瑞运用综合集成方法论构建了产业技术路线图的共识模型，解答了路线图绘制过程中的共识问题。技术路线图的评价一直是路线图应用的短板，不少学者针对评价机制进行了研究。张哲（2012）运用多级模糊综合评价、灰色模糊理论对技术路线图进行了评价研究。

我国学者也开始运用技术路线图方法对一些新兴产业展开研究，如盛济川（2011）在传统路线图方法论的基础上运用了文献计量法，绘制了低碳产业路线图；李欣和黄鲁成（2014）运用技术路线图的方法将新兴产业的形成分为四个阶段，并用具体产业的实例进行了实证研究，验证了四阶段路径的科学性。

二、技术路线图的作用

经济全球化意味着没有一个公司或企业拥有技术开发所需的全部资源。通过制定技术路线图，企业、研究机构、大学等与政府形成新的合作伙伴关系。技术路线图能推动合作，加强知识共享，减少技术投资风险。实践证明，技术路线图的应用已为社会带来了巨大的益处。[2]

技术路线图是企业自主创新的战略工具，它对于企业技术规划的制定和技术管理水平的改善具有重要的作用，对我国企业自主创新能力的提升和发展也具有重要的应用价值。

技术路线图本身不仅在企业发展中发挥作用，在产业乃至政府的规划方面也发挥着重要作用，促使经济的变革。

---

[1] 赵伟宇.基于数据驱动的高技术领域技术机会识别研究［D］.上海：上海海事大学，2023.
[2] 何海波.中铁GF公司技术创新战略研究［D］.昆明：昆明理工大学，2023.

（一）企业方面的作用

在企业层面，如果技术路线图与企业战略计划和业务发展框架相匹配，往往能帮助管理者识别技术鸿沟并找到发展机会。企业应该通过分析产业链的薄弱环节，确定突破的重点和契机，配置所需资源，在技术路线图的指导下有步骤、有计划地谋求技术突破。

公司层面的技术路线图一般都描绘随着时间的推移，技术、研发活动、市场、产品之间的相互关系。技术路线图对公司的作用主要有以下四个方面。

第一，在市场方面，能够意识到商业环境的变化，并能对变化作出迅速反应；能够关注更长远的顾客需求。

第二，在资源配置方面，能够有效配置稀缺资源，实现公司价值最大化；能够分清项目优先级，把最好的资源分配给好的研发项目。

第三，在投资方面，通过协调研发活动及相互作用产生投资杠杆效应、财务杠杆效应和其他资源杠杆效应。关注长远的顾客需求，使利用根本性创新来建立新的竞争优势、开发下一代产品和服务成为可能。通过对技术需求更深入地理解，降低技术投资的风险。通过提高投资决策水平，股东将获得更大的回报。

第四，在沟通方面，通过开发一个创造性的、柔性的愿景，把技术战略和商业计划、技术商业化战略联系起来，从而决定整体的规划；把关键的战略规划信息用易懂的方式传达给各利益相关方。

在企业应用中，技术路线图不仅在市场、投资、沟通及资源配置上产生作用，也对企业发展产生作用，可在全面性上起到重要的作用。[1]

（二）经济方面的作用

作为资源共享和市场拓展的有效工具，技术路线图的应用提高了资源利用效率，降低了投资风险。

第一，经济全球化意味着没有一个公司或行业拥有技术所需的全部资源。技术路线图能推动产学研多方合作，加强资源共享，降低投资风险。

第二，技术路线图帮助引导投资和配置资源，使之和行业优先顺序一致。另外，技术路线图也是帮助企业增加市场份额非常有价值的工具。

第三，技术路线图有助于企业在复杂环境中制定有效的技术战略，培育具有竞争力的高新技术产业和新增长点。它通过建立技术研发与市场利益共享机制，

---

[1] 纪玉伟，王海芸，于贵芳，等.北京疫苗领域产业技术路线图研究[J].技术经济，2023，42（02）：155-165.

促进技术在产业内部及上下游厂家中的广泛接受，获取政府及产业联盟的支持，推动市场用户和配套技术的共同采纳。

第四，新兴技术管理需要在传统的基础上融合新思想与新方法，以降低不确定性和复杂性，适应快速发展的技术环境。技术路线图作为学习工具，可以帮助企业识别研发切入点，突破技术瓶颈，重组技术组合，开发细分市场。

合理使用技术路线图，可对复杂的环境进行规划，让企业在市场中获得优势，减少技术上的难点，提升企业在技术管理方面的发展能力和发展速度。

三、技术路线图的种类

技术路线图的种类有很多，根据其执行层次或规模，可以分为公司层面的技术路线图、行业层面的技术路线图、计划层面的技术路线图和项目层面的技术路线图；根据绘制过程的不同，技术路线图可以分为市场驱动的技术路线图、技术驱动的技术路线图和科学驱动的技术路线图。当然，根据技术路线图的不同应用目的及构建方法，还存在其他的分类形式。

（一）公司层的技术路线图

结合技术路线图与公司的业务发展战略，帮助公司识别技术鸿沟。公司层面的技术路线图一般由公司内部的技术部门负责人主导，利用公司的内外部资源，描绘不同时间跨度下各因素的相互作用关系，包括市场需求、研发项目、技术产品等。

公司层面技术路线图的主要作用：识别商业环境的变化，快速反应；关注中长期客户需求，目光更为长远；分清研发项目的优先顺序，做好资源配置；制定具备创造性与柔性的企业愿景，平衡好技术与商业的可行性，决定企业总体的战略规划。

（二）行业层的技术路线图

行业技术路线图主要针对生产同类产品或具备相同工艺流程的相关产业，分析外部市场信息与内部企业资源，制订行业发展战略，确定行业优先研发技术。

行业层面技术路线图的制定与实施有效地整合企业与行业资源，解决共同技术问题，促进资源共享。其主要作用包括：从市场的角度，识别经济和社会环境趋势及市场驱动因素，明确技术和服务需求；从资源配置的角度，通过技术中心与相关平台促进产学研合作，推动产业升级；从沟通的角度，形成产业联盟，分享发展战略，促进国际技术的交流与转移。

（三）计划层的技术路线图

在开展计划工作时，企业利用技术路线图可以对各种讨论意见，包括计划、投资、监督、执行等进行可视化地描绘和总结。技术路线图为企业的技术预测过程提供了一种结构化的对话平台，极大地促进了不同层面的交流，而且它提供了一种切实可行的方法来确保研发计划的正确选择、正确排序，帮助企业获得充足的资金支持。

例如，以英国剑桥大学技术管理中心教授为核心的科研小组，利用技术路线图方法，预测了未来的交通工具，并绘制了未来交通工具的技术路线图。

（四）项目层的技术路线图

在企业研发活动中，技术路线图的一个重要应用是项目规划。与计划层面的路线图相比，项目层面的路线图是微观的应用。作为项目规划工具，技术路线图主要采用时间管理的方式，将项目所需技术的确定、技术开发方案的制定、项目实施的具体安排等各个环节有机结合起来。技术路线图以时间为主线，以需求为目标，在项目规划中具有十分重要的作用。

（五）市场驱动的技术路线图

在技术路线图中，市场层位于顶层。市场给产业的发展提供了原动力，通过不断提供应用引导产业的发展，并通过市场的竞争机制，不断淘汰落后产能，刺激新技术的进步，激励企业利用各种方法提高效能，使整个产业不断迈上新的台阶。市场驱动的技术路线图涵盖由市场需求到产品创新研发的全过程，具体可分解为明确任务、概念设计、技术设计和详细设计四个阶段。

（六）技术驱动的技术路线图

在技术路线图中，研发层和技术层居于基础地位。产品层和市场层都由技术支撑，技术是发展的强大驱动力。技术驱动的技术路线图有助于明晰技术的发展方向，明确特定领域的发展方向和实现目标所需的关键技术，厘清市场、产品和技术之间的关系，提高技术创新和研发项目的管理水平。

（七）科学驱动的技术路线图

科学路线图作为一种战略规划工具，可以提高技术预见能力，把握科技发展规律。科学路线图能够把特定领域的所有可能性变成有目的的研究，能够使学科网络与团队目标更好地联系起来，能够沟通想法，吸引公司和政府的资源，刺激研究并监控实施过程。

科学路线图技术的应用是一个不断发展的领域，目前国际上对科学路线图的绘制越来越普遍。剑桥大学的技术路线图报告清单中，用于科学研究的技术路线图比例已将近30%。科学路线图已经有很多成功的案例，其中，美国、欧盟的科学路线图数量较多。美国的应用比较普遍，从美国航空航天局（NASA）到普通大学，从美国能源部到州立协会，都在利用科学路线图进行科技规划。相比之下，欧盟的科学路线图研究多是联盟层面的，比如欧洲研究基础设施路线图计划就包含了35个路线图。

根据技术路线图的种类，可将其应用在公司层面、行业层面、计划层面、项目层面、市场驱动层面等。技术路线图在各个方面均展现了一定的作用和意义，同时作为战略规划，它将实现整体层面的优化和提升。

（八）技术路线图在产品开发管理中的应用

产品开发一般按五个步骤进行：一是市场环境分析及资源配置评估；二是理解利益相关者的需求及法律法规的规定；三是根据需求进行产品设计；四是进行产品试用与验证；五是完成产品交付与维护。技术路线图因其高度概括性和前瞻性，适用于各阶段的单独使用或整体设计。技术路线图可涵盖市场调研方法与结论、资源收集及缺失报告、开发环境分析、相关方期望记录、产品设计思路与创新、物料筛选与分类、产品试用与验证方案等。这些内容可依时间线或开发进度分区绘制。分析显示，技术路线图在不同阶段发挥不同作用，能提供相应资料与创新，从而降低工作量并提升整体效果。

第二节　技术路线图的应用

一、用于知识管理

在当今知识驱动的时代，知识管理对于组织的发展和创新至关重要。技术路线图作为一种强大的战略规划工具，在知识管理领域展现出了独特且全方位的应用价值。

（一）知识收集与整合的利器

在知识收集阶段，面对知识管理过程日益复杂、隐性知识难以获取的难题，技术路线图脱颖而出。其绘制过程中，基于显性知识展开的沟通、讨论，不仅能实现显性知识的条理化，更能挖掘并串联隐性知识，达成内化与外化知识的收集。这一过程不仅局限于绘制之时，更贯穿于后续使用，形成持续的隐性知识收集循环，也为显性知识的收集提供了项目化的管理模式，为知识管理奠定了坚实的基础。

在知识管理的范畴内，技术路线图犹如一张精密的知识网络蓝图。以部分创新型生物科技企业为例，它们致力于开发新型抗癌药物。在研发初期，团队成员通过绘制技术路线图，展开了广泛而深入的知识收集工作。他们不仅梳理了已有的医学研究成果、药物研发流程等显性知识，还挖掘了团队成员在长期实践中积累的关于药物靶点识别、活性成分筛选等难以言传的隐性知识。在确定路线图节点时，如药物靶点确认、先导化合物优化等环节，成员们基于自身经验和专业知识进行了激烈讨论，将隐性知识逐渐转化为可共享、可传承的显性知识，为项目积累了丰富的知识资本。

（二）知识传递与提升的桥梁

在知识保持和传递阶段，技术路线图成为核心环节的关键助力。对于庞大的知识体系，它能够以图表方式对知识进行分类梳理，并通过知识分布路线图的展示，方便不同阶层使用者快速定位和查找知识。在查找学习的过程中，技术路线图激发多方对话，形成传递链，促进知识的交流与补充，使其从单纯的结构框架升级为知识提升的有力手段，推动知识管理不断发展。

技术路线图还是知识在团队内部传递与提升的有效桥梁。在生物科技企业中，随着技术路线图的逐步完善，它成为知识分类存储的重要依据。不同类型的知识，如药物化学知识、生物学实验技术、临床研究数据等，都能在路线图中找到对应的位置，就像图书馆中分类明确的书架，方便团队成员随时查阅。在知识查找和学习的过程中，成员们会因对路线图中某些知识节点的深入探讨而产生新的灵感。例如，在研究药物作用机制时，通过路线图指引查阅相关知识，团队成员发现了一种新的药物组合思路，进一步拓展了研发方向，实现了知识的增值和创新能力的提升。

（三）知识再利用的加速器

在知识再使用阶段，技术路线图推动参与者整合表达知识，促成无意识学习，助力形成契合需求的知识体系，实现知识的高效应用。它精准识别用户需求，填补知识缺口，加速知识的融入与互动，优化知识环境与资源配置，提升个体能力与领导决策效果，构建良好的知识沟通与信息共享环境，以图文形式彰显其在知识管理中的重要意义。

当技术路线图应用于知识再利用阶段时，其价值更加凸显。在抗癌药物研发进入临床试验阶段后，团队依据技术路线图对前期积累的知识进行了整合与应用。他们能够快速识别出哪些知识在当前阶段最为关键，哪些知识需要进一步补充。通过这种方式，技术路线图加速了知识的转化，使研究成果能够更快地应用于实际治疗，提高了创新知识的利用效率，也为后续的药物研发项目积累了宝贵经验。

二、用于产品开发管理

产品开发管理是企业创新与发展的核心环节,技术路线图在其中发挥着关键的引领作用。

(一)优化组织架构,提升协同效率

在产品开发和组织架构管理方面,技术路线图犹如一幅精准的架构蓝图。它细致地规划参与部门,明确职责与任务分配,依据部门的重要性灵活构建详细程度适宜的架构,清晰展现上下关系,突出核心力量。通过这一工具,产品开发任务得以精准分配到各职能部门,部门间协作更为顺畅,负责人能迅速找到对接部门,无论是垂直式还是分权式授权,指令都能依循路线图有序传递,从而充分释放团队潜能,实现效益最大化。

技术路线图为创新创业企业提供了清晰的组织架构和规划指南。以一家专注于人工智能(AI)语音助手开发的企业为例,在产品开发初期,他们利用技术路线图明确了各个部门的职责和任务。研发部门负责语音识别、自然语言处理等核心技术的研发创新,不断优化语音模型以提高识别准确率和语言理解能力;设计部门依据技术路线图中的功能需求,进行产品界面设计和交互设计,注重打造简洁易用、符合用户习惯的操作界面;市场部门根据技术路线图分析目标用户群体和市场竞争态势,制订精准的市场推广策略;生产部门则根据技术路线图安排试生产和量产计划,确保产品按时交付。技术路线图清晰地展示了各部门之间的协作关系,使各部门负责人能够准确找到接洽部门,顺利进行任务交接,大大提升了产品开发过程中的协同效率。

(二)精准流程管控,确保产品质量

对于产品开发流程管理,技术路线图提供了全面且系统的指导。产品开发流程包含多个复杂阶段,技术路线图在计划阶段明确责任人和流程细节,确保方案科学合理;实施阶段涵盖物料、生产、半成品管理等全方位流程规划,保障生产有序进行;验证阶段则凭借其强大的汇总、分析能力,对复杂的评价工作进行有效管理,提高产品质量把控水平。在新能源汽车、智能技术类产品等新兴行业的广泛应用,充分彰显了技术路线图在产品开发流程管理中的重要价值。

技术路线图在产品开发流程管理中起到了精准导航的作用。在AI智能语音助手企业的产品开发过程中,技术路线图详细规划了从产品概念设计到最终量产的各个阶段。在计划阶段,明确了市场调研、需求分析、产品规划等任务的责任人

与时间节点，确保产品开发方向的准确性。通过市场调研确定用户对语音助手在智能家居控制、语音购物等方面的功能需求，并据此制定产品规划。在实施阶段，技术路线图涵盖了算法开发、数据采集与标注、软件测试等环节的详细流程，如规定了数据采集的标准和渠道，以确保训练数据的质量和多样性。在验证阶段，通过技术路线图确定了产品性能测试、用户体验测试等多种测试方法和标准，对产品质量进行严格把控，如测试语音助手在不同噪声环境下的识别准确率和响应速度等。正是由于技术路线图对产品开发流程的精准管控，该企业的智能语音助手在市场上获得了良好的口碑，产品质量稳定可靠。

（三）强化后期跟进，延长产品生命周期

在产品开发后期跟进中，技术路线图同样不可或缺。它为交付后的维护规划"服务地图"，实现专业售后支持；在新产品推广营销领域，助力市场分析与策划制定；针对产品改良和再开发，既允许基于原路线图进行优化，也支持重新绘制路线图以适应市场和技术的变化。总之，技术路线图贯穿产品开发管理的全流程，为企业打造优质产品、赢得市场竞争提供了坚实保障。在产品开发和组织架构管理方面，技术路线图为创新创业企业提供了清晰的组织架构规划指南。

产品开发后期的跟进是提升产品市场竞争力的关键环节，技术路线图在此环节中发挥着重要作用。对于 AI 智能语音助手企业而言，在产品交付后的维护方面，技术路线图明确了售后服务团队的组建、技术支持的响应时间、软件更新的周期和内容等，为用户提供及时、高效的售后保障。在新产品推广营销方面，企业根据技术路线图分析目标用户群体的需求特点和市场趋势，制定了针对性的营销策略，如通过与手机厂商合作预装语音助手、在社交媒体平台开展功能演示和用户互动活动等方式进行推广。在产品改良和再开发方面，企业依据技术路线图对用户反馈和市场变化进行评估，及时调整产品功能和设计，根据用户对语音助手个性化服务的需求，增加了用户定制语音指令、个性化推荐等功能，推出了多个产品升级版本，有效延长了产品的生命周期，保持了市场竞争力。

三、用于技术管理

技术管理是推动企业技术创新与可持续发展的关键要素，技术路线图在其中扮演着不可或缺的多元赋能角色，为企业提供了全方位的战略支撑。

（一）预测技术趋势，抢占创新先机

在技术发展方向预测层面，技术路线图是企业洞察未来技术趋势的重要窗口。

它基于事物发展规律和技术活动基础，通过头脑风暴与现实环境分析，深度整合信息，精准预测技术的演进路径及其应用场景。这不仅有助于企业规避风险、控制变异，引导技术朝着有利方向发展，甚至在特定情形下催生新技术的诞生。摩托罗拉公司便是利用技术路线图进行技术预测的先驱，其成功经验充分证明了这一工具在战略规划中的关键作用。

在技术管理领域，技术路线图是预测技术发展方向的有力工具。以新能源创业公司为例，其专注于太阳能电池技术的创新。通过绘制技术路线图，公司组织技术团队对行业趋势进行了深入分析。他们考虑到全球能源转型的大趋势、材料科学的发展动态以及市场对高效、低成本太阳能电池的需求，预测未来几年内钙钛矿太阳能电池技术将具有巨大的发展潜力。基于这一预测，公司将研发重点聚焦于钙钛矿材料的优化、电池结构的改进等关键技术领域，提前布局研发资源，在激烈的市场竞争中抢占了先机，为公司的创新发展奠定了坚实的基础。

（二）科学技术评价，降低创新风险

在技术评价领域，技术路线图展现出卓越的分析与决策辅助能力。面对技术对社会影响的复杂评估，技术路线图从多维度对技术开发和应用进行综合考量，涵盖利害影响分析、价值利益剖析以及客观结论和建议的提出。技术路线图在技术价值、经济价值、社会价值等方面的评价，结合资源、能源、产能、生态平衡、社会与人文因素及法律法规等多元标准，借助多种评估方法，为企业在技术管理决策过程中提供了全面、客观的数据支持和科学的分析视角。

技术路线图在技术评价方面为创新创业企业提供了科学的决策依据。在该新能源创业公司的太阳能电池研发过程中，技术路线图全面评估了各种技术方案的可行性、经济性和安全性。在技术可行性方面，分析了钙钛矿材料的制备工艺难度、电池的稳定性等因素；在经济性方面，考虑了原材料成本、生产设备投资、能源消耗等成本因素以及产品的市场价格和潜在收益；在安全性方面，评估了电池生产过程中的环保风险、使用过程中的安全隐患等。通过这种全面的技术评价，公司能够筛选出最优的技术方案，降低了技术创新过程中的风险，确保研发资源的有效利用。

（三）全面技术应用，提升创新效益

技术路线图广泛渗透于技术管理的各个工作层面。在销售管理中，它优化销售策略，增强市场竞争力；在采购管理中，它提升采购效率，降低采购成本；在生产技术管理中，它提高生产效率，保障流程顺畅；在人力资源管理方面，它完

善管理体系，吸引优秀人才；在财务技术管理中，它简化财务流程，明确职责分工。随着我国技术研究的深入，技术路线图在众多高新技术领域，如医药研发、大数据、机器人等得到了广泛应用，进一步凸显了其在技术管理实践中的重要价值，成为企业实现技术创新与管理优化的核心工具。

技术路线图在技术管理的各个工作层面都发挥着全面提升创新效益的作用。在销售管理中，公司依据技术路线图制定了针对不同市场区域和客户群体的销售策略，明确了产品的技术优势和卖点，提高了销售团队的工作效率和市场竞争力。在采购管理中，根据技术路线图对原材料和零部件的技术要求，筛选出优质供应商，建立了稳定的供应渠道，降低了采购成本。在生产技术管理中，技术路线图指导了生产工艺的优化和设备的选型，提高了生产效率和产品质量。在人力资源管理中，公司根据技术路线图中的技术发展规划，制订了相应的人才培养计划和招聘策略，吸引了一批具有相关专业知识和技能的优秀人才，为企业的创新发展提供了有力的人才支持。

四、用于项目规划

在项目管理的复杂领域中，项目技术路线图宛如一颗璀璨的明珠，发挥着至关重要的作用，成为确保项目成功推进的关键利器。

（一）明确项目目标，凝聚团队力量

项目活动的复杂性常常使信息传递、任务分配和目标一致性面临诸多挑战，而项目技术路线图恰能有效应对这些难题。首先，其直观化的表现形式为项目组成员传递项目目的提供了有力支撑。它犹如一盏明灯，清晰地概述了项目总体目标、分解任务及工作目的，让项目成员对自身工作目标一目了然，从而更加专注于特定任务，确保任务完成时间和方向与项目整体进度和目标精准契合，为项目按时交付奠定了坚实基础。

在创新创业项目规划中，项目技术路线图是凝聚团队力量的关键工具。例如，智慧城市建设项目，该项目涉及多个子系统的开发和集成，包括智能交通管理系统、智慧能源监测系统、智能安防监控系统等。项目技术路线图清晰地描绘了整个项目的总体目标和各个子系统的分解任务，使每个团队成员都能明确自己的工作目标和自己在项目中的角色。通过技术路线图的展示，团队成员清楚地了解到各个子系统之间的关联和协同要求，从而能够更好地协调工作，形成强大的团队合力，共同朝着项目目标努力。

（二）合理分配任务，提高资源效率

项目技术路线图在优先任务分配方面表现卓越。作为重要的项目管理工具，它助力项目负责人深度梳理项目整体规划，精准识别各阶段关键技术及其发展方向。通过多维度评估项目各阶段复杂性和工作量，包括技术要求理解、潜在风险识别和可行性分析等，项目负责人得以精确掌控所需资源，合理配置团队成员的时间与精力，进而明确现阶段最关键的任务，优先处理关乎项目成功的核心工作。这种基于数据和分析的决策模式，极大地提高了工作效率，有效避免了资源浪费。

项目技术路线图能够帮助项目负责人合理分配任务，提高资源利用效率。在智慧城市建设项目中，项目负责人根据技术路线图评估每个子系统开发阶段的复杂程度和工作量，合理分配人力资源和时间。对于技术难度较大的智能交通管理系统中的交通流量预测算法优化任务，安排经验丰富的AI算法专家负责；一些相对简单的数据录入和整理工作，则分配给初级员工。同时，技术路线图还能根据任务优先级合理调配物力资源，确保关键任务的顺利进行，避免资源浪费，提高项目整体的执行效率。在智能安防监控系统的硬件设备采购中，优先保障高清摄像头、高性能服务器等关键设备的采购资金和供应渠道，以满足项目关键任务的需求。

（三）促进沟通协作，保障项目进度

项目技术路线图在促进开发团队与利益相关方沟通方面发挥着不可替代的桥梁作用。在项目实施过程中，偏离目标或不符期望的情况屡见不鲜，技术路线图的展示使利益相关方能够清晰地洞察项目各部分的发展目的及其与最终目标的一致性，确保项目执行始终不忘初心，抵御外界干扰，坚定地朝着原定目标迈进。同时，也让项目团队及时了解利益相关方的需求变化，保障项目顺利推进，实现各方共同愿景。

项目技术路线图在促进项目开发团队与利益相关方的沟通协作方面发挥着重要作用。智慧城市建设项目涉及政府部门、投资方、合作伙伴等众多利益相关方，项目技术路线图向各方清晰地展示了项目的进展情况、预期成果以及各阶段的关键里程碑，使利益相关方能够及时了解项目动态，确保项目执行符合各方期望。例如，政府部门可以根据技术路线图监督项目的实施进度是否符合城市规划要求，投资方可以通过技术路线图评估项目的投资回报率和风险控制情况，合作伙伴可以依据技术路线图明确各自的责任和协作方式。这种有效的沟通与协作机制保障了项目的顺利推进，减少了因信息不畅或误解导致的项目延误。

技术路线图在创新创业活动中犹如一把万能钥匙，贯穿于各个关键环节。从知识的积累与传承，到产品的精心打造；从技术的精准把控，到项目的高效实施，技术路线图均发挥着不可或缺的作用。创新创业者应充分认识到技术路线图的重要性，并善于运用这一工具，为创新项目的成功注入强大动力，使其在激烈的市场竞争中脱颖而出，实现创新梦想。

第三节 技术路线图的结构和制作

一、技术路线图的制作方法

目前国际上主流的技术路线图制作方法可以分为四类，包括专家制定法、工作组制定法、计算机制定法和分层制定法。技术路线图制定中用到的方法包括市场分析法、技术分析法等。

（一）专家制定法

最早的专家制定法在一些基础工作中仍得以应用。该方法的优点包括制定速度快、路线简洁、梗概清晰，并且具有较强的针对性和专业性。由于专家通常在特定领域具有较高水平，其所绘制的路线图在科学性和专业性上具有保障，且能有效减少前期摸索时间，提高效率。美国半导体行业在绘制技术路线图时，参与的专家超过600人。然而，普通组织难以如此广泛地召集专家。这导致技术路线图往往由少数专家编制，容易反映个人意志，并受限于专家的知识深度和相关经验。此外，专家通常具备较好的理解能力，而基层人员素质参差不齐，容易产生理解偏差，因此可能需要专业人员进行解释。

 案例分析

基于专家的技术路线图绘制方法

1. 背景设定

一家专注于新能源技术的创新型企业，为了明确未来5年内在电池技术领域的研发方向和市场定位，公司决定采用专家制定法来绘制一份详细的技术路线图。此次任务旨在汇集行业内顶尖专家的智慧，为企业的长远发展提供科学依据。

2. 准备阶段

（1）确定目标与范围。首先，项目团队明确了技术路线图的目标，即聚焦于电池技术的创新与发展，包括材料创新、能量密度提升、成本控制及安全性改善等方面。同时，确定了路线图的时间跨度为5年。

（2）组建专家小组。项目团队通过行业协会、高校及研究机构等渠道，邀请了10位在电池技术领域具有深厚造诣的专家，涵盖材料科学、电化学、工程应用等多个方向。考虑到实际操作中的可行性，虽然规模不及美国半导体行业的600人的专家团队，但足以保证技术路线图的权威性和专业性。

（3）准备会议材料。项目团队提前准备了详细的会议议程、背景资料、讨论提纲及问题清单，确保每位专家对会议目的、讨论内容有充分的了解。

3. 实施阶段

（1）召开专家会议。会议在轻松而严谨的氛围中进行。首先，项目负责人简要介绍了项目背景、目标及预期成果，随后引导专家们围绕既定主题展开讨论。讨论过程中，鼓励每位专家发表见解，同时记录关键观点和创新思路。

（2）整合专家意见。会议结束后，项目团队立即对专家意见进行了整理和分析，识别出共识区域和分歧点。对于共识部分，直接纳入技术路线图；对于分歧点，则通过邮件或小型跟进会议做进一步探讨，力求达成共识或提出多种备选方案。

（3）绘制初步路线图。基于整合后的专家意见，项目团队开始绘制初步的技术路线图。路线图以时间为轴，明确了各阶段的研发重点、预期成果及关键里程碑。同时，注重体现技术创新的连续性和可行性，确保路线图既具前瞻性又接地气。

4. 评估与反馈阶段

（1）内部评审。初步路线图完成后，项目团队首先在公司内部进行了小范围评审，邀请不同部门的代表提出意见和建议。这些反馈帮助团队进一步完善路线图，确保其与公司整体战略相契合。

（2）外部验证。为了进一步验证路线图的科学性和实用性，项目团队还邀请了部分行业外专家进行评审。这些外部专家从更广泛的市场和技术趋势出发，为路线图提供了宝贵的修改建议。

（3）最终定稿与发布。经过多轮修订和完善，技术路线图最终定稿并正式发布。公司上下对这份凝聚了众多专家智慧的路线图充满期待，纷纷表示将以此为指南，加速推进电池技术的研发与创新。

（二）工作组制定法

绘制技术路线图的第二种方法是工作组制定法。参与者来自不同部门，分为不同小组，从多角度提供经验和知识，明确节点与连接。工作组作为劳动组织的基本单元，通过明确分工，协调完成特定任务。在该模式下，成员的分工清晰，协作便于集思广益。工作组通常由相关人员组成，他们更了解组织情况及技术路线图的目的，在制作过程中可能使用更贴近实际的术语，为技术路线图的实施创造良好条件。

（三）计算机制定法

绘制技术路线图的第三种方法是计算机制定法。近年来，随着信息化进程的加快，计算机被广泛应用于各个领域，包括技术路线图的制作。基于计算机的技术路线图制作方法，是利用计算机对社会科学、现代技术、工程建设、产品服务等领域的长文本进行分析。这些数据来源于学术期刊、研发论文、研究报告及经验分享会议等。利用计算机的搜索和分析能力，对科学、技术、知识进行评估与数据化，推演各因素间的关系，从而绘制出更具客观性和科学性的技术路线图。

目前，路线图的制作通常结合多种绘制方式。在行业路线图的编制中，国家作为主要组织方，涉及行业、政府、学术界及其他利益相关者共同参与，技术专家分为不同组别协同工作。同时，绘制过程需收集社会科学知识和技术指标，因此，计算机技术的应用不可或缺。

 案例分析

基于计算机技术的技术路线图绘制方法

下面通过一个虚拟的行业技术路线图绘制项目，展示如何利用计算机技术来辅助完成这一过程。

1. 背景介绍

在快速发展的科技时代，技术路线图已成为企业和行业规划未来发展的重要工具。随着信息化和计算机技术的飞速发展，基于计算机的技术路线图绘制方法逐渐兴起，以其高效、客观、科学的优势受到广泛关注。

2. 项目准备阶段

（1）确定项目目标与范围。假设某国家计划制订一份关于智能制造领域的行业技术路线图，旨在指导未来5年内的技术发展方向和政策支持重点。

（2）数据收集。

数据来源：指定团队成员从学术期刊、研发论文、研究报告、行业会议记录、专利数据库等多渠道收集智能制造相关的文本数据。

数据类型：包括技术原理、应用案例、市场趋势、政策导向等多方面的信息。

3. 数据处理与分析阶段

（1）数据预处理。使用文本挖掘软件对收集到的原始数据进行清洗，去除噪声、无关信息和重复内容，以确保数据质量。

（2）关键词提取与主题聚类。利用自然语言处理技术（NLP）提取文本中的关键词，识别出智能制造领域的核心技术和热点话题。通过主题模型（LDA）对文本进行聚类分析，将相似主题的内容归为一组，便于后续分析。

（3）技术关联分析。构建技术网络图，利用图论算法分析各技术点之间的关联关系，识别关键技术节点和路径。通过计算技术点之间的共现频率、引用关系等指标，量化技术间的相互影响程度。

（4）预测与推演。应用时间序列分析、趋势预测模型等工具，对技术发展趋势进行预测。基于预测结果，推演未来5年内智能制造领域可能的关键技术突破和应用场景。

4. 技术路线图绘制阶段

（1）框架设计。根据分析结果，设计技术路线图的总体框架，包括时间轴、技术领域分类、关键里程碑等要素。

（2）内容填充。将分析得出的关键技术、研发重点、预期成果等信息填入技术路线图中。使用可视化工具（如Visio、Lucidchart等）绘制出直观、易于理解的技术路线图。

（3）审核与调整。组织行业专家、政府代表、学术大拿等相关人士对初步绘制的技术路线图进行审核，并根据反馈意见进行调整和优化。

5. 成果展示与应用阶段

（1）成果展示。召开成果发布会，向公众展示基于计算机技术绘制的智能制造行业技术路线图，阐述其科学性和实用性。

（2）应用推广。将技术路线图应用于政策制定、资源配置、产学研合作等多个方面，推动智能制造领域的快速发展。

（四）分层制定法

还有一种制作技术路线图的方式与前三种方式略有不同，它被称为分层制作法。一般我们可以将技术路线图分为3个层次：用于将发展趋势和战略要素转化为要求和期望的顶层，我们暂且称其为"策划层"；第二层关注技术路线图的核心内容和聚焦的问题要点，将技术路线图的技术作用和市场化作用相结合，我们给它命名为"实施层"；最后一层是技术路线图的"基础层"，它体现的是组织现有的基础，包括表层的和潜在的知识能力、技术能力、人员能力、基础设施能力。考虑到不同规模的组织的战略目标不同、发现需求不同、组织文化也不尽相同，在具体制定技术路线图时，需要根据组织的实际情况有针对性地制定绘制流程，合理利用以上三层内容，根据实际情况对需要的信息和数据进行搜集、研究和处理，按需选择相关方法。

（五）市场分析法

市场分析法以客户需求为原点，通过结构化的工具链，构建技术发展蓝图。市场分析法的核心流程包括三大关键环节：需求精炼——运用KANO模型识别基础型需求（如电动车续航$\geq 500km$）、期望型需求（15分钟快充80%）和兴奋型需求（V2G车网互动），结合聚类分析提取战略级需求模块；技术转化——采用质量功能展开（QFD）将需求转化为技术参数（如"续航提升"对应电池能量密度$\geq 300Wh/kg$），通过TRIZ冲突矩阵破解技术矛盾（快充与电池寿命的平衡）；竞争校准——借助技术路线雷达图对标行业标杆（如对比特斯拉4680电池与比亚迪刀片电池的技术指标），动态优化技术优先级。市场分析法如同"市场探针"与"技术转换器"，确保研发资源精准投向用户价值高地。

二、技术路线图的制作步骤

技术路线图的制作步骤包括启动阶段、研发阶段和投入使用阶段。启动阶段主要是确定项目计划和参与人员，宣传路线图的概念及其战略目标，准备基础设施。准备完成后进入研发阶段，首先收集市场调研、内部资源、外部环境及相关法律等信息，根据技术复杂程度分类整理信息，保留重点，最终形成技术路线图的单元点并绘制路线图。技术路线图的绘制并非终点，其最终目的是将其应用于实际业务流程中，作为企业长期的指导原则。技术路线图的研发过程是一个循环，每次循环都将引入新的技术与核心内容。

（一）初期准备阶段

1.技术路线图的制定思路

技术路线图是一种基于时间的技术工具，其推演方法主要有正向发展和逆向回顾两种。正向分析是从因到果，通过了解市场需求、分析市场行情，推导出适应市场的新产品，这种推演方法适合大多数组织。逆向分析则从果到因，通常在确定关键技术后，研究其应用方向。逆向分析下，其核心技术稳定、思维发散、创新性强但目标模糊，适合研发型组织。随着发展的演变，时间顺序有所调整，出现了一种从中间向两边的制定模式，主要应用于生物工程、电子工程等系统性新兴领域。这些领域通常拥有明确的研究项目和先进的技术资源，旨在实现既定目标并最大化技术优势，从而兼顾市场与技术需求。

2.技术路线图的制定资源

首先是人力资源，无论是采取专家主导的制定方式、工作组制定方式还是计算机制定方式，人员都是重要的资源。我们需要考虑主导的专家来自何处，是组织内部的还是组织外部的，以及如何衡量专家的技术能力。工作组中应该包括哪些技术人员，人员职责如何合理划分，工作任务如何合理分配，都需要细致思考。此外，还要确定领导职责。领导的作用是合理分配职责，保证所需要的资源可以获得，在特殊问题上保持沟通的连贯性，保障技术路线图实现预期的结果，保证绘制工作的推动与改进。使用计算机制定技术路线图的情况下，相应的计算机技术人员的配备也要考虑在其中。其次是基础设施，绘制技术路线图可能用到的基础设施包括计算机、技术书籍、刊物、文献等。以讨论会的形式制订技术路线图，还要有相应的工作场所。

（二）技术路线图实施阶段

1.确定技术路线图的对象

这一步是将技术路线图最终的需求再次与各利益相关方进行最后的确认，使各方意见达成一致。这里所需要做的具体工作可能包括：与各个利益相关方建立沟通的渠道；收集与对象相关的信息和意见；大致交流绘制工作的时间安排，绘制过程中哪些事项涉及相关方的保密技术，以及这些技术是否能被公开。

2.确定关键的系统需求和目标

在大多数情况下，经过与利益相关方的沟通，可以得出技术路线图的关键系统需求和目标，但有时也会出现各相关方对最终的目标和需求意见不同的情况，这时就需要绘制组进行沟通协调，得出关键的需求和目标。另外一种情况是利益相关方未能明确技术路线图绘制的需求和目标，这种情况一般出现在由中间向两边的制定思路中，此时需要绘制组根据收集的信息和意见给出推荐性的需求和目标。

3. 明确主要的技术领域

根据需求和目标确定技术领域，这一步不只是要确定主要技术，还应确定相关的技术领域，这些技术可能包括知识、技能、方法、法律法规等。例如，一个新型能源汽车研发的技术路线图，应该既包括所使用的新能源技术领域，又包括传统汽车研发所需的技术领域。一个缓释药品的研发技术路线图，不仅需要相关药品的药理性质技术领域，还需要能控制药品释放能力的包衣技术领域。

4. 确定技术驱动因素和目标

这一步其实是绘制的中心阶段，也是绘制中最艰难的阶段。这一步是技术与产物建立联系的关键步骤，也是选择具体表达方式的步骤，研究怎样将技术表现为技术路线图中的单元，在哪一步使用哪种技术，这种技术因素会对结果产生怎样的影响。

5. 备选方案及其时间

通过以上4个步骤的工作，基本的技术路线图应该已经有了雏形，但是雏形可能不止一个。由于不同技术手段的应用和参与人员的不同思路，可能会输出多个技术路线图模型，这些技术路线图会有不同的时间线，应该对每一种模型进行确认。

6. 确定技术路线图

不同的技术路线图模型在成本、效率、工作模式上均有显著区别，这一步就是要和相关方确定并选择最优的一种。最终的技术路线图一定要适宜组织的发展战略，适宜在组织中运行，成本能够被组织接受，时间也适应项目的推进。

7. 撰写技术路线图报告

经过以上6个步骤，技术路线图应该已经绘制完成，但是绘制组还需对绘制结果进行报告。报告的内容要包括完成的技术路线图、技术路线图适用的领域、对技术路线图的详细注解、使用技术路线图的技术指导、可能发生的失效因素，以及在哪些情况下需要对技术路线图进行修改和升级。

（三）技术路线图的发展

技术路线图的发展可以从两个方向来说：一是狭义的发展，指在使用过程中对路线图进行调整，如删除、填充、迁移和变化，旨在实现特定的使用目的；二是技术路线图作为技术本身的发展，目前在各行业的相关研究中仍处于初级阶段，尚未充分挖掘其潜力，未来适用前景广阔。由于人类社会的持续进步和文明发展对创新的需求，所有推动创新的技术都将得到发展，技术路线图在此背景下能够为创新活动提供明确的目标和路径，使组织有效地聚集资源和技术，提高办事效率。前文讨论了技术路线图在知识管理中的作用，强调其对创新的重要支持作用。技术创新通常伴随着高度不确定性，即使组织掌握丰富的知识和信息，仍难以完全规避不确定性。在实践中，组织常常无法获取足够的信息和知识，部分原因在于缺乏有效的知识管理手段。技术路线图能够有序地进行知识管理，助力创新企业整理相关知识与信息。

技术创新具有风险性，主要源于未知因素，这些因素可能带来机遇或危机。即使经验丰富的组织也难以准确预测创新技术，创新往往是偶然产生的。随着技术的发展，人们对预见能力的需求也在增加。技术路线图在技术管理中的一项关键功能是预测，它能够依据技术的发展推测未来方向，并洞察市场需求。这样的预测使创新者能够评估创新的利弊，导向有利路径，同时提前识别和修正潜在问题，从而明确创新方向，提高创新的有效性。

在我国市场经济背景下，技术路线图在项目管理中的应用有助于组织降低无效投资。我国人口众多，许多小规模组织面临创新能力不强、创新意识不足的问题，这使它们在资源有限的情况下难以保持创新的持续性，导致有效投资失去效果。因此，政府和企业可以通过产业技术路线图，将投资集中于关键领域，促进核心技术的创新，从而实现资源效益的最大化。

技术路线图有助于各创新主体，如政府、研发机构、高校、企业等形成协同效应。传统上，各主体各自研发创新路线，导致研发与实际脱节，高校缺乏市场数据支持，企业难觅优秀人才，限制了创新能力的发展。技术路线图的关键在于建设创新链条，优化各组织在创新中的协作，促进共识，突破以往各自为营的工作模式，从而提升创新效率和市场适应性。

第四节　技术路线图的测试

一、测试技术路线图的目的

技术路线图形成以后，一般需要对其进行测试，尤其是复杂度较高的技术路线图。技术路线图的使用者是各相关方，我们要了解使用者在使用技术路线图时的感受。测试技术路线图的目的在于，明确所选的技术路线是否是最优路线，以增强技术路线图在未来使用中的效益；对技术路线图在使用场景中的应用形成初步的认识,为其投入使用做铺垫;找到使用技术路线图时会出现的问题,并根据核心问题对技术路线图进行改进;为技术路线图的下一步发展作准备,也为下一步工作确定方向。

二、技术路线图的基础测试

技术路线图的基础测试可以从四个方面进行:第一,检验技术路线图是否符合既定目的与范围。在制作阶段,可能会产生多条复杂的路线,制定过程耗时且可能出现微小的变化,这些变化在设计时未必能体现,但在测试中可能会显现。第二,验证技术路线图的流畅性。优质的路线图应当如流水般连贯,避免大幅度跳跃和逆流。第三,各组织应依据自身的实际情况考量技术路线图的展现形式。因文化和知识体系的差异,需选择合适的版面设计和语言,使其符合组织习惯。第四,检验技术路线图的计划时间是否合理。一份技术路线图无论是用于产品开发还是用于项目管理,它的实际使用都受到时间的约束。即使技术路线图在技术管理、市场应用等方面都能符合要求,也要考虑时间因素,毕竟市场经济中所有事物均受制于时间。

三、技术路线图的适用性测试

技术路线图的适用性测试可以尝试三种方法:第一种是正向模拟测试法,这种方法最为直接和有效,就是直接将技术路线图应用到相关事物中去,在实际运用中去测试,收集使用数据,对数据进行分析,研究其是否达到了预期的目的。第二种是边界值分析法,这种方法是对正向模拟法的补充。研究事实告诉我们,大多数的不适用和错误发生在边缘事物上。因此,我们可以选取一些小概率事件来验证技术路线图是否适用,从而测试技术路线图的适用范围。第三种是错误推测法,它是对技术路线图在设计时争议较大的部分进行错误推演,考察其是否能够规避错误,或者错误出现后是否有应对措施。

四、不同层面的技术路线图的测试

(一)计划层面的技术路线图的测试

计划层面的技术路线图一般用于开展工作前的计划准备阶段,如编写计划方案的技术路线图,它可能包括计划的启动、计划的编制、计划的审核、计划的签批等单元,并按一定顺序将这些单元串联起来,其中还会规定流转时间等。这类技术路线图的测试一般由计划组织者主导。成功的计划层面的路线图能够帮助计划顺利执行。

（二）项目层面的技术路线图的测试

项目层面的技术路线图一般用于对项目的具体规划，包括对人员的规划、对资源的规划、对时间安排的规划，它具有一定的统筹性，按照时间节点的方式进行。项目技术路线图一般带有强烈的目的性，其测试的主要责任人是项目经理。由利益相关方确定测试结果。一份好的项目技术路线图能够最大限度地满足所有利益相关者的需求，保证项目在规定的时间内保质保量地完成。

（三）公司层面的技术路线图的测试

公司层面设计的技术路线图，主要是服务公司发展，帮助公司合理利用内外部资源、知识和技术，主要的应用对象是产品、市场。公司层面的技术路线图的测试一般由公司管理人员负责指导，由相关利益方确定测试的成果，并在实际的产品和市场效果中得到验证。如果成功，将帮助企业更加快速地应对市场经济环境的变化，帮助企业设定长远的运行战略，在内部促进资源分配，在外部合理适应顾客要求，最大限度地放大知识与商业结合的总体规划。

（四）行业层面的技术路线图的测试

行业层面的技术路线图，主要针对的是一定范围内同种产品或者活动的规范化和整个行业的资源整合，包含了公司层面的技术路线图的作用。行业层面的技术路线图不仅要考虑国内的技术现状，还要同国际上的技术形成对接，其包容性更强。行业层面的技术路线图不仅要研究市场的变化，同时要兼顾行业凝聚力；它不仅影响着市场的变化，也受到市场的驱动。行业层面的技术路线图应该具有普遍的应用功能，成为一个开放共享的资源。行业层面的技术路线图的测试主导权一般掌握在政府部门、行业协会、行业技术较发达的龙头企业手中，由市场走势和国家部门确定测试结果。成功的行业技术路线图不仅能够推动行业发展，还能促进行业技术交流和扩散。

（五）市场驱动的技术路线图的测试

在市场驱动的技术路线图中，市场是发起端。由市场需求推动生产力和技术创新力的发展，通过市场竞争推动技术革新、体制健全。这种市场驱动的技术路线图的特点是更新换代极快，是市场催生的快消品。这种技术路线图的测试一般由企业主导，根据其是否能适应市场变化来确定测试结果。一份好的市场驱动的技术路线图应该能够快速适应市场需求,帮助企业在市场需求最旺盛的时期创造利益。

(六)技术驱动的技术路线图的测试

技术驱动的技术路线图主要应用在研发或者开发活动中。运用技术路线图对技术进行预测,是其最令人兴奋的用处。利用这个特点,人们似乎能够对技术的发展方向进行预测,根据需要推动技术革新,从而有效提升研发工作的效率,提高创新能力。技术驱动的技术路线图的测试主体一般是科研人员,由市场和技术人员确定测试结果。一份好的技术驱动的技术路线图不仅能创造新产品,还能创造新技术。

(七)科学驱动的技术路线图的测试

科学驱动的技术路线图的性质和技术驱动的技术路线图的性质有些相似,都是在创新中发挥着重要作用。不同之处在于,科学受市场的影响较小。科学驱动的技术路线图研究的是与人类认知相关的问题,其产生的效果一般是长期的,甚至会对社会发展、人类文明产生影响。它的测试主体一般是科学团体,由人类文明进程确定其测试结果。一份成功的科技驱动的技术路线图可能影响着一个国家的科技水平,对其社会发展起着推动作用。

五、技术路线图测试面临的困难

进行技术路线图测试的首要困难在于,如何将技术路线图绘制者的研究思想完完全全地讲述出来,怎样让使用者按照设计的方向去使用技术路线图。因为技术路线图更类似一种概念产品的形态,实体能表现出来的只是其重要的单元,不同的使用者对技术路线图在理解和运用上有个体化的差异,这将影响技术路线图测试的可信度。对于一些相对简单或者应用方向比较窄的技术路线图,这些问题似乎好解决一些,但对于复杂度比较高、跨度比较大的技术路线图,就需要更加具体和形象的阐述,这样才能让使用者真正理解技术路线图的实际效用。要想解决这类困难,需要采用宣传、督促等手段让组织成员尽可能多地参与技术路线图的绘制与相关知识的学习,同时需要国家从社会层面去研究、发展技术路线图的相关技术。

六、技术路线图的评价与更新

技术路线图是持续运用的技术工具,通常由具有长期战略的组织制定。然而,随着社会、市场和技术的不断演变,组织的内外部环境也在变化,导致不变的技术路线图与新环境不再匹配。因此，定期更新技术路线图至关重要。更新方式主要有两种：一为应变式更新，即在发现变化后立即调整，保持技术路线图的实用性和应对能力。但此方式需企业配备专门的管理人员，以便及时识别变化并组织相应更新。这种更新方式可能受专家工作时间和短期调研可用度的影响，面临巨大的工作任务。二是周期性更新，由组织进行评估，确定理想周期，实施更新。优点在于可制订详细的更新计划，进行多项评估（核心技术、使用环境、执行状况、破坏性技术、外部环境等），并充分听取专家意见，充分准备相关文档。然而，此种方式的缺点是在重大变化面前可能会滞后。变化可分为短暂性变化与不可逆性变化，短暂性变化对组织影响较小，及时更新技术路线图即可；不可逆的变化则可能导致严重损失。因此，组织需根据自身情况选择适合的更新方式，通常为局部实时更新与周期性全面更新的结合。

七、我国技术路线图发展中存在的问题及解决对策

（一）发展中的问题

由于我国使用技术路线图相对较晚，其发展水平相对较低，在技术路线图的绘制上开发的方法较少。就像前文提到的专家绘制法这种基础绘制方法还在被广泛使用，这使我们的组织在绘制技术路线图时需要投入更多的资金和时间。在我们还需要召开多次研讨会、消耗大量时间、邀请诸多专家反复进行讨论才能绘制出有效的技术路线图时，国际上已经在使用T-Plan法、ITRS法等方法进行绘制了，这两者的效率相差是非常大的。另外，虽然近年来我们也发展了很多行业的技术路线图，但总体来说还是比较少，技术路线图的使用率普遍较低，这不利于技术路线图的发展。再者，目前我国技术路线图的发展重心偏向于绘制以及绘制前的准备工作，对于绘制后的推行使用、测试验证以及评价更新的关注度不够，这对于技术路线图技术的持续有效发展非常不利。因为技术路线图是一门技术、一项工具，其实际意义就在于使用。

（二）解决对策

要想解决以上问题，首先，我们应该夯实技术路线图的理论基础，目前国际上已经出现了专门的技术路线图研究中心，我国也可以参与其中，并在国民教育中融入技术路线图的教育，普及技术路线图的相关知识。其次，在绘制方法上，一方面可以引入国际上先进的成熟技术，另一方面应该对创新给予支持，鼓励跨学科技术的融合性应用。探索开发技术路线图的中国式绘制方法，便于技术路线

图在我国组织中的绘制，提升普通组织绘制和使用技术路线图的积极性。再次，应该在技术路线图的测试和验证方面创建专业性的指导团队，帮助组织解决技术路线图在测试和验证方面的问题，如专家与普通应用者在意识上不对等的问题。鼓励研发技术路线图测试与验证系统或者软件，发挥信息技术的作用。最后，加强技术路线图的推行使用，采用恰当的宣传方式让技术路线图的优势深入人心，提升各行各业对技术路线图技术的关注度，发挥专业人士的核心力量，提升技术路线图技术的市场影响力。总之，技术路线图在我国的发展潜力巨大，能够发展到怎样的程度，取决于各行各业、各个部门的共同努力。

课后思考

1. 技术路线图在不同领域的应用有何异同？
2. 如何制定一份有效的技术路线图？
3. 技术路线图在产品开发中的具体应用案例有哪些？
4. 如何确定技术路线图的更新周期？
5. 如何评估技术路线图的实施效果？

参考文献

[1]《节能与新能源汽车技术路线图3.0》编制修订工作中期汇报会暨愿景目标研讨会顺利召开[J].汽车维修技师，2024（15）：18.

[2] 秦悦.化纤联盟启动"十五五"技术路线图制定工作[J].纺织科学研究，2024（Z2）：48-49.

[3] 李明.英国非二氧化碳航空排放技术路线图与实施计划分析[J].航空动力，2024（03）：16-20.

[4] 金之钧，张川.面向碳中和的中国能源转型路径思考[J].北京大学学报（自然科学版），2024，60（04）：767-774.

[5] 秦丽.洗衣机产业技术路线图（2024版）第二次修订会议召开[J].电器，2024（04）：77.

[6] 李威.量子创新：聚焦如何大力推动技术路线图的实施[J].世界科学，2024（03）：48-50.

[7] 周令国，祝义伟，邹严俊杰，等.创新驱动重庆柠檬加工业高质量发展对

策建议[J].轻工科技,2024,40(01):176-178.

[8]TOPCon高效高可靠封装技术解决方案和量产进展[A].第十九届中国太阳级硅及光伏发电研讨会(19th CSPV)论文集[C].上海市太阳能学会,2023:32.

[9]Kaien Chang.索特超低温导电胶发展于钙钛矿叠层电池[A].第十九届中国太阳级硅及光伏发电研讨会(19th CSPV)论文集[C].上海市太阳能学会,2023:23.

[10]张显生,高思宇,王洁.高铀密度芯块专利分析[A].中国核科学技术进展报告(第八卷)[C].中国核学会,2023:9.

[11]杨明,喻莎,田永,等.基于自建GIS及欧拉环游的路径优化算法研究与实现[J].物流工程与管理,2023,45(08):73-75.

[12]新版《特种加工技术路线图》专家研讨会召开[J].电加工与模具,2023(03):66.

[13]胡雯,夏蓓丽.颠覆性技术政策—技术路线图框架构建与实证分析——以中国新能源汽车产业为例[J].科技进步与对策,2024,41(02):25-34.

[14]曾策,高能武.DARPA电子复兴计划中的射频三维异构集成技术[J].中国电子科学研究院学报,2023,18(04):378-385.

[15]杨开忠.一种值得探索的中国绿色发展技术路线图谱——《中国绿色发展效率与政策工具选择》书评[J].城市与环境研究,2023(01):108-110.

[16]郭小勇,陈方芳,周瑾,等.标准体系与技术路线图的关系和协调发展研究[J].标准科学,2023(03):21-24.

[17]周诚.《制革行业节水减排技术路线图(2022年)》完成修订并发布[J].北京皮革,2023,48(Z1):89.

[18]赵伟宇.基于数据驱动的高技术领域技术机会识别研究[D].上海:上海海事大学,2023.

[19]何海波.中铁GF公司技术创新战略研究[D].昆明:昆明理工大学,2023.

[20]纪玉伟,王海芸,于贵芳,等.北京疫苗领域产业技术路线图研究[J].技术经济,2023,42(02):155-165.

第七章 产品服务与研发

学习目的与要求

1. 了解产品与服务的概念。
2. 理解产品体系的组成与重要性。
3. 熟悉新产品开发的流程。
4. 了解创新在企业成长中的重要意义。

从创新创业的结果来看,创新创业的落脚点都体现在一种产品或一项服务的创新上。要想使创新创业由想法变为现实,就要明确创新创业的产品或服务是什么,具体定位是什么,怎样进行产品或服务的创新创业。

第一节 产品与服务的创新

产品和服务是两个相关但又有所区别的概念。一般来说,产品指可以满足人们某种需求或解决特定问题的有形或无形的物品,服务则更多地指通过人的劳动或技能提供的一种活动或体验。尽管两者都可以为消费者提供价值,但它们在许多方面存在着明显的差异。

一、产品和服务

现代市场营销观念所说的产品是一个广义的概念,它指向市场提供的能满足人们某种需要的一切东西,也叫产品整体概念。它包括三个层次:核心产品、形式产品和附加产品。核心产品指产品的使用价值,如产品的用途、功能、效用等;形式产品指核心产品的外部特征,如产品的款式、品牌、包装、特色等;附加产品也叫延伸产品,指超出产品实体的一系列附加利益和附加服务,如免费送货、维修保证、安装、售后服务等。

(一)产品

产品是企业在市场上提供给消费者以满足其需求和欲望的物品或服务。产品是企业的核心资产之一,是企业与消费者之间联系的重要纽带。以下是对产品的定义、要素、分类及其意义的详细阐述。

1.产品的定义

产品指企业为满足消费者需求而提供的具有特定用途和价值的物品或服务。产品是企业在市场上进行交换和交易的媒介,是连接企业和消费者的桥梁。产品不仅包括有形的产品,如消费品、工业品等,还包括无形的服务,如金融服务、旅游服务等。

2.产品的要素

产品通常由以下五个要素构成。

(1)核心产品:指产品的基本功能和性能,是消费者购买产品的主要目的。例如,手机的通话功能是手机的核心功能。

(2)形式产品:指产品的物理形态和外观,包括产品的设计、包装、颜色等。形式产品能够影响消费者对产品的第一印象和购买决策。

(3)附加产品:指产品附带的服务和附加价值,如售后服务、保修、礼品等。附加产品能够增加产品的竞争力和消费者的满意度。

(4)期望产品:指消费者在购买产品时对产品的期望和需求。企业需要通过市场调研和消费者反馈来了解消费者的期望,并根据消费者的期望来设计和改进产品。

(5)潜在产品:指产品在未来可能具备的功能和性能,是企业未来发展的方向和潜力。企业需要不断进行技术创新和产品升级,以满足消费者不断变化的需求。

3.产品的分类

产品可以根据不同的标准进行分类。

(1)按产品性质分类。

①消费品:指直接供消费者个人或家庭使用的产品。消费品市场庞大且竞争激烈,企业需要不断创新以满足消费者的多样化需求。

②工业品:指用于生产、加工、制造等工业领域的产品。工业品市场相对稳定,但企业需要不断提升技术水平和服务质量以保持竞争优势。

③服务:是一种无形的产品,它通过提供某种活动或体验来满足消费者的需

求。服务产品具有无形性、不可存储性、个性化等特点。

（2）按产品功能分类。

①基础型产品：指满足消费者基本需求的产品。这些产品通常具有简单、实用、价格低廉等特点。

②功能型产品：指具有特定功能或特性的产品。这些产品通常能够满足消费者的特定需求或解决特定问题。

③创新型产品：指具有独特创新点或颠覆性技术的产品。这些产品通常能够引领市场潮流并创造新的消费需求。

4.产品的意义

对于企业而言，产品具有重要的意义，主要体现在以下五个方面。

（1）满足消费者需求：产品是企业满足消费者需求和欲望的重要工具。通过提供高质量、高性能的产品，企业能够满足消费者的多样化需求，从而提升消费者的满意度和忠诚度。

（2）提升企业竞争力：产品是企业竞争的核心要素之一。通过不断创新和优化产品，企业能够在激烈的市场竞争中脱颖而出，提升市场份额和盈利能力。

（3）塑造品牌形象：产品是品牌形象的重要组成部分。通过提供优质的产品和服务，企业能够树立良好的品牌形象，提升品牌知名度和美誉度。

（4）促进企业发展：产品是企业发展的基础。通过不断推出新产品和优化现有产品，企业能够不断拓展业务领域，提升市场占有率和盈利能力，从而促进企业的可持续发展。

综上所述，产品是企业在市场上提供给消费者以满足其需求和欲望的物品或服务。产品是企业与消费者之间联系的重要纽带，是企业发展的重要基础。企业需要不断优化和完善产品体系，以适应市场的变化和消费者的需求，从而提升企业的市场竞争力和品牌影响力。

（二）服务

产品通常指生产出来用以销售给消费者，以满足他们的需求和欲望的物品或商品。这些产品可以是物质产品，如食品、服装、电子产品等，也可以是无形的，如软件、音乐、电影等。产品可以是单一的实体，也可以是组合产品，它们通常需要经过设计、制造、包装、分销等多个环节才能到达消费者手中。

服务则更多地指一种活动或体验，它是通过人与人之间的互动或通过人力提供的服务来满足消费者的需求。服务可以是个人提供的，如理发、按摩、教育等，也可以是机构提供的，如金融服务、医疗服务、酒店服务等。服务的核心是服务提供者与顾客之间的互动，这种互动可以发生在服务提供现场，也可以通过远程方式进行。

服务作为一种产品，其核心在于能够满足消费者的需求和期望，为消费者提供价值。服务产品与实体产品一样，具有一定的特性和属性。

（1）无形性：服务往往是无形的，消费者在购买之前无法直接感知其质量。例如，法律咨询、医疗诊断等服务，消费者在购买前无法直接感知服务的质量。

（2）不可存储性：服务往往需要即时提供，无法像实体产品那样存储起来以备后用。例如，演出、演唱会等服务，消费者需要在特定的时间和地点享受服务。

（3）个性化：服务往往需要根据消费者的特定需求进行定制。例如，定制化的旅游服务、个性化的教育服务等，服务提供者需要根据消费者的需求提供个性化的服务。

（4）生产与消费过程的同时性：在服务中，生产和消费往往是同时进行的。例如，理发、按摩等服务，服务提供者在提供服务的同时，消费者也在享受服务。

（5）不涉及所有权的转移：购买服务往往是为了获得某种体验或便利，并不涉及所有权的转移。例如，购买酒店住宿服务，消费者获得的是住宿体验，而非酒店的所有权。

总体而言，产品和服务都是市场经济的重要组成部分，它们各自以不同的方式满足消费者的需求。理解产品和服务的定义及其区别，有助于企业更好地制定营销策略，满足市场需求，提升客户满意度。

（三）产品体系

产品体系指企业为满足目标市场需求而开发、生产和销售的一系列相互关联的产品组合。它是由多个产品组成的有机整体，具有内在的逻辑性和整体性。产品体系的建立有利于企业集中资源、降低成本、提高市场竞争力。

1.产品体系的定义

产品体系是企业围绕其核心业务和战略目标，通过研发、生产、销售等多个环节形成的一系列相互关联、相互补充的产品组合。这些产品组合不仅满足了消费者的多样化需求，还形成了企业独特的竞争优势。产品体系不仅关注单个产品的质量和性能，更注重产品之间的协同效应，以实现整体效益的最大化。

2.产品体系的内容

产品体系的内容包括多个方面，具体如下。

（1）核心产品：企业为满足目标市场核心需求而开发的产品，是企业利润的主要来源。核心产品通常具有较高的技术含量和品牌知名度，在市场上具有较强的竞争力。例如，某科技公司的旗舰手机就是其核心产品，代表了公司的技术实力和品牌形象。

（2）辅助产品：为了满足核心产品的使用而开发的产品，可以提高核心产品的价值和使用体验。辅助产品通常利润较低，但对核心产品的销售具有重要的支撑作用。例如，手机保护壳、耳机等配件就是辅助产品，它们能够增强核心产品的功能性和美观性。

（3）延伸产品：企业为了利用核心产品的品牌知名度和技术优势而开发的产品，可以扩大企业的市场份额和盈利范围。延伸产品通常与核心产品具有相关性，但其功能和用途有所不同。例如，基于手机操作系统的智能家居产品就是延伸产品，它们能够进一步拓展企业的业务领域。

此外，产品体系的内容还包括产品的定位、价格、促销、渠道等多个方面。产品定位决定了产品在市场中的位置和形象；价格策略决定了产品的售价和利润水平；促销策略通过广告、公关等手段提升产品的知名度和美誉度；渠道策略决定了产品如何到达消费者手中。

综上所述，产品体系是企业发展的重要组成部分。一个完善的产品体系不仅有助于企业满足消费者的多样化需求，还能提升企业的市场竞争力和品牌影响力。因此，企业需要不断优化和完善产品体系，以适应市场的变化和消费者的需求。

二、产品或服务创新

（一）产品创新

产品创新指企业通过创造、改进或引入新的产品、服务或解决方案，以满足消费者需求、解决市场问题或创造新的市场需求的过程。产品创新是企业持续发展和保持竞争力的关键因素之一。

1.产品创新的定义

产品创新指企业通过创造、改进或引入新的产品、服务或解决方案，以满足消费者需求、解决市场问题或创造新的市场需求的过程。产品创新不仅包括新产品的开发，也包括现有产品的改进和优化。产品创新可以是技术创新、设计创新、商业模式创新等多种形式。

2.产品创新的类型

产品创新可以根据不同的标准进行分类，常见的分类方式有以下四种。

（1）技术创新：指通过引入新技术、新材料、新工艺等方式来改进或创造新产品。技术创新可以提高产品的性能、质量和功能，从而提升产品的竞争力。例如，智能手机技术的不断进步使手机的功能越来越强大，用户体验也越来越好。

（2）设计创新：指通过改进产品的设计、外观、用户体验等方面来提升产品的吸引力。设计创新可以提升产品的视觉美感、易用性和用户体验，增强产品的市场竞争力。例如，苹果公司的产品以其出色的设计而闻名，简约的外观和良好的用户体验成为其竞争优势之一。

（3）商业模式创新：指通过改变产品的销售方式、定价策略、服务模式等方面来创造新的商业价值。商业模式创新可以提升产品的市场渗透率、盈利能力和可持续性。例如，共享经济模式的出现改变了传统的所有权模式，创造了新的商业模式和市场机会。

（4）服务创新：指通过改进或创造新的服务来满足消费者的需求。服务创新可以提升服务的质量、效率和用户体验，提高客户的满意度和忠诚度。例如，在线购物平台的兴起改变了传统的购物方式，提供了更加便捷和个性化的购物体验。

3.产品创新的过程

产品创新是一个复杂的过程，通常包括以下六个阶段。

（1）市场调研：产品创新的起点，通过市场调研可以了解消费者的需求、市场趋势、竞争对手的情况等，为产品创新提供方向和依据。

（2）创意生成：产品创新的核心环节，通过头脑风暴、创意工作坊等方式，产生新的创意和想法，为产品创新提供素材。

（3）概念验证：通过小规模试验或原型制作来验证创意的可行性和市场潜力，为产品创新提供实证支持。

（4）产品开发：将创意转化为实际产品的过程，包括产品设计、样品制作、测试改进等环节，确保产品的质量和性能符合要求。

（5）市场推广：将产品推向市场的过程，包括定价策略、销售渠道、营销活动等，确保产品能够被消费者接受和认可。

（6）反馈改进：根据市场反馈和消费者反馈对产品进行改进和优化的过程，以不断提升产品的质量和竞争力。

（二）服务创新

服务创新指通过改进或创造新的服务方式、流程、内容等，以更好地满足客户需求、提升客户体验并创造新价值的过程。

服务创新可以体现在多个方面。例如，在服务模式上进行创新，提供更加便捷、高效、个性化的服务交付方式；在服务内容上推陈出新，增加新的服务项目或对现有服务进行拓展和深化；在服务流程上进行优化，减少烦琐环节，提高服务效率和质量；在与客户的互动方式上进行创新，提高客户参与度和满意度等。

服务创新的目的是在竞争激烈的市场中脱颖而出，吸引更多客户，提高客户忠诚度，并实现企业的持续发展和盈利。它不仅关注服务本身的改进，还注重与技术、管理等方面的融合，以适应不断变化的市场环境和客户需求。

三、产品或服务创新的定位

市场竞争主要体现为产品或服务的竞争，无论采取什么样的产品或服务竞争策略，最终都要聚焦于使顾客满意这个核心。因此，为了使企业的产品服务定位能够更好地满足顾客需求，提高产品服务的竞争力，就需要根据顾客的特点和顾客的认知规律，深入探索产品服务定位的新方法，以期指导企业更好地进行产品服务定位。

（一）产品服务属性系统的形成

根据市场营销理论可知，产品服务可被看作是带给顾客利益和满足其需要的诸多属性的组合，因此，市场上产品服务的竞争，实际上也可以看作是产品服务属性组合的竞争。如果按照属性的来源对其进行分类，可以分为内部属性和外部属性两大类。其中，内部属性指通过企业设计、生产所形成的产品或服务固有的属性，如产品的结构、性能、色彩、成分、可靠性等，服务的方便、及时、安全等，它们是实现外部属性的前提；外部属性指外部环境或人为因素赋予产品或服务的属性，如价格、社会地位的象征、名牌、时尚、情感等，它们是内部属性的拓展。两者构成一个不可分割的统一体。如果从系统论的观点审视产品或服务的属性组合，它就是一个以属性为要素的系统，即属性系统。笔者认为，该系统与顾客、企业、环境的关系如图7-1所示。其中，顾客是属性系统存在的基础和作用的对象，即企业是根据顾客的需求设计和构建属性系统的，进而通过顾客的使用、消费来实现属性系统的功能，满足顾客的需求。可见，属性系统始于顾客、终于顾客，它反映了属性系统与顾客满意之间的内在关系。企业是形成属性系统的手段和条件，它一方面根据顾客的需求和环境的要求，设计、形成产品和服务的属性系统；另一方面，通过媒介的传播使产品和服务的属性系统能够尽快地被顾客认识，促使顾客产生购买行为。环境是影响属性系统、为其注入外部属性的重要因素，环境主要包括物质、经济、技术、政治、法律、社会文化等内容。属性系统会直接或间接地受到来自复杂多变的环境的影响，并且通过与企业、环境、顾客之间不断地进行物质的、信息的、能量的交换而得以存在和发展。对于这样一个开放系统，根据系统层次性原理，该系统必然具有层次性。

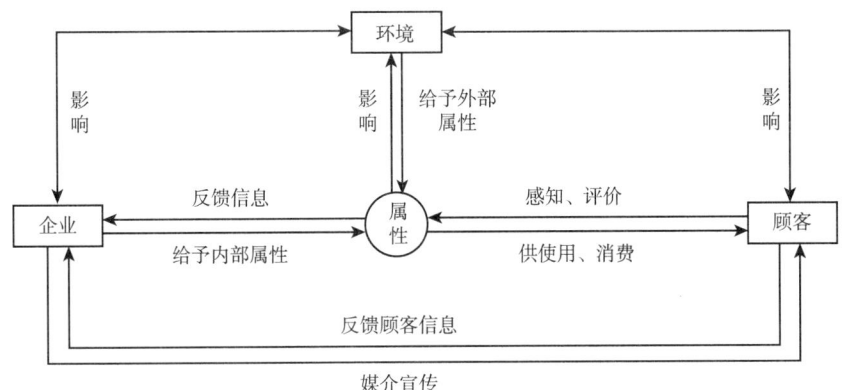

图7-1　属性系统与顾客、企业、环境的关系

（二）产品服务定位矩阵的构成及其特点

产品服务定位矩阵如表7-1所示。

表7-1　　　　　　　　　　　　产品服务定位矩阵

层次（满意目标）	属性梯次	结果（利益）梯次	价值梯次
激励因素层 （非常满意）	激励属性 以产品服务属性为对象，定义具体，补充顾客没有想到的属性，较难获得，易变化，但能使顾客感到非常满意	情感利益 以顾客感知结果为对象，定义较抽象，难获得，较稳定；通过提高情感体验，顾客感到非常满意	完美价值 以顾客的最终目的为对象，定义抽象，最难获得，稳定；通过完美地实现，顾客感到非常满意
保健—激励因素层 （满意）	保健—激励属性 以产品服务属性为对象，定义具体，满足顾客差异属性要求，容易获得，易变化，使顾客感到满意	附加利益 以顾客感知结果为对象，定义较抽象，满足顾客差异化利益要求，较难获得，较稳定，使顾客感到满意	发展价值 以顾客的最终目的为对象，定义抽象，满足顾客发展的需要，难以获得，稳定，使顾客感到满意
保健因素层 （没有不满意）	保健属性 以产品服务属性为对象，定义具体，满足顾客共性属性要求，最容易获得，不太容易变化，使顾客感到没有不满意	基本结果 以顾客感知结果为对象，定义较抽象，满足顾客对基本利益的要求，较容易获得，较稳定，使顾客感到没有不满意	基本价值 以顾客的最终目的为对象，定义抽象，满足顾客基本需要，较难获得，稳定，使顾客感到没有不满意

产品服务定位矩阵具有以下特点。

1. 广泛的指导性

由于该定位矩阵是建立在顾客的认知规律和顾客满意特点基础上的，这就使定位能够体现不同形式产品服务定位的共同本质，避免那种以竞争对手为对象的定位的误导（如"价格战"），始终把定位的目光聚焦在如何使顾客能够获得更多的属性、利益和价值上，以此增强自己产品服务的市场竞争力。[①]

2. 定位的差异性

矩阵中的每一个象限都提供了一个产品服务的定位，并且它们都有各自不同的特征。例如，"农夫山泉有点甜"的广告定位，以突出"甜"的属性为卖点，其定位处于"保健—激励属性"象限。再如，海尔集团首席执行官张瑞敏曾说过，售后服务已经不再局限于单纯地对出现质量问题的产品进行维修，其定义应该重新诠释，在网络时代，服务就是一切。它实际上反映了两种服务定位，一是以解决顾客各种质量问题为主的"保健—激励属性"象限的定位；二是能使顾客获得更多服务的"附加利益"象限的定位，比如有的海尔服务人员在安装完海尔热水器后，发现顾客家的水管总阀年久未修往外冒水，就帮助顾客买阀门并更换修好，使顾客非常感动。

3. 定位的关联性

实现某一象限定位的前提是做好该象限向左和向下所覆盖的象限的工作。例如，要实现"保健—激励属性"象限的定位，就必须做好"保健属性"象限的工作；实现"附加利益"象限的定位，就要做好"保健—激励属性""保健属性"和"基本结果"的工作，它体现了某一象限定位与其他象限之间的关系。

4. 努力的方向性

在定位矩阵中，左下角"保健属性"象限的定位，实现起来相对容易，但改进的自由度最小，顾客满意度也最低；相反，右上角"完美价值"象限的定位，实现起来相对难，但完善自由度大，顾客满意能得到最好的实现。也就是说，"保健属性"象限的定位是基础，"完美价值"象限的定位是企业努力的方向。在现实中，大多数企业的产品服务定位还是处在居于中心的"附加利益"象限或与它相关联的象限上。

5. 重要维度的关键性

所谓重要维度，就是顾客认为最重要的、有激励作用的价值、利益或属性。

---

① 刘玲玲，邹志娟."设计竞赛+课题项目+创新创业"递进式产品设计专业创新创业人才培养模式研究[J].发明与创新·职业教育，2020（05）：148-149.

在现实中，顾客对产品和服务的要求千差万别，只有将其整理归类，找出重要维度进行定位，才能达到事半功倍的效果。

6.情境变化的影响性

伍德拉夫和加蒂尔两位学者指出，价值是在产品与其使用者处于某一特定使用情境中被创造的。这个观点非常重要，因为顾客对产品价值的判断是基于其对使用情境的要求。此外，在上述分析中，我们也指出了随着环境的变化，属性系统各层次中的有些属性的性质也会发生相互转换，因此，在确定产品服务的定位时，一定要考虑使用环境对价值、利益、属性性质的影响，以便对定位中的内容做出及时的调整，使定位真正体现其特征。

尽管上述理论分析所得到的产品服务定位矩阵是一个以顾客为核心的定位矩阵，但在具体运用中，需要根据不同行业的特点、市场竞争的状况、企业自身的条件等，将其定位具体化，从而使产品服务定位矩阵更好地发挥指导作用。

第二节　创新产品体系

创新产品体系是一个多元化的概念，涉及理论创新、技术创新、产品创新、模式创新等多个方面。它指的是在产品开发过程中，通过不断的技术创新和市场探索，形成的一系列具有竞争优势和商业价值的产品组合。

创新产品体系的核心是创新。这种创新不仅体现在产品的功能、性能、外观等方面，还体现在产品的生产方式、商业模式、市场推广等方面。创新产品体系的目标是满足市场需求，赢得消费者青睐，获得商业成功。

在创新产品体系中，每个产品都扮演着不同的角色。有的产品是为了满足特定市场需求而开发的，具有独特功能和竞争优势；有的产品则是为了占据市场份额而推出的，具有广泛的用户基础和品牌影响力。这些产品通过相互协同和配合，形成一个完整的产品生态。

创新产品体系是一个系统工程，涉及多个方面的工作。只有通过不断地创新和完善，才能在激烈的市场竞争中立于不败之地。

一、新产品的概念

新产品指在某个市场上首次出现的或是企业首次向市场提供的能满足某种消费需求的整体产品。

新产品又分为以下四类：①全新产品。应用科技新成果，运用新原理、新技术、新工艺、新材料制成的市场上从未有过的产品，无可置疑为新产品。②换代新产品。在原有产品的基础上，部分采用新技术、新材料、新结构制造出来的性能上有显著提高和改善的产品。换代产品在性能上有了重大突破。③改进新产品。在原有产品的基础上，对成分、特点、功能、包装、款式、质量等加以适当改进和变化的产品。市场上的新产品大部分是这种产品。④仿制新产品（新品牌产品）。企业模仿市场上已有的产品，只是在造型、式样、外观等方面稍做改变，使用新品牌后，提供给市场的产品。

二、产品体系创新的意义

一个企业能否持续不断地进行产品创新，开发出适合市场需求的新产品，成为决定该企业能否实现持续稳定发展的重要因素。尤其是在科学技术发展日新月异、产品生命周期大幅缩短的新经济时代，企业产品面临的挑战更加严峻，不及时更新产品，就可能导致企业灭亡。

市场上没有永远畅销的产品，任何一种产品在市场上的存在都有时间长短之分，这是由产品生命周期决定的。产品是为了满足市场上消费者的需求而产生的，不同时期的消费者存在不同的消费倾向，所以对产品提出了不同的要求。能够适应消费者需求的产品会在市场上存在，过时的、不能满足消费者需求的产品，会失去在市场上存在的理由而被市场淘汰。一个企业只有自觉地迎合市场的变化开发相应的产品，才能够不断发展，否则，企业的生存就面临威胁。不断变化的消费者需求，决定了企业必须不断创新产品。企业的生命是以其产品为载体的，产品的消亡意味着企业以这种产品作为其使命载体的可能性消失，如果此时企业没有开发出新产品，就会随之消亡。市场竞争是残酷的，消费者是挑剔的，产品不会因为以前得到过消费者的喜爱，就能永远得到消费者的青睐。因此，企业只有不断开发、研制适应消费者需求变化的新产品，才能永葆生命活力。

产品体系创新的意义具体体现在以下五个方面。

第一，产品创新可以增加获利的机会，降低市场风险，形成新的增长点，有利于产品结构调整。

第二，产品创新可以积累核心技术和管理经验，增强公司的快速反应能力、快速处理能力，以适应多变的市场。

第三，不断推出新产品。在细分的市场上，既有大众化的产品，又有高档产品。在产品宽度和深度上满足不同层次的客户需求，这样能拉近顾客与公司的距离，有利于抢占市场，从而克服过去靠促销和广告战术来形成品牌的弊端，转而用战略来赢得品牌。

第四，产品创新有利于公司形成积极向上的企业文化、蓬勃向上的创新氛围，从而增强员工的凝聚力、向心力和归属感。

第五，开发新产品，形成合理的产业结构和核心竞争力。这样在满足人们日益增长的物质文化生活需要的同时，公司也可以用核心竞争力去创造更多的顾客和市场，实现公司的盈利和持续发展。

三、产品体系创新的分类

根据创新对原有消费模式的影响，产品创新可以分为以下三种。

1. 连续创新

此种模式下的创新产品同原有产品相比，只有细微差异，对消费模式的影响也十分有限。消费者购买新产品后，可以按原来的方式使用并满足同样的需求。

2. 非连续创新

非连续创新指引进和使用新技术、新原理的创新。它是创新的另一个极端，要求消费者必须重新学习和认识创新产品，彻底改变原有的消费模式。例如，汽车、电子计算机、电视机等，都是20世纪典型的非连续性创新。

3. 动态连续创新

动态连续创新指介于连续创新和非连续创新之间的创新，它要求对原有的消费模式加以改变，但不是彻底打破。例如，洗衣机、微波炉、影音光碟（VCD）等产品的产生就属于动态连续创新。

企业开发新产品要消耗大量的资源，如果没有取得企业所期望的成果，不仅不会促进企业的发展，反而可能给企业带来难以弥补的损失，这就构成了一定的风险。因此，企业的创新活动既需要合理组织，又需要明确方向。换句话说，企业产品创新活动需要专门的战略来指导。要有效地制订指导战略，就要先从分析产品创新的特征这一基础性工作入手。

四、新产品开发的流程分析

新产品开发主要包括以下8个步骤。

（1）构思，指满足某种新需求的设想，主要来源于消费者的意见、营销人员的观察、技术人员的研究、竞争者产品的分析、中间商和供应者的提供等。

（2）筛选，指及早发现并去掉不可行或可行性不高、没有发展前途的设想，选出那些符合本企业发展目标和长远利益的并与企业资源相协调的设想。

（3）产品概念的发展和测试，指把构思发展成完整的产品概念，即用文字或图形、模型作出描绘，使之在顾客心目中形成一种潜在的产品形象。一个产品构思能转化为若干个产品概念，这时的产品构思是已成型的产品构思。

（4）初拟营销计划，指针对已确认的新产品概念，拟订粗略的市场营销策略，为日后投放产品做准备。

（5）经营分析，指分析该产品的销售量、成本与利润情况，以了解其是否符合企业的目标。

（6）新产品研制，指对概念产品进行试制，使其变成实体产品。

（7）市场营销，指用一定的品牌、包装及初步的营销方案，投入小批量生产并上市试销。

（8）投放市场，指正式向市场推出试销成功的新产品。

五、产品体系创新的策略

1. 抢先策略

抢先策略指在其他企业尚未开发，或尚未开发成功、开发后尚未投入市场之前，抢先开发、投入市场，从而使企业的新产品处于领先地位。敢于采用抢先策略的企业，一般需要有较强的研究与开发能力，还要有足够的资金、物力和人力，并要有承担较大风险的心理准备。

2. 紧跟策略

紧跟策略指企业发现市场上出现了很有竞争力的新产品，或发现刚投放市场的畅销产品时，不失时机地进行仿制，并迅速将仿制的产品投入市场。采用这种策略的企业，一是要能够对市场信息收集快、处理快、反应快，并具有较强的应变能力和一定的研究开发能力；二是要有一个高效率地研究与开发新产品的机构。紧跟策略的采用还受到专利技术及知识产权保护的制约，其适用对象和时间有限。

3. 最低成本策略

最低成本策略指采用缩减产品成本的手段，以降低销售价格来争取用户，从而提高产品的市场占有率。降低产品成本的主要途径是在制造方法、原材料利用及生产组织等方面挖掘潜力。

4.扩展产品功能策略

这种策略是在原有产品的基础上赋予其新的功能、新的用途，使老产品能继续受到消费者的欢迎。

5.周全服务策略

实施更全面、周到的销售服务，取得用户的信任，以达到提高市场竞争力的目的。周全的服务包括三个环节：一是售前工作，包括广告宣传、技术培训、允许试用等；二是销售中的工作，包括检查产品质量、配齐配件、装箱发货，以及必要时分期付款等；三是售后工作，包括安装调试、指导操作或使用、登门检修、提供配件、通过电话等方式征询意见等。

第三节　商业模式创新

一、商业模式的含义与形成

商业模式是一种包含了一系列要素及关系的概念性工具，用以阐明某个特定实体的商业逻辑。它描述了公司所能为客户提供的价值及公司的内部结构、合作伙伴网络和关系资本（Relationship Capital）等，用以实现（创造、推销和交付）这一价值并产生可持续盈利收入的要素。商业模式是一个多构面、多层次的概念，不同学者研究的视角不同，对于商业模式的理解也不同。有的学者从系统的角度出发，将商业模式定义为一个有机系统；有的从经济的角度出发，认为商业模式是一个技术向经济转化的工具；有的从商业模式的本质属性出发，突出商业模式在价值主张、价值创造、价值网络和价值维护中的作用；还有从综合视角来研究商业模式的。由于研究者选取的研究视角和方法不同，目前商业模式的定义差别较大。

现代商业模式的最新解释，即一个企业满足消费者需求的系统，这个系统组织管理企业的各种资源（资金、原材料、人力资源、作业方式、销售方式、信息、品牌和知识产权、企业所处的环境、创新力等，又被称为输入变量），形成能够提供消费者无法自给而必须购买的产品和服务（又被称为输出变量），因而具有自己能复制且别人不能复制，或者自己在复制中占据市场优势地位的特性。

二、商业模式的特征

任何一个商业模式都是一个由客户价值、企业资源和能力、盈利方式构成的三维立体模式。由哈佛大学教授约翰逊（Mark Johnson）、克里斯坦森（Clayton Christensen）和思爱普（SAP）公司CEO孔翰宁（Henning Kagermann）共同撰写的《商业模式创新白皮书》把这3个要素概括为：第一，客户价值主张，指在一个既定价格上企业向其客户或消费者提供服务或产品时所需要完成的任务；第二，资源和生产过程，即支持客户价值主张和盈利模式的具体经营模式；第三，盈利公式，即企业用其为股东实现经济价值的过程。

长期从事商业模式研究和咨询的公司认为，成功的商业模式具有3个特征。

（一）成功的商业模式要能提供独特价值

有时候这个独特的价值可能是新的思想，更多时候，它往往是产品和服务独特性的组合。这种组合要么可以向客户提供额外的价值，要么使客户能用更低的价格获得同样的利益，或者用同样的价格获得更多的利益。

（二）成功的商业模式是难以模仿的

企业通过确立自己的与众不同，如对客户的悉心照顾、无与伦比的实施能力等，来提高行业的进入门槛，从而保证利润来源不受侵犯。比如直销模式（仅凭"直销"一点，还不能称为一个商业模式），人人都知道其如何运作，也都知道戴尔公司是直销的标杆，但很难复制戴尔的模式，原因在于直销的背后，是一整套完整的、极难复制的资源和生产流程。

（三）成功的商业模式是脚踏实地的

企业要做到量入为出、收支平衡。这个看似不言而喻的道理，要想年复一年、日复一日地做到，却并不容易。现实当中的很多企业，不管是传统企业还是新型企业，对于自己的钱从何处赚来，为什么客户看重自己企业的产品和服务，乃至有多少客户实际上不能为企业带来利润，反而在侵蚀企业的收入等关键问题，都不甚了解。

三、商业模式的要素

（一）构成要素

不同的企业各构成要素不同，整合形式也不同，这就决定了不同的企业有着千差万别的商业模式。有一万家企业，就有一万种商业模式。事实上，谁也不能否认,无论是偏僻山村的杂货店,还是繁华都市的巨型企业;无论是传统的手工企业,还是现代化的信息技术(IT)公司,从最原始、最简单的组织,到最庞大、最复杂的机构,无一例外,都拥有自己的商业模式。

(二)模式画布

亚历山大·奥斯特瓦德(Alexander Osterwalder)等在对众多概念进行比较研究的基础上指出,商业模式应该回答以下四个方面的问题:第一,企业应如何确定目标顾客群以及为这一特定群体提供何种产品或服务;第二,如何获取创造或生产这一产品或服务所需要的能力与资源;第三,如何将产品或服务传递给目标顾客以及如何通过顾客收集对产品或服务的意见与建议;第四,如何确定提供产品或服务的成本及收益。

为了更贴近企业运作的状况,商业模式四要素可以再延伸成九宫格架构,如图7-2所示。具体包括价值主张、客户细分、关键业务、分销渠道、客户关系、核心资源、合作伙伴、成本结构和收入来源九要素。九要素模型完整地反映了企业的战略定位、运营过程和利润来源,且具有一定的可操作性,得到了学者们的广泛认同。

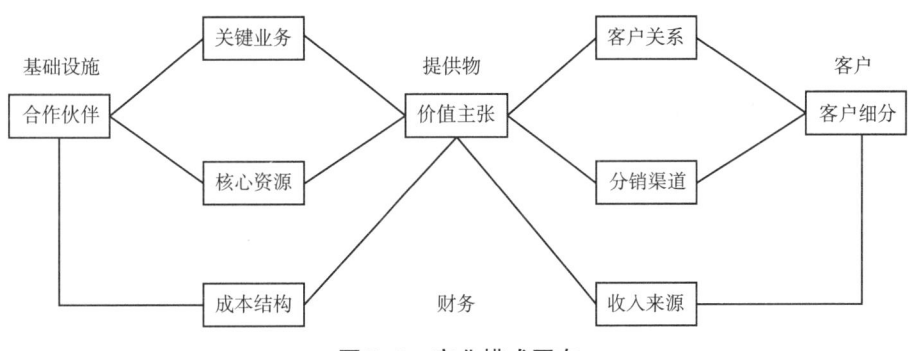

图7-2 商业模式画布

1.价值主张

价值主张就是客户需要的产品或服务,是商业上的痛点(问题)。价值主张告诉消费者为什么选择你而不是选择你的竞争对手,并从一开始就把你的产品或者服务清晰、明了地传达给消费者。

例如,共享单车的出现,就是源于城市交通的拥堵、市民短距离出行的需求和环保意识的觉醒。在不能让每个人都拥有一辆自行车的情况下,共享单车是不能否认的好方法。

核心卖点是你能提供给客户的一个特别的好处。这往往也是打动客户接受你而不是别人的关键点。它一定不是产品本身,甚至也不是产品的功能,而是产品背后的价值。

2.客户细分

上面说到了价值主张,然后我们就要知道我们为谁创造价值,谁是我们的重要用户,即目标用户群体,它可以是一个或多个群体的集合。

例如,当前的各类电商品牌,都是在充分对自己产品对应的客户进行细分后,才确定了产品(服务)的发展方向。如果全盘通吃,有可能什么都吃不到。

大学生创业者在被问到产品(服务)的客户是哪些人(群)时,回答总是很笼统,有些甚至说是所有人。所有人就等于没有客户细分,目标不明确将直接导致项目无法执行。

3.关键业务

关键业务事关企业能否存活下去,一旦错误地理解和分析,将导致创业项目无法执行,这也是各类创新创业大赛中评委十分看重的要素之一。

例如,腾讯的关键业务是社交,阿里的关键业务是电商,百度的关键业务是搜索。

4.分销渠道

分销渠道就是组织机构(企业)沟通和交付给目标客户价值的不同方式。它能唤醒潜在客户对产品的了解,并促成买卖,保证售后满意度。

在传统的买卖行为中,我们随处可见重视渠道沟通而诞生的项目或行业,比如物流行业就是典型,它极大地拓宽了企业和客户之间的沟通渠道,让客户能快速地获得需求。再如,各个城市的外卖企业以各种方式在需求客户集中区派发传单,这就很好地推广了他们的产品,让目标客户得以通过最快的渠道迅速熟知其产品。在"互联网+"的背景下,各类外卖平台迅速诞生,很多企业也争相在其平台上上线各种产品,以作宣传和推广。

常见的渠道有面谈、电话沟通、店内营销沟通、实物交付、社交平台沟通等。

5.客户关系

说到客户关系,很多大学生在写创业计划书的时候,不能很好地将客户关系放入其中。客户关系就是企业与客户建立和保持的不同关系,这种关系会随着目标客户的不同而发生变化,既有时效性又不缺个性。所有的企业都需要不断加强与客户的交流,不断了解客户的需求,并不断对产品及服务进行改进,以满足客户的需求。企业必须基于自身特点,明确定义客户侧重的关系类型,尤其是在当前的"互联网+"背景下,对客户关系的维护至关重要。

生活中常见的例子,如各类会员卡、会员制,就是企业与客户建立的一种良好关系。再如,"互联网+"背景下的粉丝经济,就是名人、明星、大咖与粉丝之间的客户关系。罗永浩在做锤子手机之前,就凭借其个人魅力,积累了大量的粉丝,也就是他已经与客户建立了联系,推出锤子手机后,很大一部分粉丝就变成了他的客户。

6. 核心资源

核心资源,就是企业(项目)能够正常投入市场所需要的能力和资源,包括人力资源、实体资产、知识产权、金融资产等。不同的商业模式对资源的要求是不一样的。大学生在做商业计划时,要重视对自身核心资源的挖掘,不然很容易暴露企业(项目)的短板,甚至会影响企业(项目)的成败。具体来说,很多应用程序(App)在投入市场前需要大量资金的支持,如此才能稳定地进入市场,如某品牌购物平台是在持续多年的投入后才有了盈利。再如,阿里当初就是在免费注册商铺积累了大量商家后,才吸引到了如今如此庞大的客户群。微信如果只是个独立的社交平台,没有QQ的关系链资源,一定不会有今天的成绩。

7. 合作伙伴

只要需要借助外界力量来完成的事情,都需要合作伙伴,除非该企业(项目)拥有所有的资源。现实是,任何一个企业(项目)都不可能拥有所有的资源,且企业(项目)内部人与人之间本就是合作伙伴。可见,寻找优秀的合作伙伴并建立良好的伙伴关系,对创新创业而言至关重要。

8. 成本结构

成本是我们再熟悉不过的词语了。一句话来说,企业(项目)需要花钱的地方,都是成本。创业者需要掌握企业(项目)的成本结构模式,因为每一家(类)企业的成本结构模式都是有区别的。同样是社交平台,有技术团队和没技术团队的成本结构是不一样的。常见的固定成本包括场地成本、人力成本、营销成本、仓储成本、物流成本、进货成本等。

9. 收入来源

如果创业者不知道收入来源,其创业项目将会夭折。如果项目不赚钱,肯定不会有人干。所有企业(项目)必须清晰地了解,哪些客户愿意为哪些价值和服务付费,他们最喜欢的付款方式是什么,收入占总收入的比例等。各类支付平台就是在"互联网+"的背景下产生的。常见的收费模式有两种:一次性收费和持续性收费,具体包括一次性售出费、租赁费、服务或使用费、订购费、注册费、中介费等。

四、商业模式的设计

(一)成功的商业模式设计

好的商业模式能够创造出最大的商业价值。商业模式是一种利益相关者的交易结构。为了实现商业价值的最大化,企业一是要通过各种方式去满足客户的需求,使整个交易结构能够最大化地创造价值;二是要考虑利益相关者的位置,是将其放在企业的内部还是外部,以此降低交易成本;三是比较创业者拥有的资源、能力和利益相关者的实力,这决定了商业模式的盈利能力。

实际上,要想设计出一个成功的商业模式,必须回答三个基本问题:什么是商业模式?什么是好的商业模式?一个商业模式背后的逻辑是什么?

1. 什么是商业模式

商业模式具有六方面的要素:定位、业务系统、关键资源能力、盈利模式、现金流结构、企业价值。这六个要素是互相作用的,它们之间的作用关系如下:①相同的企业定位可以通过不一样的业务系统实现。②同样的业务系统也可以有不同的关键资源能力、不同的盈利模式和不同的现金流结构。比如,业务系统相同的家电企业,有些可能擅长制造,有些可能擅长研发,有些可能更擅长渠道建设;同样是门户网站,有些是收费的,有些则不直接收费。

商业模式的构成要素中只要有一个要素不同,就意味着不同的商业模式。一个对企业各个利益相关者都有贡献的商业模式,需要企业家反复推敲、试验、调整和实践。

2. 什么是好的商业模式

一个好的商业模式可能会给企业带来巨大的成功。事实上,进入互联网时代以来,取得巨大成功的企业,绝大多数是因为其商业模式而不是产品。比如腾讯的微信,看似是一款信息发布和获取的简单产品,实际上,微信的成功最重要的是其有一个好的商业模式。通过微信这款产品,很多利益相关者以低成本获得了高收益。因此,如何设计一个好的商业模式,是创业者们更应该关注与研究的课题。

好的商业模式应该具备以下基本特征:①定位准。市场定位的核心是要寻找到一个差异化的市场，并为这个市场提供具有独特优势的产品。②市场大。除准确定位以外，我们还需要确保所瞄准的目标市场是一个拥有高成长预期的大规模市场。更重要的是，公司要考虑清楚是否能确保该市场在未来能持续高速增长。③扩张快。收入能否快速扩大，是衡量商业模式能否迅速做大的关键。任何一个公司的收入规模，在根本上都取决于客户数量和平均客户贡献这两个因素。④壁垒高。自己进入时的壁垒要低，进入后要能建立起高的壁垒，让竞争者难以进入。⑤风险低。重大的商业模式成功都是在很多不确定的高风险环境下取得的，制定相应的对策，使风险变得可控，即通过利用风险、规划风险、管理风险，创造商业模式的成功。⑥共赢。在新的商业环境中，交易的各角色之间的关系逐渐趋向于平等，更重要的是，大家关注的是各自能够获得的利益。这就是我们所说的，能够让利益相关者共赢的商业模式，才是好的商业模式。⑦创新。商业模式的创新和技术产品的创新本质上是一样的。商业模式的创新是一件比技术和产品创新更难的事。商业模式创新需要对细分市场、特定客户群的需求以及利益相关方的需求有深入的理解，找到利益点，把它们有机地整合在一起，形成一个利益共享的好商业模式。

其实角色的转变就是模式的转变。在商业模式中，创新的要点就是要找出潜在的利益相关方、利益相关方在模式中的角色转变或转换，以及利益相关方之间的利益转换方式。

（二）商业模式背后的逻辑

成功的商业模式应当有其自身的逻辑体系。

1.客户价值是商业模式的基础

任何商业模式都是为了持续优化客户在消费过程中的体验或为客户创造新的价值体验，即通常所说的持续为客户提供高效、优质的服务。倘若能寻找到实现这种提升客户体验价值的途径，也就形成了商业模式的创新。

2.企业生存的生态链系统使商业模式更具竞争力

围绕企业的内外部环境，对供应者、内部运营价值链、销售渠道、客户及其他利益相关者、竞争者组成的生态链系统进行资源与能力分析，使企业的生态链系统能够支持客户的价值主张，确定系统整合方向，从而提升商业模式的竞争力。

3.作为软实力的企业文化是企业经营活动的支撑系统

在商业模式的创新过程中，缺少文化的企业处处受阻，存在特定的、隐含的文化的企业，大概率会取得成功。企业应该将文化作为运行的软实力，努力提炼自身特有文化，强化企业文化的正能量，鼓励员工融入企业文化，提高企业的执行效率。

五、人工智能与大数据模型对现代商业模式创新的直接影响

（一）商业模式在AI变革中的改变

随着数字技术的飞速发展，人工智能（Artificial Intelligence，AI）和大数据分析正在重塑商业世界的格局，传统的商业模式在过去几十年中经历了多次演变。近年来，AI与大数据的结合为商业模式的创新带来了前所未有的可能性。这种转变不仅改变了企业的运营方式，还催生了许多新兴的商业形态和机会。下面将详细探讨人工智能与大数据模型对现代商业模式创新的直接影响，并通过案例分析来解读这些变化。

在数字化转型的大背景下，企业面临着来自市场竞争、客户需求、技术变革等多方面的压力。传统的基于经验、直觉和试错法的商业模式已经难以满足现代商业环境的需求。AI与大数据模型的应用为企业提供了一种全新的方式，通过数据驱动的洞察来优化决策、提升效率并创造新的价值。

AI的核心在于其强大的数据分析能力，能够从海量数据中提取有价值的信息，并通过机器学习算法不断优化预测和决策模型。大数据技术为AI提供了丰富的数据来源和处理能力的支持。两者的结合不仅提高了企业的运营效率，还为企业创造了新的商业模式和增长机会。

AI与大数据模型对现代商业模式创新的影响体现在以下三个方面。

（1）个性化体验的实现：通过分析用户行为数据，企业能够提供更加个性化的服务和产品。

（2）数据闭环的建立：通过实时数据分析和反馈机制，企业能够快速响应市场变化并优化运营策略。

（3）新业务机会的发现：AI与大数据技术可以帮助企业识别新的市场趋势和商业机会。

（二）人工智能与大数据模型对商业模式创新的影响

1.个性化体验的实现

在数字化时代，消费者越来越注重个性化服务和产品。传统的商业模式往往基于大规模生产和服务，难以满足个体化的需求。AI与大数据技术的应用

使企业能够通过分析用户行为数据来了解消费者的偏好,并为其提供定制化的产品和服务。例如,亚马逊(Amazon)是个性化推荐系统的典范。亚马逊利用其庞大的用户数据和机器学习算法,为每位用户提供个性化的商品推荐。这种基于用户行为数据的推荐系统不仅提升了用户体验,还显著提高了转化率和销售额。

 案例分析

亚马逊公司的个性化推荐系统

亚马逊通过收集用户的购买记录、浏览历史、搜索行为等数据,构建了一个庞大的用户画像数据库。借助机器学习算法,亚马逊能够预测用户的兴趣,并为其推荐相关产品。例如,如果一位用户购买了一本小说,亚马逊可能会推荐同一作者的其他书籍,或者与该小说风格相似的作品。这种个性化的推荐不仅提升了用户体验,还帮助亚马逊实现了更高的销售转化率。

2.数据闭环的建立

数据闭环,指企业能够通过实时数据分析和反馈机制,快速响应市场变化并优化运营策略。传统的商业模式往往依赖于定期的数据分析报告,AI与大数据技术的应用使企业能够实现对市场的实时监控和动态调整。例如,特斯拉(Tesla)不仅是一家电动汽车制造商,更是一个基于数据驱动的创新公司。特斯拉通过车辆内置的传感器收集大量的驾驶数据,并利用这些数据优化自动驾驶系统和用户体验。

 案例分析

特斯拉的数据闭环

特斯拉的车辆配备了先进的传感器和摄像头,能够实时收集道路状况、车速、加速度等数据,并上传到云端进行分析。借助AI算法,特斯拉能够不断优化其自动驾驶系统,并通过空中下载技术(Over-the-Air Technology,OTA)将改进后的软件推送给用户。这种基于数据闭环的商业模式不仅提升了产品的性能,还提高了用户的黏性和忠诚度。

3. 新业务机会的发现

AI与大数据技术不仅能够优化现有业务流程，还能帮助企业在新的市场领域中发现商业机会。通过分析海量数据，企业可以识别出新兴的趋势和需求，并据此开发新的产品和服务。例如，滴滴出行是一家以移动应用为核心的打车平台，其成功的核心在于对大数据的深度挖掘和AI的应用。滴滴利用实时数据分析技术，能够预测交通流量的变化，并为司机提供最优路径建议。此外，滴滴还通过分析用户需求，推出了多种创新服务，如拼车、顺风车等。

 案例分析

滴滴出行的市场洞察

滴滴出行通过收集用户的叫车记录、地理位置和支付数据，构建了一个庞大的数据库。借助AI算法，滴滴能够预测不同区域的用车需求，并动态调整车辆调度策略。这种基于数据驱动的运营模式不仅提高了服务效率，还帮助滴滴在竞争激烈的打车市场中占据了领先地位。

（三）人工智能与大数据模型对商业模式创新的具体表现

1. 从经验驱动到数据驱动的转变

传统的商业模式往往依赖于管理者的经验和直觉来作出决策。AI与大数据技术的应用使企业能够基于数据而非个人经验来进行决策，从而提高决策的准确性和效率。例如，麦肯锡咨询公司（McKinsey & Company）是一家全球知名的管理咨询公司，其在帮助企业客户制订战略决策时，越来越依赖于数据驱动的洞察力。通过分析客户的业务数据和市场趋势，麦肯锡能够为企业提供更加科学和精准的建议。

 案例分析

麦肯锡集团的数据驱动策略

麦肯锡利用大数据技术分析了某零售企业的销售数据，发现了某些产品的季节性需求波动。基于这些洞察，麦肯锡帮助企业优化了库存管理和促销策略，最终提高了该企业的利润率。

2. 从以产品为中心到以用户为中心的转变

传统的商业模式往往以产品为核心，关注如何生产和推广产品。AI 与大数据技术的应用使企业能够更加关注用户的体验和需求，并据此调整其产品和服务。例如，网飞（Netflix）是一家流媒体服务公司，其成功的核心在于对用户观看行为的深入分析。通过收集用户的观看记录和偏好数据，Netflix 能够为用户提供个性化的推荐，并在此基础上开发原创内容。

 案例分析

Netflix 的内容策略

Netflix 利用其庞大的用户数据，分析了用户的观看习惯和偏好，并据此制定内容制作战略。例如，Netflix 发现用户对犯罪和奇幻类剧集有较高的兴趣，于是推出了《纸牌屋》（*House of Cards*）、《权力的游戏》（*Game of Thrones*）等热门剧集。这些原创内容不仅提升了用户体验，还帮助 Netflix 在流媒体市场中占据了领先地位。

3. 从单向销售到双向互动的转变

传统的商业模式往往是单向的，企业通过广告、促销等方式将产品推向消费者。AI 与大数据技术的应用使企业能够与用户建立双向互动关系，并通过实时数据分析来优化用户体验。例如，Zalando 是一家欧洲的在线时尚零售商，其成功的核心在于对用户行为数据的深入分析。通过收集用户的浏览记录和购买历史，Zalando 能够为用户提供个性化的推荐，并在此基础上开展精准营销活动。

 案例分析

Zalando 的个性化营销

Zalando 利用其用户数据库，分析了不同用户的购买习惯和偏好，并据此制定个性化的营销策略。例如，如果一位用户经常购买运动鞋，Zalando 可能会向其推送最新的运动鞋产品或相关配件。这种基于数据驱动的营销模式不仅提高了转化率，还提升了用户对品牌的忠诚度。

（四）人工智能与大数据模型对未来商业模式的影响

1.数据将成为核心资产

在数字化转型的大背景下，数据已经成为企业的重要资产之一。AI与大数据技术的应用使企业能够从数据中提取价值，并将其转化为竞争优势。例如，谷歌（Google）通过其搜索引擎和广告业务积累了海量的数据资源，并利用这些数据开发了多种创新产品和服务，如谷歌广告（Google Ads）、谷歌分析（Google Analytics）等。

 案例分析

谷歌的数据资产

谷歌通过其搜索引擎收集了大量的用户搜索数据，并利用这些数据开发了多种广告和分析工具。例如，谷歌广告允许广告客户根据用户的搜索记录和兴趣进行精准投放，从而提高了广告的效果和效率。这种基于数据资产的商业模式不仅为谷歌带来了巨大的收入，还帮助其在互联网广告市场中占据了领先地位。

2.新兴技术将推动商业模式的持续创新

随着AI、大数据、物联网（IoT）、区块链等新兴技术的不断发展，商业模式将继续面临新的挑战和机遇。企业需要不断适应这些变化，并通过技术创新来提升自身的竞争力。例如，特斯拉是一家以电动汽车为产品的公司，其成功的核心在于对人工智能和大数据的应用。通过收集车辆的行驶数据和用户反馈，特斯拉能够不断优化其自动驾驶系统和用户体验。

 案例分析

特斯拉的技术驱动模式

特斯拉利用其车辆的传感器和摄像头收集了大量的驾驶数据，并利用这些数据开发了多种创新功能，如自动泊车、高速公路上的自动驾驶等。这种基于技术创新的商业模式，不仅提升了产品的性能，还提高了用户的黏性和忠诚度。

3.可持续发展将成为商业模式的重要考量

随着全球对环境问题的不断关注，企业在追求利润的同时，需要考虑其对社会和环境的影响。AI与大数据技术的应用可以帮助企业在可持续发展方面作出更加科学和精准的决策。例如，联合利华（Unilever）是一家跨国消费品公司，其成功的核心在于对可持续发展的重视。通过收集和分析供应链、生产、消费等环节的数据，联合利华能够优化其运营流程，减少对环境的影响。

 案例分析

联合利华的可持续发展战略

联合利华利用其全球供应链的数据，分析了不同地区的资源消耗和碳排放情况，并据此制定了一系列的环保措施。例如，联合利华承诺到2030年实现零碳排放，并通过减少包装材料的使用、提高能效等方式来实现这一目标。这种基于可持续发展的商业模式不仅提升了企业的社会形象，还为其带来了长期的经济利益。

人工智能与大数据技术的应用已经深刻地改变了商业模式，并将继续推动商业世界的创新和发展。从经验驱动到数据驱动，从以产品为中心到以用户为中心，从单向销售到双向互动，这些转变不仅提高了企业的效率和竞争力，还为消费者带来了更加个性化和便捷的服务体验。然而，随着技术的不断进步和社会的发展，企业在数据隐私、伦理道德等方面还面临新的挑战。只有通过技术创新和管理优化，才能真正实现人工智能与大数据技术对商业模式的深远影响，并推动商业世界的持续发展。

六、商业模式创新的成功案例

蔚来汽车的产品创新及商业模式创新，为其创造了巨大的商业价值。

（一）蔚来的产品创新

蔚来是一家全球化的智能电动汽车品牌，成立于2014年11月，旗下拥有多款汽车产品。蔚来BaaS（Battery as a Service，电池即服务），是一种新型的汽车电池租用服务。这种服务的底层逻辑是可充、可换、可升级的理念。

具体来说，蔚来Baas的服务包括以下三个方面。

（1）可充：车主可以在家使用专属充电桩进行充电，也可以在外使用商业充电桩进行充电。蔚来提供超充站，同时支持星星、特来电、小桔、小鹏、云快充等国内主流运营商的充电服务。

（2）可换：蔚来的换电模式意味着车主可以快速更换电池，只需要3分钟即可完成。这种换电模式不仅方便快捷，而且支持电池租用服务。

（3）可升级：车主可以根据自己的需求，随时升级电池包的容量。例如，从70kWh电池包升级到84kWh或者100kWh电池包，以满足不同的行驶需求。

通过这种服务模式，蔚来为车主提供了更加便捷、灵活的电池使用方式，让车主能够更加轻松地享受智能电动汽车的驾驶体验。

（二）蔚来的商业模式创新

蔚来汽车的换电模式是一个显著的商业创新案例，它挑战了传统电动汽车行业的常规做法，通过一系列的创新举措，为用户提供了更为便捷、灵活的电动汽车使用体验。以下是对蔚来汽车换电模式商业创新的详细分析。

1. 车电分离与BaaS模式

蔚来汽车率先提出了"车电分离"的概念，并在此基础上推出了BaaS模式。这一模式的核心是将电动汽车的购买成本分为车辆本身和电池两部分，用户可以选择只购买车辆而租赁电池。这大大降低了用户的购车门槛，使更多消费者能够负担得起电动汽车。同时，BaaS模式也提供了充电、换电、升级等综合补能服务，并为用户提供了终身电池质保服务，进一步增强了用户的购车信心和满意度。

2. 广泛的换电网络

蔚来汽车在全国范围内推广了将近2400座换电站，逐步建立了庞大的换电网络。这使用户能够随时随地、方便快捷地进行电池更换，大大缩短了补能时间，提高了电动汽车的使用效率。换电网络的广泛布局不仅解决了用户的续航焦虑问题，也进一步凸显了"车电分离"商业模式的价值。

3. 灵活的定价策略

蔚来汽车在BaaS价格调整方面表现出了高度的灵活性和市场敏锐度。通过降低电池包的租赁价格，蔚来汽车使BaaS的持有成本更加接近于一次性购买电池的成本，为用户提供了更为经济的选择。此外，蔚来汽车还通过"买4送1"等促销活动进一步降低了用户的实际支付成本，增强了市场的吸引力。

4. 与产业链上下游的紧密合作

蔚来汽车与电池制造商、电池资产公司、金融机构等产业链上下游企业建立了紧密的合作关系。这种合作模式不仅有助于蔚来汽车获得稳定的电池供应和资金支持，还能够通过共享资源和信息来降低整体运营成本，提高市场竞争力。同时，蔚来汽车还积极与第三方合作建设换电站，进一步扩大了换电网络的覆盖范围。

5.应对市场变化的灵活调整

在当前的电动汽车市场降价潮中，蔚来汽车通过BaaS模式为自身提供了额外的议价空间。这使蔚来汽车能够在保持高端品牌形象和终端价格稳定的同时，实现价格的灵活调整，满足新车主对价格的期待，同时保护老车主的利益。这种策略不仅增强了蔚来汽车的市场竞争力，还为其在行业中树立了独特的品牌形象。

6.可持续发展与技术创新

蔚来汽车在换电模式的推广过程中始终注重可持续发展和技术创新。通过不断投入研发和优化换电技术，蔚来汽车提高了换电操作的效率和安全性，延长了电池的使用寿命。同时，蔚来汽车还积极推动电池标准化和换电联盟的建立，以降低生产和运营成本，吸引更多的合作伙伴加入。这些努力不仅有助于蔚来汽车自身的长期发展，也为整个电动汽车行业的进步作出了贡献。

综上所述，蔚来汽车的换电模式是一个显著的商业创新案例。它通过车电分离、广泛的换电网络、灵活的定价策略、与产业链上下游的紧密合作、应对市场变化的灵活调整以及可持续发展与技术创新等多方面的努力，为用户提供了更为便捷、灵活的电动汽车使用体验，并在行业中树立了独特的品牌形象。

课后思考

1.研究知名企业特斯拉，分析其商业模式。

2.尝试制订一份简单、明确的商业计划书，计划书中需包含市场分析、产品定位与创新、营销策略策划、财务预算说明等内容。

3.从以下三本书籍中任选一本，阅读并理解其内容，尝试以一名独立创业者的身份阐述自己的观点和看法。

（1）《从0到1：开启商业与未来的秘密》，作者：彼得·蒂尔。

（2）《创业维艰：如何完成比难更难的事》，作者：本·霍洛维茨。

（3）《精益创业》，作者：埃里克·莱斯。

4.尝试设计一款基于人工智能的智能家居控制系统产品，并清晰地阐述其商业价值，清晰地阐述其产品形态、实现的功能、利用的场景、具体的客户画像。

> 产品设计背景：这款基于人工智能的智能家居控制系统，可以通过语音识别、图像识别等技术，实现对家居设备的智能控制，提高家居生活的便利性和舒适度。它可以帮助人们更方便地管理家居设备，如灯光、空调、门窗等，同时还能根据人们的生活习惯自动调整家居环境，如自动调节室内温度、湿度等。此外，这款智能家居控制系统可以通过智能安防功能，提高家庭安全防范能力。

参考文献

［美］约瑟夫·熊彼特.熊彼特：经济发展理论［M］.邹建平，译.北京.中国画报出版社，2012.

第八章 创新创业融资分析

> **学习目的与要求**
>
> 1. 了解创新创业融资的相关理论。
> 2. 掌握创业所需资金的测算、创新创业融资的主要渠道及差异。
> 3. 了解创新创业融资的一般过程。
> 4. 掌握创业计划书的制订要求和过程,迈出正式创业的关键一步。

当创新创业经过想法的优化、需求的定位、产品的定位、技术路线的论证后,还需明确创新创业资金保障。本章就创新创业的融资意义、融资类型及融资方法等内容进行阐述。

第一节 创新创业融资基本知识

创新创业融资指创业者通过不同渠道、采用不同方式筹集资金创建企业,将某种创意转化为商业现实的过程。不同的创业者有不同规模的创业公司,其主体特征和融资规模也各有不同,这决定了创业者对融资金融服务的多样化需求,需求的多样化决定了融资市场是一个多层次的市场体系。创业者应该根据新创企业在不同发展阶段的资本需求特征,结合创业计划及企业发展战略,合理确定资本结构和资本需求数量。本章将重点介绍企业创立初期的融资渠道。

一、创新创业融资

(一)创新创业融资的重要意义

任何企业的生产经营活动都需要资金的支撑,尤其是对于新创企业来说,在企业的销售活动能够产生现金流之前，企业需要支付场地费用、水电费用等固定支出，需要技术研发，需要为购买和生产存货支付资金，需要进行广告宣传，需要支付员工薪酬，还可能需要对员工进行培训。另外，要实现规模经济效应，企业需要持续地进行资本投资，加上产品和服务的开发周期一般比较漫长，这就使创业企业在生命早期需要筹集大量资金。[①]

对创业者来说，融资的重要性主要表现为以下两个方面。

第一，现金流是企业的血液。资金不仅是企业生产经营的起点，更是企业生存发展的基础。现金流断裂是绝大部分企业破产的直接原因，如何保持现金充裕是每一个创业者需要思考的课题。

第二，合理融资有利于降低创业风险。创业企业使用的资金，是从各种渠道借来的，具有一定的资金成本。因此，合理选择融资渠道和融资方式，有利于降低资金成本，将创业企业的财务风险控制在一定范围之内。

（二）创新创业融资难的原因

有许多调查显示，缺少创业所需资金及创业资金筹集困难是创业者面临的最大挑战。创新创业融资难的主要原因是创业企业的不确定性大、信息不对称以及国内资本市场欠发达等。

1.新创企业的不确定性大

相对于成熟的企业，新创企业在资产、销售、雇员等方面处于劣势，存在高度的不确定性。不确定性客观上反映了企业技术、产品或商业模式成功的可能性，进而影响风险投资提供资本的意愿和方式（无论是一次性全部提供还是分阶段注入）。此外，不确定性还将使创业企业与外部投资者签订依赖于特定条件或状态的合同变得困难，进而增加外部融资的成本。[②]因此，创业活动本身的不确定性，使外部投资者难以判断商业机会的真实价值和创业者把握机会的实际能力。

2.企业和资金提供者之间的信息不对称

融资过程中企业和资金提供者之间的信息不对称主要表现在以下三个方面。

第一，创业者具有信息优势。创新创业融资中的信息不对称表现为创业者比投资者对创业活动的创意、技术、商业模式、自身能力、团队素质、产品或服务、市场前景等了解得更多，从而具有信息优势，投资者则处于信息劣势地位。

---

① 官晓慧.应用型高校学生创业要素分析［J］.农家参谋，2018（14）：187–189.
② 杨建东，李强，曾勇.创业者个人特质、社会资本与风险投资［J］.科研管理，2010（06）：65–72.

第二，创业者倾向于对创业信息进行保密。创业者在融资时，出于对商业机密泄露的担心，往往倾向于保护自己的商业机密及其开发方法，特别是进入门槛较低的行业的创业者更是如此。创业者对创业信息的隐藏会增加投资者信息甄别的时间和成本，使其在有限信息的条件下难以判断项目优劣，进而影响其投资决策。

第三，新创企业的经营和财务信息具有非公开性。新创企业或者处于筹建期，或者开办时间较短，缺乏经营记录，企业规模一般也较小，经营活动的透明度较差，财务信息具有非公开性。这些特征使潜在的投资者很难了解和把握创业者和创业企业的相关信息。

3. 资本市场欠发达

与发达国家相比，我国的资本市场仍然不够完善，缺少擅长从事中小企业融资的金融机构和针对创业企业特点的融资产品，对企业上市的要求较高，产权交易市场不够发达，高素质的投资群体尚未形成，导致创业企业的融资受到一定限制。

4. 其他原因

与其他企业相比，创业企业在融资方面具有明显劣势，包括缺少相应的抵押和担保、单位融资成本较高、资金的安全性难以评估、创业者的人力资本定价困难等。

二、创新创业融资类型

融资渠道指企业筹集资本来源的方向与通道，体现资本的源泉和流量。融资渠道主要由社会资本的提供者及数量决定。了解融资渠道的种类、特点和适用性，有利于创业者充分利用和开拓融资渠道，实现各种融资渠道的合理组合，从而有效地筹集所需资金。具体分析，初创企业的融资渠道主要包括私人资本融资、机构融资、风险投资、政府扶持基金、知识产权融资等。

（一）私人资本融资

私人资本包括创业者个人积蓄、亲友资金、天使投资等。

据世界银行下属的国际金融公司对北京、成都、顺德和温州四个地区的私营企业的调查，我国私营中小企业在创业阶段几乎完全依靠自筹资金。[1]其中，90%以上的初始资金是由主要的创业者、创业团队成员及家庭提供的，银行和其他金融机构贷款所占的比例很小，私人资本在创新创业融资中具有不可替代的作用。[2]

---

[1] 赵丛敏.中小企业融资困境的原因和性质分析[J].金融经济，2006（03）：13-14.
[2] 李应军.多层次资本市场的实践和发展（下）[R].证券日报，2004-09-19.

1. 个人积蓄

尽管有些创业者没有动用过个人资金就办起了新企业，但这种情况非常少见。这不仅是因为从资金成本或企业控制权的角度来说，个人资金成本最为低廉，而且因为创业者在试图引入外部资金时，外部投资者一般都要求企业必须有创业者的个人资金投入。因此，个人积蓄是创新创业融资最基础的渠道，几乎所有的创业者都向他们新创办的企业投入了个人积蓄。

个人积蓄的投入对创业企业来说具有非常重要的意义。首先，创业者个人积蓄的投入，表明了创业者对项目前景的看法，只有当创业者对未来的项目充满信心时，他才会毫无保留地向企业投入自己的积蓄；其次，将个人积蓄投入企业，是创业者日后继续向企业投入时间和精力的保证，投入企业的积蓄越多，创业者越会在日后的生产经营过程中保持对企业的关注；再次，个人积蓄的投入是对债权人债权的保障，在企业破产清算时，债权人的权益优于投资者的权益，因此，企业能够融到的债务资金一般以投资者的投入为限，创业者投入企业的初始资金是对债权人债权的基本保障；最后，个人积蓄的投入有利于创业者分享投资成功的喜悦。因此，准备创业的人应从自我做起，较早地将自己收入的一部分储蓄起来，作为创业储备资金。

创业者可以通过转让部分股权的方式从合伙人那里取得创业资金，创办合伙企业；或者通过公开或私募股权的方式，从更多的投资者那里获得创业资金，成立公司制企业。将个人合伙人或个人股东纳入自己的创业团队，利用团队成员的个人积蓄，是创业者最常用的筹资方式之一。

就我国的现状而言，家庭作为市场经济的三大主体之一，在创业中起到重要的支持作用。以家庭为中心形成的亲缘、地缘、商缘等为经纬的社会网络关系，对包括创新创业融资在内的许多创业活动产生重要影响。因此，创业者及其团队成员的家庭储蓄一般归入个人积蓄的范畴。

对许多创业者来说，个人积蓄的投入虽然是新企业融资的一种基础途径，但并不是根本性的解决方案。一般来说，创业者的个人积蓄对于新创企业而言，总是十分有限的，特别是对于新创办的大规模企业或资本密集型企业来说，几乎是杯水车薪。

2. 亲友资金

对于新创企业来说，除了个人积蓄之外，身边亲朋好友的资金是最常见的资金来源。亲朋好友由于与创业者个人的关系而愿意向创业企业投入资金，因此，亲友资金是创业者经常采用的融资方式之一。

在向亲友融资时，创业者需要用现代市场经济的游戏规则、契约原则和法律形式来规范融资行为，保障各方利益，减少不必要的纠纷。第一，创业者一定要明确所融资金的性质，据此确定彼此的权利和义务。若融资的资金属于亲友对企业的投资，则属于股权融资的范畴；若融资的资金属于亲友借给创业者或创业企业的，则属于债权融资。由于股权资本自身的特性，创业者对于亲友投入的资金可以不用承诺日后的分红比例和具体的分红时间；但对于从亲友处借入的款项，一定要明确约定借款利率和具体的还款时间。第二，无论是借款还是投资款项，创业者最好能够通过书面的方式将事情确定下来，以避免将来可能的矛盾。

除此之外，创业者还要在向亲友融资之前，仔细考虑这一行为对亲友关系的影响，尤其是创业失败后的艰难困苦。要将日后可能产生的有利和不利方面告诉亲友，特别是创业风险，以便将来出现问题时将对亲友的不利影响降到最低。

3.天使投资

天使投资（Angel Investor）是一种非组织化的创业投资形式，一般由富有的个人直接向初创企业投资。它是风险资本的一种，但与风险投资有明显区别。天使资本的投资对象常常是一些尚处于构思状态的原创项目或者小型初创企业。[1] 天使投资的门槛比较低，有时即便是一个创业构思，只要有发展潜力，也能获得资金，而风险投资一般对这些还未成型的创业构思兴趣不大。

在产品和业务还没有完全成型的时候，天使投资人就已经把资金投入进来。其实，在做投资决定时，天使投资人非常看重创业团队。如果他们对创业者的干事能力和创业热情深信不疑，就会向创业者提供资金帮助。天使投资的资金范围非常广，从几百万元到几千万元不等。

"天使投资"一词源于纽约百老汇，特指富人出资资助一些具有社会意义的演出的公益行为。[2] 对于那些充满理想的演员来说，这些赞助者就像天使一样从天而降，使他们的美好理想变为现实。后来，天使投资被引申为一种对高风险、高收益的新兴企业的早期投资。天使资本主要有三个来源：曾经的创业者、传统意义上的富豪、大型高科技公司或跨国公司的高级管理者。在部分经济发展良好的国家中，政府也扮演了天使投资人的角色。

天使投资对创业公司的作用重大，同时，天使投资的回报也是非常可观的。按照阿里巴巴上市时的估值计算，其天使投资人孙正义以2000万美元投资获得的

---

[1] 石崇策.有过创业经历的天使投资人更懂创业者［J］.中国战略新兴产业，2017.

[2] 何新.天使投资人，从概念到实践的落差［J］.黄金时代，2014（08）：58-61.

股份，估值约580亿美元，孙正义也因此成为日本首富。

据美国风险投资研究所创始人威廉·韦策尔介绍，美国有25万个以上的天使投资者，其中有10万人在积极投资。他们每年在总共2万~3万家公司投资50亿~100亿美元。每次投资在2万~3万美元，36%不到1万美元，24%超过5万美元。这些投资者主要是美国自主创业造就的富翁，有扎实的商务和财务经验，年龄在40~50岁，受过良好的教育，95%的人持有学士学位，51%的人拥有硕士学位；获得硕士学位的人，44%现从事技术工作，35%在商业或经济领域工作。[①]虽然我国天使投资者的数量近年来有了较快的增长，但和西方资本市场发达的国家相比，我国的天使投资依然存在较大差距。

天使投资现在主要有4种模式，包括天使投资人、天使投资团队、孵化器型天使投资和平台型天使投资。

（1）天使投资人。他们大多有一定财富积累的企业家、创业成功者等，这些人在投资后积极为公司提供战略规划、人才、公关、人脉资源等增值服务，是早期创业者的重要支撑。

随着天使投资的发展，天使投资人越来越多，如李开复、雷军、马化腾等。国内成功的民营企业家逐渐发展成为天使投资的主力军。除此之外，手头有闲置资金的律师、会计师、企业高管、行业专家等，也在做天使投资。

（2）天使投资团队。天使投资人模式有一定的局限性，比如项目来源少、个人资金实力不够、投资经验不足等。于是，一些天使投资人开始组织在一起，成为由几十位天使投资人构成的天使俱乐部或天使联盟。[②]

天使投资团队有非常多的优势，比如汇聚项目来源、成员间分享行业经验和投资经验等。有一些天使投资团队的联系非常紧密，还会通过联合的模式对外投资。典型的天使投资俱乐部和天使联盟包括上海天使投资俱乐部、深圳天使投资人俱乐部、亚杰商会天使团、K4论坛北京分会等。

（3）孵化器型天使投资。创业孵化器一般建立在各个地区的科技园区，主要为初创企业提供廉价的办公场地、便利的配套设施以及人力资源服务等。在企业经营方面，孵化器还会给创业公司提供各种帮助。

我国科技部办公厅发布的《科技企业孵化器认定和管理办法》指出："孵化器的主要功能是以科技型创业企业为服务对象，通过开展创业培训、辅导、咨询，

---

① 李家华.创业基础[M].2版.北京：北京师范大学出版社，2015：121.
② 桂曙光.找天使？先从了解天使开始吧[J].创业邦，2011（03）：76-79.

提供研发、试制、经营的场地和共享设施，以及政策、法律、财务、投融资、企业管理、人力资源、市场推广和加速成长等方面的服务，以降低创业风险和创业成本，提高企业的成活率和成长性，培养成功的科技企业和创业家。"

美国硅谷的 Y Combinator 是全球最知名的创业孵化器。他们吸引了很多知名的天使投资人加入，孵化出的创业公司被其他天使投资人争相投资。Y Combinator 对每个创业项目的投资额不超过3万美元，占5%左右的股份。他们会给每一位创业者安排教练和创业课程，但是不提供创业场地。

国内的创业孵化器也有了一定的发展，后续潜力巨大。典型代表是李开复成立的创新工场、天使湾创投的20万元8%聚变计划，以及北京中关村国际孵化器有限公司等。

（4）平台型天使投资。移动互联网的快速发展促使越来越多的应用终端和平台对外开放接口，这让创业团队可以基于自己的应用平台进行创业。比如，围绕苹果应用商店（App Store）的平台、围绕腾讯微信公众号的平台等，让很多创业团队趋之若鹜。

一些平台为了增强对创业者的吸引力，提升平台的价值，设立了平台型天使投资基金，给有潜力的创业公司提供启动资金。平台型天使投资基金不仅可以给创业公司提供资金支持，还会给他们带来丰富的平台资源。

平台型天使投资基金的典型代表有网龙公司与IDG设立的"mFund移动互联网投资基金"、360公司发起的"免费软件起飞计划"、新浪推出的"中国微博开发者创业基金"等。[①]

（二）机构融资

机构融资的途径有银行贷款、非银行金融机构贷款、交易信贷和租赁、从其他企业融资等。

1.银行贷款

银行贷款是银行根据国家政策，按照一定利率将资金放贷给资金需要者，并约定还款期限的一种经济行为。银行贷款一般需要提供抵押、担保或者证明个人征信良好才能申请。作为金融机构，银行发放贷款首先考虑的就是资金安全问题，所以银行贷款的门槛比较高。尽管如此，银行贷款依然是创始人比较稳健的融资选择。

2006年，孟加拉国格莱珉银行的创立者穆罕默德·尤努斯因以银行贷款的方

---

① 桂曙光.找天使？先从了解天使开始吧［J］.创业邦，2011（03）：76–79.

式帮助穷人创业而获得了诺贝尔和平奖。我国也有很多银行推出了支持个人创业的贷款产品，尤其在建设现代化产业体系，坚持把发展经济的着力点放在实体经济上的大背景下，很多银行相继推出了创业贷款项目，其中比较适合创业者的银行贷款形式主要有抵押贷款和担保贷款两种。

（1）抵押贷款。借款人以其所拥有的财产作抵押，作为获得银行贷款的担保。在抵押期间，借款人可以继续使用其用于抵押的财产。抵押贷款有以下三种形式。

不动产抵押贷款：创业者可以用土地、房屋等不动产作抵押，从银行获取贷款。

动产抵押贷款：创业者可以用机器设备、股票、债券、定期存单等银行承认的有价证券，以及珠宝首饰等动产作抵押，从银行获取贷款。

无形资产抵押贷款：一种创新的抵押贷款形式，适用于拥有专利技术、专利产品的创业者，创业者可以用专利权、著作权等无形资产向银行作抵押或质押，以获取贷款。[1]

（2）担保贷款。借款方向银行提供符合法定条件的第三方保证人作为还款保证的借款方式。当借款方不能履约还款时，银行有权按照约定要求保证人履行或者承担清偿贷款的连带责任。其中，较适合创业者的担保贷款形式有以下两种。

自然人担保贷款：指经由自然人担保提供的贷款，可采取抵押、权利质押、抵押加保证三种方式。

专业担保公司担保贷款：目前各地有许多由政府或民间组织的专业担保公司，可以为包括初创企业在内的中小企业提供融资担保，如北京中关村担保公司、首创担保公司等。其他省市也有很多类似性质的担保机构为中小企业提供融资担保服务。这些机构大多属于公共服务性非营利组织，创业者可以通过申请，由这些机构担保向银行借款。

（3）信用贷款。借款人无须提供担保，仅凭自己的信用就能取得贷款。因为不需要抵押和担保，这对企业创始人来说是一个很诱人的优势。然而，银行的信用贷款门槛较高，对固定收入、社保公积金、征信报告、贷款使用途径等有较高要求，且产品较少，发放额度较低。缺乏经营历史和信用积累的创业者，比较难以获得理想数额的银行信用贷款。

信用卡取现作为信用贷款的一种，是银行为持卡人提供的小额现金贷款，金

---

[1] 吴海兵，张欢，邓达清.浅析创业初期的企业融资方式［J］.商场现代化，2007（04）：169-170.

额一般不大，是在创业者急需资金时可以帮助其解决临时融资困难的一种途径。创业者可以采用两种方式取得信用卡透支贷款：一种方式是信用卡取现；另一种方式是透支消费。

创业者可以持信用卡通过银行柜台或是自动取款机（ATM）提取现金，灵活使用。透支取现的额度根据信用卡情况设定，不同银行的取现标准不同，最低的是不超过信用额度的30%，最高的可以将信用额度的100%都取出来。另外，除取现手续费外（各银行取现手续费不一），境内外透支取现还需支付利息，不享受免息待遇。[①]

创业者可以利用信用卡进行透支消费，购置企业急需的财产物资。

（4）政府无偿贷款担保。根据有关规定，很多地方政府都为当地的创业人员提供无偿贷款担保。例如，上海、青岛、南昌、合肥等地的应届大学毕业生创业可享受无偿贷款担保的优惠政策，自主创业的大学生向银行申请开业贷款的担保额度最高可达100万元，并享受贷款贴息[②]；江苏省镇江市润州区创业农民可通过区农民创业担保基金中心，获取最高5万元贷款，并由政府为其无偿担保；湖南省各级财政安排一定的再就业资金，用于下岗失业人员小额贷款担保基金及贴息等四个方面；浙江省对持再就业优惠证的人员和城镇复员转业退役军人，从事个体经营自筹资金不足的，由政府提供小额担保贷款。

（5）中小企业互助机构贷款。中小企业互助机构指中小企业在向银行融通资金的过程中，根据合同约定，由依法设立的担保机构以保证的方式为债务人提供担保，在债务人不能依约履行债务时，由担保机构承担合同约定的偿还责任，从而保障银行债权实现的一种金融支持制度。信用担保可以为中小企业的创业和融资提供便利，分散金融机构的信贷风险，推进银企合作。

从20世纪20年代起，许多国家为支持中小企业发展，先后成立了为中小企业提供融资担保的信用机构。目前，全世界已有48%的国家和地区建立了中小企业信用担保体系。我国从1999年开始，已经形成了以中小企业信用担保为主体的担保业和多层次中小企业信用担保体系，各类担保机构的资本金稳步增长。

（6）其他贷款。创业者可以灵活地将个人消费贷款用于创业，如因创业需要购置沿街商业房，可以用拟购置的房子作抵押，向银行申请商用房贷款；若创业

---

① 高杨.商业银行流动性风险管理系统的研究与开发［D］.天津：天津大学硕士论文，2018.

② 刘远柱.大学生就业中政府责任的定位、缺失及对策［J］.理论月刊，2011（04）：97-100.

需要购置轿车、卡车、客车、微型车等,可以办理汽车消费贷款。除此之外,可供创业者选择的银行贷款方式还有托管担保贷款、买方贷款、项目开发贷款、出口创汇贷款、票据贴现贷款等。

尽管银行贷款需要创业者提供相关的抵押、担保或保证,对于白手起家的创业者来说条件有些苛刻,但如果创业者能够提供银行规定的资料及合适的抵押物,得到贷款并不困难。

2. 非银行金融机构贷款

非银行金融机构指以发行股票和债券、接受信用委托、提供保险等形式筹集资金,并将所筹资金运用于长期性投资的金融机构。根据法律规定,非银行金融机构包括经中国银行监督管理委员会批准设立的信托公司、企业集团财务公司、金融租赁公司、汽车金融公司、货币经纪公司、境外非银行金融机构驻华代表处、农村和城市信用合作社、典当行、保险公司、小额贷款公司等。[①]创业者可以从这些非银行金融机构取得借款,筹集生产经营所需资金。

(1)保单质押贷款。保险公司为了提高竞争力,会为投保人提供保单质押贷款。保单质押贷款最高限额不超过保单保费积累的70%,贷款利率按同档次银行贷款利率计息。例如,中国人寿保险公司的"国寿千禧理财两全保险"就具有保单质押贷款的功能,只要投保人缴付保险费满2年,且保险期已满2年,就可以凭保单以书面形式向保险公司申请质押贷款。

(2)实物质押典当贷款。当前,有许多典当行推出了个人典当贷款业务。借款人只要将有较高价值的物品质押在典当行,就能取得一定数额的贷款。典当费率要高于银行同期贷款利率,但对急于筹集资金的创业者来说,这不失为一个比较方便的筹资渠道。典当行的质押放款额一般是质押品价值的50%~80%。

(3)小额贷款公司。由自然人、企业法人与其他社会组织投资设立,不吸收公众存款,经营小额贷款业务的有限责任公司或股份有限公司,发放贷款坚持小额、分散的原则。小额贷款公司发放贷款时手续简单,办理便捷,当天申请基本当天就可放款,可以快速地满足新创企业的资金需求。截至2021年末,全国共有小额贷款公司6453家,贷款余额9415亿元。小额贷款公司已经成为缓解小微企业融资难题的新渠道。

3. 交易信贷和租赁

交易信贷指企业在正常的经营活动和商品交易中由于延期付款或预收货款所

---

① 郭雨其. 美中两国金融系统的对比与研究 [J]. 现代经济信息,2015(22):274.

形成的企业间常见的信贷关系。企业在筹办期以及生产经营过程中,均可以通过商业信用的方式筹集部分资金。例如,企业在购置设备或原材料、商品的过程中,可以通过延期付款的方式,在一定期间内免费使用供应商提供的部分资金;在销售商品或服务时,采用预收账款的方式,免费使用客户的资金等。

创业者也可以通过融资租赁的方式筹集购置设备等长期性资产所急需的资金。融资租赁指实质上转移与资产所有权有关的全部或绝大部分风险和报酬的租赁。资产的所有权最终可以转移,也可以不转移。融资租赁是集融资与融物、贸易与技术更新于一体的新型金融业务。由于其融资与融物相结合的特点,出现问题时租赁公司可以回收、处理租赁物,所以在办理融资时对企业资信和担保的要求不高,非常适合中小企业融资。此外,融资租赁属于表外融资,不体现在企业财务报表的负债项目中,不影响企业的资信状况,对需要多渠道融资的中小企业非常有利。企业在筹建期,通过融资租赁的方式取得急需设备的使用权,解决部分资金需求,获得相当于租赁资产全部价值的债务信用,一方面可以使企业按期开业,顺利开始生产经营活动,另一方面又可以解决创业初期资金紧张的局面,节约创业初期的资金支出,将购买设备的资金用于主营业务的经营,提高企业现金流量的创造能力;同时,融资租赁分期付款的性质可以使企业保持较高的偿付能力,维持财务信誉。[①]

4.从其他企业融资

尽管在大多数情况下,企业是资金的需求者而不是提供者,但是对于不同行业的企业,或者在企业发展的不同时期,部分企业还是会有暂时的闲置资金可以对外提供,尤其是一些从事公用事业的企业,或者已经发展到成熟期的企业,现金流一般会比较充足,甚至会有大量资金需要通过对外投资的方式实现较高收益。对于有闲置资金的企业,创业者既可以吸收其资金作为股权资本,也可以向这些企业借款,形成债权资本。

(三)风险投资

从广义上讲,风险投资(Venture Capital,VC)泛指一切具有高风险、高潜在收益的投资;从狭义上讲,风险投资指对以高新技术为主,生产与经营技术密集型产品的投资。美国风险投资协会对风险投资的定义是:"由职业的金融家投入到新兴的、迅速发展的、具有巨大竞争潜力的企业中的一种权益资本。"目前在我

[①] 傅世琦.对我国中小企业融资现状及有效融资途径的分析[J].商场现代化,2011(10):74-76.

国，对于风险投资尚未形成统一的看法，比较普遍的观点认为，风险投资是由专业机构提供的投资于极具增长潜力的创业企业并参与其管理的权益资本。从定义上可以看出，中美关于风险投资的界定有所不同，其投资对象有一定差别。这是因为我国是一个发展中国家，很多行业方兴未艾，所以传统行业，像零售、农产品等，虽然没有技术含量，但拥有广阔的、快速发展的市场，这些传统行业的市场增长速度和回报率并不低于高科技行业。因此，我国的风险投资不仅投资高科技项目，对传统领域，如教育、医疗保健等项目也感兴趣。

风险投资对企业发展有重要的支持作用，在推动技术创新、调整产业结构、改变社会就业结构、增加投资渠道、加强资本市场的深度等方面有重要意义。

1.风险投资的特点

（1）以股权方式投资。风险资本的投资对象是处于创业期的未上市新兴中小企业，尤其是新兴高科技企业。风险资本常常采取渐进投资的方式，选择灵活的投资工具进行投资，在投资企业中建立适应创业内在需要的"共担风险、共享收益"机制。

（2）积极参与所投资企业的创业过程。许多风险投资家本身也是经营老手，一般对其所投资的领域有丰富的经验，经常会积极参与投资企业的生产经营过程，以弥补所投资企业在创业管理经验上的不足，同时控制创业投资的高风险。出色的风险投资人会协助创业者解决战略性问题，利用自身强大的关系网为公司招揽优秀人才、促成交易与合作，并提供财务及法律指导等。

（3）以整个创业企业作为经营对象。风险投资不经营具体的产品，而是通过支持创建企业并在适当时机转让所持股权，获得未来资本增值的收益。与企业投资者相比，风险投资虽然对企业有部分介入，但其最终目的是监控而非独占，他们看重的是转让后的股权升值而非整体持有的百分比。

（4）看重"人"的因素。风险投资家在进行项目选择时，更加看重"人"的因素。正如美国最早的风险投资公司——美国研究开发公司（America Research and Development Corporation，ARD）的创始人之一乔治·多利奥特（George Doriot）所言："宁要一流的人才和二流的创意，也不要一流的创意和二流的人才。"

（5）高风险、高收益。由于风险资本的主要投资目标是刚刚起步的中小型企业，这些企业的规模较小，没有固定资产和资金作为抵押担保，所以投资的风险非常高。如果企业技术或者产品经不起市场检验，无法转化为现实的生产力，创业公司就有倒闭的风险，而风险投资人的钱也打了水漂。据统计，美国由风险投资所支持的企业，只有5%~10%的创业企业可获得成功，风险投资的高风险可见一斑。风险投资一旦成功，就能获得非常大的回报，甚至可能获得几百倍、几千倍的投资回报。根据小米集团2022年520亿美元的总市值，晨兴创投前3轮投资6000万美元获得了小米集团11%的股份，已经价值57.2亿美元，回报率达到90多倍。

（6）流动性更低。风险资本在高新技术企业刚起步的时候就注入了，当企业的商业模式发展成熟之后才能通过资本市场变现。这一流程至少需要3~5年，在这期间，资金基本上无法流动。风险投资者一般会实行组合投资的策略，投资一系列的项目，坚持长期运作，通过将成功的项目出售或上市回收的价值，来弥补其他失败项目的损失，并获得较高收益。

2.风险投资选择项目的原则

风险投资对目标企业的考察十分严格，一般来说，其所接触的企业中，只有2%~4%能够最终获得融资。因此，创业者要提高获得风险投资的概率，需要了解风险投资选择项目的标准。

有人将风险投资选择项目的原则总结为创业投资的三大定律。[①]

第一定律：绝不选取含有两个以上风险因素的项目。对于创业投资项目的研究开发风险、产品风险、市场风险、管理风险、创业成长风险等，如果申请的项目具有两个或两个以上的风险因素，则风险投资一般不会予以考虑。

第二定律：$V=P \cdot S \cdot E$。其中，V代表总考核值，P代表产品或服务的市场大小，S代表产品或服务的独特性，E代表管理团队的素质。[②]

第三定律：投资V值最大的项目。在收益和风险相同的情况下，风险投资机构将首先选择那些总考核值最大的项目。

根据风险投资的潜规则，一般真正职业的风险资金是不希望控股的，通常只占企业30%左右的股权，风险投资者更多地希望创业管理层能对企业拥有绝对的自主经营权。[③]因此，创业者在创业初期选择风险投资时要拿适量的资金，以便未来在企业需要进一步融资时，不至于稀释更多的股份而丧失对企业的控制权。

前面提到的天使投资也是广义的风险投资的一种，但狭义的风险投资主要指机构投资者的投资。

（四）政府扶持基金

政府的资金支持是中小企业资金来源的一个重要组成部分。综合世界各国的

---

① 熊水生，刘健.创业资本运营实务［M］.成都：西南财经大学出版社，2006.13-14.
②③ 赵旭.新视点：VC更看重创业团队［J］.科技创业，2009（4）：80.

情况，政府的资金支持一般能占到中小企业外来资金的10%左右，资金支持方式主要包括税收优惠、财政补贴、贷款援助、风险投资、开辟直接融资渠道等。①

随着我国经济实力的增强，政府对创业的支持力度，无论从产业的覆盖面还是从政府对创业者的支持额度来看，都有了很大提高，由政府提供的扶持基金也在逐步增加。同学们应善于利用相关政策的扶持，达到事半功倍的效果。

1.国家"一揽子"清单支持

为深入贯彻落实《国务院办公厅关于进一步支持大学生创新创业的指导意见》（国办发〔2021〕35号）和《关于深入组织实施创业带动就业示范行动的通知》（发改办高技〔2021〕244号）等文件精神，2022年2月8日，国家发展和改革委员会联合八部门出台了《关于深入实施创业带动就业示范行动力促高校毕业生创业就业的通知》②，制定扶持高校毕业生创业就业普惠政策清单，其中涵盖诸多资金支持内容。

第一，鼓励高校毕业生自主创业。

（1）政府投资开发的孵化器等创业载体应安排30%左右的场地，免费提供给高校毕业生。有条件的地方可对高校毕业生到孵化器创业给予租金补贴。

（2）高校毕业生从事个体经营的，自办理个体工商户登记当月起，在3年（36个月）内按每户每年12000元为限额依次扣减其当年实际应缴纳的增值税、城市维护建设税、教育费附加、地方教育附加和个人所得税。限额标准最高可上浮20%，各省、自治区、直辖市人民政府可根据本地区实际情况在此幅度内确定具体限额标准。③

（3）毕业后创业的大学生可按规定缴纳"五险一金"。高校毕业生自主创业，可申请最高20万元的创业担保贷款，对符合条件的借款人合伙创业或组织起来共同创业的，贷款额度可适当提高；对10万元以下贷款、获得市级以上荣誉称号以及经金融机构评估认定信用良好的大学生创业者，原则上取消反担保。对高校毕业生设立的符合条件的小微企业，最高贷款额度提高至300万元。

（4）实施弹性学制，放宽学生修业年限，允许调整学业进程，保留学籍休学进行创新创业。

（5）对小型微利企业，应纳税所得额不超过100万元的部分，减按12.5%计入

---

① 陈乐忱．中小企业融资他山之石［J］．财会通讯（综合），2008（10）：20．
② 国家发展改革委等部门关于深入实施创业带动就业示范行动力促高校毕业生创业就业的通知［J］．中华人民共和国教育部公报，2022（07）：57-60．
③ 教育部等八部门关于印发《新时代基础教育强师计划》的通知［J］．华夏教师教育，2022（05）：4．

应纳税所得额,按20%的税率缴纳企业所得税;对年应纳税所得额超过100万元但不超过300万元的部分,减按50%计入应纳税所得额,按20%的税率缴纳企业所得税。个体工商户应纳税所得额不超过100万元的部分减半征收个人所得税。

(6)对月销售额15万元以下(含本数)的小规模纳税人免征增值税。按月纳税的月销售额不超过10万元,以及按季纳税的季度销售额不超过30万元的缴纳义务人,免征教育费附加、地方教育附加、水利建设基金。增值税小规模纳税人可以在50%的税额幅度内减征地方"六税两费"(资源税、城市维护建设税、房产税、城镇土地使用税、印花税[①]、耕地占用税和教育费附加、地方教育附加)。

(7)对首次创办小微企业或从事个体经营满1年以上的离校2年内高校毕业生,给予一次性创业补贴,具体办法由省级财政、人社部门制定。

第二,鼓励社会支持高校毕业生创新创业。

(1)各地区、各高校和科研院所的实验室以及科研仪器、设施等科技创新资源,可以面向大学生开放共享,提供低价、优质的专业服务。纳税人提供技术转让、技术开发和与之相关的技术咨询、技术服务免征增值税。

(2)对国家级或省级科技企业孵化器、大学科技园和国家备案众创空间向在孵对象提供孵化服务取得的收入,免征增值税;其自用及提供给在孵对象使用的房产、土地,免征房产税和城镇土地使用税。

(3)符合条件的(投资2年以上)创业投资企业、有限合伙制创业投资企业和天使投资个人,采取股权投资方式直接投资于未上市的中小高新技术企业、初创科技型企业的,可按投资额的70%抵扣应纳税所得额;当年不足抵扣的,可以在以后纳税年度结转抵扣。

(4)金融机构向小型企业、微型企业及个体工商户发放小额贷款取得的利息收入,免征增值税。

2.再就业小额担保贷款

为帮助下岗失业人员自谋职业、自主创业和组织起来就业,对于诚实守信、有劳动能力和就业愿望的下岗失业人员,针对他们在创业过程中缺乏启动资金和信用担保,难以获得银行贷款的实际困难,由政府设立再担保基金。通过再就业担保机构担保,可向银行申请专项再就业小额贷款。该政策从2003年初起陆续在全国推行,并不断扩大小额担保贷款的范围,目前再就业小额担保贷款的适用范围包括:年龄在指定范围内(一般为60岁以内,地方政策可能有所不同),有创

---

① 不含证券交易印花税。

业愿望和劳动能力，诚实守信，有下岗证或者再就业优惠证的国企、城镇企业下岗职工；退役军人；农民工；外出务工返乡创业人员；吸纳下岗失业人员达到地方规定的小企业、合伙经营实体或劳动密集型企业；大中（技）专毕业生；残疾人员；失地农民等符合条件的人员。

3. 科技型中小企业技术创新基金

科技型中小企业技术创新基金是1999年经国务院批准设立的，为扶持、促进科技型中小企业技术创新，用于支持科技型中小企业技术创新项目的政府专项基金，由科技部科技型中小企业技术创新基金管理中心进行管理。创新基金重点支持产业化初期（种子期和初创期）、技术含量高、市场前景好、风险较大、商业性资金进入尚不具备条件、最需要由政府支持的科技型中小企业项目，并将为其进入产业化扩张和商业性资本的介入起到铺垫和引导作用。创新基金以创新和产业化为宗旨，以市场为导向，上联"863""攻关"等国家指令性研究发展计划和科技人员的创新成果，下接"火炬"等高技术产业化指导性计划和商业性创业投资者。根据中小企业和项目的不同特点，创新基金通过无偿拨款、贷款贴息、资本金投入等方式扶持和引导科技型中小企业的技术创新活动，促进科技成果的转化。[①]

4. 中小企业国际市场开拓资金

中小企业国际市场开拓资金是由中央财政和地方财政共同安排的专门用于支持中小企业开拓国际市场的专项资金。市场开拓资金用于支持中小企业和为中小企业服务的企业、社会团体和事业单位组织中小企业开拓国际市场的活动。该资金的主要支持内容包括：举办或参加境外展览会；质量管理体系、环境管理体系、软件出口企业和各类产品的认证；国际市场宣传推介；开拓新兴市场；组织培训与研讨会；境外投（议）标等方面。市场开拓资金支持比例原则上不超过支持项目所需金额的50%，对西部地区的中小企业以及符合条件的市场开拓活动，支持比例可提高到70%。

5. 天使基金

政府有关部门和社会各界有识之士纷纷出资，设立了鼓励和帮助大学生自主创业、灵活就业的天使基金。例如，北京青年科技创业投资基金是由北京科技风险投资股份有限公司出资设立，与共青团北京市委、北京市青年联合会和北京市工商局共同管理的基金。其特点之一是以个人为投资主体，孵化快速成长的科技

---

① 姜慧霞. 创新基金对浙江省中小企业技术创新的推动作用[J]. 中国科技产业，2002（03）：69-72.

项目，凡在电子信息产业、新材料、生物医药工程及生命科学领域拥有新技术成果，45岁以下的自然人，均可申请创投基金，资金投资区域为北京地区。

6. 其他基金

各省市为支持当地创业型经济的发展，也纷纷出台政策支持创业，主要有人力资源和社会保障部设立的开业贷款担保政策、小企业担保基金专项贷款、中小企业贷款信用担保、开业贷款担保、大学生科技创业基金等。同学们应结合自身情况，利用好相关政策，获得更多的政府基金支持，降低融资成本。

（五）知识产权融资

允许知识产权入股，明确了知识产权作为生产要素的属性。《中华人民共和国公司法》还规定，不再限制股东（发起人）的货币出资比例，无形资产可以百分之百出资。专利权、商标权、软件著作权等无形知识产权融资也是创业者值得关注的融资方式，在国内外已有许多成功案例。知识产权融资可以采用知识产权作价入股、知识产权抵押贷款、知识产权信托、知识产权资产证券化等方式。

1. 知识产权作价入股

2014年3月1日实施的《中华人民共和国公司法》（以下简称《公司法》）第四十八条规定："股东可以用货币出资，也可以用实物、知识产权、土地使用权、股权、债权等等可以用货币估价并可以依法转让的非货币财产作价出资。"以非货币财产进行百分之百的出资，有效地减轻股东货币出资的压力。

根据《公司法》的规定，除法律、行政法规规定不得作为出资的财产以外，股东可以用知识产权等可以用货币估价，并可以依法转让的非货币财产作价出资。对作为出资的非货币财产应当评估作价，核实财产，不得高估或者低估作价，必须经过专业的知识产权评估才可以作为出资依据。

2. 知识产权质押贷款

知识产权质押贷款指以合法拥有的专利权、商标权、著作权中的财产权，经评估后向银行申请融资，是商业银行积极探索的中小企业融资途径。2006年，全国首笔知识产权质押融资贷款在北京诞生；2008年，国家知识产权局确定了知识产权质押融资的试点城市；很多地市出台了质押贷款管理办法，如浙江省在2009年1月20日出台了《浙江省专利权质押贷款管理办法》，为金融机构、企业操作知识产权质押提供了规范指引；2009年9月和11月，广州市知识产权局、武汉市知识产权局分别和有关银行签署了促进知识产权质押融资的合作协议；2010年，财政部、工业和信息化部、中国银行业监督管理委员会、国家知识产权局、国家工商行政管理总局、国家版权局共同发布了《关于加强知识产权质押融资与评估管

理 支持中小企业发展的意见》，进一步推进了知识产权质押融资工作的开展。[①]

知识产权质押融资可以采用以下三种形式：质押——知识产权质押作为贷款的唯一担保形式；质押加保证——以知识产权质押作为主要担保形式，以第三方连带责任保证（担保公司）作为补充的组合担保；质押加其他抵押担保——以知识产权作为主要担保形式，以房产、设备等固定资产抵押，或个人连带责任保证等其他担保方式作为补充担保的组合担保形式。

知识产权质押贷款仅限于借款人在生产经营过程中的正常资金需求，贷款期限一般为1年，最长不超过3年；贷款额度一般控制在1000万元以内，最高达5000万元；贷款利率采用风险定价机制，原则上在中国人民银行基准利率的基础上按不低于10%的比例上浮。质押率：发明专利最高为40%，实用新型专利最高为30%；驰名商标最高为40%，普通商标最高为30%。质物要求：投放市场至少1年；根据企业的现金流情况采取灵活多样的还款方式。

3. 知识产权信托

知识产权信托是以知识产权为标的的信托，知识产权权利人为了使自己所拥有的知识产权产业化、商品化，将知识产权转移给信托投资公司，由其代为经营管理，知识产权权利人获取收益的一种法律关系。依据知识产权的类型，结合我国目前已有的信托案例，当前的知识产权信托包括专利信托、商标信托、版权信托等方式。在美国、日本等国家，知识产权信托已广泛用于电影拍摄、动画片制作等短期需要大量资金的行业的资金筹措。流动资金少的文化产业公司，在投入制作时，可与银行、信托公司签订信托构思阶段新作品著作权的合同，银行或信托公司向投资方介绍新作品的构思、方案，并向投资方出售作品未来部分销售收益的信托受益权，制作公司等则以筹集到的资金再投入新作品的创作。[②]

2000年9月，武汉市专利管理局、武汉国际信托投资公司联合策划、构建的专利信托在武汉市首先推出，推动了金融资本与无形资本的有机结合，引起国内外投资界、企业界的广泛关注。但目前为止，知识产权信托在我国的发展状况并不理想，还需要在立法完善和政策支持上多加关注。

4. 知识产权资产证券化

知识产权资产证券化是发起人将能够产生可预见的稳定现金流的知识产权，

---

① 段灿艳，胡海国.论知识产权公共服务的基本范畴[J].现代商贸工业，2019（16）：132-136.

② 杜忠博.我国知识产权证券化主要模式及现状思考[J].智慧中国，2022（09）：38-41.

通过一定的金融工具安排，对其中的风险与收益要素进行分离与重组，进而转换成为在金融市场上可以出售的流通证券的过程。知识产权资产证券化的参与主体包括发起人（原始权益人）、特设载体（SPV）、投资者、受托管理服务机构、信用评级机构、信用增强机构、流动性提供机构。

1997年1月，由于短时间内缺少流动资金，美国著名摇滚歌星戴维·鲍伊（David Bowie）通过在美国金融市场出售其音乐作品的版权债券，向社会公众公开发行了为期10年、利率为7.9%的债券，为自己的音乐发展之路募集资金5500万美元，金融界称之为"鲍伊债券"。其采取私募发行的方式，由保德信证券投资信托公司全额认购。"鲍伊证券"的发行具有开创性的意义，把传统资产证券化局限于抵押住房贷款、汽车按揭贷款、信用卡贷款、应收账款等方面的应用向前推进了一大步，首次将知识产权纳入证券化范畴，开启了知识产权证券化的新纪元。

Scalar证券化产品是日本首个专利证券化实例。Scalar是日本一家研发光学镜片的公司。2003年，该公司将其4件光学专利许可给松下电器公司，之后松下电器公司再将该专利权转移给证券化的特殊目的机构（SPV），由SPV以前述专利权利金作担保发行债券筹资。Scalar公司经由证券化许可所得的资金为20亿日元。

近几年，美国、英国、日本等国家的知识产权证券化发展迅速。知识产权证券化的对象已经非常广泛，从电子游戏、音乐、电影、娱乐、演艺、主题公园等与文化产业关联的知识产权，到时装设计的品牌、最新医药产品的专利、半导体芯片，甚至专利诉讼的胜诉金，几乎所有的知识产权都已经成为证券化的对象。

2017年，国务院印发《国家技术转移体系建设方案》，提出开展知识产权证券化融资试点。[①]加之国家知识产权局一直推动的知识产权质押融资和保险业务迅速发展，我国知识产权证券化工作开始破冰。

2018年12月，"奇艺世纪知识产权供应链金融资产支持专项计划"和"第一创业—文科租赁一期资产支持专项计划"分别在上海证券交易所、深圳证券交易所获批，实现了我国知识产权证券化零的突破。

广东省在此领域业务表现较为突出。2019年9月，广州开发区在深圳证券交易所发行了我国首只纯专利证券化产品"兴业圆融—广州开发区专利许可资产支持专项计划"[②]，实现了广东知识产权证券化零的突破。2019年12月和2020年3月，

---

① 董涛.十年来中国知识产权实践探索与理论创新［J］.知识产权，2022（11）：3-31.
② 王越.知识产权证券化有了新模式［N］.中国质量报，2020-04-23.

广东又接连发行了"平安证券—高新投知识产权1号资产支持专项计划""南山区—中山证券—高新投知识产权1期资产支持计划"。广东已连续上市发行三支知识产权证券化产品，总规模达到7.45亿元，为我国知识产权金融发展提供了可参考、复制的"广东模式"[①]。

第二节 创新创业融资方法

一、制订融资计划

通过上述渠道获得的资金支持，在性质上可以划分为两种类型：一类是股权融资，另一类是债权融资。无论计划作出哪一类创新创业融资决策，除了做好心理准备、考虑不同融资方式的优缺点及融资成本的高低，还要考虑创业企业所处的生命周期阶段、创业企业自身的特征，了解采用不同融资方式时应该特别予以关注的问题。

（一）股权融资和债券融资的利弊比较

无论是股权融资还是债权融资，均具有一定的优点，也存在着不足。创业者要熟悉不同融资方式的利弊，考虑不同情况下的融资成本，以便作出科学的融资决策。

通过股权融资方式获得的资金既可以充实企业的营运资金，也可以用于企业的投资活动。通过债权融资获得的资金，企业首先要承担资金的利息，其次在借款到期后要向债权人偿还资金的本金。[②]

股权融资和债权融资各有优缺点，如表8-1所示。

表8-1　　　　　　　　股权融资和债权融资的比较

比较项目	股权融资	债权融资
本金	永久性资本，保证企业最低的资金需要	到期归还本金
资金成本	根据企业经营情况变动，资金成本相对较高	事先约定固定金额的利息，资金成本较低
风险承担	低风险	高风险
企业控制权	按比例或约定享有，分散企业控制权	企业控制权得到维护
资金使用限制	限制少	限制多

---

① 王越.知识产权证券化有了新模式[N].中国质量报，2020-04-23.
② 王树军，李树凯.浅析山东省国有企业融资体系的构建[J].山东国资，2023（10）：89-91.

债权融资的资金成本较低，合理使用还能带来杠杆收益，但债务资金使用不当会带来企业清算或终止经营的风险；股权资金的资金成本由于要在所得税之后支付，成本较高，但在企业正常生产经营过程中，不用归还投资者，是一项企业可永久使用的资金，没有财务风险。创业者在筹集资金时应对债务资金、股权资金的优缺点进行比较，并考虑企业的资金需要量，资金的可得性，宏观理财环境，筹资的成本、风险和收益，以及控制权分散等问题。

（二）心理层面上的准备

在寻找投资人融资之前，需要在心理上做好准备。如果创业者的心理素质不佳，也没有足够的融资技巧，是很难说服投资人向新创企业投资的。在和投资人见面讨论项目之前，创业者应当做好4个方面的心理准备。

1.准备应对投资人的提问

投资人经常问到的问题有：你做了什么东西？跟别人做的有什么不同？功能是什么？你的东西能为用户创造什么样的价值？你的目标用户是谁？用户为什么要用你的东西？几乎所有的创业者都认为自己对自己所做的事情非常清楚，但在回答投资人的问题时，往往是说不清、道不明。因此，同学们应当对自己所要融资的项目给予高度重视和充分的准备，避免出现尴尬的冷场局面。另外，同学们可以请他人来模拟这种提问过程，从而使自己考虑得更为周全，达到用最低的时间成本高效地把自己的价值核心点传递给投资人，并进行充分的互动，加深相互了解的目的。一般来讲，投资人最关心以下3个方面的信息。

（1）团队信息。投资人首先关注的就是创业团队的信息，创业者应当提前将创业团队的成员信息及之前获得的成绩做汇总。虽然项目创意十分重要，但是一个项目或者产品的设想会随着项目的开发实施而经历或多或少的变更，包括目标市场、产品和商业模式，都不能保证一成不变。与之相比，团队是比较稳定的因素，团队水平决定了其应对变化的能力。

（2）项目细节信息。在交流中，投资人会希望了解项目当前的融资额度、完成进度及资金使用情况等。同学们应当提前对这些细节性的问题进行准备，不能认为这些细节问题应在与投资人接触的后期进行具体介绍。因为投资人不仅是数量有限的潜在合伙人，而且是急于锁定投资项目的风投人员，所以他们会希望在最开始就看到项目各方面的细节信息。在短时间内将细节讲述清楚，有助于创业者获得投资人的认可，最大限度地争取到投资人的支持。

360公司创始人周鸿祎说过："年轻的创业者往往会犯这样的错误，喜欢定性不定量的描述，说了半天却没有多少信息量；喜欢绕弯子，不能直接切入商业核心；常常在假设条件下描述产品的价值。"聪明、经验丰富的投资人时间很宝贵，如果创业者没有直接阐明要点，就可能错失这个赢得投资的机会。

（3）市场信息。投资人接触任何一个创业项目时，都会想知道创业者凭什么认为自己的产品存在足够的市场。同学们需要对市场有深入了解，收集全面、准确的市场信息。首先，应当说明市场中现存的竞争对手有哪些，与之相比自身的优势是什么。其次，产品的卖点是什么，让用户感觉"非用不可"而不是"用了还不错"的原因是什么。最后，价格定位、商业模式创新、新产品或新服务能否被目标市场接受等，都是需要向投资人解释的问题。

通过这些代表性的问题，投资人能够了解创业者的思维方式以及对产品和市场的了解程度。创业者是积极改善市场还是闭门造车，是努力挖掘产品的各个方面，广泛传播产品创意，还是对产品感到不确定等，都会显现出来。投资人或许会据此判断项目的投资价值。

2.准备应对投资人的怀疑

或许你对自己的创意想法非常满意，但是投资人依然会怀疑你的投资能力和项目可行性。如果投资人说："我认为你设想的目标过于远大，根本无法实现。"骄傲的创业者不能反应过度，甚至质问投资人。事实上，面对投资人的时候，这样的怀疑是很常见的，这种怀疑构成了投资人检验项目是否值得投资的一部分。因此，同学们应当正确对待投资人的怀疑。

首先，耐心对待怀疑。耐心是创业者非常难得的能力和品质。从某种程度上说，投资人表示怀疑，意味着他对项目感兴趣。与投资人沟通最怕的就是他没有问题，当你讲完之后只听到投资人说："谢谢，我们回头联系吧。"这意味着他对项目没有兴趣。好的项目本身就是经得起推敲的，所以投资人怀疑并不是什么大事，应当对自己看清楚而投资人没有看清楚的地方做出耐心的解释。

其次，不能夸大投资回报。随着洽谈的深入，创业者会与投资人聊到企业的核心问题，即财务预测。然而大部分创业者并不精通财务数据和预测，比如商业模式、创业团队、市场形势、竞争环境、目标消费群等。同学们应当实事求是，不能夸大投资人的投资回报，不然就增加了投资人怀疑的可能性。另外，一旦投资人在尽职调查中发现创业者当时所说的回报只是海市蜃楼，那么投资机会依然会泡汤。如果创业者实事求是，则会得到投资人的充分肯定和认可。

投资人的怀疑并不可怕，可怕的是创业者本身对项目也没有把握。这样，一旦投资人提出怀疑，创业者可能无言以对，从而证实了投资人的怀疑是正确的，结果可想而知，投资人不会投资一个创业者本身就没有把握的项目。

(三) 了解股权融资的轮次及股权稀释

本章中，主要给同学们讲解的是企业在成立初期的融资方法，涉及天使轮和A轮融资，但是同学们应该对企业从创立到上市的总体融资路径做一个全面的了解。一般来讲，一个创业公司的目标如果是成功上市，那么在此之前往往需要进行3~5轮的股权融资。

1.融资轮次

天使轮：公司已经起步但尚未完成产品开发，商业模式未被验证。资金来源一般是创始人、天使投资人、天使投资机构。融资规模一般在50万~500万元。

A轮：有团队，有产品，有以数据作支撑的商业模式，盈利模式还在验证中。在行业内拥有一定的地位和口碑。资金来源一般是风险投资机构（VC）。融资规模一般在500万~5000万元。

B轮：商业模式特别是盈利模式已经被充分验证，公司业务快速扩张，营业收入高速增长。资金来源主要是风险投资机构，其次是私募股权投资机构（PE）。融资规模一般在5000万~5亿元。

C轮：公司系统建设基本完成，拥有大量用户，在行业内有主导或领导地位，已经开始盈利，并为上市作准备。资金来源主要是私募股权投资机构，其次是风险投资机构。融资规模一般在5亿元以上。

首次公开募股（IPO）：公司系统完善，盈利能力较强。资金来源主要是公募基金、个人投资者。融资规模一般在10亿元以上。

2.股权稀释

在进行上述每一轮次的融资时，公司的股份都会有所稀释，这也是融资的代价。在融资谈判的过程中，具体的股份比例是可以妥协的，但是在股份比例和控制权上保留主动权是不能妥协的。作为创业者，要保证公司股权结构的健康，保证自己对公司的控制权。从这一点考虑，创业者在融资时可以更倾向于选择以财务回报为投资目的的财务投资人。因为战略投资人的投资目的是产业整合，他们总是希望把被投资企业纳入其整体战略框架内，所以会较多地干预企业的经营方向，对控制权的要求也会强一些。财务投资人的目的是若干年后的财务回报，他们对控制权的要求较低，对利益方面的要求会比较高。很多创业者徘徊于对融资的迫切需求与对企业控制权的取舍之间。不过，同学们需要注意的是，在控制权问题上是坚决不能妥协的。

（四）明确公司发展阶段

一个公司的发展通常划分为种子期、成长期、成熟期、衰退期四大阶段，与之相对应，创新创业融资需求也具有阶段性特征。不同生命周期阶段具有不同的风险特征和资金需求，同时，不同融资渠道能够提供的资金数量和风险程度也不同。因此，同学们在融资时需要将不同阶段的融资需求和融资渠道进行匹配，以提高融资工作的效率，获得创业所需资金，化解企业融资难题。

在种子期，企业处于高度的不确定性当中，创业者个人积蓄、亲友款项、创业投资以及合作伙伴的投资可能是采用较多的融资渠道；此外，应积极争取天使投资，进入启动期之后，创业者还可以使用抵押贷款的方式筹集负债资金。

企业进入成长期以后，已经有了前期的经验基础，发展潜力逐渐显现，资金需求量较以前有所增加，融资渠道也有了更多选择。在早期成长阶段，企业获得常规的现金流用来满足生产经营之前，创业者更多采用股权融资的方式筹集资金，战略伙伴投资、创业投资等是常用的融资方式。此时，企业也可以采用抵押贷款、租赁以及商业信用的方式，筹集部分生产经营所需资金。成长期后期，企业的成长性得到充分展现，资产规模不断扩大，产生现金流的能力进一步提高，企业有能力偿还负债的本息。此时，创业者更多采用负债的方式筹集资金，以获得经营杠杆收益。

创业活动千差万别，所涉及的行业、初始资源禀赋、面临的风险、预期收益等有较大不同，所要面对的竞争环境、行业集中度、经营战略等也会不同，因此，不同创业企业选择的资本结构会有所不同。[①]对于高科技产业或有独特商业价值的企业，经营风险较大，预期收益也较高，创业者有良好的相关背景，较多采用股权融资的方式；传统类产业，经营风险较小，预期收益较容易预测，比较容易获得债权资金。实践中，创业企业在初始阶段较难满足银行等金融机构的贷款条件，债权资金更多地采用民间融资的方式获得。新创企业的类型及其融资方式如表8-2所示。

---

① 廖继胜，创新创业融资选择的影响因素分析及其策略探讨［J］.金融与经济，2007（05）：36-38.

表 8-2　　　　　　　　　　　新创企业的类型及其融资方式

创业企业类型	新创企业特征	融资方式
高风险、预期收益不确定	弱小的现金流 高负债率 低、中等成长 未经证明的管理层	个人积蓄、亲友款项
低风险、预期收益易预测	一般是传统行业 强大的现金流 低负债率 优秀的管理层 良好的资产负债表	债权融资
高风险、预期收益较高	独特的商业创意 高成长 利基市场 得到证明的管理层	股权融资

（五）确定融资金额和用途

1.确定融资金额

融资金额不能太大，否则投资人会因为风险过大而拒绝投资；融资金额也不能太少，否则无法满足公司的发展需求。对于新创立的企业来说，可以通过运营成本来估算需要多少投资金额。一年半的运营成本是一个比较合适的数值，上下浮动10%都可以。在实践过程中，可以将房租、员工薪资、广告营销等费用一项一项摊开来计算，还有一种做法是当前使用比较广泛的"运营成本=人员薪资×乘数"。在美国等发达国家，一家公司的运营成本等于员工薪资×2；在我国，一家公司的运营成本=员工薪资×10。例如，一家公司在一年半时间里的员工薪资为50万元，那么一年半的运营成本大概为500万元，融资金额要高于运营成本。

2.确定融资用途

除了融资金额，融资用途也十分重要，花钱的节奏和花钱的结果都应当一目了然。创业者拿到融资后一般有三大用途。

（1）开展项目，扩展公司业务。大多数创业者进行融资的目的都是扩展公司业务，提升市场占有率。在这部分，应当写清楚具体的财务规划，比如采购原材料花费、广告投入花费、租用场地花费等。

（2）升级核心团队。大多数创业者都知道扩展业务的重要性和紧迫性，但是很容易忽略核心团队的升级。创业公司处在发展的重要转折期，如果创业团队的水平无法满足公司发展的需要，那么公司的发展速度很容易受到限制。因此，邀请高水平人才加入团队，也应该是重要的融资用途之一。

（3）探索商业模式。商业模式没有最优，只有更优。创业团队需要始终不忘优化和升级商业模式。与此同时，还需要检查商业模式优化和升级的效果。

3.确定经费计划

在介绍完融资用途以后，还需要向投资人说明资金的使用节奏，让投资人心里有底。

首先，保证资金至少能用一年半。拿到投资虽然是一件好事，但创业者还是要一步一个脚印，踏踏实实地做规划。市场变化非常快，你无法保证项目的进展会达到预期，更无法保证下一轮融资会比现在顺利。因此，一定要做好财务规划。很多情况下，计划使用一年半的资金，很可能一年就花完了；但如果不计划，那么支撑的时间只会更短。

其次，由目标和管理半径决定资金使用节奏。企业试图达到的目标直接影响着资金使用的节奏，因为融资的目的就是占有既定的市场份额。完成目标才有利于下一轮的顺利融资，所以根据目标确定资金使用节奏是基本准则。另外，管理半径也会影响资金使用节奏，因为公司要进行扩张就会增加管理难度。如果管理跟不上，那么资金使用节奏就会慢一些。

最后，将财务总监作为重要防线。财务总监是对公司财务最了解的人。一个称职的财务总监应当告诉管理者什么钱该花，什么钱不该花，而不是每个业务经理开口要钱的时候都同意。所以说，财务总监是公司财务的重要防线。

（六）确定公司估值

在融资谈判中，创业公司的估值谈判也是一项大事，但在这方面是可以适当作出妥协的。在谈估值时，同学们应当学会报价技巧。报价最好高于预期的底价，这样可以为后面的谈判留出周旋的余地。一旦进入谈判过程，投资人会不断降低估值，而不会抬高价格。因此，谈判时最初应当报一个高于预期的价格。

1.市盈率法

报价是有一定标准的，同学们在报价前要明白当前的公司值多少钱。如果公司已经有净利润，可以用市盈率法进行估值。根据公司所在行业来确定市盈率的倍数，不同行业的市盈率倍数会相差很大。传统行业的市盈率倍数可能只有10~20倍，互联网行业则可能高达50倍。比如说，创业者办了一家IT公司，上年的净利润为100万元，市盈率为50倍，用100万元乘以50，等于5000万元，这5000万元就是公司的估值。

2.可比交易法

可以先找出同行业中相似的公司，看相似公司的估值，然后确定自己企业的估值。这种方式既适合已经开始盈利的公司，也适合还没有开始盈利的公司。

3.支点价格原理法

这个办法是以创业者的目标估值为支点，投资人给出的估值比创业者的目标估值低多少，创业者最初报价就比自己的目标估值高多少。比如说，创业者的目标价格是500万元，对方给出400万元，创业者就可以要价600万元。

（七）约定股权出让比例

有了融资金额，即投资人需要投资的资金，投资人换得的股份比例也就计算出来了，即股份比例=投资资金÷估值。

二、寻找投资人

寻找靠谱投资人是一项技术活。如果投资人与创业者的理念相同，则可以加快项目的发展进程；如果投资人与创业者的理念不同，那么企业在进行许多决策时会被掣肘，最终导致项目失败。寻找靠谱投资人有两种策略：一是坐等投资人找上门，二是主动去找投资人。根据项目的不同，同学们可以选择不同的策略。

（一）坐等投资人找上门

如今，在竞争激烈的市场环境中，创业项目有很多，可真正能成功的却少之又少。每年成功融资的创业者不多，找到适合自己的投资人十分困难。同学们在寻找投资人之前要明确哪些渠道可以宣传自己的项目，只有把自己的项目推广出去，才能坐等投资人找上门。下面主要介绍五种坐等投资人找上门的方法。

1.主动寻求互联网媒体报道

如果同学们没有接触过投资人，那么可以了解一下媒体公关（PR），这是一种让投资人找上门的好方法。一位中关村创业大街的创始人就是通过这种方法找到了投资人，并拿到了2000多万元的A轮融资。

因为感兴趣而找上门的投资人比那些费尽千辛万苦找到的投资人，投资项目的概率更大。现在是互联网全民阅读时代，很多投资人都有在网上看新闻的习惯。如果你能让自己的项目通过新闻的方式出现在他们的视野里，一些对项目有好感的投资人就会主动联系你。

目前，较为主流的互联网媒体有以下几家，同学们可以选择适合自己项目的媒体网站进行投递（见表8-3）。

表8-3 较为主流的互联网媒体

序号	媒体网站	所属领域
1	猎云网	科技新媒体
2	36kr	科技新媒体
3	钛媒体	科技新媒体
4	雷锋网	面向硬件行业的新媒体
5	芥末堆	面向教育行业的新媒体
6	多知网	面向教育行业的新媒体
7	游戏陀螺	面向游戏行业的新媒体
8	游戏茶馆	面向游戏行业的新媒体
9	触乐网	面向游戏行业的新媒体
10	拓扑社	面向企业服务行业的新媒体
11	零壹财经	面向金融行业的新媒体

2.利用免费推广平台进行推广

除了媒体，同学们还可以将自己的项目放到免费推广平台上吸引种子用户，也能引起投资人的注意。目前，比较优质的免费推广平台有以下几家，如表8-4所示。同学们可以选择适合自己项目的平台进行投递。

表8-4 比较优质的免费推广平台

序号	免费推广平台	属性
1	腾讯创业	腾讯旗下的创投领域综合服务平台
2	IT桔子	创投行业产品数据库及商业信息服务提供商
3	NEXT	36kr旗下的类Product Hunt产品
4	Demo8	创业邦旗下的新产品分享交流平台

同学们可以在利用其他渠道进行推广的同时，利用免费推广平台进行推广，提高被投资人发现的概率。

3.利用融资平台进行融资

除了以上两种方法，同学们还可以利用融资平台进行融资。目前，比较优质的融资平台有以下几家，如表8-5所示。同学们可以选择适合自己项目的融资平台进行投递。

表8-5　　　　　　　　　　比较优质的融资平台

序号	融资平台	属性
1	华兴Alpha	华兴旗下的早期融资平台
2	逐鹿X	华兴旗下的早期融资平台
3	猎桔	IT桔子旗下的早期项目融资平台
4	天使汇	在线创业投资平台
5	创投圈	创业服务平台
6	36kr融资	36kr旗下的融资平台
7	牛投网	互联网非公开股权融资服务机构

在融资平台上，投资人可以搜索到自己感兴趣的各种项目的信息。通过这种方法找到的投资人，往往更具针对性。

4.入驻孵化器或联合办公场地

以上三种方法是见效较快的吸引投资人的方法，还有一些方法可以使创始人直接接触到投资人，这就要用到专业孵化平台。比如，同学们可以组建团队入驻孵化器或联合办公场地，从而接触到投资人，让投资人投资自己的项目。

目前，比较优质的孵化器或联合办公场地有以下几家，如表8-6所示（排名不分先后）。创始人可以选择适合自己项目的孵化器或联合办公场地并申请入驻。

表8-6　　　　　　　比较优质的孵化器或联合办公场地

序号	孵化器或联合办公场地	属性
1	3W孵化器	创业综合服务平台
2	太库	创业综合服务平台
3	桔子空间	以联合办公场地为主的创业服务品牌
4	科技寺	创业综合服务平台
5	今日头条创作空间	今日头条旗下的新媒体创业加速器
6	微软创投加速器	微软旗下的孵化器
7	氪空间	36kr旗下的创业孵化器
8	NEXT创业空间	互联网孵化器机构
9	优客工场	主打创业的共享办公空间

5.将自己的产品打造成一个品牌

一些能力超常的团队有时能在找到投资人之前就获得超高名气，将自己的产品打造成一个品牌，如小米手机、"中国第一自媒体"罗辑思维等。

（二）主动去找投资人

除非项目非常优秀，否则多数情况下还是需要创业者主动去找投资人。明确寻找投资人的方法是创业者首先要做的事，下面主要介绍四种寻找投资人的方法。

1. 让身边靠谱的朋友引荐

如果有人信任你，愿意将你推荐给别人，这意味着他愿意为你的表现承担风险与连带责任。这种信任是非常珍贵的。因此，寻找投资人的最好方法就是通过朋友引见。

如果你正在寻找投资人，那你应当尽可能地将这一信息传播到你的人际交往圈子里。不管是你的家人、朋友还是同事，他们都有可能为你引荐投资人。对投资人来说，如果你的引荐人恰好是他的熟人，那么他们将会更加愿意投资，这就是信任的力量。

2. 自己投递创业计划书给机构或投资人

一般情况下，自己投递创业计划书给机构或投资人很难发挥作用，除非你的创业计划书特别出众。越是知名的机构，每天收到的创业计划书越多，所以你很难战胜海量的创业计划书，让投资人一眼看中。

例如，近几年来，经纬创投每天都会收到100多份创业计划书，一年下来有几万份。他们每年最多投资60个项目，而且有些项目并不是通过这种渠道找到的。通过投递创业计划书给机构来获得融资的概率之低，可见一斑。

如果同学们想要投递创业计划书给机构，建议选择一些知名投资人的新创基金。在这种情况下，他们会更倾向于给新人机会。目前，比较优质的知名投资人的新创基金有以下几家，如表8-7所示（排名不分先后）。同学们可以选择几家合适的基金投递创业计划书。

表8-7　　　　比较优质的知名投资人的新创基金

序号	新创基金	创建人
1	紫牛基金	猎豹移动CEO傅盛
2	峰瑞资本	前IDG资本合伙人李丰
3	熊猫资本	来自晨兴、启明等一线主流基金
4	愉悦资本	原君联资本TMT核心团队刘二海、戴汨、李潇
5	曲速资本	原梦工场创投基金董事总经理杨轩

创始人应当根据不同的投资人撰写不同的创业计划书，让投资人明白这是专门发送给他的，而不是统一的模板。

这种方法的有效性远低于让身边靠谱的朋友引荐。然而，通过投递创业计划书来获得融资的创业者也大有人在。

3.参加创投活动或路演活动

目前，北京、上海、深圳等地的创业氛围非常好，经常开展各种创投活动。如果同学们有时间，可以多参加这些线下的创投活动。

另外，由创业孵化器主办的路演活动也能为创业者提供与投资人接触的机会。路演活动一般会邀请多名创业导师、天使投资人作为嘉宾，同学们可自由报名参与。在路演时，创业者需要对自己项目的市场前景、商业模式、团队情况等进行讲解，创业导师、天使投资人会与创业者探讨项目的优缺点。

与创业计划书要求的全面、详尽不同，参加路演活动要求语言简短、精练。下面是参加路演活动的五大注意事项。

（1）使用PPT时要注意时间。一般情况下，路演都会用到PPT。在使用PPT展示项目时，需要注意以下两点：第一，如果主持人说只有几分钟的路演时间，那么最好把讲解PPT的时间控制在5分钟以内；第二，每张PPT的停留时间最好不要超过一分钟。

（2）讲述自己的创业故事。没有人不喜欢听故事，讲述自己的创业故事能够给投资人留下深刻的印象。与PPT、数字之类的信息相比，故事对投资人的吸引力更大。同学们可以把自己的创业故事讲给投资人听，如果能够吸引投资人的关注，就很容易引起投资人的情感共鸣，从而获得投资。

（3）突出项目的不同。在自主创业成为潮流的当下，一些人人都可以做的项目已经无法吸引投资人的注意了。试想一下，自己的项目有什么特点是当前其他创业项目没有的，研究清楚这个问题，才能保证路演的成功。

（4）自信但不夸大其词。投资人很难在短时间内了解项目，所以他们评判项目好坏的一部分依据就是创业者对项目有没有信心。创业者无须因为自己经验不足、只懂技术不懂运营而自卑，因为就算百度、阿里巴巴、腾讯等大公司，也是一步步发展起来的。

另外，自信并非让你将"最好""最棒""最吸引人"挂在嘴边，这样会给投资人留下不好的印象。自信是言谈举止自然地流露，是含蓄的。创业初期的项目都是不完善的，即使好项目也有不足之处，所以创始人要自信但不能夸大其词。

（5）提前预测投资人的提问并想好解决方案。如果投资人对项目感兴趣，但是问了一些棘手的问题，这时创业者就很容易表现得慌乱，从而影响自己在投资人心中的印象。因此，创业者对投资人的提问要做到心中有数，在回答问题时要不卑不亢，只有这样才能赢得投资人的好感。

4.在各大创业孵化器"守株待兔"

创业孵化器指为初创企业提供免费或廉价的办公场地、设备,甚至是咨询意见或资金的企业。大多数创业孵化器是由非营利性组织和风险投资人创建的,它们为我国的创投事业作出了很大贡献。

在中关村创业大街的车库咖啡、3W咖啡等创业孵化器里,每天都会有一些投资人出没。如果创业者眼光好,很容易碰到投资人,并获得与之沟通的机会。当然,获得投资的前提是你要做足功课,保证言之有物。

三、筛选投资人

如果有两位以上投资人表示出投资意向,就需要同学们来进行筛选,筛选并不是直接拒绝,而是对投资人进行排序,优选前面的投资人。另外,有些天使投资人表面上是天使投资人,但实际上并不是创业者所寻找的"天使"。这些投资人不仅对创业者没有帮助,还可能将创业者带入深渊。下面看看创业者需要提防的四类天使投资人。

(一)挑剔型天使投资人

创业者需要提防的第一类天使投资人是挑剔型天使投资人。挑剔型天使投资人的表现是投资一个公司以后,为了体现自我价值,不断干预创业团队的管理,对管理层的决策百般挑剔。

如果遇上这样的天使投资人,刚开始你或许可以接受,按照他们所说的办事。但是时间久了问题就出现了,他们对你所做的每一个决策都百般挑剔,希望所有的事情都按照他们的想法来。这样,一旦你没有听他们的话,他们就会觉得你不靠谱,你也会对他们抱有意见。紧接着,天使投资人可能会派人加入创业团队,而你的激情和动力也会渐渐消退。到最后,双方开始相互推诿、扯皮,结果不欢而散。

对于挑剔型天使投资人来说,他们希望创业者开展项目的时候以他们为中心。事实上,创业者才应当是项目的管理者和负责人。如果遇到挑剔型天使投资人,最好不要接受他们的投资。如果接受了他们的投资,应当向投资人表明自己的立场,由自己主导项目,投资人可以提意见,但是不能过度干预。

(二)控制型天使投资人

创业者需要提防的第二类天使投资人是控制型天使投资人。这类天使投资人刚与你接触的时候,表现得非常热情,将你当作好朋友般对待。然而,一旦你接受了他的投资，他就等待机会夺取你的公司。

控制型天使投资人在进行融资谈判的时候，可能会要求创业者签订对赌协议。著名的天使投资人、A8音乐集团创始人兼CEO刘晓松说过："一些天使投资人喜欢跟创始团队签订对赌协议，我个人不太喜欢这样，意义也不是太大。原因很简单，创业公司如果死了，你就是拿到百分之百的股权也没意义。你对赌赢的时候就已经输了，对赌输的时候就输得更惨了。"

控制型天使投资人会等待创业者犯错，或者当创业者没有实现对赌条款中的要求时，就会拿出协议要求创业者赋予其更多的控制权。最后，创业者有可能被逼得无路可走，离开自己一手创办的公司。

另外，控制型天使投资人还可能会通过干预创业者的管理达到控制公司的目的。控制型天使投资人与挑剔型天使投资人对管理的干预目的是不同的。挑剔型天使投资人干预管理只是为了凸显自我价值，获得被重视感；控制型天使投资人干预管理的目的是获得创业公司的主导权。

控制型天使投资人是创业者最应该避开的天使投资人。为了保证对公司的控制权，创业者需要注意，天使投资占股不能超过30%，尽量避开控制型天使投资人，更要避免签订对赌协议。

（三）假扮型天使投资人

假扮型天使投资人到处都有，他们通常会扮成律师或会计师。他们根本没意向投资你的公司，而是以向你介绍真正的投资人为诱饵，诱使你签署收费协议。经纪人的工作往往是值得付费的，但是要认清谁是"天使"，千万别被误导。

如何避免遇到这样的天使投资人呢？只要有可能，只接受可信的个人或专业的天使投资机构的投资，不要接受故意引诱你的人的投资。即使这样，也要在业内做一些尽职调查，问问他们投资过的其他公司，问问这些公司的老板，看看他们的投资人是什么样的人。

另外，要让律师来写最初的投资文件或长期负债表，而不是让投资人写。这样的文件应该是给所有投资人的标准文档，而不是可以用来一对一谈判的。

（四）"土大款"型天使投资人

"土大款"型天使投资人指那些虽然拥有巨额财富，但是对创业项目领域内的专业知识一窍不通的投资人。判断对方是不是"土大款"型天使投资人非常容易，同学们只需要问几个问题或者听对方问的问题就知道了。如果对方问的问题比较肤浅或者根本不懂领域内的专业知识，那最好不要与其形成长期的合作。

一家硅谷科技公司的天使投资人是一位来自英国的农场主。正是有了这100万美元的天使投资，这家科技公司才顺利建成。然而，这位农场主虽然是个好人，但是对于该公司没有产生任何附加值。当该公司进行下一轮融资的时候，农场主既无法像著名天使投资人一样为公司背书，也帮不上什么忙。

另外，"土大款"型天使投资人对创业公司的预期非常高，他们甚至梦想公司可以在三年内上市。这样，他们不仅可以获得财富上的回报，还能获得荣誉感。然而，当公司在创业过程中遭遇艰难时刻，这些"土大款"型天使投资人会雪上加霜，让你的处境更加艰难。

那么，哪些天使投资人是对创业者比较有利的呢？一般来讲，专业天使投资人、企业家、种子基金，业内技术大牛或业内高管，专业天使投资机构这三类天使投资人是创业者的最好选择。他们充满智慧，投融资经验丰富，可以为创业者提供丰富的增值服务。

四、签订投资意向书

投资意向书也叫投资条款清单（Term Sheet）。投资意向书中一般会包括投资额、占股比例、交割条件、优先清算权、知情权、反稀释权、董事任命权等内容。投资意向书仅代表投资意向，尚未实现真正的融资目的，所以同学们可以根据自身情况多接触几家投资机构，尽量争取多份投资意向。

在投资意向书中，可能会涉及排他性条款。排他性条款指在创业者与投资人约定的期限内，创业者不再与其他投资人进行融资谈判，以保证投资人完成尽职调查及签约、交割。排他性条款是对创业者单方面的约束条款，建议同学们审慎对待。在签订投资意向书之后，投资人会开展尽职调查。

五、应对尽职调查

尽职调查，就是人们常说的"DD"（Due Diligence）。投资人的尽职调查一般包括人员调查（People Due Diligence，PDD）、业务调查（Business Due Diligence，BDD）、财务调查（Financial Due Diligence，FDD）、法律调查（Legal Due Diligence，LDD）等。投资公司可能自行开展尽职调查，也可能雇佣会计师事务所等第三方专业机构开展尽职调查。总之，投资人会调查被投资企业的方方面面。在这里要特别强调对人的调查，涵盖过往经历、个人财务、个人品质，以及是否有犯罪记录、是否涉及诉讼、是否有大额债务等内容。因此，同学们一定要在日常生活中养成良好的行为品德和生活习惯，这在很大程度上代表一个人的可信任度。

尽职调查过关后，就要签订融资协议，等待融资款到账了。

第三节　撰写创业计划书

一、创业计划的作用

创业计划，又称商业计划，是引领创业的纲领性文件，是创业者具体行动的指南。创业计划是创业的行动导向和路线图，既为创业者行动提供指导和规划，促使创业团体及雇员团结一心地工作，也为创业者与外界沟通提供基本依据，是创业者与投资人建立联系的载体。创业计划书的撰写可以迫使创业者系统地思考新创企业的各个因素，促使创业团队定期沟通讨论将要从事的工作。[①]一般情况下，撰写创业计划书主要有两大原因：在企业内部，创业计划书为企业执行战略和计划提供了值得借鉴的"蓝图"，能够迫使创业团队一起努力工作，全力以赴地解决风险创业的各个细节；对企业外部来说，它能够向潜在投资者和其他风险投资者介绍企业正在追寻的商业机会，赢得对方的支持。撰写创业计划书的原因恰好反映了创业计划书的重要作用。

（一）创业计划书是企业创建的共同纲领和行动指南

通过制订创业计划，创业者能够明确创业方向、梳理创业思路。在谈论创业机会、细节的过程中，创业团队一起工作，将其抽象的创业理念转化为产品的功能和质量、销售的策略和方式、资金筹集和盈亏平衡点等具体的现实问题，通过反复论证和调整，团队成员的思想得以统一，也使最终形成的创业计划成为创业的纲领性文件和具体的行动指南。同时，创业计划的写作是一个长期的过程，可能需要创业团队根据企业的实际情况不断地调整和完善。在这一过程中，创业者或者改变销售策略，或者更新经营思路，或者认识到某一方面的错误与不足，甚至改变了总目标下的某一细分目标，这些调整都有利于企业的良性发展。

（二）撰写创业计划书是使创业团队及雇员团结一心的方式和手段

一份清晰的创业计划书对企业的愿景和未来作了详细的陈述，无论对创业团

[①] 刘志，曾丹.大学生创业意向行为转化的过程分析[J].教育发展研究，2016（09）：25-30.

队还是普通员工来说，都具有十分重要的意义。尽管市场会快速变化，创业计划也会根据市场的变化情况进行适当调整，但是撰写创业计划的过程依旧非常有用，它会使团队成员团结一心，为了共同的创业目标而努力，同时发现团队中可能存在的问题。通过对创业计划书这样一个重要方案的论证，成员将更加团结，配合更加默契，普通员工将和创业者保持统一的行动方向，保持一致的行动过程。因此，创业计划书的撰写和调整过程，是使创业目标变成现实的重要途径，是使所有员工理解企业目标、完成企业计划的重要措施。

（三）创业计划书是重要的推销性文本

创业计划书可以作为推销性文本，为企业向潜在投资者、供应商、重要职位候选人以及其他相关人士介绍拟创办的企业。实际上，向创业者索要创业计划书的组织数量一直在上升，越来越多的由大学或社会团体主办的创业园和商业孵化机构会要求候选企业提供创业计划书。有研究表明，拥有创业计划书和新创企业获得资助之间呈正相关。作为一种推销性文本资料，创业计划书有助于企业建立可信度，尤其是在由大学、教育部、团中央以及一些基金组织举办的创业大赛中获奖的项目，更容易获得投资者的关注。

二、创业计划书的撰写

（一）创业计划书的结构

一份完整的创业计划书应该包括封面、目录、执行概要、正文和附件五大部分。

1.封面

封面上应明确创业项目的名称，体现企业的经营范围，同时以醒目的字体标示出创业计划书的标题，比如"××创业计划书"。

封面上还应有企业名称、地址、电子邮件地址、电话号码、日期、主创业者的联系方式和企业网址（如果企业已经建立了自己的网站），这些信息应放在封面的上半部分；如果企业已有商标，将其置于封面正中间。封面下部应有一句话，提醒读者对计划书的内容保密。需要注意的是，封面上最重要的一项内容是联系方式，创业者应该主动给读者提供与自己联系的方式。

2.目录

目录是正文的索引。这里需要按照章节顺序逐一排列每章的大标题、每节的小标题以及对应的页码。目录可以自动生成，显示到二级或三级小标题为宜。

以下是某一届"挑战杯"全国大学生创业计划竞赛金奖作品,这里隐去其真实的企业名称,用"××科技股份有限公司"代替,该项目创业计划书的目录如下。[①]

××科技股份有限公司创业计划书

目录

1. 执行总结
1.1 公司
1.2 市场
1.3 生产与营销
1.4 投资与财务
1.5 组织与人力资源
2. 项目背景
2.1 产业背景
2.2 产品概述
2.3 研究与开发
2.4 未来产品与服务规划
3. 市场机会
3.1 目标市场
3.2 顾客购买准则
3.3 销售策略
3.4 市场渗透与销售量
3.5 竞争分析
4. 公司战略
4.1 公司概述
4.2 总体战略
4.3 发展战略
4.4 国际市场总体战略
5. 市场营销
5.1 销售策略与目标
5.2 价格策略
5.3 分销策略
5.4 促销策略

6. 生产管理
6.1 厂址选择与布局
6.2 生产工艺流程
6.3 产品包装与储运
7. 投资分析
7.1 股本结构与规模
7.2 资金来源与运用
7.3 未来五年费用列支预算
7.4 投资收益与风险分析
8. 财务分析
8.1 主要财务假设
8.2 利润表
8.3 现金流量表
8.4 资产负债表
9. 管理体系
9.1 公司性质
9.2 组织形式
9.3 部门职责
9.4 公司管理
10. 机遇与风险
10.1 机遇
10.2 外部风险
10.3 内部风险
10.4 解决方案
11. 风险资本的退出
附录
1. "闪电贴"前期调研报告
2. 超薄打印电池核心技术

3. 执行概要

执行概要也叫执行概览、执行总结,是创业计划书第一页的内容,也是整个创业计划书的概述,能让忙碌的投资者快速对创业计划书有一个简短和全面的了

[①] 李家华. 创业基础 [M]. 2版. 北京:北京师范大学出版社,2015:163.

解[①]，为投资者提供他想要知道的有关新企业独特性质的所有信息。许多投资者可能会先向企业索要执行概要副本，在执行概要有足够说服力时，才会要求阅读详尽的创业计划书副本。因此，执行概要是创业计划中最重要的部分，如果它未能激发投资者的兴趣，投资者可能就不会继续浏览创业计划书的其他内容。

最清晰简洁的执行概要是依序介绍创业计划书中的各个部分，其中的章节顺序应与计划书中的顺序一致，每部分的标题以粗体字显示。

如上所述，执行概要的主要目的是引起读者兴趣，因此，它的措辞应严谨、正式且条理清晰，同时不失热情与憧憬；要避免在执行概要中使用过于专业的词汇和术语，应以尽可能浅显的语言让读者了解创业计划书的主要内容。在执行概要中，可以通过语言的润色或内容的恰当安排，努力与读者建立情感联系，引起读者的共鸣和认可。

如果撰写创业计划书的目的是筹集资金，则最好在执行概要中明确拟筹集的资金数额及其性质，如果是股权投资，甚至可以明确投资者在不同投资额下所占企业的股权比例，这样更能吸引投资者的关注，也更容易获得资金。

从形式上看，执行概要先于创业计划，但它的撰写却应在创业计划完成之后，因为只有这样，才能形成对创业计划的准确概括。

特别要强调的是，执行概要并非创业计划的引言或前言，恰恰相反，它是篇幅为1~2页、对整个创业计划高度精练的概括，是整份创业计划书的精华和亮点，也是整份创业计划书的灵魂。因此，执行概要应该包括创业计划书中的所有内容，但它是对所有内容的提炼。

4.正文

正文是创业计划书的主要内容，包括主体和结论两大部分。正文的主要内容是对整个创业计划书的总结式概括，要和执行概要首尾呼应，体现文本的完整性。

5.附录

附录是对主体部分的补充。受篇幅限制，不宜在主体部分过多描述，不能在一个层面详细展示，需要提供参考资料或数据的内容，一般放在附录部分，以供参考。例如，专利证书或专利授权证书、调研问卷、荣誉证书、营业执照等。

例如，××科技股份有限公司的创业计划书附录就包括了前期调研报告以及

[①] 史琳，宋微，李彩霞，等.量身定制商业计划书[J].价值工程，2013（28）：182-184.

超薄打印电池核心技术两方面的内容。

关于创业计划书的长度，尽管不同专家给出了不同意见，但多数还是建议20~35页比较合适，很多创业计划书软件包可以向创业者提供基本的结构。

由于读者对创业计划书的结构、体例和内容比较敏感，创业者在撰写创业计划书时要对其外观加以认真考虑。比如，采用塑料螺旋镶边线装订，使用透明的封面和封底，这样的创业计划书花费不多，而且看起来比较醒目，能够吸引读者的注意力。同时，在内容的布局上，要对字号大小、颜色等文字处理方案进行精心设计，如果企业有设计好的标志（Logo），最好将其放在封面上以及每一页的页眉处。这样一方面向读者展示创业者的细心，另一方面可以强化企业的形象，加深读者的印象，给人以专业的感觉，提高创业计划的可信度。

（二）创业计划书的内容

一份完整的创业计划书，其主要内容应当包括产品或服务、商业模式、竞品分析、团队与行业情况、运营与财务数据、融资规划等内容。不同的创业计划书可以根据要素在不同项目中的重要性安排顺序，越是重要的内容越应当放在前面。

1.产品或服务：做什么，定位和痛点是什么

描述产品和业务通常是创业计划书的第一项任务，主要介绍项目做的是什么，产品定位和痛点是什么。

阿里尔·杰克森（Arielle Jackson）曾在谷歌公司工作了9年，掌管着谷歌邮箱、谷歌文档、谷歌日历等产品的营销工作，有着丰富的产品营销推广经验。阿里尔·杰克森认为："市场上的产品有很多，但是用户需求是有限的。创业者只需要针对一个用户痛点，满足这部分用户的需求。"产品的名字、品牌信息以及产品特征，都源于产品定位，所以投资人非常看重这部分内容。好的产品定位可以帮助创业者吸引投资人的注意，阿里尔·杰克森也是这样认为的，她提出："如果在创业计划书里对产品定位陈述精准，对方将对你公司的一切有一个很清晰的印象。"

（1）目标市场。就是对市场进行细分后选择出的市场，即明白产品是给谁用的（Who），这是陈述产品定位的第一步。

（2）找出用户的痛点。产品所满足的用户需求对应的就是用户的痛点。简单地说，痛点就是用户在正常生活中遭遇的麻烦、产生的纠结和抱怨，如果不能将问题解决，他们将会陷入负面情绪中，产生痛苦。因此，用户需要一种解决方案来化解自己的痛点，使自己的生活恢复正常。例如，共享单车解决的就是"最后一公里"的问题，产品因为化解了用户的痛点才被用户使用。描述产品解决的用

户痛点是陈述产品定位的第二步。

（3）分析差异化价值点。差异化价值点就是将目标市场需求、产品以及竞争对手的产品定位进行综合考量，提炼出产品的独特价值点。分析产品的差异化价值点实际上是在考虑产品的特性，以及如何与其他营销属性结合的问题（Which）。产品定位与四种因素有关：产品、企业、用户和竞争者，即产品的特性、企业的资源、用户的需求与偏好、竞争对手的市场位置。创业者需要将这四种因素结合在一起考虑，然后准确地描述自己的产品或服务。

2.商业模式：怎么做，如何盈利

投资人的投资目的是获得财富增值，所以产品的商业模式是投资人格外关注的一部分内容。在这部分，我们需要说明项目的核心业务流程是什么，近期和远期的盈利模式分别是什么。关于商业模式，前文已有详细阐述，此处不再赘言。

3.竞品分析：竞争对手的财务、产品、优劣势

如果一个创业者对自己直接的或者潜在的竞争对手都无法准确识别出来，那么让投资人去投资几乎是不可能的。竞品分析的作用是帮助创业者看清自己的优势与劣势，集中全部资源，瞄准一个对手，将其打败。

在做竞品分析之前，创业者首先要找到一个合适的竞争对手。第一步是选择竞争领域。对市场进行细分，选择自己定位的细分市场。与此同时，竞争对手也就锁定在这一细分领域中。第二步是选择竞争目标。企业对未来发展的预期决定了企业为之奋斗的目标。在实现目标的过程中，会有很多竞争对手阻碍企业向前发展，那些与企业有相同目标的公司就是企业的主要竞争对手。找到竞争对手之后，就可以展开分析和对比工作了。对竞争对手的分析主要从以下5个方面进行。

（1）财务指标。竞争对手的关键财务数据可以体现竞争对手经营状况的好坏。一般公司不会只做单一业务，所以对竞争对手财务指标信息的收集包括集团、部门甚至更多方面。

（2）竞品分析。一般情况下，企业之间的竞争就是在产品和服务层面展开的竞争。在生产层面，还有对有限资源的竞争，但是企业最在乎的是产品竞争。竞品分析应当从产品定位、市场定位、成本及价格、广告投入、发展趋势等方面进行。如果是针对专业服务类公司，对手的主要服务对象、服务范围以及服务水平都是值得分析的内容。

（3）优势和劣势。竞品分析一定要建立在客观的基础上，尽量减少主观愿望对竞品分析的影响。在分析过程中，不能过分强调竞争对手的优势，也不要主观臆断地夸大竞争对手的劣势，否则会让投资人抓住把柄，怀疑你的能力。例如，

一家美国创业公司寻找投资人时，在创业计划书的竞品分析环节写道："几家主要竞争对手，已经濒临破产。"投资人当然不会相信这种主观臆断之辞。

（4）企业经营哲学。企业的经营哲学是企业战略和经营行为的思想支撑。比如，企业董事长、首席执行官（CEO）的管理风格如何？企业的财务原则是什么？如何控制其产品成本？这些都与企业的经营哲学有关。所有的公司都一样，竞争对手的经营哲学也会影响企业的组织结构和管理风格。因此，在进行竞品分析时，对其经营哲学的了解和分析必不可少。

（5）人力资源政策。人力资源政策在很大程度上影响了企业的战略和业绩。例如，较低的薪酬水平不能吸引和留住优秀人才，也会影响企业的经营绩效，使其无法实现长远的目标。除了薪酬制度，企业还要分析竞争对手员工的质量和资历水平，及其为员工提供了哪些培训机会和职业生涯规划等。对竞争对手的人力资源政策进行分析，可以帮助创业企业改善自身的人力资源政策。

竞争对手分析可以为企业决策层制定战略提供依据。决策者可以对竞争对手实际采取的竞争行为与自己预计的行为加以对比，并且对竞争对手采取的异常行为加以重点关注。不言而喻，对竞争对手的分析应当秘密进行，绝不能让竞争对手察觉到，否则竞争对手就会释放虚假信息，从而干扰自身企业对他们的分析。

总之，对竞争对手有一个清晰的认识不仅有利于创业企业在竞争中处于主动地位，还能给投资人留下思虑全面的印象，有助于成功拿到投资人的投资。

4.团队与行业情况：我为什么能做好

通过产品方面的基本信息，投资人已经基本认可了你的产品。接下来，你需要向投资人证明为什么这个产品只有你可以做好。

（1）介绍创业团队的优势。名校、名企以及知名项目的经历会给创业者贴上一个优秀的标签，即便没有标签也不要紧，创业者可以具体说出自己在相关行业的经验及成就。在团队成员部分，要体现专人专用的思维。一个合理的创业团队职能布局应当有绝对领导者、天才技术人员、行业资深人士、销售人才、财务专家5种人。人脉资源也是团队的优势，比如团队吸引了商业巨头的关注，与商业巨头建立了合作关系等。

（2）介绍项目所在行业的情况。对投资人来说，项目所在市场的前景好坏在很大程度上影响着投资人的投资决定。原因很简单，市场在未来5~10年内的变化是好是坏基本上可以预测，在这一基础上，只要选择可靠的创业团队，然后投入资金，就能保证股权升值。

什么样的行业情况容易受到投资人的关注呢？市场空间足够大，可以容纳百亿级别的上市公司。要想知道市场空间的大小，就必须分析当前市场已有上市公司的情况，最好的创业机会来自与上市公司形成业务服务互补或是目标客户群体的差异化之处。

5. 运营与财务数据：里程碑数据有哪些

运营与财务数据包括注册用户数量、活跃用户数量、网站人均浏览次数、官微粉丝数、传播效果、收入、利润、平均客单价等。运营与财务数据是商业计划中最有说服力的数据，是产品以外最直观的体现。

创业者应当在融资之前尽早开始接触用户，这样才能将产品在市场中初步验证的情况告诉投资人，使之成为项目优质的有力证明之一。

创业者可能会因为开始阶段的用户量、访问量小而不愿意引用数据。事实上，找出四五个关键数据可以加深投资人的印象，这比单纯用文字说明会有用得多。具体如何披露运营与财务数据，创业者可以根据自身的保密性要求选择适当披露。

6. 融资规划：融资金额和融资用途

充分说明以上各部分内容并且得到投资人的初步认可之后，就需要向投资人说明融资规划，具体包括融资金额和融资用途，这部分已经有了详细阐述。

7. 退出机制：什么情况下可以退出

投资的本质是"投资—退出—再投资"的循环过程。作为投资的重要环节，退出指所投企业在发展到一定阶段后，将股权转化为资本的形式而使股权持有者获得利润或降低损失的过程。资本的退出不仅关系到投资人的收益，还体现了资本循环流动的特点。因此，退出方式的选择及操作显得尤为重要。

退出的方式主要有四种，包括首次公开募股并上市、股权转让、股权回购和公司清算。创始人应当在创业计划书中制定退出机制，让投资人知道自己在什么情况下可以退出，这是投资人比较关心的部分。下面我们分别看看这四种退出方式。

（1）首次公开募股并上市。这是投资人最理想的退出方式，可以实现投资回报的最大化。企业上市之后，股票可以在证券交易所自由交易，投资人只需卖出股票即可退出。

虽然上市对企业资质的要求比较严格，手续比较繁琐，成本过高，大部分创业企业不会向投资人保证企业一定能上市，但是股市飙升的股价和更高的估值使企业上市依然是一众投资人梦想的退出方式。

（2）股权转让。投资人将自己持有的股权和股东权益有偿转让给他人，从而实现股权变现的退出方式。根据股权交易主体的不同，股权转让分为离岸股权交易和国内股权交易两种。股权转让也是一种常见的退出方式。

（3）股权回购。投资人通过股东回购或管理层收购股权的方式退出。回购价格的计算方法有两种：①按待回购股权占投资人所持股权的比例计算。具体计算方法如下：待回购股权对应的投资款加投资人完成增资出资义务之日起每年以复利8%计算的投资回报，加每年累计的、应向投资人支付但未支付的所有未分配利润（其中不满一年的红利按照当年红利的相应部分计算金额）的价格。②由投资人和代表公司50%投票权的股东共同认可的独立第三方评估机构评估的待回购股权的公允市场价格。如果投资人要求，待回购股权的价格可根据红利派发、资本重组和其他类似情况经双方协商进行相应调整。

通常情况下，股东回购的退出方式并不理想，只是保证了在目标公司发展不善时，投资人所投资金可以安全退出。

（4）公司清算。创始人不希望自己的公司发生清算，投资人也不希望。因为公司清算是投资人获益最少的退出方式。如果公司经营失败或因其他原因导致首次公开募股并上市、股权转让等方式不可用时，投资人就只能通过清算退出。

在创业计划书中向投资人说明退出机制，就像给投资人吃了定心丸，投资人也能因此知道创始人的思虑是比较长远的。

三、创业计划书的撰写原则和技巧

（一）撰写原则

在撰写创业计划书时，应遵循目标明确、优势突出，内容真实、体现诚意，要素齐全、内容充实，语言平实、通俗易懂，结构严谨、风格统一，有理有据、循序渐进，详略得当、篇幅适当等原则。

篇幅一般为20~35页，包括附录在内。

（二）撰写技巧

在撰写创业计划书时，如果能对以下11个问题有清晰的认识，则一方面可以提高创业计划书的易读性，另一方面可以提高企业融资的概率。

1.五分钟的"考试"

一般来说，风险投资家或评审专家阅读一份创业计划书的时间在5分钟左右，他们主要关注业务和行业性质、项目性质（债务融资还是风险投资）、资产负债表、团队情况、项目吸引人的地方等。因此，创业者在撰写创业计划书时要对这五个方面予以重视。

2. 内容要完整

一份好的创业计划书起码要涉及如下内容：计划摘要、产品与服务、团队与管理、市场预测、营销策略、生产计划、财务规划、风险分析。创业计划书不应该遗漏任何重要元素。

3. 投资项目中最重要的因素是人

对于创业团队，一定要按照团队组建原则、优秀团队特征等知识点进行如实描述，对团队成员的构成及其分工情况进行重点介绍。

4. 提高撰写水平的途径是阅读他人的创业计划书

阅读他人的创业计划书是帮助创业者提高写作能力的有效途径之一。撰写创业计划书之前阅读十几份他人的创业计划书将会有很大帮助。

5. 记住43.1%规则

风险投资家一般希望在5年内将其资金翻6倍，相当于每年的投资回报率（ROI）大约是43.1%〔$(1+i)^5=6$〕。因此，一份承诺投资回报率在40%~50%的创业计划书对于风险投资家来说比较靠谱；如果是借款，则需要有还本付息计划。

6. 打中"11环"

做最充分的准备，对创业计划进行最详细的论证，准备回答所有和创业计划有关的负面问题，以降低创业风险。另外，在见风险投资者之前，创业者可以将所有负面问题的答案以"小纸条"的方式进行准备，给自己足够的心理支持和勇气。

7. 熟悉吸引投资者的方法

取得风险企业家名录是一种事半功倍吸引投资者的方法。风险投资机构的名录可以帮助创业者增进对风险投资者的认识和了解，以便有针对性地开展融资活动。

8. 准备回答最刁钻的问题

对创业者来说，也许"你的创业计划书给其他风险投资者看过吗"是一个两难的问题，建议创业者遵循诚实守信的原则，如实回答。

9. 正确面对拒绝

审阅创业计划书是风险投资者日常工作的一部分，拒绝大多数的创业计划也是风险投资者的工作常态。创业者没必要因为创业计划被拒绝而伤心欲绝，而应该把其当作不断完善创业计划书的途径。如果创业者在每一次被拒绝之后，都能够很好地采纳风险投资者的建议，进一步优化其创业计划，则每被拒绝一次就离成功融资更近了一步。

10.创业计划书最重要的内容

对投资者来说，创业计划书中最重要的内容是资产负债表以及对团队的介绍。资产负债表说明企业的财务状况，能否及时偿债以及有多少尚未分配的利润归属于投资者；创业团队的介绍是创业项目成功的关键。

11.把本金收回来

任何人进行投资，其最低的要求都是把本金收回来。因此，在融资时能够基于这条原则进行阐述，使投资者在最短时间内将本金收回，则创业者得到资金的概率会大幅提高。

（三）润色技巧

完成创业计划书的内容和架构之后，还需要为其润色包装。人靠衣装马靠鞍，说的就是这个道理。下面从数据、色彩、图形和字体排版4个方面介绍创业计划书的润色技巧。

1.数据量化：多用数据，实现可视化

数据的魅力在于可以将事物的本质和发展动向直观、真实地呈现出来。对于创业者来说，首先得清楚自身项目的运营数据，然后再看市场数据、竞争对手的数据等。另外，创业者还要善于收集用户反馈的数据，通过分析这些数据，创业者可以洞察用户偏好，然后迎合用户偏好，最终提升项目的受欢迎程度。在创业计划书中多用数据，可以直观清楚地表达观点，对投资人具有更强的说服力。

任何人都无法预测未来，投资人能够做的就是拿到第一手数据，为投资决策找到靠谱的依据。对创业者来说，为了说服投资人投资，应当更加精准地定位自己的商业模式。即使项目的市场前景、团队构建、商业模式都很优秀，依然要对项目的不确定性进行客观评判。

如果意识到自己的创业项目有很大的不确定性，就应当知道使用数据的好处，比如项目运营数据、市场大小数据、风险数据等。这样做不仅可以帮助创业者看清楚前路的艰辛，作出更好的规划，还能够让投资人更好地判断是否要给项目投资。将数据放在创业计划书中需要经过4个步骤的处理。

（1）获取数据。创业者要把创业计划书中各个项目牵涉到的数据问题总结起来，确定从哪些方向来分析问题。界定问题后，创业者就可以采集数据了。这一环节考验的是创业者使用结构化思维的能力以及对问题的理解能力。创业者可以阅读《金字塔原理》《麦肯锡意识》《麦肯锡工具》《麦肯锡方法》等书籍，学习使

用思维导图。

（2）处理数据。数据处理是获得最终数据的重要环节，是一个需要花费大量时间的过程。创业者要学习使用先进的数据处理工具，提升数据分析效率。有效的数据处理工具包括Excel、UltraEdit、Access、Orcle、SQL Sever、SPSS Modeler、SAS、R等。

（3）分析数据。数据分析离不开各类数据模型，包括预测模型、关联规则、分类、聚类等。创业者可以阅读《谁说菜鸟不会数据分析（入门篇）》《谁说菜鸟不会数据分析（工具篇）》等入门级数据分析类书籍。

（4）呈现数据。数据分析得到结果后，就可以用在创业计划书里了。呈现数据的方式有表格、图表等。创业者可以阅读《说服力让你的PPT会说话》《别告诉我你懂PPT》等书籍。

在大数据时代，数据会"说话"。在撰写创业计划书的过程中，可靠的数据分析将成为说服投资人的有力依据。

2.色彩搭配：少于4种颜色

很多创业者在制作创业计划书时都忽视了整体色彩搭配的重要性。事实上，色彩会影响人的心情，合适的色彩搭配可以让投资人在愉悦的心情下阅读你的创业计划书。需要注意的是，创业计划书中的色彩主要包括字体色、背景色、主色和辅助色4种，超过4种色彩会过犹不及。

字体颜色一般为灰色和黑色，在黑色背景下也可以使用白色；背景色通常为白色或浅灰色，一些创业团队也喜欢用黑色；主色通常指主题色或标志色，比如医疗主题的常用颜色是绿色；辅助色是为了解决主色过于单一的问题，对主色进行补充的颜色。下面介绍几种常用的色彩搭配方案。

（1）黑白灰。黑白灰的色彩搭配方案是一种非常安全的配色方案。这种配色简洁大气，通过大面积的留白，营造出设计感。常用的黑白灰色彩搭配方案如图8-1所示。

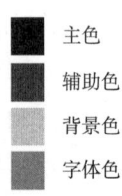

图8-1　常用的黑白灰色彩搭配方案

（2）黑白灰+任意单色。这种色彩搭配方案是创业计划书中使用最广泛的一种配色方式。一般情况下，单色作为主色，黑色、白色或灰色作为辅助色、背景色和字体色。关于这种配色方式，本书整理了5种配色方案，如表8-8所示。

表8-8　　　　　　　　　黑白灰+任意单色的色彩搭配方案

色彩搭配方案	主色	辅助色	背景色	字体色
一	黄色	黑色	灰色	白色
二	红色	白色	灰色	黑色
三	蓝色	白色	白色	灰色
四	绿色	灰色	黑色	白色

（3）黑白灰+同类色。同类色指色调一样，但是饱和度和亮度不同的颜色。简单来讲，深浅不一样的同种颜色就是同类色。获得同类色的方法很简单，只要打开自定义调色板，更改颜色的亮度和饱和度，就能得到某种颜色的无数种同类色。关于这种配色方式，本书整理了三种配色方案，如表8-9所示。

表8-9　　　　　　　　　黑白灰+同类色的色彩搭配方案

色彩搭配方案	主色	辅助色	背景色	字体色
一	蓝色	蓝色同类色	白色	灰色
二	红色	红色同类色	白色	灰色
三	绿色	绿色同类色	白色	灰色

（4）黑白灰+相近色。相近色指色轮上左右相互邻近的颜色，这种配色的使用也比较广泛。最常用的相近色为红配黄、蓝配绿、绿配黄等。相近色的配色在视觉上非常温和，可以营造舒适的视觉感受。

（5）黑白灰+对比色。对比色指色轮上呈180度互补的颜色，比如红色与绿色、橙色与蓝色、紫色与黄色。这种配色形成了强烈的色差对比，能够有效地吸引注意力。如果想要强调创业计划书中的某些内容，可以使用这种配色方案。

配色作为给创业计划书添彩的部分，同学们可以关注、学习一下。

3.结合图片：尽可能用图片配合文字

逻辑清楚的图形和图片可以让投资人简明直接地看懂创业者想要表达的内容，一页又一页的文字则会让投资人回想起上学时使用的厚重书本。

一位天使投资人与一名做网红孵化项目的创业者面谈。这名创业者致力于规模化培养网红，然后帮助这些网红利用不同的渠道变现。比如有做音乐达人的网红，有做美妆达人的网红，有擅长服装设计的网红。

然而，虽然网红直播很火，项目创意也不错，但是投资人拒绝给他投资。原因是投资人发现该创业者的创业计划书没有一张图片，因此对项目没有什么期待。该投资人称："那份创业计划书给人的感觉简直就是一个农业项目，连一张配图都没有，这肯定是有问题的。网红项目属于时尚领域，那就应该用时尚的、多元化的方式进行表达。"

移动互联网时代，海量信息席卷而来，用户获取信息的时间有限，冗长的内容极易被湮没。投资人也是普通人，对于长篇大论的文字也会感到头疼。所以说，创业者需要使用图形和图片对创业计划书中的内容加以说明，从而缓解投资人面对大量信息的压力。

"眼睛能留住耳朵会忘记的东西。"这就是文字得以存在的原因。图文并茂的创业计划书除了提供给投资人必要的信息，还给投资人增添了一定的想象空间。

4.字体排版：文字大小适中，排版整洁精练

不同投资人的风格不同，有的重视技术层面，有的重视数据分析，有的只在乎主流趋势，还有的看重创业团队而不注重项目内容。为了成功拿到投资，创业者必须提前了解投资人的风格，以便投其所好。在制作创业计划书的时候，需要针对不同的投资人进行不同板块的侧重，切忌一份创业计划书"走天下"。

创业计划书最终呈现给投资人的风格与排版效果有直接关系。排版效果是投资人对创业计划书的第一印象，排版看起来舒服，投资人就有兴趣继续阅读；反之，投资人可能会放弃阅读。

创业计划书的排版要求如下。

字体：宋体。

字号："创业计划书"字号为二号，楷体，加粗；一级标题字号为三号，黑体，加粗；二级标题字号为小三号，楷体，加粗；三级标题字号为四号，宋体，加粗；正文字号为仿宋四号；图表标题字号为五号，宋体；内容字号为五号，宋体；页眉、页脚字号为小五号，宋体。

行距：正文为1.2倍行距，标题行距为1倍行距。

页面设置：页边距为上侧2.5厘米，下侧2.5厘米，左侧3厘米，右侧3厘米；装订线为0.5厘米。

在排版过程中需要注意两个问题：一是尽量避免使用大段文字；二是用金字塔原理凸显层次感。

（1）尽量避免使用大段文字。如果在创业计划书中使用大段文字，不仅页面不美观，而且投资人看起来也很吃力。如果真的需要使用大量文字，同学们应当

学会对文字进行分段，并尽可能地简化语言。

（2）使用金字塔原理凸显层次感。使用金字塔原理可以凸显创业计划书内容的层次感。大标题开头应当使用"一、""二、""三、"的形式并加粗，代表文章金字塔结构的塔尖部分；二级标题开头应当用"（一）""（二）""（三）"的形式并加粗；三级标题开头应当用"1.""2.""3."的形式并加粗。这样做是为了让投资人在浏览创业计划书的过程中更清楚每个部分的划分，凸显内容的层次感。

创业计划书的排版一定要整洁、精练。如果文字排版凌乱、没有层次，易引起投资人的反感。

四、创业计划书的展示技巧

（一）明确创业计划书的展示对象

1.企业内部员工或股东

表述清晰的创业计划书有助于明确创业目标，协调团队的各项工作，增强团队凝聚力和行动力，激励团队一致行动向目标前进。

对企业职能部门经理而言，通过分析各环节和未来战略目标的商业计划，能确保自己所做的工作与企业整体计划的方向一致。

需要注意的是，创业计划书必须严格保密，严防落入竞争者手中。为了保密，有些企业会限制创业计划书的副本数量，或为特定对象准备特定副本，并要求不用时将计划书放在文件柜或办公室里锁好以确保安全。此外，创业者可在创业计划书的封面印上"机密文件，未经许可，严禁复印"等字样。

2.投资者和其他外部利益相关者

投资者、潜在商业伙伴、潜在客户、前来应聘的关键员工等外部利益相关者是创业计划书的第二类读者。要吸引这些人，创业计划书不要写得过于乐观，过于乐观会降低创业计划的可信度。

创业计划书必须明确论证商业创意的可行性，并可选择与风险更小的投资项目进行对比，说明商业创意能给潜在投资者带来更高的资金回报；对于商业伙伴、客户和前来应聘的员工而言，也须如此。

（二）向投资者陈述创业计划的技巧

1.陈述准备

陈述的首要原则是严格遵守会议的时间、地点安排，做好周全准备。如果需要视听设备，也应提前演练。注意不要花费太多时间纠缠于产品或服务的技术，要多花点时间陈述企业的情况；关键时间点应了然于胸，如申请专利的具体时间等，若创业者回答不上来或者模棱两可，将给投资者留下不好的印象。

注意事项：①要确保陈述流畅；②幻灯片要简洁鲜明；③陈述内容应通俗易懂（忌通篇使用专业术语）；④陈述企业自身状况而非技术或产品；⑤避免遗忘一些重要的时间点。

2.陈述的关键点及陈述技巧

陈述仅需要使用10~15张幻灯片，不追求全面，要抓重点，尤其要清晰地陈述投资者可能感兴趣的部分。

（1）公司：用1张幻灯片迅速说明企业概况和目标市场。

（2）机会（尚待解决的问题和未满足的需求）：这是陈述的核心内容，最好占2~3张幻灯片。

（3）解决方式：企业将如何解决问题或如何满足需求，该项内容需要1~2张幻灯片。

（4）管理团队：用1~2张幻灯片简要介绍每个管理者的资格和优势。

（5）产业、目标市场：用1~2张幻灯片介绍企业即将进入的产业及目标市场的状况。

（6）竞争者：用1~2张幻灯片简要介绍直接和间接竞争者，并详细介绍企业如何与目标市场中的现有企业竞争。

（7）知识产权：用1张幻灯片介绍企业已有的或待批准的知识产权。

（8）财务：简要说明即可。强调企业何时盈利，为此需要多少资本，以及何时实现现金流持平，最好用2~3张幻灯片进行说明。

（9）需求和退出战略：用1张幻灯片说明企业需要的资金数目及设想的退出战略。

3.现场答辩与反馈

创业者要敏锐地预见投资者可能会提出的问题，从而做到胸有成竹。投资者可能会用很挑剔的眼光看待创业计划，这时，创业者可能会感到泄气。其实，投资者仅仅是在做分内的事情，他们提出的问题可能会给创业者带来很大的启发。

回答问题阶段是非常重要的，此时投资者往往在考察创业者是否挖掘到了问题的本质，以及对新创企业了解多少。现场回答投资者的问题要注意以下六点。

（1）对投资者的问题有准确理解，回答具有针对性而不是泛泛而谈。

（2）能在投资者提问结束后迅速作出回答，回答内容连贯、条理清楚。

（3）回答问题准确可信：回答问题建立在准确的事实和可信的逻辑推理上。

（4）特定方面的充分阐述：对投资者特别指出的方面能作出充分的说明和解释。

（5）整体答辩的逻辑性要求：陈述和回答的内容要有整体一致性。

（6）团队成员在回答时有较好的配合，能协调合作、彼此互补，对相关领域的问题能阐述清楚。

五、积极参加创业计划竞赛

大学生创业计划竞赛不是传统意义上的专业比赛。该竞赛不是单纯的、个人的、集中在某一个专业的学生竞赛，而是以专业技术为背景，跨学科的、优势互补的团队之间的综合较量。竞赛的意义也不局限于大学校园，从某种程度而言，大学生创业计划竞赛是高等院校与现实社会、大学生与企业之间的互动与沟通。[①]

积极参加创业计划竞赛，将会有以下收获。

（一）系统学习创业知识

参赛者在制订创业计划的过程中，一般可以通过大赛提供的系统进行学习、交流，全面地接受创业者所应具备的知识和技能训练。

参赛者通过参加竞赛，可以获得对产品或服务的全局把控能力。在完成创业计划的过程中，培养沟通能力、说服能力、组织能力。在接受挑战的过程中，增强创业的勇气、信心和能力。参加竞赛的经历本身也是一种财富。

（二）磨炼创业团队

通过比赛，参赛者可以结识未来创业合作伙伴。参赛小组的成员最有可能在将来形成创业合作关系，开创成功事业。在此过程中，创业团队可以得到磨合，磨炼团队的创业能力，形成创业凝聚力。

参赛者将有机会加入一个充满智慧和活力的小组，与小组伙伴携起手来，接受挑战。参赛者将体验到前进中相互激励的力量、交流中灵感火花的碰撞，以及成功时共同分享的喜悦。在这一过程中，参赛者会感受到团队的精神力量，培养创业精神。

（三）积累商业资源

创业大赛往往会邀请国内风险投资专家担任评委，对具有实际运作价值的作品进行投资可行性分析。通过比赛，参赛者可以结识风险投资专家，向其充分展示自己的产品或服务的巨大市场前景，为进一步创业赢得资金。参赛者还将结识

---

① 李清泉，郑吉峰.创业计划竞赛对大学生创新创业能力培养——以湖南科技学院为例[J].湖南科技学院学报，2011（12）：137-139.

商界和法律界的专业人士,为将来的创业建立良好的商业关系网络。此外,许多媒体会对全国级别的创业大赛进行报道,创业者可以借助它们向社会推荐自己的创业计划,提升产品的整体形象,为未来创业建立良好的媒体资源。

(四)验证并完善创业计划

参加创业比赛的过程,就是设计、论证、实施、优化、完善创业项目实施方案的过程。参赛过程中,有创业团队的精心参与,有指导教师的专业指导,有大赛评委的精彩点评,有各参赛团队和参赛项目的广泛交流,这些都是其他形式所不具备的创业论证的优势。

 案例分析

在移动互联网大潮的催生下,O2O产业的风口给予了外卖软件"饿了么"前所未有的机会。"饿了么"创始人张旭豪总结了自己的融资经验,给创业者提出了以下5个建议。

第一,融资时机并不是越早越好。张旭豪认为,融资就是卖血肉,以此发展,所以创业团队应当先把商业模式打造出来,有一定的数据和竞争力后再去融资,这样股份会稀释得更少。"饿了么"在2011年开始第一轮融资的时候,商业模式已经比较清晰。

第二,产品好不怕资本寒冬。张旭豪表示:"如果一种新产品能够被市场认可并且可以复制,可以快速成长,风险投资会很快进来。2011年,饿了么模式在交大附近获得成功时,虽然我们没有写过任何商业计划书,但风投就来找我们了。只要把你的产品做好,在一个区域内有很好的数据支撑,我觉得很多投资人会来找你。"

第三,A轮融资比后续轮次融资更重要。张旭豪称:"A轮能否融到很多钱没有关系,你还有B轮、C轮。很多投资人未来会帮你跟投,重要的是在A轮你的条款要搭建好,要足够健康而不要太苛刻。比较弱势的投资机构给你的估值高一点,同时你希望有高的估值,并且条款更好,投资机构是不是很有钱不太重要,你可以在B轮、C轮再来弥补。"

第四,资本应当是锦上添花,而不是雪中送炭。张旭豪说:"融资的关键在于你的业务有成长,资本基本上都是锦上添花,很难有雪中送炭。你发展得不够好,最终会被抛弃;你永远有增长的话,就是受人追捧的项目。"

第五,无论融资前还是融资后,业务都是核心。张旭豪认为,创业者要把更多的精力放在业务上,把用户体验做扎实,这样自然而然会获得融资。另外,融到钱以后要把重心放在业务本身，占领核心资源，垄断一些核心业务，这是融资后花钱的目的。创业者不能误以为融资以后将钱放在银行里面不花就是好的。

企业不是靠几轮融资就可以发展壮大的。在市场好的时候，创业者应当多融资，扩大市场份额，争取在行业里面形成垄断，这是最重要的。

饿了么历次融资及战略投资记录，如表8-10所示。

表8-10　　　　　　　　饿了么历次融资及战略投资纪录

时间	投融资情况
2011年3月	获得金沙江创投100万美元A轮投资
2013年1月	获得经纬中国、金沙江创投350万美元B轮投资
2013年11月	获得红杉资本、经纬中国、金沙江创投2500万美元C轮投资
2014年5月	获得大众点评、红杉资本、经纬中国8000万美元D轮投资
2015年1月	获得中信产业基金、腾讯、京东、红杉资本、大众点评3.5亿美元E轮投资
2015年8月	获得6.3亿美元F轮投资，由中信产业基金、华联股份领投，华人文化产业基金、歌斐资产、腾讯、京东、红杉资本等跟投
2015年11月	获得滴滴出行战略投资，金额未披露
2016年4月	获得阿里巴巴12.5亿美元投资
2017年6月	获得阿里巴巴领投10亿美元战略投资
2018年4月	阿里巴巴、蚂蚁金服以95亿美元并购

案例分析

2024年第二季度AI投融资交易前10名，如表8-11所示。①

表8-11　　　　　　　2024年第二季度AI投融资交易前10名

序号	获投日期	公司名称	简介	获投轮次	获投金额	投资方	地区
1	2024年5月26日	xAI	人工智能技术开发商	B轮	60亿美元	Valor Equity Partners, VY Capital, Andreessen Horowitz, Sequoia Capital, Fidelity Management & Research Company, Prince Alwaleed Bin Talal, King Holding等	美国

---

① FP研究中心.过去三个月AI融资盘点：各投各的，该卖的卖了［EB/OL］.（2024-07-16）.https：//m.huxiu.com/article/3252624.html？type=text.

续表1

序号	获投日期	公司名称	简介	获投轮次	获投金额	投资方	地区
2	2024年4月15日	G42	人工智能及云计算技术研发应用服务商	战略投资	15亿美元	微软	阿联酋
3	2024年5月6日	Wayve	英国人工智能自动驾驶系统研发商	C轮	10.5亿美元	SoftBank Capital领投，Nvidia GPU Ventures、微软跟投	英国
4	2024年5月22日	SCALE Al	美国AI数据平台	F轮	10亿美元	Accel Partners领投，Cisco思科、DFJ Growth、英特尔资本、ServiceNow Ventures、AMD Ventures、WCM、亚马逊、Elad Gil、Facebook、Y Combinator、Nat Friedman、Index Ventures、Founders Fund、Coatue Management、Thrive Capital、Spark Capital、Nvidia GPU Ventures、老虎基金、Greenoaks Capital Management、Wellington Management跟投	美国
5	2024年4月23日	Xaira Therapeutics	AI制药解决方案提供商	A轮	10亿美元	Foresite Capital、Arch Venture Partners领投，Two Sigma Ventures、SV Angel、Sequoia Capital、R-Squared Ventures、Parker Institute for Cancer Immunotherapy、NEA 恩颐投资、Menlo Ventures、Lux Capital、Lightspeed Venture Partners、F-Prime、拜耳等跟投	美国
6	2024年6月1日	AlphaSense	美国市场情报搜索引擎开发商	E+轮	6.5亿美元	Viking Global Investors、BDT & MSD、软银、摩根大通、高盛（国外）、谷歌资本、Blue Owl、Alkeon Capital投资	美国

续表2

序号	获投日期	公司名称	简介	获投轮次	获投金额	投资方	地区
7	2024年5月9日	Mistral AI	法国人工智能服务商	B轮	6亿欧元	General Catalyst Partners领投，SV Angel、ServiceNow Ventures、Sanabil、Samsung Venture、Nvidia GPU Ventures、Investment、Salesforce Ventures、Millennium New Horizons、Lightspeed Venture Partners、Latitude、Korelya Capital、Andreessen Horowitz等跟投	法国
8	2024年6月5日	Cohere	自然语言处理平台	未知	4.5亿美元	Nvidia、Salesforce Ventures、Cisco、PSP Investments等	加拿大
9	2024年6月2日	智谱	新一代认知智能通用模型开发商	股权投资	4亿美元	Prosperity7 Ventures	中国
10	2024年6月14日	Tenstorrent	人工智能芯片研发商	股权投资	3亿美元	三星领投，LG集团、富达国际、Hyundai Motor Group跟投	加拿大

从表8-11可以看出，2024年第二季度AI投融资交易前10名中，获得融资金额最多的仍然是模型层公司。xAI、Mistral、智谱等均获得了大额融资。第二季度最大的单笔融资来自马斯克创立的人工智能初创公司xAI。2024年5月26日，xAI宣布完成了60亿美元的B轮融资，这是2024年生成式AI领域最大的融资事件之一。

中国方面，智谱AI完成了4亿美元的新一轮融资，投资方为沙特阿拉伯国家石油公司（简称沙特阿美）旗下风险投资部门管理的基金Prosperity7，这打破了国产大模型单笔投融资金额的纪录，投后估值约30亿美元。智谱AI开发的大模型产品ChatGLM目前迭代至GLM-4。

AI搜索、AI编程、AI制药、AI教育是2024年第二季度融资较多的热门赛道。以AI搜索为例，随着技术的进步，AI搜索引擎的分类越来越细致：①AI加持的互联网搜索，如Perplexity、秘塔搜索、360搜索；②针对企业内部业务、文档、对话等数据的搜索，如Hebbia；③与电商行业相结合的搜索+推荐引擎，如Daydream；④作为平台内部的一个功能模块服务于主流业务，如字节的AI搜索。

> **课后思考**
>
> 1. 风险投资对创业企业发展的推动作用主要表现在哪些方面？
> 2. 如果你只有一分钟向投资人介绍你的创业计划，你会怎样介绍？提示：可以用第一句话概括清楚你要做的事，第二句话说明申请资金的数量和用途，第三句话说明未来的市场潜力有多大。
> 3. 请围绕校园AI创业领域确定一个选题，制作一份达到参赛水准的创业计划书。

参考文献

[1] 官晓慧.应用型高校学生创业要素分析[J].农家参谋，2018（14）：187-189.

[2] 杨建东，李强，曾勇.创业者个人特质、社会资本与风险投资[J].科研管理，2010（06）：65-72.

[3] 赵丛敏.中小企业融资困境的原因和性质分析[J].金融经济，2006（03）：13-14.

[4] 李应军.多层次资本市场的实践和发展[J].证券日报，2004（10）：60-64.

[5] 石崇策.有过创业经历的天使投资人更懂创业者[J].中国战略新兴产业，2017.

[6] 何新.天使投资人，从概念到实践的落差[J].黄金时代，2014（08）：58-61.

[7] 李家华.创业基础第2版[M].北京：北京师范大学出版社，2015.

[8] 桂曙光.找天使？先从了解天使开始吧[J].创业邦，2011（03）：76-79.

[9] 吴海兵，张欢，邓达清.浅析创业初期的企业融资方式[J].商场现代化，200（04）：169-170.

[10] 高杨.商业银行流动性风险管理系统的研究与开发[D].天津：天津大学，2018.

[11] 刘远柱.大学生就业中政府责任的定位、缺失及对策[J].理论月刊，2011（04）：97-100.

[12] 郭雨其.美中两国金融系统的对比与研究[J].现代经济信息，2015

（22）：274.

［13］傅世琦.对我国中小企业融资现状及有效融资途径的分析［J］.商场现代化，2011（10）：74-76.

［14］熊水生，刘健.创业资本运营实务［M］.成都：西南财经大学出版社，2006.

［15］赵旭.新视点：VC更看重创业团队［J］.科技创业，2009（4）：80.

［16］陈乐忧.中小企业融资他山之石［J］.财会通讯（综合），2008（10）：20.

［17］国家发展改革委等部门关于深入实施创业带动就业示范行动力促高校毕业生创业就业的通知［J］.中华人民共和国教育部公报，2022（07）：57-60.

［18］教育部等八部门关于印发《新时代基础教育强师计划》的通知［J］.中华人民共和国教育部公报，2022（07）：87-96.

［19］姜慧霞.创新基金对浙江省中小企业技术创新的推动作用［J］.中国科技产业，2002（03）：69-72.

［20］段灿艳，胡海国.论知识产权公共服务的基本范畴［J］.现代商贸工业，2019（16）：132-136.

［21］杜忠博.我国知识产权证券化主要模式及现状思考［J］.智慧中国，2022（09）：38-41.

［22］董涛.十年来中国知识产权实践探索与理论创新［J］.知识产权，2022（11）：3-31.

［23］王越.知识产权证券化有了新模式［N］.中国质量报，2020-04-23（01）.

［24］王树军，李树凯.浅析山东省国有企业融资体系的构建［J］.山东国资，2023（10）：89-91.

［25］廖继胜.创新创业融资选择的影响因素分析及其策略探讨［J］.金融与经济，2007（05）：36-38.

［26］刘志，曾丹.大学生创业意向行为转化的过程分析［J］.教育发展研究，2016（09）：25-30.

［27］李家华.创业基础［M］.2版.北京：北京师范大学出版社，2015.

［28］史琳，宋微，李彩霞，等.量身定制商业计划书［J］.价值工程，2013（28）：182-184.

［29］李清泉，郑吉峰.创业计划竞赛对大学生创新创业能力培养——以湖南科技学院为例［J］.湖南科技学院学报，2011（12）：137-139.

第九章 企业注册

学习目的与要求

1. 直观感受并了解当前政策环境下我国企业的设立与开办流程。
2. 了解注册成立新企业的原因。
3. 掌握创办企业会遇到的典型问题及应对策略。

创业者经过长期的优化想法、需求定位、产品定位、技术路线选择及融资分析后，就可以考虑是否要注册一个企业。在决定设立企业之前，首先应该清楚自己是否应该设立企业，以及何时设立。大量的调查显示，企业的设立时机得当与否对新创企业的成功有着重要的影响。在具备一定条件之后，企业的设立才有可能成功。第一，具备设立企业的外部环境，主要指制度环境、政策环境、融资环境、市场环境、人文环境等；第二，创业者自己有强烈的创业愿望，希望自主选择自己喜爱的事业去创造，实现自己的人生抱负；第三，出现了有利的市场机会，很多很好的商业机会并不是突然出现的，而是对"一个有准备的头脑"的一种"回报"；第四，有机会掌握独立创业的独特资源，比如获得了某种特许经营权，就是一种独特资源，创业者一旦拥有了这类权利，就不会遇到过多的竞争者，不会进入一个拥挤的市场，创业成功的概率自然会大大提高。在具备了以上一个或多个条件后，创业者就可以考虑注册企业的问题了。本章拟就注册企业的形式选择及企业注册流程、需要注意的问题等进行阐述。

第一节 新企业形式选择

一、企业法律形式选择

设立新企业之前,创业者应该首先确定拟创办企业的法律组织形式。新企业可采用不同的组织形式,如创业者个人独立创办的个人独资企业,由创业者团队创办的合伙制企业,以法人为主体的有限责任公司和股份有限公司等。对创业者而言,各种法律组织形式没有绝对的好坏之分,各有利弊。但无论选择怎样的形式,都必须根据国家的法律法规要求和新创企业的实际情况,科学地衡量各种组织形式的利弊,决定合适的组织形式。

1999年8月30日中华人民共和国第九届全国人民代表大会常务委员会第十一次会议通过了《中华人民共和国个人独资企业法》,2005年10月27日第十届全国人民代表大会第十八次会议和2006年8月27日第十届全国人民代表大会第二十三次会议分别通过了新《中华人民共和国公司法》(以下简称《公司法》)[1]和《中华人民共和国合伙企业法》。至此,我国企业的法律形式基本上与国际接轨。

(一)个人独资企业

个人独资企业是最古老也是最常见的企业法律组织形式。个人独资企业又称个人业主制企业,指依法设立,由一个自然人投资并承担无限连带责任,财产为投资者个人所有的经营实体。当个人独资企业财产不足以清偿债务时,选择这种企业形式的创业者须依法以其个人的其他财产予以清偿。在各类企业当中,个人独资企业的创设条件最简单。根据《中华人民共和国个人独资企业法》,只要满足以下五个条件,就可以申请设立个人独资企业。

(1)投资人为一个自然人。

(2)有合法的企业名称。

(3)有投资人申报的出资,国家对其注册资本实行申报制,没有最低限额。

(4)有固定的生产经营场所和必要的生产经营条件。

(5)有必要的从业人员。

个人独资企业的成功与否依赖于所有者个人的资源和能力。当然,所有者也可以雇用其他技能的员工。

以上条件中,注册资本涉及的问题较为复杂。自2013年颁布第三次修订的

---

[1] 潘勇锋.关于股东出资方式的实践思考[J].法律适用,2024(02):57-70.

《公司法》以来，新公司注册已经不存在注册额度限制的问题了。这也就意味着国家放宽了公司注册的要求，鼓励创业者开设公司、自主创业。虽然《公司法》的规定降低了公司设立的门槛，但也给创业者的公司注册工作带来了困惑。因为创业者不知道究竟填写多少注册资本才是最合适的。

目前的情况可以说是，既能拿1元注册公司，也能拿1亿元注册公司。因此，一种不良现象产生了。有一些并非出于创业需要的人，也纷纷注册成立了自己的公司。其中，有不少是骗子公司。换句话说，《公司法》在为创业者提供便利的创业环境的同时，也让骗子公司有了生存发展的土壤。

那么，公司的注册资本究竟意味着什么呢？其实，公司的注册资本在一定程度上反映了一个公司的实力。显然，注册资本越高，表示该公司的经济实力越雄厚。但在《公司法》中，这两者之间并不完全呈正相关关系。因为在新公司注册的过程中，不仅有一个注册资本，还有一个实收资本。虽然《公司法》对注册资本没有限制，但实收资本是真实数字的体现。所以说，妄想用高额注册资本来夸大公司实力的做法是不可能实现的。

至于公司注册额度与风险的关系，在某些方面，两者呈正相关。根据《中华人民共和国印花税法》的规定，公司注册登记后，办理税务登记手续时还要缴纳注册资本（金）万分之五的印花税。公司一旦进入破产偿债程序，则要以注册资本为限清偿债务。

总体来看，公司的注册资本并非越高越好。至于创业者应该填写多少注册资本，则要根据创业者所从事行业的特点、行业的发展趋势以及业务范围等因素来确定。

（二）合伙企业

如果两个或两个以上的人共同创业，那么可以选择合伙制作为新企业的法律组织形式。根据《中华人民共和国合伙企业法》的规定，合伙企业指依法在中国境内设立的由各合伙人订立合伙协议，共同出资、合伙经营、共享收益、共担风险，并对合伙企业债务承担无限连带责任的营利性组织。合伙企业包括普通合伙企业和有限合伙企业两种形式。两者最大的区别在于，有限合伙企业有两种不同的所有者：普通合伙人和有限合伙人。其中，普通合伙人对合伙企业的债务和义务负责，有限合伙人仅以投资额为限承担有限责任，后者一般不享有对组织的控制权。另外，普通合伙企业的合伙人可以用货币、实物、知识产权、土地使用权或者其他财产权利出资，也可以用劳务出资；有限合伙企业的有限合伙人不得以劳务出资。以下主要介绍普通合伙企业。

除了要有合伙企业的名称、经营场所及从事合伙经营的必要条件，设立合伙企业还应当具备以下3个条件。

（1）合伙企业必须有两个以上合伙人，合伙人应当具备完全民事行为能力，且能够依法承担无限责任。

（2）合伙人应当遵循自愿、平等、公平、诚实信用原则订立合伙协议，合伙协议应载明合伙企业的名称、地点、经营范围、合伙人出资额和权责情况等基本事项。

（3）合伙人应当按照合伙协议约定的出资方式、数额和缴付出资的期限，履行出资义务。合伙人出资可以用货币、实物、土地使用权、知识产权或者其他财产权利。上述出资应当是合伙人的合法财产或财产权利。合伙人以劳务出资的，其评估办法由全体合伙人协商确定。普通合伙企业和有限合伙企业的主要区别，如表9-1所示。

表9-1　　　　　　　　　普通合伙企业和有限合伙企业的主要区别

序号	区别	普通合伙企业	有限合伙企业
1	组成人员	由2名以上普通合伙人组成	由2人以上50人以下的普通合伙人和有限合伙人组成（普通合伙人至少有1人）；法律另有规定除外
2	合伙人的责任承担形式	全体合伙人对合伙企业债务承担无限连带责任	普通合伙人对合伙企业债务承担无限连带责任；有限合伙人以其认缴的出资额为限对合伙企业债务承担责任
3	出资方式	可以用货币、实物、知识产权、土地使用权或者其他财产权利出资，也可以用劳务出资	有限合伙人不得以劳务出资
4	合伙人的权利义务	对执行合伙事务享有同等的权利	由普通合伙人执行合伙事务；有限合伙人不执行合伙事务，不得对外代表有限合伙企业
5	利润与亏损	合伙企业的利润分配、亏损分担，按照合伙协议的约定办理；合伙协议不得约定将全部利润分配给部分合伙人或者由部分合伙人承担全部亏损	有限合伙企业不得将全部利润分配给部分合伙人，合伙协议另有规定的除外
6	财产份额出质	合伙人以其在合伙企业中的财产份额出质的，须经其他合伙人一致同意，未经其他合伙人一致同意，其行为无效，由此给善意第三人造成损失的，由行为人依法承担赔偿责任	可以将其在有限合伙企业中的财产份额出质

续表

序号	区别	普通合伙企业	有限合伙企业
7	转让财产份额	向合伙人以外的人转让其在合伙企业的财产份额，要经其他合伙人一致同意；合伙协议另有约定的除外	可向合伙人以外的人转让其在有限合伙企业的财产份额法，但应提前30日通知其他合伙人
8	退伙后债务承担	退伙人对基于其退伙前的原因发生的合伙企业债务，承担无限连带责任	有限合伙人退伙后，对基于其退伙前的原因发生的有限合伙企业债务，以其退伙时从有限合伙企业中取回的财产承担责任
9	新合伙人的债务承担	新合伙人对入伙前合伙企业的债务承担无限连带责任	新入伙的有限合伙人对入伙前有限合伙企业的债务，以其认缴的出资额为限承担责任

（三）有限责任公司和股份有限公司

公司是现代社会中最主要的企业形式。它是以营利为目的，由股东出资形成，拥有独立的财产，享有法人财产权，独立从事生产经营活动，依法享有民事权利，承担民事责任，并以其全部财产对公司的债务承担责任的企业法人。所有权与经营权分离是公司制的重要产权基础。与传统"两权合一"的业主制、合伙制相比，创业者选择公司制作为企业组织形式的一个最大特点就是仅以其所持股份或出资额为限对公司承担有限责任；另一个特点是存在双重纳税问题，即公司盈利要上缴公司所得税，创业者作为股东还要上缴企业投资所得税或个人所得税。根据《公司法》的规定，我国的公司分为有限责任公司（包括一人有限责任公司）和股份有限公司两种类型。

设立有限责任公司，应当具备下列条件。

1.股东符合法定人数

根据我国《公司法》第四十二条规定，有限责任公司由一个以上五十个以下股东出资设立。其中较为特殊的是一人有限责任公司。一人有限责任公司指只有一个自然人股东或者一个法人股东的有限责任公司。一个自然人只能投资设立一个一人有限责任公司。该一人有限责任公司不能投资设立新的一人有限责任公司。一人有限责任公司应当在公司登记中注明自然人独资或者法人独资，并在公司营业执照中载明。

股份有限公司指以资本划分为股份组成的公司，其股东以认购的股份为限对公司承担责任。另外，股份有限公司对其最低注册资本及股东人数有明确要求。股份有限公司与有限责任公司最大的区别就是，前者可以公开向社会募集资金，后者则不能。但前提是，股份有限公司的注册实缴资金与股东实际认缴的资金相等。任何人认购了股份公司发行的股票后，都是股份公司的股东，需要对公司负责。当然，一般情况下由社会人士认缴的金额极为有限，因此其责任几乎可以忽略不计。股份有限公司的设立比有限责任公司复杂，且要求较高，多数情况下不是创业者最开始接触的公司类型，故本书中不作过多讲解。

2.有符合公司章程规定的全体股东认缴的出资额

有限责任公司的注册资本为在公司登记机关登记的全体股东认缴的出资额。法律、行政法规以及国务院决定对有限责任公司注册资本实缴、注册资本最低限额另有规定的，从其规定。股东可以用货币出资，也可以用实物、知识产权、土地使用权等可以用货币估价并可以依法转让的非货币财产作价出资；但是，法律、行政法规规定不得作为出资的财产除外。对作为出资的非货币财产应当评估作价，核实财产，不得高估或者低估作价。法律、行政法规对评估作价有规定的，从其规定。

注册门槛降低了，选择认缴还是实缴？2013年12月28日，全国人民代表大会常务委员会表决通过了《中华人民共和国公司法》的修正案。与原《公司法》相比，新《公司法》的最大特点就是降低了公司注册门槛。尤其是在注册资本实缴制的基础上推出了认缴制，极大地降低了公司注册的难度。接下来就为大家分别介绍这两种制度的内涵。

实缴制属于原《公司法》的内容，它指公司银行账户上的实际金额必须与营业执照上的注册金额相等。新公司注册时，运营者需要向工商登记部门出具实际资金验资证明。简单来说，就是运营者的经济实力决定了公司的规模。这个规模对资金的要求较高，在一定程度上限制了公司的注册和发展。

认缴制属于新《公司法》的内容范畴，它对公司账户的实际金额要求没有实缴制高。运营者可以自主约定注册金额和资金到账时间，不需要出具专门的实际资金到账证明。这样就能降低公司资金占用所带来的不利影响，为新公司的发展提供更多的机会和更广阔的空间。

那么这是不是就意味着认缴制没有缺点呢？是不是意味着所有创业者在新公司注册时，都应该选择认缴制呢？答案是否定的。认缴制虽然能减轻创业者的资金压力，但是这种方法不利于创业者寻找合作伙伴。因为凡是在工商局注册登记过的公司，其信息都能在当地工商局官方网站中找到，包括公司的注册资本以及实际缴纳的资金。

实际缴纳资金在一定程度上代表了公司的实际实力。当合伙人发现你的公司实缴资本过低时，自然会慎重对待彼此的合作关系。

由此看来，创业者在资金充裕的情况下，最好还是选择注册资本实缴制。因为这能彰显一个公司的实力，吸引更多优质的合作伙伴，从而推动公司的发展，毕竟画饼充饥是不现实的。但是，如果初创者资金紧张，也可以量力而为，选择认缴制注册。

需要注意的是，新《公司法》的认缴制只在一部分行业中有效。也就是说，它有明确的适用范围。根据现行的《中华人民共和国保险法》《中华人民共和国商业银行法》《中华人民共和国外资银行管理条例》等法律、行政法规以及国务院的明确规定，目前有27类行业继续实行注册资本实缴登记制。①

27类不被允许实行认缴登记制的行业分别是：①采取募集方式设立的股份有限公司；②商业银行；③外资银行；④金融资产管理公司；⑤信托公司；⑥财务公司；⑦金融租赁公司；⑧汽车金融公司；⑨消费金融公司；⑩货币经纪公司；⑪村镇银行；⑫贷款公司；⑬农村信用合作联社；⑭农村资金互助社；⑮证券公司；⑯期货公司；⑰基金管理公司；⑱保险公司；⑲保险专业代理机构；⑳外资保险公司；㉑直销公司；㉒对外劳务合作公司；㉓融资性担保公司；㉔劳务派遣公司；㉕典当行；㉖保险资产管理公司；㉗小额贷款公司。

3. 股东共同制定公司章程

有限责任公司章程应当载明下列事项：公司名称和住所；公司经营范围；公司注册资本；股东的姓名或者名称；股东的出资方式、出资额和出资时间；公司的机构及其产生办法、职权、议事规则；公司法定代表人；股东会会议认为需要规定的其他事项。股东应当在公司章程上签名、盖章。

没有规矩不成方圆，公司经营也是如此。如何让公司的经营规范呢？答案就是为公司制订一套章程。这也是新公司注册的必要条件之一。那么，究竟什么是公司章程？它该如何拟定？它的范围又是什么呢？

首先，简单来说，公司章程就是一个公司进行经营管理等各项活动的依据。有了这份依据后，公司的各项管理活动就能有效避免因人为因素而导致的不公平现象。可以说，这是一个公司取得长足发展的基本保证。工商行政管理局等对公司进行管理的部门，也需要对这份章程进行审阅。因此，在新公司注册之前，创业者需要制订公司章程。

其次，公司章程的制定并非随意为之，它需要遵守《公司法》等国家相关法

---

① 裴金霞. 股东认缴出资加速到期的法律研究 [J]. 法制博览，2017（29）：133-135.

律法规的规定。对于股份有限公司来说，它还需要经过公司股东或董事会的审议，得到股东或董事会的一致同意后，才能正式确定实施。这样一来，就能保证公司的各项制度和活动在法律允许的范围内进行。

最后，公司章程包括的具体内容有公司名称、公司所在地、公司经营范围以及公司管理制度。这份规定了公司活动基本准则的文件，是一个公司的宪章。因此，它具有法定性、真实性、公开性及自治性的特点。从小的方面来说，公司章程是新公司成立的基础；从大的方面来说，公司章程是公司生存和发展的灵魂。

由此，公司章程的重要性和必要性也就体现出来了。为了确保公司章程能切实发挥作用，创业者在制定公司章程的时候，需要注意4个方面，如图9-1所示。

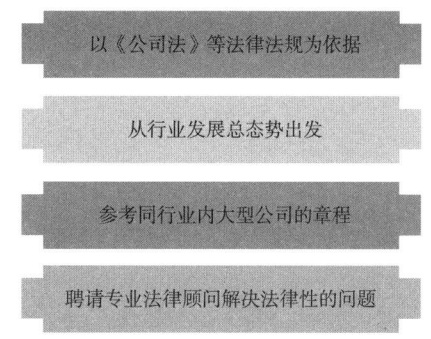

图9-1 制定公司章程时需要考虑的4个要素

以上就是制订公司章程时需要考虑的内容。如果创业者从以上4个角度出发，基本能够制订出有效的公司章程，进而推动新公司的发展。

4.有公司名称，建立符合有限责任公司要求的组织机构

如何确定公司名称，将在下一节作具体介绍。有限责任公司的组织机构须包含股东会、董事会或执行董事、监事会或监事。有限责任公司的股东会由全体股东组成，是公司的权力机构，决定公司的经营方针，依法行使选举董事（监事）等职权；董事会（董事）的职责主要包括执行股东会决议，负责公司的日常经营等；监事会（监事）的职责主要包括监督公司财务及高管行为等。

5.有公司住所

如何确定公司住所，将在下一节作具体介绍。

下面我们来看一下这几种企业类型主要有哪些区别，如表9-2所示。

表 9-2　　普通合伙企业和有限合伙企业的比较

项目	个人独资企业	合伙企业	有限责任公司	股份有限公司
发起者	自然人	自然人、法人	自然人、法人	自然人、法人
发起者人数	1人	2人以上	1~50人	2~200人
责任	无限责任	无限连带责任	有限责任	有限责任
最低出资额	没有最低限制	不限	3万元	500万元
是否具有法人资格	否	否	是	是
发起者国籍	中国公民	不限	不限	不限
组织机构	无	无	股东会、董事会或执行董事、监事会或执行监事	股东大会、董事会、监事会
事务管理	自行管理或委托他人管理	委托一个或数个合伙人执行事务	总经理	总经理
是否有章程	否	否	是	是
出资形式	货币	形式广泛，货币、实物、土地使用权等	货币以及可用货币估价并可转让非货币财产作价出资	货币以及可用货币估价并可转让非货币财产作价出资
财务是否公开	否	否	否	是
是否可发行股票	否	否	否	是
是否可发行债券	否	否	是	是
股权证明形式			出资证明书	股票
个人财产与企业财产是否分离	否	否	是	是
财产所有权和经营权是否分离	否	否	是	是
缴税	只缴个人所得税	只缴个人所得税	公司缴企业所得税，股东对其获得的分红缴纳个人所得税	公司缴企业所得税，股东对其获得股息和红利缴纳个人所得税
成立的基础		合伙协议	公司章程	公司章程
事务管理	投资人可以自行管理企业事务，也可以委托或者聘用他人负责企业的事务管理	按照合伙协议的约定或者经全体合伙人决定，可以委托一个或者数个合伙人对外代表合伙企业，执行合伙事务	股东会、监事会、董事会、总经理等各司其职	股东大会、监事会、董事会、总经理等各司其职

续表

项目	个人独资企业	合伙企业	有限责任公司	股份有限公司
债务偿清	投资者承担	合伙人共同承担	每个股东以其所认缴的出资额对公司承担有限责任	每个股东以其认购的股份为限对公司承担责任

分析完普通合伙企业和有限合伙企业的特点，接下来再看一下各种企业组织形式的优劣比较（见表9-3）。[①]

表9-3　　　　　　　　　　不同企业组织形式的优劣比较

项目	优势	劣势
个人独资企业	手续非常简便，费用低； 所有者拥有企业控制权； 可以迅速对市场变化做出反应； 只需缴纳个人所得税，无须双重课税； 在技术和经营方面易于保密	承担无限责任； 企业成功过多依赖创业者个人能力； 筹资困难； 企业随着创业者退出而消亡，寿命有限，投资流动性低
合伙企业	手续比较简单、费用低； 经营上比较灵活； 企业拥有更多人的技能和能力； 资金来源较广，信用度较高	承担无限责任； 企业绩效依赖合伙人的能力，企业规模受限； 企业往往因关键合伙人死亡或退出而解散； 投资流动性低，产权转让困难
有限责任公司	创业股东只承担有限责任，风险小； 公司具有独立寿命，易于存续； 可以吸纳多个投资人，促进资本集中； 多元化产权结构有利于决策科学化	创立的程序比较复杂，创立费用较高； 存在双重纳税问题，税收负担较重； 不能公开发行股票，筹集资金的规模受限； 产权不能充分流动，资产运作受阻
股份有限公司	创业股东只承担有限责任，风险小； 筹资能力强； 公司具有独立寿命，易于存续； 职业经理人进行管理，管理水平较高； 产权可以股票形式充分流动	创立的程序复杂，创立费用高； 存在双重纳税问题，税收负担较重； 股份有限公司要定期报告公司的财务状况，公开自己的财务数据，不便严格保密； 政府限制较多，法规的要求比较严格

根据以上分析，不同法律形式的企业各有其优势与劣势。在实际创业过程中，创业者应根据自身资源与能力条件及市场状况作出适当选择。

二、企业组织形式选择

创业者在明确了我国企业的法律形式之后，还需要了解企业的组织形式。在生活中我们经常会听到总公司、分公司、母公司、子公司的概念，接下来我们来

---

① 李家华.创业基础［M］.2版.北京：北京师范大学出版社，2015：216.

了解一下这些概念。

（一）总公司与分公司

分公司是与总公司相对应的一个概念。总公司也称为本公司，指一个大型公司的全部组织的总机构，简单来说，就是公司总部。所以，它的权力通常较大，具有独立法人资格，能够以自己的名义直接从事各项经营活动。《企业名称登记管理规定》中明确规定："企业名称中使用'总'字的，必须下设三个以上分支机构。"这些公司总部下设的分支机构就是分公司。虽然分公司有"公司"字样，但它不是真正意义上的公司。因为分公司不具有企业法人资格，不具有独立的法律地位，不能独立承担民事责任。另外，分公司需要和总公司从事相同的业务。

1. 分公司的主要特点

（1）不是法人。没有自己的独立财产，不独立承担民事责任。分公司占有、使用的财产是总公司财产的一部分，列入总公司的资产负债表中。

（2）不独立经营。没有股东会、董事会、监事会等组织机构。

（3）不独立纳税。只在所在地缴纳流转税，不缴纳企业所得税。

2. 设立分公司的考虑

（1）分公司的利润由总公司汇总纳税。在经营初期，分公司往往出现亏损，但其亏损可以冲抵总公司的利润，减轻税收负担。

（2）分公司与总公司之间的资本转移，因不涉及所有权变动，不必负担税收。

（二）母公司与子公司

子公司是与母公司相对应的法律概念。子公司指一个公司的全部股份或者大部分股份被另一个公司控制，或是根据协议而被另一个公司实际控制的公司。对母公司而言，子公司是处于被支配、受管理地位的公司。但是，子公司和母公司都具有法人资格。从本质上来说，二者是股东与公司的关系。母公司对子公司承担有限责任，子公司具有法人资格，依法独立承担民事责任。判断 A 公司是否为 B 公司的子公司，主要看 B 公司能否实际控制 A 公司。如果 B 公司不能实际控制 A 公司，哪怕 B 公司是 A 公司的第一大股东，A 公司也不是 B 公司的子公司。比如腾讯现在是京东的第一大股东，但是京东的实际控制人并不是腾讯，而是刘强东，所以京东并不是腾讯的子公司。子公司具有法人资格，拥有独立财产，可以独立承担民事责任，这是子公司与分公司的重要区别。另外，子公司可以和母公司从事不同的业务。

1.子公司的主要特点

（1）独立法人。虽然子公司被母公司实际控制，但在法律上，子公司仍是具有法人资格的独立公司。子公司与母公司的财产彼此独立，各有自己的资产负债表。在财产责任上，子公司和母公司也各以自己所有的财产为限承担各自的财产责任，互不连带。

（2）独立经营。有自己的股东会、董事会、监事会、总经理等组织机构。

（3）独立纳税。独立缴纳流转税、所得税等相关税。

2.设立子公司的考虑

（1）子公司独立承担民事责任，母公司只以出资额为限承担有限责任。

（2）子公司可以享受分公司不能享受的税收优惠。子公司可享受注册所在地或所在国的税收优惠待遇，分公司作为企业的组成部分之一派驻外地或外国，一般不能享受税收优惠。

（3）许多国家对子公司向母公司支付的股息减征或免征预提税。

现在我们知道子公司和分公司在承担偿债责任和税收利益方面存在着较大差异，同学们需要根据自己的实际情况来选择企业的组织形式。

（三）自然人、法人、董事

自然人、法人、董事这几个概念也是创业者注册公司之前需要了解的内容。在公司的运营过程中，会经常涉及这几个概念。如果创业者对其不够了解，那么在公司的注册及运营过程中可能会遇到一些阻碍。为了帮助创业者顺利完成公司注册工作，降低公司运营过程中遇到障碍的可能性，下面将对这几个概念进行详细讲述。

1.自然人

顾名思义，自然人指在自然条件下诞生的人。也就是说，生活在这个世界上的所有人，都被称为自然人。因此，自然人也是民事主体，享受一定的权利，同时需要履行一定的义务。

2.法人

法人并不指具体的人，而指具有民事权利能力和民事行为能力，依法独立享有民事权利和承担民事义务的社会组织。这是一个世界范围内普遍认可的法律概念。设定这个概念的目的在于规范世界各国的经济秩序。这也就意味着，法人是一个为经济秩序的有效运行保驾护航的概念，其对创业者的重要性也就不言而喻了。

3.董事

董事也叫执行董事，是一个针对公司运营管理产生的概念。董事是由公司股东会选举产生的具有实际权力和权威的公司事务管理人员，它不是一个具体的人，而是公司内部所有管理人员的总称。董事有两个方面的职责，即对内负责管理公司事务，对外代表公司进行经济活动。此外，《公司法》还规定了不得担任公司董事的情况，根据《公司法》第一百七十八条的规定，凡是有下列情形之一的，不得担任公司的董事、监事、高级管理人员。

（1）无民事行为能力或限制民事行为能力。

（2）因贪污、贿赂、侵占财产、挪用财产或者破坏社会主义市场经济秩序，被判处刑罚，或者因犯罪被剥夺政治权利，执行期满未逾五年，被宣告缓刑的，自缓刑考验期满之日起未逾二年。

（3）担任破产清算的公司、企业的董事或者厂长、经理，对该公司、企业的破产负有个人责任的，自该公司、企业破产清算完结之日起未逾三年。

（4）担任因违法被吊销营业执照、责令关闭的公司、企业的法定代表人，并负有个人责任的，自该公司、企业被吊销营业执照、责令关闭之日起未逾三年。

（5）个人因所负数额较大债务到期未清偿被人民法院列为失信被执行人。

4.独立董事

还有一个与董事概念相近的概念，即独立董事。独立董事指不属于公司股东的范畴，且不在公司内部任职，不会与公司或公司经营管理人员有业务往来关系，但是能对公司事务作出独立判断的董事。[①]这个角色在公司的重大事件决策中往往能发挥重要作用，所以创业者有必要了解这个概念。

对于股份有限公司来说，其董事由股东大会选举产生。董事的具体人员可以是公司的股东，也可以是非股东。关于董事的任期，由公司章程规定。一般来说，董事的任期分为定期和不定期两种。不管是何种任期类型，董事的实际任期都有可能发生改变，其原因包括违反股东大会决议、股份转让、主动辞职、公司破产等。

《公司法》是创业者在公司注册与运营过程中的基本行为准则。创业者应该熟悉《公司法》中的具体内容，做到知法、懂法、守法，这样才能避免在公司注册及运营过程中偏离正确轨道。

第二节 新企业注册

按照现行法律法规，创业者注册新公司需要遵循一定的流程，并需要到相应的

---

① 陈文曲，周春梅.论独立董事功能之替代［J］.商业研究，2003（18）：90-92.

政府部门登记审批。相关审批登记项目包括：公司核名，填写和提交注册材料，公司公章备案，验资，申领营业执照、组织代码证、税务登记证，银行开户，购买发票等。

一、注册前的准备

（一）明确是否涉及经营项目审批

例如，新创企业的经营范围涉及特种行业许可经营项目，则需报送相关部门审批盖章。特种许可项目涉及旅馆、印铸刻字、旧货、拍卖、信托寄卖等行业，需要消防、治安、环保、科委等行政部门审批。特种行业许可证的办理，根据行业情况及相应部门规定不同，分为前置审批和后置审批。

（二）明确注册费用的构成

新公司的注册费用包括7个方面，具体内容如图9-2所示。

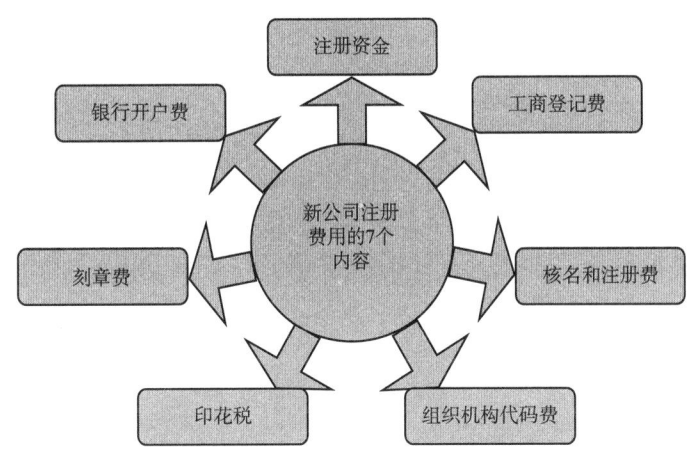

图9-2　新公司注册费用的组成部分

1.注册资本

注册资本有两种缴纳形式，即实缴和认缴。如果选择实缴，则根据自己的财力情况而定。如果选择认缴，无须考虑太多其他因素，只要注册金额不高得离谱，且有利于公司发展即可。

2.工商登记费

根据《企业注册登记费收费标准及其收入使用范围的规定》，新公司开业注册登记费标准如下。

（1）企业法人（包括具备法人条件的私营企业，不包括外商投资企业）开业注册登记收费，注册资金总额在1000万元以下（含1000万元）的，按注册资金总额的1‰收取；注册资金总额超过1000万元（不含1000万元）的，超过的部分按0.5‰收取；注册资金总额超过1亿元（不含1亿元）的，超过的部分不再收取。开业登记收费的最低限额为50元。

（2）不具备法人条件的企业，企业法人设立的不能独立承担民事责任的分支机构，其开业注册登记费为300元。

（3）筹建企业注册登记费为50元。

3. 核名和注册费

核名费为30元或50元，注册费按注册资本的0.8‰计算（部分城市或不同的城区根据相关政策而定，如北京的核名费和注册费都是0元）。

4. 组织机构代码费

组织机构代码费为68~148元不等（不同城市的收费标准不一，如北京的组织机构代码费是120元）。

5. 印花税

印花税包括房屋租赁印花税和注册资本印花税。其中，房屋租赁印花税按照租用房屋注册地的年租金的1‰收取；注册资本印花税按注册资本的0.5‰计算。

6. 刻章费

一个公司必须有公司公章、法人章、财务章（公安局备案的上网章）。如果交由刻章公司制作，则一套公章的费用在500元左右（注册城市不同，价格略有差异，如北京的刻章费用是300元）。

7. 银行开户费

银行开临时户与基本户的费用是200~800元，创业者可以根据实际需求自行选择。

以上就是新公司注册费用构成的明细。创业者了解了这些内容后，就不至于被代理注册公司蒙骗。

（三）明确注册地址

新企业选址是一个较复杂的决策过程，涉及的因素比较多。归纳起来，影响选址的因素主要有五个方面，即政治因素、经济因素、技术因素、社会文化因素、自然因素。

1. 经济因素

在关联企业和关联机构相对集中的地区，新企业容易成功。哈佛商学院教授迈克尔·波特在研究了全球产业竞争力的"钻石模型"后指出，某一领域内相互关联的企业和机构在选址上进行集中后可以形成所谓的"团簇"（Clustering），这是一个地区经济竞争力的标志。若一家企业有幸建在一个好的企业聚集区，区内的各家企业间就会产生一种竞争与合作关系。一方面，竞争对手之间展开激烈竞争以求在竞争中胜出并保住市场；另一方面，在相关行业企业及地方机构间还存在着广泛的合作关系，一群具有竞争力的企业和一系列高效运转的机构共同实现该地区的繁荣。因此，新企业在选址时应考虑将自己建在一个好的产业"团簇"中。具体来说，选择接近原料供应或能源动力供应充足地区的新企业具有相对成本优势；选择接近产品消费市场的地区具有客户优势；选择劳动力充足且费用低、劳动生产率高的地区具有人力优势；选择有利于员工生活的地区为员工提供便利。

2.技术因素

技术因素对高科技创业企业的成功至关重要，但技术本身的进步却难以预测。从某种意义上说，技术市场的变化是最为剧烈和最具不确定性的因素。因此，为了能够了解和把握技术变化的趋势，许多企业在创业选址时，常常考虑将企业建在技术研发中心附近，或建在新技术信息传递比较迅速、频繁的地区。例如，美国加州的硅谷在20世纪50年代以后逐渐成为美国电子工业的基地。硅谷不仅是高科技创业企业的"摇篮"，而且以电子工业为基础所形成的"高科技风险企业团簇"被认为是"20世纪产业集群的典范"。硅谷的成功经验和运行范式广为世界各国所效仿。

具有较强社会资本的产业团簇内的企业要比没有这种资本的孤立的竞争者更加了解市场。因为，这些企业与其他关联实体间不断发展的建立在信任基础上的，并且是面对面的客户关系，能够帮助企业尽早了解技术进步、市场上的零部件及其他资源的供求状况，融洽的关系能够使新创企业通过不断地学习和创新，及时改善产品、服务和营销观念，以进一步增强企业的存活力。当然，以技术为依托的社会资本积累过程往往是一个渐进的过程。

3.政治因素

政府对市场的规制也是值得创业者重视的一个方面，创业者要评价现在已经存在的及将来有可能出现的影响产品或服务、分销渠道、价格、促销策略等的法律和法规问题，将企业建在政府支持该产业的地区。当投资者到国外设厂时，更应该考虑不同国家的政治环境，如国家政策是否稳定、有无歧视政策等。

4. 社会和文化因素

由于生活态度的不同，人们对安全、健康、营养及环境的关心程度不同，也会影响创业者所生产产品的市场需求，特别是当创业者准备生产的产品与健康、环境质量等有密切关系时，更是如此。此时，应优先考虑将企业建在企业文化与产品服务能得到较大认同的地区。

5. 自然因素

选址也需要考虑地质状况、水资源的可利用性、气候的变化等自然因素。有不良地质结构的地区，会对企业的安全生产产生影响。对用水量大的企业来说，水资源的缺乏会对其正常生产产生不利影响。

上述各种因素对不同的行业、企业来说有不同的侧重点。例如，制造业的选址和服务业的选址，其侧重点就不同，制造业侧重考虑生产成本因素，如原料与劳动力；服务业侧重于考虑市场因素，如顾客消费水平、产品与目标市场的匹配关系、市场竞争状况等。

此外，办公地址的选择还需兼顾位置、面积与企业形象的平衡。

办公地址是企业运营的基础，也是企业注册中涉及的第二个关键点。办公地点的地理位置对企业的运营情况无疑有着重大影响，办公地点的面积也会给企业形象带来一定的影响。办公地点的地理位置及其面积都与资金情况联系紧密。那么，究竟如何使这三者达到平衡关系呢？

首先来看办公地址的选择。显然，交通便利、配套设施齐全、环境优良且租金合理的办公地址是最理想的选择。因此，关于办公地址的选择，创业者需要从这4个方面进行思考。

（1）交通。办公地址是否处于交通干线附近？办公地址的周围是否有公交车站或地铁站？这些都是需要着重考虑的问题，因为这关系到员工上下班的效率。如果公司的办公地址偏僻，不利于寻找，员工可能会经常出现迟到的情况。长此以往，不仅会影响公司的形象，也会影响公司的发展。

（2）配套设施。包括停车场、监控设施及办公室所在写字楼的物业管理情况。对大型公司来说，其员工较多，开车上下班的员工比例会随之提高。在这种情况下，对停车设施的需求变得更加突出和迫切。另外，监控设施的情况直接与公司的安全性相联系。物业管理属于软性条件，完善且高质量的物业管理是公司顺利运营的坚实后盾。

（3）环境。办公环境包括绿化、空气质量、噪声情况等硬性指标，也指工作氛围等人文指标。绿化面积大、空气质量好、没有噪声的办公环境，更有利于员工集中注意力，提高工作效率。工作氛围良好的办公环境，也有利于员工进入工作状态，从而提高工作效率。所以说，这是一个很关键的因素。

（4）租金。涉及公司的运营成本问题，因此也是一个不可忽视的因素。对新创公司来说，资金往往是一个较为重大的限制因素。为了确保公司的顺利运行，有必要仔细考虑这个问题。办公场所的租金还会涉及停车费、物业管理费、清洁费、保险费等一系列费用。如果对这些费用考虑得不够周到，可能会让自己陷入资金链断裂的境地。

至于办公场地的面积选择，需要根据公司经营的业务、公司的财力情况、公司的规模来确定。如果只是一个小型的创业公司，员工数量在10人以内，显然没有必要租一个大型的办公场所。考虑到创业者在创业初期资金比较紧张的实际情况，更应该量力而行，选择一个大小适宜的办公场所。后期公司得以发展，规模不断扩大，在资金充裕的情况下可以更换办公场所。

不可否认的是，公司办公场所所处的地段越繁华，面积越大，越能给公司带来良好的形象。在这种情况下，也更容易吸引到更多、更优秀的求职者。但是，这一切都建立在资金充裕的前提条件下。如果资金允许，自然会选择面积更大的办公场所；反之，则根据实际情况，量力而行。一个公司拥有行业领域内的核心技术，业务能力强，信誉度高，这些都能为公司形象加分。

在实际创业过程中，许多创业者会遇到公司注册地与办公地址不一致的情况，该如何处理呢？出现分离的情况，可能是由于公司规模的扩张，也可能是由于原地址拆迁等。不管原因如何，创业者关心的是这种情况是否符合法律法规的要求。如果因为迫不得已的原因，必须实行注册地与办公地址分离，该如何解决？

《公司法》规定，公司应以其主要办事机构所在地为住所。也就是说，公司的营业执照上的经营地址就是办公地址。工商局对公司进行审查时，就是以营业执照上的经营地址为依据的。除此之外，《中华人民共和国市场主体登记管理条例》（以下简称《市场主体登记管理条例》）明确规定："市场主体只能登记一个住所或者主要经营场所。"由此看来，公司的注册地不能与办公地址分离。

《国家工商行政管理局对企业在住所外设点从事经营活动有关问题的答复》表明：经工商行政管理机关登记注册的企业法人的住所只能有一个，企业在其住所以外地域用其自有或租、借的固定的场所设点从事经营活动，应当根据其企业类型，办理相关的登记注册手续。依照《公司法》的规定，设立的公司在住所以外的场所从事经营活动，应当向该场所所在地公司登记机关申请办理分公司设立登记。未依法登记为有限责任公司或者股份有限公司的分公司,而冒用有限责任公司或股份有限公司的分公司名义的,由公司登记机关责令改正或者予以取缔,可以并处十万元以下的罚款。

事实上,《公司登记管理条例》对公司的经营场所并没有数量上的限制。因此,如果出现了公司注册地址必须与办公地址分离的情况,企业负责人应及时按照《公司法》及《市场主体登记管理条例》的规定,对新的办公地址进行登记注册。具体来说,企业负责人有两个可供选择的途径。第一,变更工商登记,将公司的注册地址变更为经营所在地。第二,设立分公司,即将经营所在地的业务设立为分公司。

因此,当创业者在登记注册公司后,发现了更合适的公司经营地址时,可以放心地将公司迁移到新的办公地址。但是在这个过程中,创业者应按照有关法律法规的规定及时进行新的登记注册。

(四)准备验资材料

尽管新《公司法》增设了注册资金认缴制,注册者可以随意申报注册金额。但是,注册者在提交公司注册申请的时候,还必须出具一份验资报告,即对公司实际资金情况的证明材料。具体来说,验资报告就是公司注册者向银行开户行存入一笔资金,然后请专业的会计师事务所对其存入的资金情况进行检查,会计师事务所会根据银行账户的实际资金情况出具证明报告。

1.具体材料

进行验资时,注册者需要准备以下材料,并提交给会计师事务所。

(1)公司名称核准通知书复印件;

(2)公司章程复印件;

(3)投资人身份证或营业执照;

(4)银行进账单、对账单;

(5)公司住所证明材料;

(6)股东会决议及股东印章;

(7)其他所需材料。

对于不同地区,要求提交的材料有细微的差别,但总体上就是以上内容。

2.注意事项

在验资的时候,还有以下两个方面的注意事项。

(1)以货币资金出资的注意事项:①在银行账户中投入资金时,需要在银行单据"用途"一栏中注明"投资款"。②如果有多个投资方同时向银行账户投入资金，则分别提供银行出资单据，包括银行的进账单与对账单。③实际出资人应与公司章程中所规定的投资人一致。

（2）以实物出资的注意事项：①要保证投资人对所用于投资的实物拥有所有权。②确保用于投资的实物经过了专业评估，并具有评估报告。③投资后需办理实物所有权转移手续。

注册者准备好以上材料后，就可以进行验资工作了。验资报告生成后，注册者可以带着验资报告进行新公司的登记。

二、注册流程

（一）如何确定公司名称

注册公司的第一步就是公司名称审核，即"查名"。创业者需要通过市工商行政管理局进行公司名称注册申请，由工商行政管理局3名工商查名科注册官进行综合审定，给予注册核准，并发放盖有市工商行政管理局名称登记专用章的"企业名称预先核准通知书"。

《企业名称登记管理规定》第六条规定："企业名称由行政区划名称、字号、行业或者经营特点、组织形式组成。"第七条规定："企业中的行政区划名称应当是企业所在地的县级以上地方行政区划名称。市辖区名称在企业名称中使用时应当同时冠以其所属的设区的市的行政区划名称。"

根据这两项规定，公司的名称一般由公司所在地的行政区划名称、字号、行业或者经营特点、组织形式这4个部分组成。例如，大家所熟知的百度，它的全称是"北京百度网讯科技有限公司"。"北京"是其所在地的行政区划名称，"百度"是它的字号，"网讯科技"是它的行业特点，"有限公司"则是它的组织形式。由此可见，公司名称中最重要的就是其字号。

另外，由于公司名称是与其他企业相区别的标志，在进行公司注册的时候，公司的名称与商标一样，是不能出现重复现象的。因此，在确定了公司的名称之后，还应对其进行查询，确保名称具有识别性。关于公司名称的查询，创业者可以在当地工商局官网上进行。登录当地工商局官网后，进入"信用查询"界面，即可查询当地所有已经注册过的企业名称。

公司的名称是外界了解公司的首要途径，可以说，它起着门面的作用。因此，为了让公司名称能在公司经营中发挥更大的促进作用，创业者在为公司取名的时候要注意4个原则，即公司名称与品牌、商标的统一性，原创、独特性，传播性，文化价值契合度。

1. 统一性

一个公司要想得到长足发展，就需要具有较强的竞争力。竞争力从何而来呢？答案是具有品牌效应的产品。为了凸显公司的产品，增强公司的品牌效应，创业者可以考虑将公司的名称与产品品牌及产品商标统一起来。这样别人看见公司的名称，就会想起公司的产品，从而提高公司的竞争力。

2. 原创、独特性

小米手机风靡之后，有人模仿小米创立了小辣椒。但是这个企业并没有得到长足发展，而是很快退出了市场。其原因就在于这个企业不论是从产品，还是从公司名称来看，都是在模仿别人，缺乏原创性。所以说，具有原创性的公司名称才是最重要的。

3. 传播性

公司要想发展壮大，就需要面对更多、更广泛的用户。因此，公司名称的传播性是非常重要的一个方面。为了增强公司名称的传播性，就需要保证公司名称简单明了、易读易记，如"立白""老干妈"，这些名称既有形象性，又通俗易懂。

4. 文化价值契合度

公司应关注其名称与传统文化中积极象征符号的关联性，如名称中使用"瑞"，使人联想到"祥瑞"；使用"鼎"，使人联想到"权威"；使用"鸿"，使人联想到"宏大"。创业者也可以通过名称传递企业愿景或行业属性，如"智联"表明"科技联结"，"腾跃"表示"突破性增长"。这些引发正向联想的词汇可以提升公司的亲和力，吸引更多合作伙伴。

在不同的城市中，工商局对公司名称的规定略有差别。为了确保公司名称万无一失，创业者可以提前在当地工商局官网查询，或者直接去工商局查询有关规则，再结合以上提到的原则，这样就能为公司取一个合法、合适的好名称。

（二）如何填写注册资料

确定好公司的类型和名称之后，创业者就可以去工商局申请注册了。在这个过程中，创业者首先需要填写注册资料。具体来说，根据公司类型的不同，其注册资料的填写也有所不同，这也是提前确定公司类型的原因所在。下面介绍股份有限公司及有限责任公司注册资料的填写内容。

1. 股份有限公司

如图9-3所示，公司名称、经营范围、法人代表、注册资金、出资比例、证件材料、公司的固定电话、股东电话，这8个方面是股份有限公司填写注册资料时必须涉及的。如果创业者拟定的公司名称已经经过了核查，那么可以直接使用；如果没有经过核查，最好多准备几个备用名称，以防因重复或违规而导致名称不能注册。

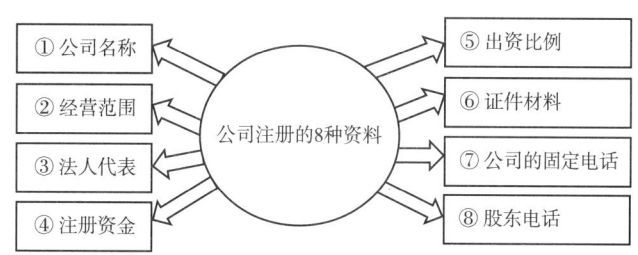

图9-3 新公司注册需要填写的资料

关于公司的经营范围，要如实填写。因为新公司注册之后，工商局会不定期对其进行检查，如果出现经营范围不一致的情况，公司将面临处罚风险。此外，不同的经营范围，所需要的许可证也是不一样的。

法定代表人是负责对外行使公司权力，并对此负有民事责任的人。法定代表人是一个很重要的角色，在填写注册资料的时候需要填写清楚。

凡是经工商局注册过的公司，其信息都会被公示在当地工商局官网的"信用查询"系统中。这既是对公司的监督，也是扩大公司知名度的一种方法。为了扩大公司的知名度，也为了取得合作伙伴的信任，创业者有必要填写注册资金、出资比例、公司固定电话、股东电话等信息。

另外，公司注册地址的房产证及房主身份证复印件（单位房需要在房产证复印件及房屋租赁合同上加盖产权单位的公章，居民住宅需要提供房产证原件）也是需要提交的注册材料。股东的身份证原件也是必要的注册材料之一。

2. 有限责任公司

在注册有限责任公司时，所要填写的材料基本与注册股份有限公司类似。唯一不同的是，有限责任公司还需要填写一份发起人协议。由于有限责任公司的股份不是按照等额分配的原则划分的，其股东的责任和义务是不明确的。在这种情况下，就需要依据发起人协议来规定各股东的责任和义务。

大致而言，新公司注册的时候就需要提供以上材料。不同地区的工商局还会有更细微的要求，创业者在实际注册的过程中，根据工商局工作人员的引导操作即可。

（三）如何提交注册资料

填写好注册资料后，就应该提交了。创业者在向工商局申请注册公司的时候，工商局会发放各种登记表格，如注册申请表、股东（发起人）名单、法定代表人登记表、董事、经理、监理情况表、指定代表或委托代理人登记表。注册者需要按照要求，一一将这些表格填写好。

在向工商局提交注册资料的时候，一方面是提交以上提到的各种表格，另一方面需要提交公司章程、核名通知、房屋租赁合同、房产证复印件等工商局指定的资料。提交了这些资料之后，并不意味着注册工作已经完成，工商局还需要对这些资料进行审核，注册者要耐心地等待工商局的审核结果。

（四）如何领证、刻章

一般来说，工商局会在资料提交后的15个工作日左右给出审核结果。如果审核通过了，意味着新公司得到了法律的许可，可以正式开业运营了。那么，注册者就需要领取营业执照，以及为公司刻制公章。

工商局会在审核结果出来之后，按照申请者预留的通信方式，向申请者寄送准予设立通知书。通知书上的内容包括领取营业执照的日期，以及办理营业执照所需缴纳的费用。申请者只需按照规定的时间去工商局缴费领取证照即可。

从2015年10月1日起，全国范围内开始全面实行"三证合一"的登记制度。"三证合一"的登记制度指将企业登记时依次申请的，分别由工商部门核发的营业执照、质监部门核发的组织机构代码证、税务部门核发的税务登记证，改为一次申请，由工商部门核发一个加载统一社会信用代码的营业执照，即"一照一码"营业执照。[①]

公司的印章包括公司公章、财务专用章、合同专用章、法人私章、发票专用章、其他股东私章、报关章、部门章等。其中，前6种印章是任何一个公司都必不可少的，后2种印章则可以依据公司的实际需要刻制。

需要注意的是，公司在刻制公章、财务专用章、发票专用章之前，需要向

---

① 田锦凡.商事制度改革急需用力啃掉"硬骨头"[N].贵州政协报，2015-04-14.

公安局备案。待收到公安局发送的刻章密码后，方可刻制这3枚印章。这3枚印章是公司的象征，代表着公司的权力。其中，又以公司公章的效力最大。公司的税务登记、行政文书的签发、开具的证明，要盖上公司公章后才具有法律效力。

任何一个公司都会与银行有业务上的往来。这时，财务专用章就发挥作用了。公司在银行开具的凭据、支票、汇款单，都需要盖上财务专用章方可生效。合同专用章则是在签订业务合同时需要使用的印章。对于创业者来说，为了减少印章遗失、被滥用的风险，初期可以直接将公司公章当作合同章使用。

（五）如何办理企业组织机构代码证

企业组织机构是社会经济的组成部分，需要参与到社会经济活动当中。那么企业组织机构该如何参与到社会经济活动中呢？正如人参与人类社会活动需要一个身份证明一样，企业组织机构参与社会经济活动同样需要一个身份证明，这个证明就是企业组织机构代码证，简称代码证。

企业组织机构代码证是依法注册，依法登记的机关、企业、事业单位和群团组织在全国范围内唯一的、始终不变的代码标识。换句话说，它就是一个公司在社会经济活动中的通行证、身份证。那么，这个代码该如何办理呢？企业组织机构代码证的办理流程通常分为四步，具体内容如图9-4所示。

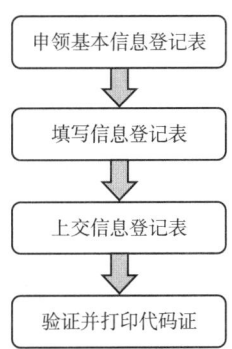

图9-4　企业组织机构代码证的办理流程

1.申领基本信息登记表

公司应向其所在地的质量技术监督局申请办理企业组织机构代码证。因此，申办人应首先向当地的质量技术监督局提出申请，并领取信息登记表。

2.填写信息登记表

申请人需要按照规定填写好信息登记表。需要注意的是，申请人需要确保信息真实可靠,同时在申请表的表头处盖上公司的公章。

3.上交信息登记表

按要求填写好表格后,申请人就可以向质量技术监督局的工作人员提交信息登记表格以及营业执照原件(交验)和复印件、法人代表身份证原件(交验)和复印件。工作人员会对这些材料进行审核,然后给出最终答复。

4.验证并打印代码证

待工作人员完成审核后,申请者就可以验证并打印代码证了。至此,企业组织机构代码证办理工作也就圆满结束了。

为了确保申请工作能一步到位,申请者最好提前将各种证件复印两份,以备不时之需。确保复印件是用A4纸,且清晰、明确。另外,在填写表格的过程中一定要谨慎对待,如遇到不确定的项目,可以及时与工作人员沟通,然后再进行填写,以免出现错误。

(六)如何办理税务登记证

新公司一旦开始运营,就会涉及缴税的问题。接下来就是税务登记证的办理环节。税务登记证包括国税和地税两种,新注册的公司需要同时办理这两种税务登记证。办理税务登记证所需要的材料有7种,具体内容如图9-5所示。

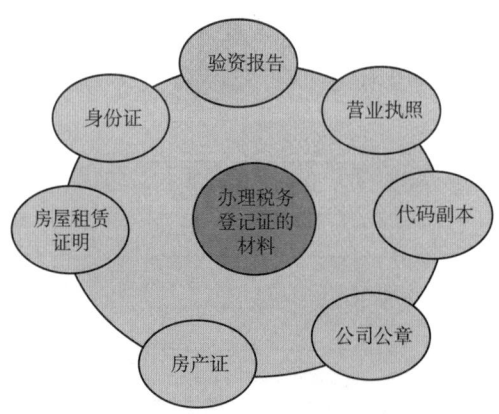

图9-5 办理税务登记证所需要的材料

准备好以上材料后,就可以去税务局办理税务登记了。有些地方的国税和地税登记是一起的,只需要办理一次即可,但有的地方是分开办理的。申办者在申请办理之前,需要问清楚具体情况。如果规定是分开办理,申办人需要分别带着以上7种材料到国税局和地税局办理。如今已经开通了税务服务热线,如果申办者有不明白的地方,可以拨打12366进行咨询。

一般来说，税务登记证的办理流程分为三步，即申请办理、填写资料、领取登记证。首先，申请者携带以上提到的7种材料到税务局申请办理税务登记证。然后，工作人员会发放一份申请表。申请者按照表格填写要求，认真、真实地填写表格信息。填写表格后，工作人员会根据申请者填写的经营范围收取相应的工本费。目前，少部分地方已经实行免费政策了。具体缴费情况以当地政策为准。最后，申请者需要等待材料审核结果。如果审核通过，就可以在规定时间内领取税务登记证了。

注意，纳税人在领取营业执照之日起30日（含30日）内，应向税务机关申报办理税务登记，逾期办理会被罚款。根据法律规定，逾期办理税务登记，税务机关会责令限期改正，并可能处以2000元以下的罚款；情节严重者，将处2000元以上、10000元以下的罚款。另外，公司在办理税务登记证时，必须要有一个会计，因为税务局要求提交的资料中有一项是会计资格证和身份证。如果你注册的是小公司，为了降低运营成本，可以先请一个兼职会计，这样既符合税务登记证的办理要求，还能减轻公司的财务负担。

（七）如何开立基本户账号

对一个新注册的公司来说，还需要开立一个基本存款账户，简称基本账户。它是办理转账结算和现金收付的主办账户，经营活动的日常资金收付以及工资、奖金和现金的支取均可通过该账户办理。开立其他银行的结算账户也需要以这一基本账户为前提。按照规定，一家公司可以一位法定代表人的名义选择一家银行开立一个基本存款账户。

1.材料准备

开立基本账户没有门槛限制，但申请开办时需要准备好相应的材料。它所需要的材料有以下8类。

（1）营业执照正本原件及2份复印件。

（2）企业组织机构代码证正本原件及2份复印件。

（3）税务登记证正本原件及2份复印件。

（4）股东身份证原件及4份复印件。

（5）法定代表人身份证原件及4份复印件。

（6）公司公章、财务专用章、法定代表人私章。

（7）租房协议（个人房需要房产证复印件，单位产权房需要在租房协议上加盖公章）。

（8）经办人身份证原件及4份复印件。

2. 开立流程

准备好以上材料后，经办人就可以携带材料去银行开立基本存款账户了。具体流程如图9-6所示。

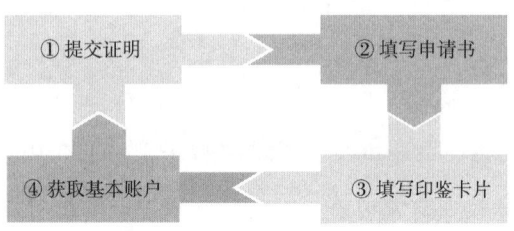

图9-6　开立基本账户的流程

（1）提交证明。对于不同性质的单位，要求其出具的具体证明是不一样的。全民所有制和集体所有制工商企业，必须向银行提交其主管部门的证明以及工商行政管理部门发放的营业执照；个体工商户则需要向银行提交工商行政管理部门发放的营业执照。

（2）填写申请书。银行会对申请人提交的证明进行审核。如果审核通过了，银行则会发放基本账户开立申请书。申请人按照规定认真填写即可。填写完成后，需加盖公司公章，然后交由银行工作人员审核。

（3）填写印鉴卡片。印鉴卡片是单位与银行事先约定的一种付款的法律依据。申请人在填写印鉴卡片的时候，要盖上公司的公章和财务经办人员的私章。此后，银行为该公司办理结算业务的时候，会对印鉴卡片上的内容进行比对。如出现付款凭证上加盖的印章与印鉴卡片上预留印鉴不一致的情况，银行则会拒绝办理付款结算业务，以免给不法分子留下可乘之机，切实保护公司的财产安全。

当然，如果公司出现人事变动的情况，可以去银行申请注销原有的预留印鉴，启用新的预留印鉴。这些工作需要向银行申请办理，切不可擅自处理。自2005年下半年起，大多数银行开始使用密码器生成密码。因此，银行可能会要求申请者购买一个密码器。

（八）如何办理税务报到

向工商局申请注册并且通过的新公司，会获得一份工商局发放的营业执照。之后，新公司负责人需要拿着这份营业执照以及其他相关材料办理，诸如企业组织机构代码证、税务登记证等证件。办理好的税务登记证上会规定一个到税务局报到的时间。公司负责人需要指派专门人员在规定时间内，携带相关资料去税务局办理税务报到手续。税务局则会核定企业缴纳税金的种类、税率以及申报税金的时间。之后，企业将按照这一核定标准缴纳税金。

税务报到同样分为两类，即国税报到和地税报到。它们的具体报到时间通常也不一样，国税的报到时间是公司成立后的当月，地税的报到时间可以放宽至公司成立后的次月。注意，在规定时间内未去报到的公司，将要缴纳罚金。税务报到的办理者要求是有会计从业资格证的专门人员，因此，公司负责人一定要按照规定指派人员办理各项事务。税务报到的具体流程，如图9-7所示。

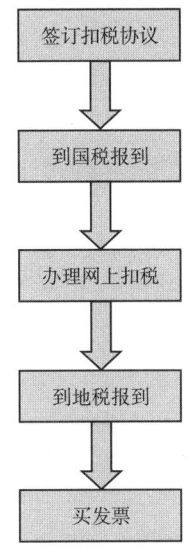

图9-7 税务报到的流程

1.签订扣税协议

经办人带上相关文件先到开户行签订扣税协议。

2.到国税局报到

经办人到国税局报到，填写公司基本信息。一般到国税局报到需要携带公司公章、税务登记证原件及复印件。

3.办理网上扣税

经办人到国税局报到后，拿着扣税协议找税务专管员办理网上扣税，主要是核定缴纳何种税种（一般是营业税和附加税）。之后，税务专管员会给公司一个用户名和密码。如果和税务局签订（绑定）网上扣税，如有国税，则国税、地税都要去办理；如无国税，则只办理地税。国税系统负责征收增值税、消费税、车辆购置税等；地税系统负责征收营业税，城市维护建设税（不包括由国家税务系统负责征收管理的部分），地方国有企业、集体企业、私营企业缴纳的所得税等。

4.到地税局报到

经办人到地税局报到，填写"财务制度及软件备案报告"，内容主要有以下3类。

（1）报表种类：资产负债表、损益表。

（2）折旧方法：直线折旧法。

（3）摊销方法：五五摊销法。

到地税局报到所需的证件如下。

（1）公章。

（2）公司章程。

（3）验资报告。

（4）产权证。

（5）租房合同（自己的房子也要与自己签订合同）。

（6）房东身份证复印件。

（7）营业执照正、副本原件及复印件。

（8）税务登记证原件和复印件。

（9）开户许可证。

（10）财会人员的会计证复印件、身份证复印件。

（11）全体股东（包括法人）的身份证原件和复印件。

注意：复印件均用A4纸打印。

5.购买发票

地税报到完成后，要购买发票。如果有国税，则在国税、地税都要购买；如果无国税，只在地税购买。

（九）如何领购发票

公司在运营的过程中需要缴税、纳税，所以新公司还需领购发票。领购的发票种类会随着公司的具体业务不同而有所不同。具体来说，如果公司的性质属于商品销售类，那么应该去国税局申领发票；如果公司的性质是服务类，则去地税局申领发票。不论哪种类型的发票，都应该刻制防伪公章和发票专用章。

申请者在领购发票的时候，同样需要准备相关材料。初次领购与第二次及以后领购发票所需要的材料是不同的。下面具体介绍两者的不同点。

1.初次领购发票所需要的材料

（1）税务登记证（副本）。

（2）普通发票领购簿。

（3）经办人身份证明（居民身份证、护照或其他证明其身份的证件）。

（4）财务专用章或发票专用章。

（5）纳税人领购发票票种核定申请表。

2.第二次及以后领购发票所需的材料

（1）税务登记证（副本）。

（2）普通发票领购簿。

（3）需验审的发票。

对新公司来说，这是第一次领购发票。因此，申请者携带初次领购发票的5种材料，去税务服务厅办理发票领购手续即可。如果是外省、自治区、直辖市来本辖区从事临时经营活动的单位和个人申请领购普通发票的，需提供保证人或者根据所领购发票的票面限额及数量缴纳不超过一万元的保证金，并限期缴销发票。领购发票的流程如图9-8所示。

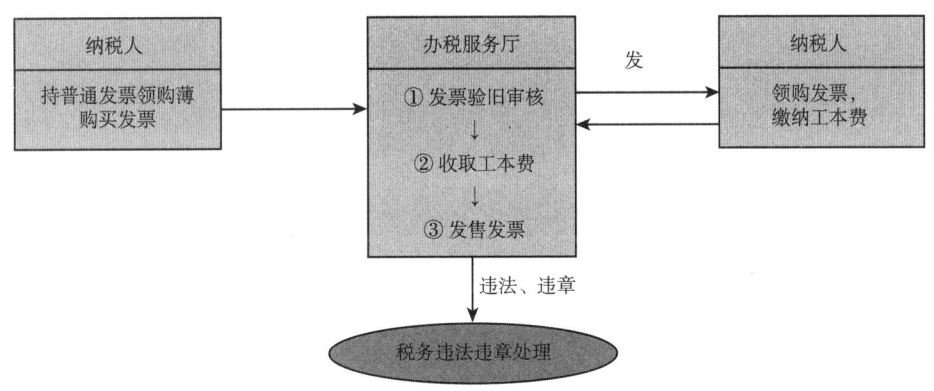

图9-8　领购发票的流程

发票制作同样需要成本，纳税人领购发票时，要按规定缴纳发票工本费。如发现违规、违章使用发票，主管税务机关将按税务违法、违章工作程序进行处理。

至此，公司注册所涉及的流程已经讲述完毕。以上内容是按照注册流程的先后顺序排列的，因此，同学们按照以上步骤开展公司注册工作即可。

三、寻找可靠的代理注册公司

注册公司不是一件容易的事情，它涉及多个部门和多种材料。尤其是对于经验不足的新手来说，可能去了多次银行、会计师事务所、工商局、商标局，也没能顺利完成注册工作。其实，公司的注册工作并非一定要亲力亲为。有时候，将这些工作交由专门的公司来处理，反而省时、省力、省钱。如今出现了很多代理注册公司，为新手注册公司提供了极大的方便。但是，代理注册公司的质量良莠不齐，如何挑选一个可靠的代理注册公司呢？

通过对新闻媒体和网络曝光的虚假注册代理公司的特征进行总结，结合现实中出现的实际情况，本书归纳出了以下9种辨别代理注册公司质量的实用方法。同学们可以采用以下方法判断代理注册公司的情况，从而作出正确决策。

（1）查看其营业执照。没有营业执照的代理注册公司一定是假冒公司，可以直接否决。

（2）查看营业执照上的具体内容。凡是名称为"×××咨询中心""×××咨询有限公司""×××顾问有限公司""×××投资有限公司""×××财务有限公司"，而不是"×××登记注册代理事务所"的，可以直接否决。

（3）查看其营业执照上的注册地址与实际办公地址是否一致。如果两者不一致，基本可以判断为假冒的公司。

（4）查看营业执照上的经营范围。如果没有注明"公司登记注册"的，可以直接否决。

（5）凡是在工商局门口主动推荐的，且没有固定电话的公司，这样的公司是不值得信任的。

（6）对于宣传广告上的代理注册公司，要核实其实际办公地址是否与宣传地址一致。如不一致，则很有可能是"黑代理"。

（7）查看代理注册公司代理人的代理证、身份证、学历证明。最好让对方出示证件原件。如果对方在此事上表现出犹豫的态度，则可以果断放弃这家代理注册公司。

（8）对于打着国家工商总局、地方工商局以及专利代理机构名号的代理注册公司，要慎重对待。

（9）如果代理注册机构提出事先收取定金，那么可以肯定这是假冒的公司。因此，可以果断放弃合作。

总而言之，注册者在选择代理注册公司时，要全方位地对其进行了解。可以在网上搜索口碑较好、规模较大的代理公司。千万不要为了贪图便宜而选择地理位置较偏且规模较小的公司。这样做的最终结果很可能是"赔了夫人又折兵"。

第三节 注册企业必须考虑的法律问题和伦理问题

一个社会的法律法规为其公民能做什么或不能做什么建立了一个框架。这个法律框架同样在一定程度上允许或禁止创业者所作的某些决策和采取的部分行动。显然,创建新企业会受到当地法律的影响,创业者必须了解并处理好一些重要的法律和伦理问题。创业涉及的法律和伦理问题相当复杂。创业者需要认识到这些问题,以免由于法律和伦理失误而给新企业带来沉重的代价,甚至使其夭折。创业者一般不会有意触犯法律,接受了高等教育的大学生更是如此。但我们往往会高估自身所掌握的与创建和经营新企业相关的法律知识,同时缺乏足够的伦理意识。

一、创办企业必须考虑的法律问题

在企业的创建阶段,创业者面临的法律问题包括确定企业的形式、保持良好的税收记录、协调租赁和融资问题、起草合同、申请专利和商标、保护版权等。在每一项创建活动中,都有特定的法律法规决定创业者能做什么和不能做什么。作为创业者,必须熟悉相关法律法规。但是法律环境对创业的影响并没有到此为止。当新企业创建起来并开始运营后,仍然有与经营相关的法律问题。例如,劳动法规可能会影响员工的雇用、报酬以及工作的评定;安全法规可能会影响产品的设计和包装、工作场所的选定、机器设备的设计和使用、环境污染的控制,以及物种的保护。尽管许多法规在企业达到一定规模时才适用,但所有企业都追求发展,这意味着创业者很快就会面临相关法律问题。创业企业不同阶段面临的法律问题,如表9-4所示。

表9-4　　　　　　　创业企业不同阶段面临的法律问题

创建阶段的法律问题	经营现行业务中的法律问题
确定企业形式	劳动(人力资源管理)法规
保持良好税收记录	安全法规
进行租赁和融资谈判	质量法规
起草合同	财务和会计法规
专利、商标和版权保护	市场竞争法规

知识产权是人们对自己通过智力活动创造的成果所依法享有的权利。知识产权包括专利、商标、版权等,是企业的重要资产。知识产权可通过许可证经营或出售,带来许可经营收入。实际上,几乎所有的企业(包括新企业)都拥有一些

对其成功起关键作用的知识、信息和创意（见表9-5）。传统观念将物质资产，如土地、房屋、设备等看作企业最重要的资产，而现在，知识资产已逐渐成为企业最具价值的资产。对创业者来说，为了有效保护自己的知识产权，也为了避免无意中侵犯他人的知识产权，了解相关法律法规非常重要。

表9-5　　企业各部门中典型的知识产权

部门	典型的知识产权形式	常用保护方法
营销部门	名称、标语、标识、广告语、广告、手册、非正式出版物、未完成的广告副本、顾客名单、潜在顾客名单及类似信息	商标、版权和商业秘密
管理部门	招聘手册、员工手册、招聘人员在选择和聘用候选人时使用的表格和清单、书面的培训材料、企业的实时通讯	版权和商业秘密
财务部门	各类描述企业财务绩效的合同、幻灯片，解释企业如何管理财务的书面材料，员工薪酬记录	版权和商业秘密
管理信息系统部门	网站设计、互联网域名、公司特有的计算机设备和软件的培训手册、计算机源代码、电子邮件名单	版权、商业秘密、注册互联网域名
研究开发部门	现有发明和流程的改进、记录发明日期和不同项目计划进展的实验室备忘录	专利和商业秘密

（一）专利与专利法

专利，指政府机构根据申请颁发的文件。它被用来记述一项发明，并且创造一种法律状况，在这种情况下，专利发明通常只有经过专利权所有人的许可才可以被利用。专利制度主要是为了解决发明创造的权利归属与发明创造的利用问题。专利法可以有效地保护专利权所有者的合法权益。创业者对其个人或企业的发明创造应及时申请专利，以寻求法律保护，使自己的利益不受侵犯，或者在受到侵犯时，有法律依据提起诉讼，要求侵权方予以赔偿。

我国于1984年3月12日颁布了《中华人民共和国专利法》，并于1992年9月4日进行了修订。2001年6月15日，国务院颁布了《中华人民共和国专利法实施细则》，自2001年7月1日起施行。

（二）商标与商标法

商标，指在商品或者服务项目上所使用的，由文字、图形、字母、数字、三维标志和颜色组合，以及上述要素的组合构成的显著标志。它用以识别不同经营者所生产、制造、加工、拣选、经销的商品或者提供的服务。商标是企业的一种无形资产，具有很高的价值。这种价值体现在独特性和所产生的经济利益上。保护和提高商标的价值，可以为企业带来巨大的收益。商标包括注册商标和未注册商标，目前我国只对人用药品和烟草制品实行强制注册，通常所说的商标均指注册商标。注册商标包括商品商标、服务商标、集体商标、证明商标。注册商标的有效期为10年，可以申请续展，每次续展注册的有效期也为10年。商标注册申请人必须是依法成立的企业、事业单位、社会团体、个体工商户、个人合伙，以及符合《中华人民共和国商标法》第九条规定的外国人或者外国企业。

我国于1982年8月23日颁布了《中华人民共和国商标法》(以下简称《商标法》)，并于1993年2月22日进行了第一次修正，2001年10月27日进行了第二次修正。在了解了《商标法》后，还需要对一些实际问题进行关注。

1.注册公司名称的同时，要不要注册商标

通常情况下，公司不仅会有自己的名称，还会有属于自己的商标。这两者是一个公司的身份象征，是一个公司区别于其他公司的标志。那么，在注册公司名称的同时，要不要注册商标呢？答案是肯定的，因为这样可以避免出现自己的好创意为他人做"嫁衣"的尴尬局面。

如果公司使用的商标没有经过注册，也就意味着该商标不受法律保护，那么其他人也可以使用这个商标。这就让那些假冒伪劣产品有了可乘之机。当大量假冒伪劣产品打着公司商标的名义出现的时候，公司的信誉就会受到影响，这显然对公司的长远发展十分不利。

曾经家喻户晓的凉茶品牌王老吉，一夜之间宣布更名为加多宝，就是因为商标权纠纷。王老吉是广药集团旗下的注册品牌，广药集团以租赁的方式将王老吉这个品牌租给了现在的加多宝公司，但品牌所有权仍然在广药集团手中。在租赁合同到期之后，广药集团便想收回王老吉的经营权。然而，在这个过程中，广药集团与加多宝之间并未达成一致协议，双方最终对簿公堂。但由于广药集团在法律上对王老吉这个品牌拥有所有权，因此，法院判处广药集团如期收回王老吉的品牌经营权，加多宝赔付广药集团一定的费用，这也就促使了加多宝品牌的诞生。

注册过的商标就如申请过专利的技术一样，注册者对其拥有所有权。除非经过注册者的授权，否则就属于侵权行为，将要受到法律的制裁。如果商标的创意者或使用者没有对商标进行注册，最后被别人注册了，那么即使是商标的原创意者使用该商标，也属于侵权行为。所以说，商标注册是商标使用者取得商标使用权的前提和保障，经过注册的商标将受法律保护。

2.商标注册的大致流程及费用

既然商标注册如此重要,我们应该如何进行商标注册呢?它的注册流程是怎样的?它又需要多少注册费用呢?商标注册需要以国家有关法律法规的规定为依据。首先,准备相关材料,向商标局提出注册申请;然后,等待商标局审核;最后,从商标局获得准予注册的证明。具体步骤如图9-9所示。

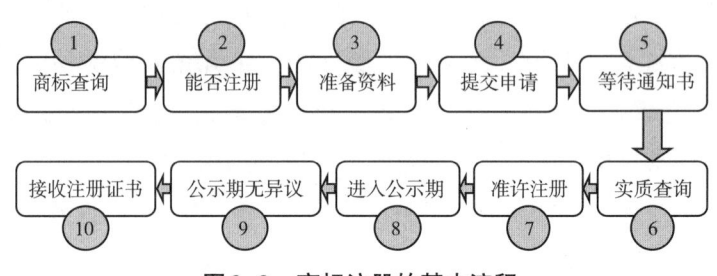

图9-9　商标注册的基本流程

(1)商标查询。为了确保自己即将注册的商标是独一无二的,注册者需要提前查询是否有相同或相似的商标被注册过。注册者进入国家商标查询系统的官方网站,即可进行查询。例如,"周住牌"和"雕牌"这样的商标名称,就属于相似的范畴。查询工作的意义在于降低审核失败的可能性,提高注册通过率。

(2)能否注册。一旦发现有一个相同或相似的商标存在,注册者要么放弃注册工作,要么重新设计一个商标,否则在后续审查中依然会被否决。像前文提到的"周住牌",在商标注册的过程中会遭到商标局的拒绝,而且这种行为也属于侵权行为。

另外,根据有关法律法规的规定,依法成立的公司、事业单位、社会团体、个体工商户、个人合伙,或者与中国签订协议、与中国共同参加国际条约、按对等原则办理的国家的外国人或者外国公司,才有申请商标注册的资格。因此,注册者还需判断自己是否属于这个范畴。

(3)准备资料。申请商标之前,申请人需要准备一些资料,其内容如下。

第一,如果是自然人申请,需出示身份证并递交个体工商户、个人合伙等经营主体的营业执照复印件;如果是公司申请,需出示公司营业执照副本并提供经发证机关签章的营业执照复印件。

第二,盖有单位公章和个人签字的填写完整的"商标注册申请书"。

第三,商标图样10张(指定颜色的彩色商标,应交着色图样10张,黑白墨稿1张)。注意,提供的商标图样必须清晰,便于粘贴,用光洁、耐用的纸张或用照片代替,长不大于10厘米,宽不小于5厘米。商标图样方向不清的,应用箭头标明上下方向，也可以准备电子格式的文件作为申请材料。

（4）提交申请。按照以上要求准备好申请材料后，注册者可以将材料递交商标注册局，并提出注册申请。根据商品的国际分类规则，商标由34个商品类别和11个服务项目类别组成。注册者应该按照《类似商标和服务分类表》的分类，确定使用商标的商品或服务的类别。

（5）等待通知书。申请提交以后，注册者须耐心等待审核通知。一般情况下，提交申请后的3~5个工作日便可以收到纸质受理通知书。每一个商标申请的受理回函上都有唯一的受理申请号，审查必须排号并按顺序进行。

（6）实质审查。实质审查包括商标的相似性、重复性及意义性审查。这个过程较慢，通常需要6~8个月才能得出审查结果。

（7）准予注册。如果申请注册的商标通过了实质审查，就意味着商标得到了商标局的注册许可，接下来将进入商标公告期。

（8）进入公示期。公示公告由商标注册局发出，公示时间为3个月。

（9）公告期无异议。如果申请注册的商标在3个月的公告期内没有收到反对意见，商标局就会向注册者颁发商标注册证。

（10）接收注册证书。这时，注册者只需要接收商标注册证即可。至此，商标注册工作也就圆满完成了。

2016年1月1日之前，每注册一个商标，需要支付800元的注册费用。2016年1月1日之后，商标注册费用降低为600元（限定本类10个商品，超过10个的部分，每个商品加收60元）。

（三）著作权与著作权法

著作权也称版权，指作者对其创作的文学艺术作品和科学作品依法享有的权利。著作权包括发表权、署名权、修改权、保护作品完整权、复制权、发行权、出租权、展览权、表演权、放映权、广播权、信息网络传播权、摄制权、改编权、翻译权、汇编权以及应当由著作权人享有的其他权利等17项权利。对著作权的保护是对作者原始工作的保护。著作权的保护期限为作者有生之年及死亡后50年。我国实行作品自动保护原则和自愿登记原则，即作品一旦产生，作者便享有版权，登记与否都受法律保护；自愿登记后可以起到证据作用。国家版权局认定中国版权保护中心为软件登记机构，其他作品的登记机构为所在省级版权局。

我国于1990年9月7日颁布了《中华人民共和国著作权法》（以下简称《著作权法》），并于2001年10月27日进行了修正。计算机软件属于版权保护的作品范畴。根据《著作权法》，我国制定了《计算机软件保护条例》，并于1991年6月4日发布。在该条例中，计算机软件指计算机程序及其有关文档。

除了与知识产权相关的法律法规，反不正当竞争法、合同法、产品质量法、劳动法等法律法规也是创业者及其新创企业应当了解和关注的。

二、创办企业应注意的伦理问题

创业伦理是创业者在开拓市场、资本积累、互惠互利、协同合作、个人品德、后天修养等方面的行为准则。[①]创业者组建一个新企业后，势必要进入市场竞争的圈子，相应地，也要遵守这一圈子所共同维护的行为规范。当一名创业者成长为一个企业家时，他会越来越重视自己在社会中的形象，并开始重视自身的伦理和企业的伦理建设。毕竟，没有哪个企业愿意和一个口碑不佳、不讲诚信的公司合作。

（一）创业者与原雇主之间的伦理问题

不少新企业是人们辞职后创建的。在辞职进行创业后，一些创业者出乎意料地发现，自己已置身于受前雇主公司敌视的境地。为了有效避免此种情况的发生，在辞职时必须遵循两个重要原则。

1. 职业化行事

首先，恰当地表达离职的意图十分重要。在离职当天，雇员应处理完先前分配的所有工作，急不可耐地离职会让雇主感到恼火。雇员不应该在最后几天的工作中忙于创办企业的事宜，这并非职业化的行事风格，也是对当前雇主的时间与资源的不恰当使用。如果雇员打算离职后在同一行业内创业，至关重要的是，不能带走属于当前雇主的资料信息。雇主有权利防止商业机密失窃（如客户清单、营销计划、产品原型、并购战略等），也有权利阻止商业机密从办公室向雇员家里的非正当转移。根据公司的机会规则，关键雇员（如高级职员、董事和经理）和技术型雇员（如软件工程师、会计师和营销专家）负有对雇主忠诚的特殊责任。当雇员把属于雇主的机会据为己有时，公司可出面干预。在职期间，雇员可以利用下班时间策划如何与雇主竞争，但绝不允许窃取雇主的机会；只有当雇佣关系终止后，雇员才能说服其他同事到新企业工作，或真正开办一家与原雇主竞争的企业。

---

① 滕海丽.创业伦理对新创企业利益相关者管理能力的影响研究［D］.大连：大连理工大学，2017.

2. 尊重所有雇佣协议

对准备创业的雇员来说，充分知晓并尊重自己曾签署的雇佣协议至关重要。在一般情况下，关键雇员都签署了保密协议和非竞争协议。保密协议是雇员或其他当事人（如供应商）所做的不泄露企业商业秘密的承诺，这要求雇员在职期间甚至离开公司之后，都必须严格遵守该协议。非竞争协议则规定了在特定时段内，个人禁止与前雇主竞争。如果签署了非竞争协议，要合法、合理地离开公司，雇员就必须遵守相关协议。

（二）创业团队成员之间的伦理问题

创建者之间就新企业的利益分配以及对新企业未来的信心达成一致非常重要。对创业者团队来说，易犯的错误就是沉迷于开办企业的兴奋之中而忘记订立有关企业所有权分配的最初协议。创建者协议（或称股东协议）是处理企业创建者间相对的权益分割，创建者个人因投入企业技术、人力或现金股权而如何获得补偿，创建者必须持有企业股份多长时间才能被完全授予等事务的书面文件。

1. 创建者协议的主要内容

（1）未来业务的实质。

（2）简要的商业计划。

（3）创建者的身份和职位头衔。

（4）企业所有权的法律形式。

（5）股份分配（或所有权分割）方案。

（6）各创建者持有股份或所有权的支付方式。[1]

（7）明确创建者签署确认归企业所有的任何知识产权。

（8）初始运营资本的描述。

（9）回购条款，明确当某位创建者因逝世或因退出而出售股份时的处理方案。[2]

2. 回购条款

大多数创建者协议都包含一个回购条款，该条款规定，在其余创建者对企业感兴趣的前提下，打算退出的创建者有责任将自己的股份出售给那些感兴趣的创建者。在大多数情况下，协议还明确规定了股份转让价值的计算方法。回

---

[1] 章益新.创业企业成长过程的制度管理问题研究——以北京YZ生物技术有限公司为例，当代经济，2010（08）：68-70.

[2] 李家华.创业基础［M］.2版.北京：北京师范大学出版社，2015：221.

购条款的存在至关重要，这是因为如果某位创建者离开，其余创建者需要用他的股份来寻求接替者；如果某位创建者因为不满而退出，回购条款就给其余创建者提供了一种机制，它能保证企业的股份掌握在那些对企业前途充满执着的人手中。

（三）创业者和其他利益相关者之间的伦理问题

1. 人事伦理问题

这些问题与公平公正地对待现有员工和未来员工有关。不符合伦理的行为范围非常广泛，从招聘面试中询问不恰当的问题，到不公平对待员工的方方面面，其根源可能是因为他们在性别、肤色、道德背景、宗教等方面有所不同。

2. 利益冲突

这些问题与那些挑战雇员忠诚的情境相关。例如，如果公司员工出于私人关系，以非正当商业理由将合同交给其朋友或家庭成员，这就是不恰当的行为。

3. 顾客欺诈

这个领域的问题通常出现在公司不尊重顾客或忽视公众安全的时候，如做误导性广告、销售不安全的产品等。

 案例分析

"六小龙"为何齐聚杭州

"杭州六小龙"主要指创设于杭州，在机器人、人工智能、脑科学等领域崭露头角的六家科技创新企业，包括宇树科技、深度求索（DeepSeek）、游戏科学（Game Science）、群核科技（Manycore）、强脑科技（BrainCo）和云深处科技（DEEP Robotics）。

这一称呼的由来，是因为这六家企业在其各自领域取得了显著成就，如同六条腾飞的"小龙"，引领着杭州在高新科技领域的发展。例如，深度求索在大模型领域搅动市场格局；宇树科技的机器人登上春晚舞台，其产品在全球范围内引发关注；游戏科学的《黑神话：悟空》以中国第一款3A游戏之名受到全球关注；云深处科技的机器人在新加坡电力隧道作业；强脑科技领跑脑机接口领域；群核科技拥有全球最大的室内场景认知数据集。它们的出色表现，让杭州在人工智能、脑科学等前沿科技领域成为焦点，也因此被合称为"杭州六小龙"。杭州之所以孕育出众多新兴企业，主要有以下3点原因。

1. 科研创新条件优越

杭州作为浙江省省会，拥有40余所高校，像浙江大学等综合性和理工类大学在国内名列前茅，还有数个中央驻杭的国家级科研院所，能为企业提供丰富的人才资源和科研支持。

2. 政策支持力度大

2014年，杭州出台了发展信息经济、推动智慧应用的"一号工程"；2017年，浙江率先提出"机器人+"政策，杭州积极推动机器人产业化。2023年，杭州制定了《杭州市数字经济创新提质"一号工程"实施方案》；2024年，杭州发布了《未来产业培育行动计划（2025—2026年）》，聚焦通用人工智能等风口产业，推动创新驱动和产业集聚。

3. 数字经济基础好

杭州在新旧动能转换态势下，信息经济快速发展，2015年成为全国第10个地区生产总值过万亿的城市，信息经济对地区生产总值增长的贡献率高。杭州互联网人才净流入率多年保持全国第一，数字经济核心产业持续发展，为科技企业的发展营造了良好的产业生态。

除杭州外，北京、上海、深圳等城市也都凭借丰富资源和优厚政策，孕育出众多创业园区。例如，北京的中关村科技园区是中国第一个国家级高新技术产业开发区，被誉为"中国硅谷"，在电子信息、生物医药、人工智能等领域具有强大的创新实力和产业基础；上海的漕河泾创业园区，是全国留学人员创业园中的佼佼者，为留学人员创业提供优质的空间载体、政策扶持和专业服务；深圳的横琴粤澳深度合作区，处于粤港澳大湾区腹地，聚焦科技研发和高端制造、中医药、文旅会展商贸、现代金融等"四新"产业，已吸引众多知名企业入驻，产业集聚效应初显，为创业者提供了丰富的产业资源和合作机会。同学们可以根据创业需要，结合城市因素，妥善选择注册地址。

课后思考

1. 结合自身条件，确定可选择的创业形式。
2. 了解更多不同城市的创业政策，选择适合你的创业地点。
3. 如何高效地完成一家企业的注册？
4. 企业在创办经营过程中会遇到哪些法律与伦理问题？你准备如何应对？

参考文献

[1] 潘勇锋. 关于股东出资方式的实践思考［J］. 法律适用. 2024（02）：57-70.

[2] 裴金霞. 股东认缴出资加速到期的法律研究［J］. 法制博览. 2017（29）：133-135.

[3] 李家华. 创业基础［M］.2版. 北京：北京师范大学出版社，2015.

[4] 陈文曲，周春梅. 论独立董事功能之替代［J］. 商业研究，2003（18）：90-92.

[5] 国家工商行政管理局对企业在住所外设点从事经营活动有关问题的答复［J］. 工商行政管理，2000（20）：5.

[6] 田锦凡. 商事制度改革急需用力啃掉"硬骨头"［N］. 贵州政协报，2015-04-14.

[7] 滕海丽. 创业伦理对新创企业利益相关者管理能力的影响研究［D］. 大连：大连理工大学，2017.

[8] 章益新. 创业企业成长过程的制度管理问题研究——以北京YZ生物技术有限公司为例［J］. 当代经济，2010（08）：68-70.

[9] 云闯. 创业者的公司法［M］. 北京：法律出版社，2022.

[10] 高云. 公司法一本通（应用版）［M］. 北京：法律出版社，2016.

[11] 朱锦清. 公司法学［M］.5版. 北京：清华大学出版社，2019.

第十章 企业运营发展

> **学习目的与要求**
>
> 1. 理解现代企业治理体系的主要内容,掌握企业治理体系之间的关系。
> 2. 理解企业战略的重要性及其组成要素,明确企业战略与目标之间的关系。
> 3. 理解生产管理的概念、目标以及生产过程组织的基本内容。
> 4. 理解企业财务管理的基本概念、目标、作用和原则,掌握其核心内容。
> 5. 理解市场营销的基本概念与作用,掌握影响市场调查与预测的关键要素。

企业注册成功,并不意味着创业成功。创业者还需要对企业进行运营,只有企业运营良好,才表明创业成功。本章就企业运营的基本内容进行阐述。

第一节 现代企业治理体系

一、治理体系

公司治理结构,指为实现资源配置的有效性,所有者(股东)对公司的经营管理和绩效进行监督、激励、控制和协调的一整套制度安排,它反映了决定公司发展方向和业绩的各参与方之间的关系。[1]有一定规模的公司,其内部治理结构通常由股东会、董事会、经理层和监事会组成,它们依据法律赋予的权力和责任相互分工、相互制衡。

---

[1] 王钰瑛.国有企业收购中小企业股权风险及防范[J].合作经济与科技,2020(02):114-115.

（一）股东会及主要议事规则

股东会是公司最高权力机构。一般来说，股东会行使以下职能：确定或修改公司章程，选举或罢免董事，选举或罢免股东代表出任的监事，决定公司的重大投资活动等。股东会的议事规则主要包括：股东会会议分为定期会议和临时会议；股东会会议由董事会召集，董事长主持；股东会不得对通知中未列明的事项作出决议；股东会会议由股东按照出资比例行使表决权；股东会作出决议，应当经代表半数以上表决权的股东通过；股东会作出修改公司章程、增加或减少注册资本的决议，以及公司合并、分立、解散或者变更公司形式的决议，应该经代表三分之二以上表决权的股东通过；股东会应当将所议事项的决定作成会议记录，主持人、出席会议的董事应当在会议记录上签名；会议记录应当与出席股东的签名册及代理出席的委托书一并保存。

（二）董事会及主要议事规则

董事会是公司最高决策机构。董事会在对股东会负责的同时行使下列职权：负责召集和召开股东会，执行股东会的决议并向股东会汇报工作，决定公司的投资方案等。董事会的议事规则主要包括：董事会会议由董事长召集和主持；董事会每年至少召开两次会议；代表十分之一以上表决权的股东、三分之一以上董事或者监事会，可以提议召开临时董事会会议；董事会会议应当有过半数的董事出席方可举行，作出决议应当经全体董事过半数通过；董事会决议的表决，应当实行一人一票；董事会应当将所议事项的决定做成会议记录，出席会议的董事应当在会议记录上签名。

（三）经理层及主要议事规则

公司管理制度中，董事长既可以兼任总经理，集决策权和指挥权于一身，又可由董事会另聘总经理。总经理是公司业务执行系统的最高行政首脑，全权对董事会负责，对公司的一切业务工作和行政工作进行综合管理和统一领导。经理层的议事规则主要包括：经理层要在董事会领导下负责日常业务、经营和行政管理活动；经理层应当遵守法律、法规和公司章程的规定。

（四）监事会及主要议事规则

监事会是由股东会选举以及由公司职工民主选举产生的，是股份公司法定的必备监督机关。监事会有以下职能：检查公司业务及财务状况，负责召集临时股东大会，向股东大会全面报告工作等。监事会的议事规则主要包括：监事会主席召集和主持监事会会议；监事会每六个月至少召开一次会议，监事可以提议召开临时监事会会议；监事会决议应当经全体监事过半数通过；监事会决议的表决，应当一人一票；监事会应当将所议事项的决定做成会议记录，出席会议的监事应当在会议记录上签名。

二、组织结构

企业组织结构的概念有广义和狭义之分。狭义的组织结构，指为了实现组织的目标，在组织理论指导下，经过组织设计形成的组织内部各个部门、各个层次之间固定的排列方式，即组织内部的构成方式。广义的组织结构，除了包含狭义的组织结构的内容，还包括组织之间的相互关系类型，如专业化协作、经济联合体、企业集团等。[①]

（一）组织机构的设置原则

1.需要原则

根据特定任务目标的需要设置相应的组织机构，即在组织机构设置中以事为中心，坚持因事设置机构。

2.指挥一致原则

第一，要实现纵向统一。不同层级组织间的上下隶属关系要明确。第二，要实现横向统一。横向的统一指同一层次的不同专业部门间通过联系和协调而实现配合一致。

3.幅度控制原则

组织在纵向上分为若干级，称为管理层次。在横向上，被管理的范围有大有小，称为管理幅度。幅度实际上就是上级主管直接领导的下级人数和单位数。

4.信息沟通与层次控制原则

第一，在同一层次按业务分工设置并列机构。第二，在同一层次上，对应执行机构，应设置监督机构，以保证执行机构的行动遵循总目标的原则。

5.权责一致原则

要使每个部门、机构和岗位都是有责有权的，而且责权要相对应。

（二）常见的组织结构

1.U型结构

U型结构是根据职能来划分部门的纵向式职能结构。其特点是企业内部根据职能划分成各个部门，各部门的独立性相对较小，一般由企业的高层直接进行管

---

① 许广祯.长城网网络公司组织体制问题的研究［D］.天津：河北工业大学，2014.

理。U型结构保持了集中指挥的优点,适用于较稳定的市场。

2.M型结构

这种结构是将战略决策和经营决策分离。公司的战略决策和经营决策交由不同部门负责,这样一来,公司高层得以从繁重的日常经营业务中解脱出来,集中精力于企业的经营决策,并监督和协调其他部门的业务活动。与U型结构相比,M型结构具有治理方面的优势,且符合现代企业经营发展的要求。

3.H型组织结构

H型组织结构是一种多个法人实体集合的母子公司体制,母子公司之间主要靠产权纽带连接。H型组织结构较多地出现在由横向合并而形成的企业中,这种结构使合并后的各子公司保持了较大的独立性。[①]

U型结构强调垂直管理、集权管理;M型结构在强调垂直管理的同时,提出了分权管理,从高度集权变成了相对集权;H型组织结构开始强调分权管理,横向管理开始出现。

三、管理流程

现代企业治理体系的管理流程是企业为了有效管理和监督自身运营而建立的一系列规范化、程序化的管理步骤和机制。这一管理流程是为了确保企业能够实现战略目标、提高绩效,并促进企业的可持续发展。

(一)管理流程的五大环节

典型的现代企业治理体系的管理流程包括以下环节。

(1)规划与决策是管理流程的基础环节。企业需要通过确立明晰的愿景和清晰的战略规划来确定未来的发展方向。

(2)组织与分工是管理流程中的重要环节。企业需要建立合理的组织结构,明确各个部门和岗位的职责和权限,确保资源的合理配置和高效利用。

(3)实施与执行是管理流程中的核心环节。企业根据规划和决策,将各项任务付诸实施,并进行全面的监督和控制,确保任务按时完成、质量达标。

(4)监督与评估是管理流程中的重要环节。企业需要建立监督机制,对企业运营情况进行定期评估和检查,发现问题并及时纠正。

(5)反馈与调整是管理流程中的关键环节。企业需要根据评估结果和市场变

---

① 陈学刚.D德国企业在中国跨国经营的组织结构优化研究[D].大连:大连海事大学,2015.

化，及时调整管理策略和措施，以保持企业的适应性和灵活性。

（二）建立完善的企业制度

（1）人事制度。人事制度是关于用人以治事的行动准则、办事规程和管理体制的总和。它是针对劳动人事管理中的常规性、重复性事项制定的处理原则。它用明文条例来协调企业内部的活动。

（2）产权制度。现代企业产权制度主要指公司法人产权制度，它是以公司的法人财产为基础，以出资者终极所有权、公司法人产权与公司经营权相互分离为特征，以股东会、董事会、执行机构作为法人治理结构，来明确各自权利、责任和利益的企业产权制度。[1]

（3）责任制度。公司责任制度是公司内各工作机构、各岗位人员工作职责的规定，是公司工作制度的具体化。

（4）报酬与激励制度。人力资源是企业发展的关键因素，构建符合企业人才特点的报酬与激励制度，是企业要迈好的重要一步。报酬指对企业员工付出的努力和取得的成果给予的相应回报。常见的企业薪酬制度有年功序列制、技术等级工资制等。激励，体现的是人的一种心理状态，这种心理状态有助于激发员工的工作积极性。企业的激励制度有着激发员工工作积极性的作用，能够培养员工对企业的归属感和忠诚度。我国企业运用的激励形式包括物质激励、奖惩激励、目标激励等。

案例分析

Uber是一家全球知名的科技公司，但自2017年以来，Uber被指出存在性别歧视、工作环境恶化等问题，这些问题引发了公众对其治理结构和管理层领导力的广泛质疑。Uber的治理问题源于其创始人和前CEO的管理风格和公司文化，被指责过于激进和不透明。公司管理层人员变动频繁，董事会的组成也被批评为缺乏独立性和有效监督。为了应对治理和文化危机，Uber采取了一系列重要的改革措施。

首先是CEO的更替。其次，Uber增加了独立董事的比例，增强了董事会的多样性和专业性。新董事会的组成更加注重监督和透明度，确保公司决策的公正性

---

[1] 杨俊青，潘泰萍.我国非国有企业组织与治理结构的现状、问题与趋势［J］.生产力研究，2005（03）：178-181.

和合规性。最后，公司启动了广泛的文化转型计划，重建了公司的核心价值观和行为准则，包括加强员工培训、改进工作环境、推行包容性文化等措施。

Uber的治理改革措施带来了显著的成效和影响。公众和投资者对Uber治理改革的积极响应，提高了公司的信誉和市场地位。Uber在管理改革后的财务表现稳步改善，其市值和市场份额也有所增长。公司内部文化和员工满意度得到了明显的提升，员工更加愿意为公司的长期发展和成功贡献力量。

Uber的治理改革案例显示了一家企业在面临重大管理挑战时如何通过领导层更替、董事会重组和文化转型来重塑其治理结构和企业价值观。这一过程不仅对Uber的长远发展起到了关键作用，也为其他公司提供了重要的治理改革经验和教训。

第二节 企业目标与战略

一、企业战略

企业战略指企业的谋略，是对企业整体性、长期性、根本性问题的谋划。企业内外环境会不断发生变化，企业只有制定相应的战略，才能明确自己的位置，在应对内外变化的同时不断发展。

（一）企业的愿景与使命

企业愿景指组织成员普遍接受和认同的组织的长远目标，是企业未来的目标、存在的意义，是企业的发展方向及战略定位的体现。[①]企业愿景在企业发展的过程中起着有效协调企业内部关系的重要作用。企业愿景对于企业来讲是必不可少的。

企业使命一般是在相对较长的时间内要达到的一个目标，它反映出企业的宗旨和价值观。

比如，索尼公司的愿景：为包括我们的股东、顾客、员工，乃至商业伙伴在内的所有人提供创造和实现他们美好梦想的机会。索尼公司的使命：体验用发展技术造福大众的快乐。它们就是企业经营管理的"纲"，是企业其他基本管理要素的基础，也是企业经营活动各环节有效运转的基础。企业的管理要素、经营模式等都源于企业的愿景和使命，无论其形式多么丰富、变化多么复杂，都是围绕企业愿景和使命而展开的，最终也必将归于企业愿景和使命。

---

① 杨代利.战略文化——央企战略发展的灵魂［J］.企业文明，2007（11）：67-70.

（二）企业战略的制定过程

1. 第一阶段：战略投入

在此阶段，主要分析企业所面临的外部和内部环境。企业外部环境包括宏观环境和微观环境，宏观环境指企业外部的政治环境、社会环境等，微观环境包括供应商、消费者、市场需求等。企业的后续发展会受到这些因素的直接影响。

企业内部环境，也称企业内部条件，是企业内部物质环境和文化环境的总和，包括企业资源、企业文化等因素。

内部环境分析的关键是发掘企业核心能力，主要从可持续竞争优势的评价标准和价值链分析着手。可持续竞争优势的评价标准要考虑价值性、稀缺性、模仿成本、有无替代性等因素。

2. 第二阶段：选择战略

公司在进行战略选择时，既要依据对内外环境的分析，又要基于企业的发展目标。创业者要进一步明确企业所拥有的优势，以保持优势为目的，制定企业战略。

（三）企业战略的实施

企业战略的实施指企业在选择战略方案后，有效地利用企业的内外环境资源和企业自身实力，实现企业目标的过程。

企业战略的实施者是整个企业，要注意是全体员工在实施战略，而不是企业领导在实施战略。在实施过程中，企业要注重沟通，使各执行者透彻地明白战略使命和目标。实施过程中的决策要从实际情况出发，积极采取行动。

一般情况下，企业战略实施的模式有以下四种。

1. 指挥型

指挥型模式是一种高度集权的模式，强调领导层的权威，由高层管理者制定战略，下层管理者执行战略，统一指挥，严格控制，分工明确。

2. 变革型

变革型模式是企业高层领导通过建立新的组织机构、新的信息系统，变更人事安排，调整经营范围等措施，并运用有效的激励和控制手段，推进战略实施的模式。

3. 合作型

合作型模式是企业发挥集体智慧，把企业的战略任务分摊到企业高层的各位领导身上，大家通力合作，积极配合，保证战略目标顺利实现的战略实施模式。

合作型模式使企业高层领导成员肩负重任，深入一线，获得比较准确的信息，既发挥了他们的积极性，也汇集了集体智慧；既减轻了企业"一把手"的工作压力，也发挥了高层管理者的作用。

4.文化型

文化型模式指企业高层运用传播企业文化的方法，让企业员工形成共同的价值观和行为准则，保证全体员工合力发展企业的一种模式。

（四）企业战略评估与调整

企业战略的评价过程是一个根据发展情况分析判断的过程。评估与调整的主要内容涉及战略规划与调整、流程规划与调整、组织规划与调整、人力资源规划与调整、企业文化规划与调整、管理系统规划与调整。企业需要对自身所处的产业、阶段、调整目的、管理能力、阶段价值等要素进行深入考虑，以适应管理规划与调整计划实施过程中出现的各种问题。

二、企业运营的目标

谈论企业运营的目标时，会不可避免地涉及企业的生存目标与发展目标。在企业生存发展的过程中，这两者相辅相成，共同构成企业长期成功的关键路径。

（一）企业生存目标

企业生存目标，即企业经营目标。企业经营目标是在分析企业外部环境和企业内部环境的基础上确定的企业各项经济活动的发展方向和奋斗目标，是企业经营思想的具体化。[①]

（1）盈利目标。盈利是企业生存和发展的基础，企业需要通过销售产品或服务来获取利润，以维持日常运营和支付各项费用。

（2）市场份额目标。追求产品在市场中的占有率是企业生存的重要目标之一。通过提高产品质量和服务水平，企业可以吸引更多客户，从而扩大市场份额。

（3）客户满意度目标。满足客户需求，提高客户满意度，是企业长期生存和发展的关键。通过提供优质的产品和服务，企业可以建立良好的口碑，吸引更多客户。

（二）企业发展目标

企业的发展目标包括对社会的贡献目标、市场目标、开发目标以及利益目标。

---

① 崔明，鲁珍珍，黄越慈.国有企业与民营企业文化的差异及影响因素研究［J］.华东经济管理，2009（02）：112-115.

以上各个目标是构成企业发展目标的重要组成部分，体现了企业未来的发展方向。

（1）市场拓展目标。设定具体的市场份额增长目标，不断扩大市场份额，开拓新的市场，进入新的地区、行业或者细分市场，提升企业的影响力。

（2）产品与服务创新目标。有计划地推出新产品或新服务，投资新技术研发，提高生产效率或产品性能，维持客户的满意度。

（3）品牌与文化建设目标。提升品牌知名度和美誉度，增强消费者对品牌的认同感，塑造积极向上的企业文化，积极参与社会公益活动，提升企业社会形象。

案例分析

索尼是一家全球知名的大型综合性跨国企业集团，其企业愿景、使命和战略受到人们的广泛关注。

索尼的创意娱乐愿景旨在通过创新科技和内容，为全球用户提供无与伦比的娱乐体验。凭借开拓性的电子产品、影视内容和游戏娱乐，索尼致力于超越传统界限，将娱乐与技术融合，激发人们的想象力，带来前所未有的乐趣与震撼。

索尼董事长强调索尼的使命是创造感动，并与合作伙伴共同将这种感动传递给世界。索尼为了实现其愿景，将战略方向的重点转向各业务层面的创造活动中，即"创造转变"，从而与创作者们共同创造感动。更具体来讲，实现创意娱乐愿景的战略重点为IP创作，同时将IP拓展到特定边界之外。在这一方面，索尼将继续稳步提升IP价值，超越边界，同时不断推动业务和团队的多样化发展，以实现进一步增长。

索尼公司通过明确的愿景和使命驱动其战略制定过程，强调技术创新和市场敏捷性，以适应快速变化的消费者需求和科技环境。索尼的企业战略不仅帮助公司在市场中保持竞争优势，也为其长期发展奠定了坚实的基础。

第三节 企业生产管理

一、生产管理概述

生产管理在企业运营领域举足轻重。通过生产管理，企业可以有效地利用资源，并将投入转化为预期产出。有效的生产管理系统对于企业保持竞争力和实现可持续增长至关重要。

（一）生产的定义与要素

管理学中的生产是一切社会组织将输入转化为输出的过程。生产是人们创造物质财富的过程。

生产要素指进行社会生产经营活动时所需要的各种社会资源，是维系国民经济运行及市场主体生产经营过程中所必须具备的基本因素。[①]生产要素包括劳动、土地、资本三大类。

（二）生产管理的定义与目标

生产管理是计划、组织、协调、控制生产活动的综合管理活动，包括生产计划、生产组织以及生产控制。通过合理组织生产过程，有效利用生产资源，经济合理地进行生产活动，以达到预期的生产目标。生产管理的目标是高效、低耗、灵活、及时地生产出合格的产品，为客户提供满意的服务。[②]

（三）生产系统的功能与结构

生产系统是由人和机器构成的有机整体，能将一定的输入转化为特定的输出。生产系统具有什么样的功能是由其面临的内外环境要求以及其发展的需要决定的。企业的生产系统应具备以下六个方面的功能。

1.创新功能

创新功能主要体现在产品研究和制造的创新。

2.质量功能

质量功能包括产品质量保证功能和劳动力质量保证功能。

3.柔性功能

柔性功能指生产系统对环境变化的协调应变能力。

4.继承性功能

生产系统应能够保证产品生产的连续性和兼容性，以满足产品不断开发和为用户提供服务的需求。

5.自我完善的功能

生产系统需具备自我完善的功能，从而根据自身的情况，自觉地保持系统各要素之间的协调关系，使生产系统具有顽强的生命力。

---

① 李存贵.中国城乡一体化进程中的产业合作问题研究[D].哈尔滨：东北林业大学，2011.
② 陆雄文.管理学大辞典[M].上海辞书出版社，2013.

6.环境保护功能

生产系统在环境保护方面发挥着至关重要的作用,它采用清洁生产技术的做法能最大限度地减少对环境的影响,减少生产过程中的污染物排放和能耗。

二、生产过程组织

生产过程是将资源转化为产品或服务的关键步骤。良好的生产过程能够确保企业有效地应对市场变化和竞争压力,从而为企业的可持续发展奠定坚实的基础。

(一)生产过程的概念

广义的生产过程指企业生产过程或社会生产过程。狭义的生产过程指从产品投产前的一系列生产技术组织工作开始,直到把合格产品生产出来的全部过程。[①]

在生产过程中,工人利用劳动资料加工劳动对象,创造劳动产品。因此,生产过程既是一个创造产品的过程,也是一个物化劳动的过程。

(二)生产过程的组成

生产过程主要包括生产准备过程、基本生产过程、辅助生产过程和生产服务过程。其中,基本生产过程是核心。

(三)生产过程的要求

合理组织生产过程有以下基本要求。

1.生产过程的连续性

生产过程的连续性应包括空间连续性和时间连续性。

空间上的连续性要求生产过程中各个环节的安排合理紧凑,使加工对象所经历的生产路线较短,减少时间浪费。

时间上的连续性指生产对象在加工过程中各个环节的安排紧密,消除生产中断和不必要的停顿、等待现象。

2.生产过程的平行性

生产过程的平行性指在生产过程的各个环节中,各工序的生产应平行交叉进行。提高生产过程的平行性可以缩短整个产品的生产周期。

3.生产过程的比例性

生产过程的比例性指生产过程中各部分的生产能力应保持适当的比例,使之与完成生产任务所需的能力相匹配。

---

① 吕玉翠.板式家具生产作业排序的研究[D].哈尔滨:东北林业大学,2010.

4.生产过程的节奏性

生产过程的节奏性指产品在生产过程的各个阶段，从开始到最后完工，都能按计划进行。

5.生产过程的适应性

生产过程的适应性指企业更新产品时应具有较强的应变能力，以应对各种变化。

（四）生产过程的时间与空间组织

生产过程的时间与空间组织指在时间和空间上对生产活动进行布局和组织的过程。在时间上，生产过程的组织包括生产计划、生产调度和生产控制，以确保生产活动按照预定计划有序进行，从而最大限度地提高生产效率。在空间上，生产流程的组织包括设备配置、生产线布局等，以最大限度地利用生产场所，优化生产流程，从而提高生产效率和产品质量。

三、生产计划和控制

在现代企业管理中，生产计划和控制是高效管理生产运营的基本要素。生产计划和控制通过系统性地安排和预测，确定资源的最佳利用方式，进而实现生产目标。

（一）生产计划的概念

生产计划是企业对生产任务作出统筹安排，具体拟定生产产品的品种、数量、质量和进度的计划。它是企业经营计划的重要组成部分，也是企业进行生产管理的重要依据。生产计划既是实现企业经营目标的重要手段，也是组织和指导企业生产活动有计划进行的依据。[①]

（二）生产计划指标

生产计划指标是生产计划中的重要内容。生产计划指标一般包括品种指标、产量指标、质量指标和产值指标。

品种指标指在一定时间内用于衡量产品品种及其绩效的指标。确定品种指标有助于企业管理多品种产品，确保企业在满足客户和市场要求的同时保证生产效率。

产量指标是衡量企业在一定时间内出产合格产品的数量。通过研究、观察产

---

① 申晓奇.A汽车零部件企业生产计划管理优化研究[D].长春：吉林大学，2021.

量指标，企业能够及时发现并解决生产过程中的问题，达到优化生产的目的，提高企业的经济效益。

质量指标是衡量企业在一定时间内生产的产品质量的指标，如合格率、返工率、客户投诉率等。

产值指标是衡量企业在一定时间内生产出的产品和服务的总值，一般情况下用货币数值来表示，如总产值、单位产值等。

（三）生产能力核定

生产能力核定是评估企业在一定时间内生产能力的过程。这一过程通常涉及对生产设备、技术水平、人力资源等方面的考量，以确定该单位在一定时间内能够达到的产量或服务水平。生产能力的核定对于企业的规划、管理和资源配置非常重要，有助于提高企业的生产效率和经济效益。

（四）生产进度控制

生产进度控制，指在生产过程中对各产品生产任务的进度进行计划、监督和调整，以确保按时完成生产任务。对生产进度进行有效的控制，有助于企业对资源进行合理地配置，提高企业的生产效率。

（五）生产进度控制方法

1.控制库存

在生产前和生产中，确保有足够的生产原料，以有效防止生产中断。要对库存进行合理化控制，避免库存过多而占用多余的资金和仓库空间。

2.保证设备运转正常

生产过程中，设备至关重要。确保生产设备的正常运转，减少因设备故障而导致的停工、停产，是生产进度控制的一大有效办法。

3.培养多能员工

提高员工的多技能水平，为员工提供跨岗位的技能培训，在必要时刻确保生产过程的顺畅。

📄 案例分析

T公司是深受国民欢迎的网络平台，随着T公司业务的升级和规模的扩大，它已经成为世界范围内的电子贸易交易平台之一。

在生产过程组织方面，T公司的生产过程包括商品信息录入、库存管理、订单处理、物流配送等多个组成部分，每个部分都对整体生产效率和客户体验至关重要。在生产过程中，T公司具有高度的自动化和信息化水平，能够快速响应市场需求和订单变化，确保产品及时上架和订单及时处理。T公司通过智能化的仓储管理系统和全国范围的物流网络，实现了生产过程的时间和空间组织优化，以最小化订单的处理和配送时间。在各大销售高峰时，T公司通过对供应商和仓储能力的核定，确保能够满足不同时间段的销售高峰和特殊促销需求。通过实时监控和数据分析，控制生产进度，确保订单的及时处理和配送，减少订单延迟和客户投诉。

T公司通过高效的生产管理体系，实现了在电子商务市场的领先地位。通过优化的生产过程组织、精细化的生产计划和强大的生产控制手段，T公司能够快速响应市场需求，提高服务质量，同时降低运营成本和风险，为消费者提供优质的购物体验，进而促进企业的长期可持续发展。

第四节　企业财务管理

一、企业财务管理概述

企业财务管理是组织成功的关键，其重点是实现财务目标和确保财务稳健。有效的财务管理不仅能增强财务稳定性，还能提高企业的整体运营效率，确保企业在竞争激烈的市场中实现可持续发展。

（一）企业财务管理的目标与作用

企业财务管理目标是企业为了实现科学合理的财务管理而设立的目标。企业财务管理目标的考虑兼顾了企业的短期发展和长期发展，是实现企业总体发展战略的基础。下面将介绍两类常见的企业财务管理目标。

1.利润最大化

这个目标追求的是企业在经营过程中的利润最大化。通过财务管理实现企业利润最大化，确保企业的可持续发展。

2.股东财富最大化

股东财富最大化目标是为股东创造经济利益和金钱回报，是财务管理目标中更为高层次的目标。

制定科学合理的财务管理目标，有助于增强企业核心竞争力，保障企业自身利益，促进企业和谐、稳定地发展。

（二）企业财务管理的原则

企业财务管理原则是企业在财务活动中的行为准则。

1. 成本—收益原则

企业在财务活动中普遍遵循成本—收益原则。企业根据项目收益来作出决策，如果项目收益大于成本，意味着该项目具有可持续性，可以为企业带来收益。

2. 分散化原则

对公司来说，不能"把所有的鸡蛋放在一个篮子里"，公司不能只依靠一个产品，要在注意市场动向的同时及时对产品进行更新换代或开发新产品。公司可跨行业运营，这使其不易在外部环境的风暴中被摧毁。

3. 弹性原则

多变的市场要求企业在进行活动时要灵活应对。财务管理也应当随机应变，不断调整，以确保企业具有活力。

（三）企业财务管理的内容

企业财务管理的内容包括资本预算决策、长期筹资决策、运营资金管理等。

资本预算决策的目的在于将企业资金预算投入有价值的项目中以实现利润最大化和股东财富最大化；长期筹资决策是企业财务管理的重要组成部分，指企业获得长期资金以支持企业的长期发展；运营资金管理的最大目的是确保企业能够在日常经营活动中维持财务稳定，顺利进行生产活动。

二、企业筹资管理

企业筹资管理可确保企业有足够的资金维持运营，促进企业健康成长。有效的筹资管理可以平衡成本、风险和回报，优化资本结构，以支持企业在时刻变化的商业市场环境中实现长期可持续发展。

（一）企业需要的资金量分析

分析企业需要的资金量是企业财务管理的关键组成部分。有效地确定企业在不同经营活动中所需要的资金量，对企业的发展至关重要。科学准确的资金量分析可以确保企业拥有足够的长期运营资金，避免企业因为资金短缺而导致生产活动中断。通过分析企业需要的资金量，企业能够合理配置资源，支持企业发展。

（二）筹资渠道与方式

企业的筹资渠道指企业筹集资金的途径，是企业筹集资金来源的方向和通道，包括股权融资、政府资金支持等。

筹资方式指企业筹集资金采用的具体形式和工具，包括发行股票、发行债券、银行借款等。

（三）财务杠杆与风险

企业财务杠杆又叫筹资杠杆或融资杠杆，是由固定财务成本导致的普通股单位收益变动率大于息税前利润率的现象，具有以固定利息作为财务成本等特征，需要稳定的现金流的支持，因此具有较高的风险控制要求。[①]

财务杠杆的风险指通过债务融资来影响其收益和股东利益时所面临的潜在损失，主要风险包括财务灵活度降低、信用风险增加等。

（四）负债管理

企业的负债管理指企业有效控制和管理企业所背负的债务。在负债管理中，企业需要注意优化债务结构，建立债务预警机制。有效的负债管理对于企业的发展至关重要，企业可以通过负债管理来为自身创造良好的财务环境。

三、企业投资管理

企业投资管理对于优化资本配置以实现长期增长和盈利至关重要。通过平衡风险和收益，企业可以根据自身的财务条件和市场环境，用审慎的投资策略提高财务业绩，实现战略目标。

（一）投资决策类型与方法

企业的投资决策类型通常分为宏观和微观两种。

企业的宏观投资决策通常涉及长期、大额的资本支出，对企业整体发展具有重大影响。这些决策通常与企业的战略目标、市场环境、行业趋势等因素密切相关。

企业的微观投资决策是针对具体项目或资产的小规模、短期投资行为。这些决策通常是为了支持企业的日常运营、改善生产效率、提高产品质量或降低成本等。

---

① 徐丽萍.高管海外背景对企业财务杠杆影响的实证研究［D］.北京：对外经济贸易大学，2021.

投资决策的常见方法有以下3种。

1.净现值法

净现值（NPV）=项目未来现金净流量现值（A）-项目原始投资额现值（B）

如果净现值大于等于零，那么项目值得投资；如果净现值小于零，那么项目不值得投资。

2.内部收益率法

项目未来现金净流量现值（A）减项目原始投资额现值（B）等于0时的折现率，即为内部收益率（IRR）。

如果内部收益率大于资本投资的回报率，那么项目值得投资；如果内部收益率小于资本投资的回报率，那么项目不值得投资。

3.现值指数法

现值指数（PI）=项目投产后未来现金净流量现值（A）÷项目原始投资额现值（B）

如果现值指数大于1，那么项目值得投资；如果现值指数小于1，那么项目不值得投资。

（二）投资渠道与方式

企业投资渠道主要包括内部筹资和外部筹资两大类。

内部筹资指企业通过自持资金或内部资产的投资来满足投资需求，包括利用企业的自由现金流、留存收益等来支持投资项目。

外部筹资指企业通过贷款、发行股票或其他外部融资手段来获取资金的方式，包括股权融资、风险投资等。

企业在进行投资时有多种方式可供选择，以下是一些常见的企业投资方式。

1.直接投资

直接投资指企业直接投资于特定项目或资产，如购买固定资产、开发新产品线等。

2.研发与创新投资

企业通过投资初创企业或具有高增长潜力的企业来进行风险投资。

3.证券投资

企业通过购买股票、债券、基金等金融资产来进行投资。

（三）现金管理

现金是一种无法产生盈余的资产，企业的现金管理是确保企业在经营活动中有效管理现金流动的重要方面。良好的现金管理能够确保企业有足够的流动性来应对运营需求、投资机会和应急情况。经济意义上的现金包括库存现金、银行存款、现金等价物等。

四、财务分析

财务分析是评估企业健康状况和业绩情况不可或缺的一部分。有效的财务分析有助于企业作出明智的决策和战略规划，并确保其在竞争激烈的市场中实现可持续增长和盈利。

（一）财务报表

财务报表是企业按照法规和会计准则的要求编制的财务信息报告，用于向内外部利益相关者提供企业财务状况和经营绩效的信息。

（二）偿债能力分析

偿债能力分析是评估企业在一定时期内清偿债务的能力，通常涉及企业的资产、负债、现金流量等情况的分析。企业的偿债能力是反映企业财务状况和经营能力的重要标志。企业的偿债能力，静态地讲，就是用企业资产清偿企业债务的能力；动态地讲，就是用企业资产和经营过程创造的收益偿还债务的能力。其中，反映企业偿付流动负债能力的是短期偿债能力，反映企业偿付长期负债能力的是长期偿债能力。[①]

（三）资产营运能力分析

资产营运能力分析是评估企业如何有效地利用其资产来支持经营活动的能力。这种分析主要关注企业的资产管理、资产利用效率和资产流动性等方面。以下是用于评估企业资产营运能力的几个指标。

1. 周转率

周转率指企业在特定时期内将资产转化为销售收入的速度。较高的周转率通常表示企业更有效地利用资产，提高了资产的利用效率。

2. 资产负债率

资产负债率是企业总负债与总资产的比率。较高的资产负债率可能表明公司承担了较多的财务风险，较低的资产负债率可能表明公司有较强的偿债能力和财务稳定性。

---

① 唐姣合.融资租赁公司财务分析［J］.西部皮革，2016.

3.现金比率

现金比率指企业现金与流动负债的比率。较高的现金比率表明企业具有更强的流动性和偿债能力,更容易应对突发情况和支付短期债务。

(四)获利能力分析

企业获利能力分析是评估企业在特定时期内实现利润的能力。反映企业盈利能力的指标主要有毛利率、净利润率、营业利润率等。下面对毛利率和净利润率进行说明。

毛利率=(营业收入−营业成本)÷营业收入×100%

毛利率一般来讲是越高越好,这是评估企业盈利能力的重要指标之一。

净利率=(净利润÷营业收入)×100%

净利率一般来讲也是越高越好。如果净利润增长快于收入增长,则净利率会提升,说明公司的盈利能力在增强;反之,则公司盈利能力有可能在下降。

案例分析

Z公司的财务管理旨在确保资金的有效运用和合理配置,以支持公司业务发展和长期可持续增长,其作用包括资金的筹集、投资的决策、风险管理和财务报告等。Z公司的财务管理遵循透明、规范、安全和高效的原则,包括财务规划与预算、资金管理、财务分析与决策、会计与报告、税务管理等方面,以确保财务活动的合法性、准确性和透明度,并最大化股东价值。

Z公司进行投资决策时,考虑到项目的现金流量、回报率、风险水平等因素,采用财务评估方法,如净现值(NPV)、现值指数(PI)等进行分析。在全面分析的基础上,Z公司运用包括资本市场投资、企业并购、新项目开发等多种方式,以实现投资组合的多样化和风险分散。

通过有效的财务管理实践,Z公司能够在竞争激烈的市场环境中保持稳健的财务状况和持续的业务增长。财务管理不仅帮助Z公司有效管理资金,还支持其战略决策和未来发展规划,助力Z公司应对市场变化和风险挑战,从而为股东和利益相关者创造长期价值。

第五节　企业市场营销管理

一、市场营销概述

市场营销在企业战略中起着重要的作用。它能推动收入增长，提高品牌声誉，培养长期的客户关系，确保企业在动态的商业环境中保持盈利能力和市场优势地位。

（一）市场营销的概念

任何概念都是对大量个别现象的概括和总结，市场营销指组织或个人通过研究市场需求和竞争情况，制订并实施一系列策略和活动，以促进产品或服务的销售和推广的过程。市场营销旨在建立并维护与顾客之间的关系，以满足他们的需求并实现双方的价值交换。

（二）市场调查与预测

市场调查是一个收集、分析和解释与特定市场相关信息的系统过程。它包含了对消费者、竞争对手、产品或服务、定价和其他影响市场动态的因素等方面的研究。市场调查的主要目的是为企业提供有关市场需求、消费者偏好和行为的宝贵见解，使其能够就营销战略、产品开发和整体业务运营作出明智决策。通过市场调研，企业可以发现机遇、评估风险，并在不断变化的市场中保持竞争力。最终，市场调研将成为企业了解目标受众、预测市场趋势、定制产品以有效满足客户需求的基础。

市场预测是根据历史数据、当前指标来估计未来市场状况和趋势的过程。它涉及对特定行业或领域的市场需求、消费者行为、竞争态势、价格波动和技术进步等方面的预测。市场预测旨在为企业提供有关潜在机遇和挑战的宝贵见解，使其能够在战略规划、资源分配和风险管理方面作出明智的决策。通过市场预测，企业可以优化其战略，把握新兴趋势，在动态和不可预测的市场中取得长期的成功。

（三）市场营销的作用与内容

随着经济的发展，企业之间的竞争日趋激烈。企业要想生存、发展，就必须依赖市场，以市场需求为中心开展企业营销管理活动。了解市场的需求动态，掌握消费者的心理，是企业进行科学预测和科学决策的前提条件。只有做好市场营销工作，企业才能生产出适销对路的产品，才能对市场变化趋势作出较为科学的预测，及时作出企业经营决策，制定切实可行的经营策略。

市场营销的核心内容是牢记一个中心、两个基本点。要以顾客为中心，一个没有顾客的企业，根本无法生存。企业的经营应该以市场营销为核心。对于企业来说，客户是企业生存和发展的基石，是维持和推动企业进步的命脉。为此，创造顾客、保持顾客是企业经营中的重要课题。所谓"两个基本点"，指市场营销的两大基本策略——产品和促销。首先，产品是营销的核心，包括企业向客户提供的商品或服务。产品质量、功能、定价、包装和其他属性直接影响客户的购买决策。因此，企业必须不断创新和改进产品，以满足不断变化的市场需求。其次，促销指企业通过各种方法和渠道向客户传播产品信息，从而刺激销售。有效的促销策略可以提高产品的知名度和美誉度，吸引潜在客户，并提高产品的购买率。

市场营销对各行各业企业的成功和发展起着举足轻重的作用。市场营销的作用可以归纳为以下3个要点。

（1）市场营销有助于企业识别和了解目标受众，使其能够量身定制产品或服务，以满足特定客户的需求和偏好。这种以客户为中心的方法，可加强企业与客户之间的关系，从而提高客户满意度和忠诚度。

（2）市场营销有助于企业在竞争激烈的市场中建立品牌和实现差异化。通过有效的品牌战略，企业可以创建独特的身份和定位，使其有别于竞争对手。品牌有助于企业在消费者中建立信任、可信度和认可度，从而提高消费者的忠诚度和重复购买率。

（3）市场营销是提高产品或服务知名度和需求的有力工具。利用广告、社交媒体、内容营销等各种营销渠道，企业可以接触到更广泛的受众并影响消费者的看法。知名度和品牌曝光率的提高，最终会转化为更高的销售额和收入。

二、市场营销观念

随着时间的推移，市场营销的概念发生了重大演变，反映了从传统方法到现代创新方法的转变。如今，有效的营销策略将这些不同的概念融为一体，创造出具有影响力的营销活动，积极地与受众产生共鸣，并在竞争激烈的市场中推动业务增长。

（一）传统营销观念

传统营销观念包括生产观念、产品观念和销售观念。

1. 生产观念

生产观念是一种传统的经营思想，主要强调的是提高劳动效率和降低生产成本，以此来满足消费者的需求。秉承这一理念的企业会注重扩大生产规模，从而降低价格，提高市场份额。

2. 产品观念

产品观念与生产观念几乎在同一段时间内开始流行，产品观念主要是通过提高产品质量和性能来赢得市场的青睐。秉承这一理念的企业会专注于产品的创新和升级，注重产品自身的优越性和独特性，以此来满足消费者不断变化的需求。

3. 销售观念

销售观念，又称推销观念，强调积极的市场营销活动，把顾客放在被动的地位。秉承这一理念的企业会格外注重销售量，同时采用个人推销、广告推销等方式来说服客户购买其产品。

（二）现代营销观念

现代营销观念包括市场营销观念、社会营销观念以及生态学营销观念。与传统观念不同的是，这三种观念已经从单纯关注生产，转向更多地关注市场和社会。

1. 市场营销观念

以市场为导向的营销理念强调将消费者置于营销活动的中心。这种方法包括开展全面的市场调研，以了解消费者的需求、偏好和行为。通过细分市场、确定目标受众、有效定位产品或服务，企业可以量身定制产品，以满足消费者的特定需求。市场导向型营销强调通过个性化体验和持续参与，与客户建立有意义的关系。

2. 社会营销观念

社会营销概念将营销工作与社会责任相结合。它强调企业不仅要追求经济利益，还要考虑其对社会的影响。社会营销的重点是解决社会问题，增进社会福祉，并利用营销技术推动相应变革。企业通过参与社会营销活动来展示其价值观和对社会事业的承诺，并在此过程中赢得消费者的信任和支持。

3. 生态学营销观念

生态营销理念将环境的可持续发展纳入营销战略。它强调企业应考虑其产品、流程和供应链对环境的影响。生态营销鼓励企业采用环保材料，推广节能产品和服务，并与业务伙伴合作，以减少碳排放和生态足迹。通过采用生态营销原则，企业可以满足消费者对环保产品的需求,同时为全球可持续发展作出贡献。

(三)营销观念的新发展

在当今不断发展的商业环境中,营销观念正不断演变和创新,以适应消费者行为、技术进步和市场竞争的变化。以下是营销观念的新发展。

1. 数字化转型

数字化技术的普及改变了消费者与品牌之间的互动方式。企业越来越依赖社交媒体、搜索引擎、数据分析等数字化工具来实现市场推广和客户互动。通过数字化转型,企业能够更好地了解消费者需求,提供个性化的服务,并实时调整营销策略以满足市场需求。

在当下,多频道网络(Multi-Channel Network,MCN)创业营销是数字化转型过程中内容营销与技术驱动商业模式的一种重要体现。MCN创业营销是通过建立或加入MCN机构,进行内容创作和变现的一种创业模式。这种模式主要结合内容营销、社交媒体平台运营及商业化变现策略,为个人创作者或团队提供创业机会。

MCN是一种基于内容生产和社交媒体的平台化组织,它通过为内容创作者(如短视频博主、主播等)提供资源支持、品牌合作和粉丝管理,来实现流量变现。MCN机构本质上是连接内容创作者与商业机会的桥梁。

MCN创业营销的特点主要体现在内容创作、资源整合和商业变现上。第一,以优质内容为核心的内容驱动。MCN机构围绕短视频、直播、图文、视频博客等形式,创作有吸引力的内容来吸引目标用户,通过社交媒体平台实现内容互动,增强用户黏性。第二,多平台运营。MCN机构通过布局多个社交媒体和内容平台(如抖音、快手、哔哩哔哩、小红书等),实现全渠道传播。第三,资源整合与赋能创作者。MCN机构提供包括内容策划、拍摄、剪辑、流量运营、商业合作等一站式服务的专业支持,利用机构资源获取平台推荐,增加创作者的曝光机会。

总结来说,MCN创业营销的核心特点在于通过优质内容抓住用户,通过技术赋能实现流量精准分发,再通过多样化的商业模式完成变现。这种模式依赖于内容创作者的个人影响力和MCN机构的运营能力,是数字化时代内容创业的重要趋势。

2. 个性化营销

个性化营销指根据消费者的个人喜好、行为和偏好,量身定制营销策略和内容。借助大数据和人工智能技术,企业可以收集、分析和利用大量数据,实现精准的目标定位和个性化的营销推广，提高品牌与消费者之间的连接和互动。

3.体验营销

体验式营销强调利用创意活动和情感体验，为消费者提供独特的消费体验。企业不再仅仅关注产品或服务本身的销售，而是将消费者的情感需求和感受置于首位，通过营造愉悦、有趣、难忘的消费体验来吸引和留住消费者。

4.关系营销

关系营销的重点是与客户建立长期关系，而不是进行一次性交易。这一概念认识到了留住客户和提高客户忠诚度对于实现企业持续成功的价值。

企业需要不断地关注市场趋势、消费者需求和技术进步，灵活地调整营销策略，以适应不断变化的商业环境，实现持续的市场竞争优势。

三、产品营销策略

全面的产品营销战略对于推动业务增长和取得成功至关重要。通过制定不同的策略、建立强大的品牌形象以及不断创新，企业可以吸引客户、增加销售并与客户建立长期关系。通过战略性的整体产品营销方法，企业可以实现其商业目标，并在当今竞争激烈的市场中不断发展。

（一）产品组合策略

产品组合指企业同一时期内所提供的所有产品和服务的集合。产品组合策略的核心在于如何优化和管理产品，以满足不同消费者群体的需求，最大化销售和利润，提高市场占有率，并支持企业的战略目标。产品组合策略包括产品线扩散策略、产品线削减策略、产品线现代化策略。

1.产品线扩散策略

产品线扩散策略指企业通过增加新产品或服务来扩展其现有产品线的策略。这种策略可以帮助企业在现有市场上扩大市场份额，满足不同消费者群体的需求。

2.产品线削减策略

产品线削减策略指企业有意识地减少或淘汰现有产品线中的某些产品或服务，以优化资源配置、提高效率或应对市场变化的策略。产品线削减可能出于多种原因，包括但不限于市场需求的变化、产品盈利能力的下降、技术进步导致产品陈旧、成本效益低下或战略重组的需要。

3.产品线现代化策略

产品线现代化策略指企业通过技术、设计、市场定位和生产流程等方面的更新和改进，以适应和引领当代市场趋势和消费者需求的策略。产品线现代化的关键目标是提升产品的竞争力，增强市场吸引力，并促进企业在竞争激烈的市场中取得持续的业务增长和市场份额的扩大。

（二）产品周期策略

产品周期策略指对产品从推出到衰退的各个阶段进行管理，以最大限度地提高产品的盈利能力并延长其市场寿命。产品生命周期通常包括导入期、成长期、成熟期和衰退期四个阶段。

1.导入期

在导入阶段，重点是建立对产品的认识和激发对产品的兴趣。营销工作的重点是让潜在客户了解产品的特点、优势和价值主张。定价策略可能涉及渗透定价，以迅速获得市场份额，促销活动则侧重于制造话题，吸引早期用户。

2.成长期

在成长阶段，产品的销售额和市场接受度开始迅速增长。公司可能会致力于扩大分销渠道、增强产品功能和占领更多细分市场。定价策略可能会转向有竞争力的定价，以保持发展势头，促销工作则侧重于将产品与竞争对手的产品区分开来，并建立品牌忠诚度。

3.成熟期

成熟阶段的特点是销售稳定、竞争激烈。公司可能会调整产品战略，提供变种产品或升级产品，以吸引不同的客户群。定价策略可能会转向基于成本的定价或折扣，以保持市场份额，促销活动则侧重于捍卫产品的地位和留住忠实客户。

4.衰退期

衰退阶段，由于消费者偏好的改变、技术进步或市场饱和，销售额开始下降。公司可能会选择停止生产产品，或实施延长产品生命周期的战略，如降低成本、瞄准利基市场，通过品牌重塑或创新来重振产品。定价策略可能包括清仓定价以清理库存，促销工作则侧重于最大限度地提高剩余销售收入。

在整个产品生命周期中，企业必须持续监控市场动态、消费趋势和竞争力量，以相应地调整战略。同时，及时进行市场调研、竞争分析和客户反馈收集，以了解市场动态和消费者需求，为产品生命周期策略的制定和执行提供有力支持。通过了解产品生命周期的每个阶段并实施适当的策略，企业可以有效地管理产品，实现利润最大化，并在市场上保持长期成功。

(三)产品品牌策略

产品品牌策略是对产品品牌进行管理的市场营销方法。常见的产品品牌策略有五种,即产品线扩展策略、品牌延伸策略、多品牌策略、新品牌策略和合作品牌策略。

1. 产品线扩展策略

产品线扩展指在现有产品线内推出新产品,以满足不同消费者的需求和偏好。基于现有的品牌资产和客户忠诚度,企业可以利用交叉销售的机会扩大市场份额。这种战略可以在生产和营销方面实现规模经济,同时为客户提供更广泛的选择。例如,化妆品公司可以推出现有产品的新色调或新配方,以吸引不同的客户群。

2. 品牌延伸策略

品牌延伸指利用现有产品或品牌资产进入新的产品类别或市场。这种战略使公司能够利用与品牌相关的信任和熟悉感,最大限度地降低推出全新品牌的风险。

3. 多品牌策略

多品牌策略指在同一产品类别或细分市场中推出多个品牌,以针对不同的客户群或满足不同的消费者需求。这种战略使企业能够占据更大的市场份额,降低产品组合中的蚕食风险。每个品牌都有独特的定位,以吸引特定的人群、生活方式或价位的消费者。

4. 新品牌策略

新品牌策略指创建一个全新的品牌,进入不同的产品类别或细分市场。这种战略适用于现有品牌形象或声誉与新产品不兼容的情况,或针对完全不同的客户群的情况。公司可以选择创建一个能与目标受众产生共鸣、有效传达独特价值主张的新品牌形象。

5. 合作品牌策略

合作品牌策略指与另一个品牌合作,创建一个联合产品或营销计划,充分利用两个品牌的优势。通过这一战略,企业可以整合资源、专业知识和客户群,实现互惠互利,提高品牌知名度。联合品牌可以帮助产品实现差异化,提高认知价值,覆盖新的客户群体。

(四)产品定价策略

定价策略在决定产品的市场定位和市场竞争力方面起着至关重要的作用。企业定价的目标是促进销售,获取利润。这要求企业既要考虑成本的补偿,又要考虑消费者对价格的接受能力,从而使定价策略具有买卖双方双向决策的特征。[①]

---

① 熊小兰.香港CG公司经营战略研究[D].上海:上海交通大学,2009.

产品定价策略包括撇脂价格策略和渗透价格策略。

1.撇脂价格策略

撇脂价格策略，即指在新产品推出阶段为其设定一个较高的初始价格。这种策略针对的是早期采用者和愿意为创新或独占性支付溢价的客户。随着时间的推移，价格可能会逐渐降低，以吸引对价格更敏感的群体。

2.渗透价格策略

渗透价格策略，即指一开始采用一个较低的初始价格，以迅速占领市场份额并渗透市场。这种策略旨在吸引对价格敏感的客户，阻止同行竞争者进入市场。虽然渗透定价最初可能会降低收益，但它可以刺激需求，推动销售量增长，并确立产品的市场领导地位。随着时间的推移，公司可能会逐步提高价格。

四、市场渠道策略

市场渠道策略是企业在市场中实现产品和服务流通的关键战略。通过精确的市场细分和有效的分销渠道管理，企业能够最大限度地覆盖目标市场，提高产品的市场可及性和销售效率。结合广告、促销以及现代化的网络营销手段，企业可以有效地提升品牌影响力和市场竞争力。

（一）市场细分

市场细分是市场营销中的重要概念，指的是将整体市场按照一定的标准或特征分割成若干个更小、更具有同质性的子市场或细分市场的过程。[①]通过市场细分，企业可以更精确地理解和满足不同消费者群体的需求，制定更有效的营销策略，提高市场竞争力。

企业可以根据多种标准对市场进行细分，包括但不限于以下4个方面。

1.地理位置

以国家、地区、城市、气候等地理因素划分市场。根据地理位置进行市场细分，可以使公司根据当地的经济、政治、文化等因素开发产品和进行市场营销。

2.消费者

根据消费者的年龄、性别、家庭规模、职业、收入等人口变量来进行市场细分。

3.心理细分

对消费者的价值观、生活方式、兴趣爱好等进行心理学分析，根据消费者的

---

① 沈子君.R公司水族箱及相关用品营销策略研究［D］.大连：大连理工大学，2014.

意愿提供针对性的产品。

4.产品特征

根据产品的功能、用途、价格、优点等对市场进行细分，有助于企业开发专业化产品。

市场细分的目的是帮助企业在激烈的市场竞争环境中有效地抓住并满足不同消费者的需求。通过市场细分，企业可以对不断变化的市场环境保持警惕并做好快速应对的准备。

（二）消费品分销渠道管理

消费品分销渠道指制造商将产品从生产设施运送到最终消费者手中的途径和方法。这些渠道涉及生产、储存、物流、销售等各个环节，以确保产品顺利进入市场并满足消费者的需求。常见的消费品分销渠道模式有以下3种。

1.厂家直供模式

厂家直供模式指制造商绕过中间商，直接与零售商或最终消费者接触。这种方式省去了中间环节，降低了成本。

2.多家经销模式

多家经销模式指制造商与多个分销商建立合作关系，以分销其产品。这些分销商可能在不同地区或市场开展业务，负责在各自区域内销售产品。这种方式有助于扩大销售范围。

3.独家经销模式

独家经销模式指制造商与经销商建立独家合作关系，授予他们销售产品的唯一权利的模式。这种模式通常为高端品牌或特定市场所采用，有助于保持品牌的独特性和高档形象，同时提供更强的品牌控制和支持。

（三）生产资料分销渠道管理

常见的生产资料分销渠道如图10-1所示。

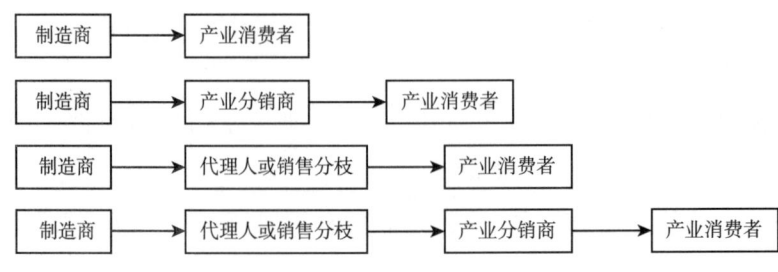

图10-1　常见的生产资料分销渠道

由此可看，不管是消费品分销渠道还是生产资料分销渠道，根据交换活动的情况不同，所使用的分销渠道都是直接分销渠道、间接分销渠道、长渠道、短渠道、宽渠道、窄渠道的交叉融合。

制造商可能会同时采用直接和间接两种分销渠道。例如，高端品牌可以通过公司直营店直接销售产品，也可以通过高档零售商间接销售，以进入更广阔的市场。

制造商可以根据市场和产品要求选择长分销渠道或短分销渠道。在发达地区，为了提高效率，可以选择较短的渠道；在偏远或发展中地区，则可以利用较长的渠道来扩大市场覆盖面。

公司可在不同市场或产品线上利用宽、窄两种分销渠道。大众市场产品可以通过超市等宽渠道分销，小众或奢侈品则可以通过提供专业服务和购物体验的窄渠道销售。

制造商通常会混合使用多种分销渠道，制定混合战略，以提高市场覆盖率和分销效率。这可能涉及网上直销、批发商分销和零售合作的组合，以迎合不同的消费群体和偏好。

分销渠道的交叉融合使制造商能够利用每种渠道的优势，以适应不同的市场需求和产品特点。它使分销战略具有灵活性，确保更广泛的市场覆盖面、更高的销售量和更强的品牌影响力。

（四）分销渠道策略

分销渠道策略是企业为有效销售产品或服务而选择、创建和管理销售渠道的战略规划和实施计划。成功的渠道策略能帮助企业更好地接触目标客户，提高销售效率，并建立良好的关系。以下是制定分销渠道策略的要点。

1.渠道选择与组合

在制定分销渠道策略时，企业需要分析目标市场，了解消费者的偏好、购买行为以及竞争对手现有的分销渠道。选择符合目标市场特点和产品服务性质的分销渠道。考虑直接和间接渠道的组合，包括批发商、零售商、在线平台和中间商，以最大限度地扩大市场覆盖面、提高渗透率。

2.渠道建立与拓展

一旦确定了分销渠道，企业通过有效的沟通与合作，与批发商、分销商、零售商等渠道合作伙伴建立关系。利用现有关系或建立新的伙伴关系，将分销渠道扩展到新的地理区域或细分市场。

3. 渠道管理与监督

企业需要定期监督和评估分销渠道的运作情况，找出需要改进的地方。为渠道合作伙伴提供培训和支持，确保其符合品牌标准和客户服务期望。同时，实施有效的渠道管理制度和流程，包括库存管理、订单执行等。

4. 渠道合作与沟通

企业通过同渠道合作伙伴的坦诚沟通，与渠道合作伙伴建立牢固的关系，以推动需求和提高销售额。为意见反馈、问题解决和战略规划建立畅通的沟通渠道，以应对挑战并抓住机遇。

综上所述，有效的分销渠道策略需要精心策划、执行和持续评估。通过选择正确的渠道组合、建立稳固的合作伙伴关系、实施有效的管理措施以及促进合作与沟通，企业可以优化其分销工作，并在市场上取得成功。

（五）广告与促销策略

1. 广告策略

广告策略在推广产品或服务、塑造品牌在消费者心目中的形象方面发挥着举足轻重的作用。

广告策略主要有以下5种。

（1）生活信息广告策略：利用简洁明了的信息，配以引人入胜的视觉效果或视频，为消费者提供有关产品或服务的实用信息，以改善他们的日常生活。这个策略突出了产品或服务的特点、优点和效用，强调产品或服务如何满足消费者的需求。

（2）塑造企业形象的广告策略：运用讲故事的技巧、情感诉求或鼓舞人心的信息，唤起受众的积极情绪和共鸣，从而培养受众对品牌的信任和忠诚。这个策略展示了公司的核心价值、文化以及公司在行业中的专业技能。

（3）象征广告策略：创造艺术视觉效果，使用音乐或电影手法，唤起神秘感、诱惑力或精致感，引发观众的想象力和好奇心。这个策略通过象征性的意象或视觉效果，传达与产品或品牌相关的特定含义或理念。产品形象和象征意义的结合更有利于消费者记忆。

（4）推荐式广告策略：在广告中通过名人代言、专家推荐或用户评论等形式，展示真实案例，以建立信任和信誉。这个策略利用名人、专家或满意客户的代言，提升产品或品牌的可信度和吸引力。

（5）猜谜式广告策略：在广告中运用讲故事的技巧、视觉象征或互动元素来制造悬念、引人入胜和令人期待，促使观众积极参与内容并揭示解决方案。通过创造引人入胜的叙事、意想不到的情节转折或神秘的视觉效果，引发观众思考并鼓励观众解读潜在的信息。

2.促销策略

促销策略指企业为激发消费者兴趣、推动产品或服务的销售而采取的计划和策略。

根据促销手段的出发点与作用的不同，促销策略可分为两种。

（1）推式策略：指通过各种促销活动，主动将产品或服务推向消费者。为实现这一目标，企业将密集分销、促销、广告和销售点推销结合起来使用。促销和折扣是推式策略的关键要素。公司利用价格折扣、优惠券、特别优惠、赠品等手段吸引消费者的注意，鼓励他们购买产品。

（2）拉式策略：创造消费者对产品或服务的需求，促使他们主动寻找和购买产品。优质内容是拉式策略的核心。公司创建并分享信息性、教育性或娱乐性内容，以引起和满足目标受众的兴趣和需求。通过提供有价值的相关内容，企业可以吸引潜在客户，提高产品的销量。

（六）网络营销

1.定义

网络营销是基于互联网络及社会关系网络，连接企业、用户及公众，向用户及公众传递有价值的信息和服务，为实现顾客价值及企业营销目标所进行的规划、实施及运营管理活动。[①]

2.网络营销与传统营销的对比分析

（1）相同点。

两者都是基于人口统计、兴趣、行为等因素，以特定受众或客户群为目标。无论是通过网络渠道还是传统媒体，营销人员都要确定并调整信息，以引起目标受众的共鸣。

两者都旨在实现类似的目标，如推广产品或服务、提高品牌知名度和促进销售。无论使用哪种媒介，最终目标都是吸引客户，为企业创造收入。

两者都有助于建立和维护品牌形象和声誉。营销人员通过一致的信息传递、品牌战略和创意活动，努力建立强大的品牌影响力，并使其产品与竞争对手的产品区分开来。

---

① 白东蕊，岳云康.电子商务概论［M］.4版.北京：人民邮电出版社，2019.

（2）不同点。

与传统营销方法相比，网络营销更具成本效益。与制作和播出电视广告、印刷传单或购买广告牌空间相比，创建和发布社交媒体帖子、电子邮件活动、在线广告等数字内容所需的投资成本通常较低。

与传统营销相比，网络营销提供了与消费者更多的互动和参与的机会。通过社交媒体平台、互动网站和电子邮件营销活动，企业可以积极与受众互动，鼓励用户生成内容，促进双向交流。传统营销通常依赖于单向沟通。

由于互联网的普及，网络营销有可能覆盖全球受众。相比之下，印刷广告、电视广告、直接邮寄等传统营销方式的地域覆盖范围可能有限，而且可能不太容易接触到某些人群，尤其是那些无法接触到传统媒体渠道的人群。

3.网络营销的优势分析

（1）降低成本，提高盈利。网络营销提供了大量降低成本的机会。通过网站、社交媒体平台和电子邮件活动建立和维护在线形象，往往比投资印刷品、电视或广播等线下广告渠道更经济实惠。此外，网络营销可以开展更有针对性和个性化的活动，从而提高转化率，增加企业利润。

（2）缩短与国际市场的距离。网络营销彻底改变了企业参与国际市场的方式。通过互联网的全球影响力，企业现在可以轻松地将触角延伸到国界之外，瞄准全球消费者。这大大缩短了企业与国际市场之间的距离，实现了跨地区、跨时区的无缝沟通和交易。

（3）增大消费者的选择空间。网络营销扩大了消费者对产品和服务的选择和获取途径。通过互联网，消费者可以浏览不同品牌和供应商提供的大量产品，比较价格，阅读评论，并进行购买，所有这些都可以在家中或移动设备上轻松完成。可访问性的提高使消费者能够作出明智的决定，找到最符合其需求和偏好的产品。

（4）高效便捷的信息沟通。网络营销为企业与目标受众的互动提供了高效便捷的沟通渠道。通过社交媒体、电子邮件、即时聊天和其他在线平台，企业可以与客户实时互动，解决咨询问题，提供支持，并建立关系。这种直接、即时的沟通方式可以培养消费者的信任感和忠诚度，从而提高品牌声誉和客户满意度。

（5）实时监测营销数据。网络营销的主要优势之一是能够有效地衡量和分析营销活动的效果。通过网络分析工具，企业可以跟踪网站流量、转化率、点击率、客户参与度等各种指标。这种以数据为导向的方法使营销人员能够评估营销活动的效果，确定需要改进的地方，并优化营销策略以取得更好的效果。此外，网络营销还能灵活地实时测试不同的策略和信息，从而不断优化和完善营销工作。

4.网络营销的劣势分析

（1）隐私问题。网络营销通常涉及收集和使用消费者数据，以发布有针对性的广告和个性化信息。然而，这种做法引起了消费者对隐私的极大关注，尤其是在数据泄露和隐私丑闻频发的情况下。许多人对在网上分享个人信息持谨慎态度，导致消费者对参与有针对性的营销活动抱有抵触心理。

（2）数据疲劳。不断接触在线广告和促销信息会导致消费者产生数据疲劳。随着时间的推移，人们可能会对网络营销策略变得麻木不仁，导致广告盲或主动回避广告。

（3）门槛低。网络营销的低门槛导致竞争加剧和市场饱和。各种规模的企业都可以轻松地在网上开展业务并参与数字营销，这导致市场变得拥挤不堪，脱颖而出变得越来越困难。因此，通过网络渠道获取和留住客户变得更具挑战性，也更加耗费资源。

（4）技术依赖。网络营销本质上依赖于技术和互联网基础设施。任何中断或技术问题，如网站宕机、服务器故障或搜索引擎和社交媒体平台的算法变化，都会严重影响营销效果。企业必须不断适应技术进步和平台变化，以保持其在线形象和营销业绩。

5.网络营销的方法

网络营销是利用互联网和数字技术手段来推广和销售产品或服务的过程。以下是进行网络营销的一般步骤。

（1）目标设定。设定明确且可衡量的目标是网络营销的第一步。目标可能包括增加网站流量、产生潜在客户、提高转化率、提高品牌知名度或增加销售收入。通过确定具体目标，企业可以相应地调整营销策略，并有效跟踪进展情况。

（2）目标市场分析。对目标市场进行全面分析是网络营销取得成功的关键。这包括确定目标受众的人口统计特征、兴趣、需求和行为。通过了解他们的偏好，企业可以创建更有针对性和相关性的营销活动，与受众产生共鸣。

（3）网站建设与优化。一个设计精良、用户友好的网站是网络营销的基石。企业应确保其网站具有视觉吸引力，易于浏览，并具有移动响应能力。此外，网站的搜索引擎优化对于提高网站在搜索引擎结果页面中的可见度和排名、推动有机流量和最大化在线曝光率至关重要。

（4）内容营销。创建和分享有价值、相关和吸引人的内容，以吸引和留住目标受众。内容的形式多种多样，包括博文、文章、视频、信息图表、播客和社交媒体帖子等。通过提供信息丰富、寓教于乐的内容，企业可以将自己打造成行业权威，并在受众中建立信任。

（5）社交媒体营销。利用微博、微信、抖音等社交媒体平台与目标客户互动，推广产品或服务。企业可以利用社交媒体分享内容、与粉丝互动、开展有针对性的广告活动，以及监测客户反馈和情绪。

（6）电子邮件营销。向客户和潜在客户发送有针对性的电子邮件，以培养潜在客户，推广产品或服务，并与其建立关系。

（7）在线活动。举办在线活动、竞赛或促销活动是吸引用户参与和增加品牌曝光的有效方式。这些活动可以包括抽奖、赠送优惠券、提供折扣等，以及与社交媒体互动和分享相关内容。

 案例分析

S公司通过市场调研和数据分析，了解目标市场的需求、竞争格局和趋势，预测市场变化和产品需求，为制定营销策略提供依据。在产品营销策略中，S公司通过产品组合的合理设计和管理，满足不同客户群体的需求，提升整体销售额和利润率。其根据产品生命周期的不同阶段，采取相应的市场推广策略，如产品导入期的新品发布、产品成熟期的市场巩固和产品衰退期的转型管理。此外，S公司注重品牌建设和管理，通过品牌差异化、品牌传播和品牌保护，提升品牌在市场中的价值和影响力。在互联网盛行的时代，S公司通过创新的广告宣传和促销活动，提升品牌曝光度和市场认知度，吸引消费者并促进销售增长。通过互联网和社交媒体等渠道进行网络营销，利用数字化技术和大数据分析，实现精准营销和客户关系管理。

通过精细化的市场营销管理实践，S公司在市场竞争中取得了显著的竞争优势，有效提升了品牌价值和市场份额。不断创新的营销策略和渠道管理，使公司能够适应快速变化的市场环境，满足消费者多样化的需求，进而推动了企业的长期健康发展和盈利能力的提升。

课后思考

1. 请列举现代企业治理体系的特点，并分析其对企业发展的影响。
2. 企业生存目标与发展目标之间存在着怎样的关系？
3. 生产计划对企业的作用和意义是什么？

4.财务报表包括哪些内容？它们各自反映企业的哪些财务状况？

5.市场细分的意义是什么？

参考文献

[1]王钰瑛.国有企业收购中小企业股权风险及防范[J].合作经济与科技，2020（02）：114-115.

[2]许广祯.长城网网络公司组织体制问题的研究[D].天津：河北工业大学，2014.

[3]陈学刚.德国企业在中国跨国经营的组织结构优化研究[D].大连：大连海事大学，2015.

[4]杨俊青，潘泰萍.我国非国有企业组织与治理结构的现状、问题与趋势[J].生产力研究，2005（03）：178-181.

[5]杨代利.战略文化——央企战略发展的灵魂[J].企业文明，2007（11）：67-70.

[6]崔明，鲁珍珍，黄越慈.国有企业与民营企业文化的差异及影响因素研究[J].华东经济管理，2009（02）：112-115.

[7]李存贵.中国城乡一体化进程中的产业合作问题研究[D].哈尔滨：东北林业大学，2011.

[8]陆雄文.管理学大辞典[M].上海：上海辞书出版社，2013.

[9]吕玉翠.板式家具生产作业排序的研究[D].哈尔滨：东北林业大学，2010.

[10]申晓奇.A汽车零部件企业生产计划管理优化研究[D].长春：吉林大学，2021.

[11]徐丽萍.高管海外背景对企业财务杠杆影响的实证研究[D].北京：对外经济贸易大学，2021.

[12]唐姣合.融资租赁公司财务分析[J].西部皮革，2016（22）：116-117.

[13]熊小兰.香港CG公司经营战略研究[D].上海：上海交通大学，2009.

[14]沈子君.R公司水族箱及相关用品营销策略研究[D].大连：大连理工大学，2014.

[15]白东蕊，岳云康.电子商务概论[M].4版.北京：人民邮电出版社，2019.

后　记

完成《创新创业实务——从 Idea 到实现》的撰写工作，我们内心充满了感慨与感激。这不仅是一次学术与实践相结合的探索之旅，更是对创新创业领域深切责任感与使命感的体现。作为推动社会进步和经济发展的核心力量，创新创业在新时代具有非凡的意义。这本书为怀揣梦想、勇于实践的学习者提供指导与帮助，正是我们著书的初衷。

当前，在数字时代浪潮与人工智能革命的双重激荡之下，数字化转型与流程再造为创新创业提供了巨大的机遇和广阔的发展空间，新业态、新模式、新动能的日新月异，使创新创业的内涵与外延不断丰富。创新不再是少数精英的专属领域，而成为人人可参与的实践选择；创业也不再是遥不可及的理想，在新技术与市场机遇的推动下，正展现出前所未有的可能性。在此背景下，本书应运而生，旨在搭建一座从创意构想到具体实践的坚实桥梁，以理论结合实践的方式，为广大学习者提供全方位、多角度的指导。

本书由傅德印策划，傅德印、许涛负责统稿，多位具有多年创新创业管理与教学经验的教师共同参与编写。其中，傅德印编写第一章、第二章，赵莹编写第三章，许涛编写第四章，张依宁编写第五章，曹自充编写第六章，刘娜编写第七章，王璐编写第八章，刘丽红编写第九章，王坤编写第十章。

在编写过程中，我们深感这份工作绝非一人之力所能完成。在此，特别感谢那些在创新创业领域辛勤耕耘的学者们，是他们的研究成果为本书奠定了坚实的理论基础；感谢众多创新创业者的无私分享，他们的真实故事与宝贵经验为本书注入了鲜活的实践案例。同时，我们也衷心感谢中国劳动关系学院相关职能部门的工作者、教师及家人朋友的支持，在我们全力以赴投入书稿编写工作时，他们的理解与支持为我们提供了不竭的动力；感谢中国财政经济出版社科教分社李昊民社长和杨然编辑的辛勤付出，为本书的出版提供了巨大帮助。在编写过程中，我们始终以严谨、务实的态度对待每一章的内容，力求涵盖创新创业的核心环节。

对创新创业的每一环节做什么、怎么做，我们都进行了反复推敲与精雕细琢。我们特别注重理论与实践的结合，通过大量生动的案例分析和富有操作性的实践指导，帮助学习者更加直观地理解并运用所学知识。对于每一处细节，都努力做到既反映现实的复杂性，又不失操作的可行性。

尽管编写组付出了极大努力，但我们深知创新创业是一个日新月异、充满挑战的领域。本书难免会存在不足之处，或是内容深度不够，或是某些观点尚需进一步验证。我们真诚地希望广大学习者能够在阅读过程中提出宝贵的意见和建议，以便我们在后续的修订工作中不断完善，使本书更能契合学习者的需求和时代的发展。

我们衷心希望这本书能够激发更多人的创新热情，助力更多创业梦想的实现。在这条充满未知与挑战的征途上，愿本书如同一盏明灯，为学习者照亮前行的方向。再次感谢每一位支持本书编写、关注本书内容的朋友。愿《创新创业实务——从Idea到实现》能成为学习者人生路上的实用指南和前行伙伴，我们一起书写美好未来！

本书编写组
2025年7月